SV

Edition Zweite Moderne
Herausgegeben von
Ulrich Beck

Martin Albrow (Prof für Sozialwiss.)
Abschied vom Nationalstaat

Staat und Gesellschaft im
Globalen Zeitalter

Aus dem Englischen von
Frank Jakubzik

Suhrkamp

Titel der Originalausgabe:
The Global Age. State and Society Beyond Modernity

Redaktion: Raimund Fellinger

Erste Auflage 1998
© Martin Albrow 1996
© der deutschen Ausgabe
Suhrkamp Verlag Frankfurt am Main 1998
Alle Rechte vorbehalten, insbesondere das
des öffentlichen Vortrags
sowie der Übertragung durch Rundfunk und Fernsehen,
auch einzelner Teile.
Satz: Hümmer GmbH, Waldbüttelbrunn
Druck: Wagner, Nördlingen
Umschlag gestaltet nach einem Konzept
von Willy Fleckhaus: Rolf Staudt
Printed in Germany

Inhalt

5 Die historische Erzählung der neuen Epoche

6 Figurationen des Globalen Zeitalters: Systeme

7 Figurationen des Globalen Zeitalters: Menschen

8 Die Zukunft von Staat und Gesellschaft

9 Die These vom Globalen Zeitalter

Für SJO

Einleitung

> Insgesamt lassen die Untersuchungsergebnisse auf
> eine wahrnehmbare Beeinflussung des Weltklimas
> durch den Menschen schließen.
>
> *Weltklimakonferenz der UN, 1995*

In der Öffentlichkeit ist die Vorstellung eines Neuanfangs, jenseits
aller nationalen und ideologischen Grenzen, allgegenwärtig. Der
amerikanische Soziologe Alvin Toffler (1981) verkündete das Ende
der industriellen Zivilisation und wird mit Vorliebe von den Vor-
denkern der Republikanischen Partei zitiert. Das marxistische
»New Times«-Projekt in England sprach von einem umfassenden
qualitativen Wandel, der als Übergang von einer Epoche zu einer
anderen gelten müsse (Hall und Jacques 1989).

Doch ungeachtet der zahlreichen Ankündigungen eines »neuen
Zeitalters« – des »Zeitalters der Automation«, des »Atomzeital-
ters«, des »Weltraumzeitalters«, des »elektronischen Zeitalters«,
des »Solarzeitalters« – hält sich mit erstaunlicher Hartnäckigkeit
die Vorstellung, daß wir noch immer in der »Moderne«[1] leben. Das
zeigt, wie erfolgreich die Moderne jede Innovation als ihre eigene
ausgeben kann, selbst das »neue Zeitalter«. Infolgedessen löste sich
die Postmoderne nie von der Moderne. Sie konnte sich selbst nur
unter Bezugnahme auf die Moderne definieren und ist für einige
Autoren lediglich ein weiteres Stadium im Zeitalter der Moderne:
»unsere postmoderne Moderne«, wie der Philosoph Wolfgang
Welsch (1993) sagt.

Die Anhänger der Moderne sind in einem Double bind gefangen:
Die Moderne verspricht ständig neue Entwicklungen und leugnet
gleichzeitig die Möglichkeit einer Alternative zu sich selbst. Wie
wir aus der Erforschung zwischenmenschlicher Beziehungen wissen, dienen Double binds dazu, jemanden in die Ecke zu treiben,
indem man ihn in einen unlösbaren Widerspruch verwickelt. Entkommen kann dem nur, wer sich weigert, die Vorgaben zu akzep-

---

1 Engl. Modern Age. Der Begriff »Moderne« bezieht sich hier also auf den Zeitraum von
  1492 bis 1945. (A.d.Ü.)

9

tieren. Das gelingt allein dann, wenn wir Moderne und Postmoderne hinter uns lassen und eine neue Realität zur Kenntnis nehmen. Ich behaupte also, daß die Theoriediskussion seit einiger Zeit dem Narzißmus der Moderne aufgesessen ist, während sich die Welt verändert hat.

In diesem Buch wird die Theorie mit der Realität des Globalen Zeitalters konfrontiert, in dem wir inzwischen leben. Dies ist eine neue These, wenn auch bereits Karl Jaspers (1949) darauf hinwies, daß der Abwurf der Atombombe im Jahre 1945 die Welt als ganze betraf. Edward Tiryakian (1984a) hielt die »globale Krise für ein Zwischenspiel innerhalb der Moderne«. »Globalisierung« ist zwar mittlerweile zum »beliebtesten Füllwort« avanciert (Himmelfarb 1995, IX), doch auch jene Autoren, die sie als einschneidende gesellschaftliche Transformation betrachteten (vor allem Beck 1986, Giddens 1990 und Robertson 1992), betonten stets das Weiterbestehen der Moderne.

Viele Menschen bemerken aber aufgrund des Geschehens in der Welt, daß ein Epochenwandel stattgefunden hat. Für mich kommt dessen zwingendste Ankündigung heute, während ich dies schreibe, von der Weltklimakonferenz der Vereinten Nationen, die zum ersten Mal unzweideutig erklärt hat, daß sich das Weltklima erwärmt. Einen deutlicheren Hinweis auf einen Epochenwandel kann es nicht geben. Bedeutet Hiroshima den Beginn der Übergangsphase zum Globalen Zeitalter, so bezeichnet dies sicherlich ihr Ende. Das heißt aber auch, daß die Moderne vorbei ist.

Die praktische Erfahrung des epochalen Wandels steht im Widerspruch zur Sprache der Moderne, woraus die Widersprüchlichkeit des öffentlichen Diskurses resultiert. Die Moderne neigt dazu, sich eine globalisierte Welt als etwas Altvertrautes vorzustellen: Weltregierung, einheitlicher Weltmarkt, neue Weltordnung, globale Kultur, Spätmoderne. Ich behaupte, daß keiner dieser Begriffe die von uns miterlebten Veränderungen angemessen wiedergibt. Wir befinden uns in einer Situation, in der wir erkennen müssen, daß wir zu lange an alten Vorstellungen festgehalten und einen neuen Anfang zu machen haben. Das Problem liegt nicht in der Beschränktheit dieser Begriffe – jede Darstellung einer »Veränderung der Welt« ist notwendig beschränkt –, sondern darin, daß in jedem von ihnen zuviel von unserer modernen Vergangenheit steckt und zu wenig von dem Neuen, das wir erleben. Tatsächlich schwingt immer, wenn vom Ende der Moderne die Rede ist, die destruktive und erschütternde Vorstellung des »Endes der Geschichte« mit. Dieses Buch will das Neue verständlich machen, ohne es der überwundenen Vergangenheit zu assimilieren oder das Jüngste Gericht zu verkünden. Es bietet weder Trost noch apokalyptische Visionen.

Beabsichtigt ist vielmehr eine Neu-Eroberung der Gedankenwelt der Moderne. Das Buch dringt in diese ein, indem es den Leser auffordert, das wahrhaft Undenkbare zu denken, nämlich daß die Moderne nun vorüber ist und dies dennoch *nicht das Ende der Geschichte* bedeutet. Statt dessen ist ein anderes Zeitalter mit eigenen Eigenschaften und eigener Form angebrochen. Wir werden also, indem wir uns die Tatsache zunutze machen, daß wir uns in einer neuen Epoche befinden, die vergangene bewerten. Auch werden wir die neue Epoche mit Begriffen beschreiben, die nicht spezifisch modern sind. Denn die Geschichtsschreibung der Moderne hat einen immanenten Fehler. Sie befriedigt lediglich das menschliche Verlangen nach Unsterblichkeit, indem sie sich selber dagegen verwahrt, jemals enden zu können. In diesem Buch geht es darum, die Gegenwart als Teil der Geschichte zu begreifen, also als Teil einer Erzählung, in der alle Zeitalter vor Gott gleich sind. Wir sprechen ohne weiteres von epochalen Veränderungen in der Vergangenheit – niemand kann behaupten, daß so etwas in der Gegenwart unmöglich sei.

Dies verlangt, daß wir die Darstellung wie die Interpretationen der Tatsachen durch die moderne Globalisierungstheorie in Frage stellen. Was einige Autoren (seit Marshall McLuhan 1962 vom »globalen Dorf« sprach) als »globales Blabla« abgetan haben, ist in Wirklichkeit eine enorm kontroverse Diskussion über die Globalisierung und darüber, ob sie wirklich etwas Neues bedeutet. Doch oft redet man dabei aneinander vorbei, weil der überkommene moderne Diskurs über das Neue dieses stets der Moderne als einer ewigen, einer sich immer wieder aus den Tendenzen der Vergangenheit erneuernden Gegenwart einzuverleiben sucht.

Um der Zeit, in der wir leben, gerecht zu werden, ist es notwendig, die Geschichte in unsere Darstellung einzubeziehen. Der

Wunsch nach einer Neubewertung der Moderne als historischer Epoche ist nicht mit einem antiquarischen Interesse zu verwechseln. Die eigentliche »historische Prüfung« besteht darin, das Zeitalter der Moderne als einen Übergangszustand der Geschichte zu begreifen. Damit erkennen wir an, daß die Menschheit mehr Potential hat, als je in einer Epoche enthalten sein könnte, wie dynamisch und expansiv diese auch gewesen sein mag. Wir wollen weder das Globale Zeitalter der Moderne einverleiben noch irgendeine Epoche oder Zivilisation einer anderen, sondern deren jeweilige Errungenschaften auseinanderhalten, um uns der ganzen Bandbreite menschlicher Möglichkeiten bewußt zu werden. Weder der »moderne« noch der »globale« Mensch – die Menschheit ist das Subjekt der Geschichte.

In den ersten drei Kapiteln dieses Buches werden die Probleme der Schilderung der Moderne neu bewertet. Das erste Kapitel befaßt sich mit den allgemeinen Voraussetzungen einer Geschichtsschreibung der Gegenwart. Dazu ist es nötig, diese aus den Selbstdarstellungen der Moderne zu lösen. Das zweite Kapitel zeigt, daß solche Selbst-Darstellungen im Projekt der Moderne als umfassender materieller und ideeller Rahmen des alltäglichen Lebens dienten, dessen Oberhoheit der Nationalstaat für sich beanspruchte. Das dritte Kapitel stellt heraus, daß der Höhepunkt des Projekts der Moderne gleichzeitig seine Auflösung bedeutete, die eine neue Geschichtsschreibung nötig macht.

Das vierte Kapitel untersucht, inwiefern der Globalisierungsdiskurs einen Beitrag zu einem neuen Selbstverständnis der Gegenwart leisten kann. Im fünften Kapitel betrachten wir Darstellungen der Gegenwart und stellen fest, daß sie den epochalen Wandel mißinterpretieren, indem sie die Globalität der Neuzeit einzuverleiben suchen.

Das sechste und siebente Kapitel widmen sich der Frage, welche Konsequenzen es hat, die Gegenwart als eine neue Epoche zu betrachten. Sie untersuchen die neuen Konstellationen, die bislang als Bestandteile der Moderne oder als Folgen ihrer drohenden Auflösung betrachtet wurden, und zeigen ihre charakteristisch nichtmoderne Eigenständigkeit auf.

Das achte Kapitel beschäftigt sich mit den politischen Konsequenzen des Globalen Zeitalters und begründet, warum wir die von der Moderne unterdrückten Konzeptionen von Staat und Gesellschaft wiederaufgreifen müssen. Es befaßt sich mit einer Neubegründung des Staats und seiner Bevölkerung, die auf der von mir als performative Staatsbürgerschaft bezeichneten Beteiligung von Menschen basiert. Daraus folgt, daß die Politiker der Relativierung des Nationalstaats und seiner in der Moderne als selbstverständlich betrachteten Forderungen an die Bürger mehr Beachtung schenken müssen.

Das neunte Kapitel schließt mit der Folgerung, daß die These vom Globalen Zeitalter nicht nur unser Verständnis der Gegenwart ändern will. Sie ist auch ein Versuch, kulturelle und gesellschaftliche Transformationen zu erklären.

Neues Denken erfordert neue Forschungen. Es dürfte inzwischen klar sein, daß die Vielzahl von Untersuchungen zu Themen wie Modernität, Industrialisierung, Demokratisierung, Bürokratisierung, Urbanisierung und Rationalisierung den Eindruck erweckte, daß ein ruheloser allumfassender Modernisierungsprozeß stattfinde. Dennoch hat keiner dieser »Prozesse« jemals einen bestimmten Endpunkt erreicht. Sie alle erweisen sich heute als Bestandteile einer vergangenen Epoche. Keiner dieser Prozesse war ein Prozeß im Sinne eines von wissenschaftlichen Gesetzen gelenkten Vorganges, der zu vorhersagbaren Ergebnissen führt. Auch die Globalisierung ist kein solcher Prozeß: Das Suffix »-isierung« verweist bereits auf den ganz und gar unangebrachten Versuch, die Globalisierung der Moderne einzuverleiben. Dies mündet in einer Unterschätzung der zeitgenössischen Transformation. Der Begriff Globalisierung kann keine adäquate Bezeichnung für einen epochalen Wandel sein, den Ralf Dahrendorf (1975) als den Übergang von der Expansion zu den Problemen des Überlebens und der Gerechtigkeit bezeichnete.

Einige Autoren meinen, daß Globalisierung Zunahme von ungehinderten Handelsbeziehungen bedeute. Doch selbst unter Wirtschaftswissenschaftlern ist unumstritten, daß dies nur ein Aspekt einer Transformation der Weltwirtschaft ist, in deren Mittelpunkt Veränderungen der Produktion und des Konsums stehen. Da wir einen umfassenden gesellschaftlichen Wandel erleben, verrät darüber hinaus die Verkürzung der Globalisierung auf ökonomische Vorgänge einen beschränkten Horizont. Wer meint, bei der Globalisierung gehe es um Handelsschranken, kann nicht verstehen, was gegenwärtig geschieht.

Im Globalen Zeitalter tritt an die Stelle der Modernität die Globalität. Dies bedeutet, daß sich die Grundlagen des Handelns und der sozialen Organisation sowohl für den einzelnen als auch für Gruppen umfassend gewandelt haben. Es gibt mindestens fünf Aspekte der Globalität, die die Voraussetzungen der Moderne überschreiten. Dies sind: die globalen Umweltfolgen menschlicher Aktivitäten, der Verlust jeglicher Sicherheit angesichts von Waffen mit globaler Zerstörungskraft, die Globalität weltumspannender Kommunikationssysteme, das Aufkommen einer globalen Ökonomie sowie die Reflexivität des Globalismus, die darin besteht, daß Menschen und Gruppen aller Art Wertvorstellungen und Überzeugungen aus dem globalen Zusammenhang ableiten.

Zusammengenommen ergeben diese Aspekte die grundlegendste Herausforderung der Vorstellung einer ewig expandierenden Moderne und folglich der Vorstellung des Nationalstaats. Zudem ermutigt die Infragestellung des Nationalstaats seine Bürger und andere Akteure, seine geographischen und konzeptuellen Grenzen zu überschreiten. Alle diese Aspekte bündeln sich zu einer gesellschaftlichen Transformation, die den Nationalstaat weit stärker bedroht als jede andere Entwicklung seit der internationalen Arbeiterbewegung im 19. Jahrhundert. Der Diskurs der Moderne mißinterpretiert dies fortwährend. Die nationalen Regierungen kämpfen gegen die Trennung von Staat und Nation und versuchen die Verwaltung zu verschlanken, während sie einer globalen Rationalität folgen und gleichzeitig den Kontakt zu den Bürgern verlieren.

Wir können Zygmunt Bauman (1992, 65) darin zustimmen, daß sich unsere analytischen Modelle unter Bedingungen der Postmoderne nicht mehr am Nationalstaat ausrichten lassen. Doch was für Bedingungen sind das? Wenn man sie unter dem Begriff »Globalisierung« zusammenfaßt, kann man den Epochenwandel nicht erfassen, und zwar aus Gründen, die im Verlauf dieses Buches noch detailliert erläutert werden. Zutreffender ist der vorsichtigere Begriff »Globalität«, weil ihm nicht die Konnotation eines vorhersehbaren Ergebnisses anhaftet. Andererseits müssen wir aufgrund der komplexen, oft widersprüchlichen Auswirkungen der Globalität auf das Leben einen epochalen Wandel konstatieren. Daher scheint es mir sinnvoll, vom »Globalen Zeitalter«[2] zu sprechen.

Dieses Buch verarbeitet Erkenntnisse vieler Wissenschaftszweige, aber seine zentrale Problemstellung entsteht aus dem Zusammenspiel von Soziologie, Politik- und Gesellschaftstheorie, Geschichtswissenschaft und dem neueren Gebiet der Kulturwissenschaft. Ich hoffe, daß interessierte Leser aller vier Gebiete die neue Kategorie der Epochentheorie in ihren Bücherregalen einordnen können. Deren Aufgabe besteht nicht darin, eine Reihe von universalen Problemlösungen bereitzustellen. Eher weist sie auf Bedingungen der menschlichen Existenz, für die zu verschiedenen Zeiten und in verschiedenen Kulturen unterschiedliche Lösungen gefunden werden. Zu diesen gehören: das Ringen um Verständigung; Kommunikation; zwischenmenschliche Beziehungen; die Bedeutung von Leben und Tod; die Frage, was richtig und was falsch ist; Belohnung und Bestrafung; Macht, Freiheit und Konsensfindung sowie Humanität und Natur.

Diese Probleme sind nicht in dem Maße lebensnotwendig wie Nahrung, Heizung und ein Dach über dem Kopf. Aber das ununterbrochene Auftauchen von Ideen wie »Gesellschaft«, »Staat«, »Gemeinschaft«, »Wohlfahrt« und »Gerechtigkeit« verweist darauf, daß es sich bei ihnen nicht um rein moderne Leitgedanken handelt, denn sie lassen sich niemals endgültig festlegen. Es ist ein Zeichen des epochalen Wandels, daß sie zur Zeit einer grundlegenden Neubewertung unterzogen werden.

Die beste Bezeichnung, die ich für diese philosophische Position gefunden habe, lautet »pragmatischer Universalismus«. Dieser beruht nicht auf wissenschaftlichen oder religiösen Gewißheiten, sondern auf der praktischen Erfahrung[3] des täglichen Lebens und deren kulturellem und historischem Vergleich. Auf einer Skala spätmoderner Denker, auf der Michel Foucault bei null und Alasdair MacIntyre bei zehn rangiert, würde ich mich etwa auf Position sechs einordnen. Einen Weg zwischen diesen beiden Extremen suchen zu müssen – einem unbarmherzigen wissenschaftlichen Relativismus einerseits und der Auffassung, das Leben sei

2 Engl. »Global Age«, in Analogie zu »Modern Age«, Neuzeit. (A.d.Ü.)
3 Zur Bedeutung des Begriffs »praktische Erfahrung« (experience) vgl. Anmerkung 21 im 5. Kapitel. (A.d.Ü.)

eine Suche nach dem Sinn des Lebens, andererseits – ist das Schicksal eines jeden, der die Gegenwart zu begreifen sucht. Max Weber ist lange Zeit ein Vorbild für diese Art intellektueller Equilibristik gewesen. Sein Werk ist eines der bleibenden Vermächtnisse der Moderne, doch das Globale Zeitalter zwingt uns, darüber hinauszugehen.

Ich werde mich daher weder bei Weber noch bei meinen Zeitgenossen für meine Behauptung entschuldigen, daß prämoderne und nichtwestliche Denker Licht in die Globalisierungsdebatte bringen können. In wissenschaftlicher Hinsicht zwingt uns diese Behauptung, unser Verständnis der Globalisierung und der Globalität vom Standpunkt der Epochentheorie aus zu überdenken. Auf einer weiterreichenden menschlichen Ebene fordert sie uns dazu auf, alle Menschen als potentielle Quellen für Einsichten in die Gegenwart zu respektieren. Schon jetzt ist das Globale Zeitalter diejenige Epoche in der Geschichte der Menschheit, die sowohl Männern und Frauen als auch allen Völkern in bisher ungeahntem Maß das gleiche Recht zuspricht, sich am allgemeinen Vorrat menschlichen Wissens zu beteiligen.

Salopp ausgedrückt, lautet die Botschaft dieses Buches: »Vergeßt die Moderne!« Jeder möge an sich selbst beobachten, was mit seiner Sprache und seinem Verhalten geschieht, wenn er nicht mehr darüber nachdenkt, ob etwas modern ist oder nicht. Jeder frage sich, was man ihm eigentlich einreden will, wenn man sagt, daß eine Einstellung modern sei. Man ersetze einmal, wo immer möglich, das Wort »modern« durch »neu«, »zeitgemäß«, »heutig«, »rational«. Oder beurteile ein neues Produkt unter anderen Aspekten als dem seiner Neuheit. Vielleicht sollten wir uns angewöhnen, von »altmodernen« Dingen zu sprechen. Wer Spaß daran hat, möge Memorabilien der alten Moderne sammeln, aber auch stets bedenken, daß wir uns nicht einfach »nach« der Moderne befinden. Entziehen wir uns dem erstickenden Einfluß der Moderne auf unsere Vorstellungskraft! Wir leben in unserer eigenen Zeit, und das Globale Zeitalter eröffnet uns auf beispiellose Weise neue Welten.

Oft ist der Beitrag, den andere zu den eigenen Überlegungen leisten, dann am fruchtbarsten, wenn man sich zum Widerspruch gezwungen sieht – eine Namensliste könnte darum irreführend sein. Ich glaube kaum, daß es in diesem Buch einen einzigen Gedanken gibt, der nicht irgendwo Vorbilder hätte, die ich nicht unbedingt alle kenne, von denen ich aber einige aus der Vergangenheit hervorgeholt habe. Doch im Globalen Zeitalter gibt es keinen Bonus für Neuheit. Selbst wenn ich behaupte, daß die Überlegungen in diesem Buch neu sind und noch nie vorgebracht wurden, sollte der Leser ihren Wert anhand anderer Maßstäbe beurteilen.

Danksagung

Ich stehe tief in der Schuld meiner Mitarbeiter der Forschungsgruppe Globalisierung am Roehampton Institute in London: Patricia Alleyne-Dettmers, Laura Buffoni, Jörg Dürrschmidt, John Eade, Graham Fennell, Darren O'Byrne und Neil Washbourne. Ihr gemeinsamer Enthusiasmus und ihre allgegenwärtige Bereitschaft, Informationen und Ideen mit mir auzutauschen, waren eine große Inspiration für mich, wobei keiner von ihnen in irgendeiner Weise für den vorliegenden Text verantwortlich ist. Unsere gemeinsamen Bemühungen wurden von John Eade in dem Buch *Living in the Global City* (1996) zusammengetragen. Von diesen Mitarbeitern war nur Neil direkt eingebunden, indem er meine Entwürfe genau durchlas und mich dann mit mehr Belegmaterial versorgte, als ich gebrauchen konnte. Seine Ermutigung und Hilfe waren für mich von unschätzbarem Wert. Auch habe ich die Gespräche mit Jörg, dessen Beitrag weit über das rein Intellektuelle hinausgeht, sehr genossen und viel aus ihnen gelernt.

Mein Dank gilt auch dem Forschungskommitee des Instituts, das mich unterstützte, und der Abteilung für Soziologie und Sozialpolitik und der Fakultät für Sozialwissenschaften, die mir ein Forschungssemester genehmigten.

Montserrat Guibernau von der University of Warwick und Sandro Segre von der University of Genoa lieferten beide ausführliche, verständige und sehr hilfreiche Kommentare zu einem Entwurf dieses Buchs. Sie haben mir dabei geholfen, wichtige Aspekte zu verbessern. Ich bin beiden äußerst dankbar und bedaure nur, daß die Zeit nicht ausreichte, jeden ihrer Vorschläge wahrzunehmen. Sehr dankbar bin ich auch Richard Grathoff von der Universität Bielefeld für den großen Genuß einer intellektuellen Freundschaft und seine Bereitschaft, mir die zeitaufwendige Arbeit der Herausgabe der Zeitschrift *International Sociology* abzunehmen.

Bei Polity Press hat Tony Giddens immer genau zur richtigen Zeit eingegriffen und mich auf just die richtige Art ermutigt. Gill Motley hat aus dem Besänftigen eine Kunst gemacht und das Warten zu etwas sehr Positivem werden lassen. Ann Bone hat mir gezeigt, daß das Lektorat ein wirklich nützlicher Zweig der kritischen Theorie ist. Julia Harsant hat gutgelaunt die Expedition besorgt. Annabelle Mundy brachte viel Verständnis für Einfälle in letzter Minute auf. Ich danke ihnen allen.

Susan Owen weiß, welche vielfältigen und nicht nur positiven Bedeutungen dieses Buch für uns beide gehabt hat. Ihr soll es gewidmet sein, mit Dank für die Unterstützung, die sie mir zukommen ließ. Unser fünfjähriger Sohn Thomas Albrow-Owen hat wahrscheinlich die beste Einstellung: Er hat mir zu Weihnachten »auch ein Buch übers Globale Zeitalter« versprochen. Schließlich danke ich Stephen Albrow für seine geduldige und informative Beantwortung der Fragen, die ältere Menschen über Dinge wie Glastonbury[4] und ähnliches zu haben pflegen.

---

4 Großes, dreitägiges Open-air-Rockfestival, das jährlich in Glastonbury stattfindet. (A.d.Ü.)

1. Die Geschichte des Epochenbegriffs

Das für den Beginn der Neuzeit entscheidende Ereignis war die sogenannte »Entdeckung Amerikas« im Jahre 1492. Ähnlich epochemachend war der Vorfall, der ihr bevorstehendes Ende signalisierte: der Abwurf zweier Atombomben über Japan im Jahr 1945. Zwischen diesen Daten war die Geschichte der Moderne die eines Projektes zur Ausweitung der menschlichen Herrschaft über Raum, Zeit, Natur und Gesellschaft. Hauptakteur dieses Projekts war der Nationalstaat, der im Zusammenwirken mit und aufgrund von kapitalistischer und militärischer Organisation operierte. Der Nationalstaat verlieh dem Leben der Menschen über Generationen hinweg eine bestimmte Form. Doch der Höhepunkt des Projekts, die Vereinigung der Welt, bedeutete gleichzeitig seine Auflösung. Am Ende der Epoche breitete sich die Orientierungslosigkeit einer Postmoderne aus, obwohl es bereits Anzeichen für das Nahen eines neuen Zeitalters gab. Dieses wurde allerdings nicht sofort als das erkannt, was es war. Der Kalte Krieg, die Aufteilung der Welt in Erste, Zweite und Dritte Welt, die Mondlandung 1969, das elektronische »globale Dorf«, der Sieg der USA über die zusammenbrechende Sowjetunion im Jahr 1991 und schließlich die Erwärmung des Erdklimas waren keineswegs Triumphe der Moderne, sondern Vorzeichen der neuen Globalität. In den achtziger Jahren des 20. Jahrhunderts wurde »Globalisierung« zu einem Schlüsselbegriff. Die neunziger Jahre brachten die allgemeine Erkenntnis, daß die Neuzeit vorüber war und das Globale Zeitalter bereits begonnen hatte.

Unbekannter Verfasser, 2050 n. Chr.

1.1 Die Weigerung, modern zu sein

Warum es einen Ausweg aus der Scheinalternative zwischen
ewig währender Moderne und dem Ende der Geschichte gibt

Der diesem Kapitel vorangestellte Bericht mag manchem Leser absonderlich, sogar in sich widersprüchlich erscheinen. Sein anonymer Autor besucht jetzt vielleicht noch die Schule, und gleichwohl schreibt er wie ein eher konventioneller, altmodischer Historiker. Sein Bericht klingt durchaus modern und verkündet dennoch das Ende der Moderne. Zieht er sich auf diese Weise nicht selbst den Boden unter den Füßen weg? Ein Unbehagen überkommt uns angesichts einer Darstellung unserer Gegenwart in einer Form, in der üblicherweise vergangene Zeitalter beschrieben worden sind.

Dennoch würde ich sagen, daß der Text einen Sinn ergibt. Schwierigkeiten bereitet er nicht wegen seiner Selbst-Widersprüchlichkeit, sondern aufgrund der allgemeinen Verwirrung innerhalb der zeitgenössischen Darstellungen von Moderne und Postmoderne. Es sollte eigentlich ohne weiteres möglich sein, vom Ende der Moderne und dem Beginn einer anderen Epoche zu sprechen, wenn genau das der Fall ist. Aber wir sind bislang nicht in der Lage, auch nur die Möglichkeit einer solchen Darstellung in Betracht zu ziehen. Die Moderne hat das Denken der Intellektuellen noch immer fest im Griff, auch wenn sie ihren Einfluß auf die Welt längst verloren hat.

Wir haben Schwierigkeiten mit dem Text, weil die historischen Darstellungen der Moderne diese stets in einer philosophisch begründeten »Modernität« verankern wollten. Als die Moderne dann ihrem Ende entgegenging, hat man angenommen, daß diese Begründung sich auflöste und damit jede Möglichkeit verschwand, der Gegenwart einen Sinn beizumessen. Bis zu diesem Punkt gehen die Verfechter von Moderne und Postmoderne von der gemeinsamen Annahme aus, daß eine Welt ohne zugrundeliegende Prinzipien sinnlos sei. Sie streiten sich lediglich darüber, ob solche Prinzipien noch existieren oder nicht.

Doch Epochen, Kulturen und Zivilisationen entstehen ebensowenig aus Ideen und Prinzipien wie die Religion aus der Theologie oder die Gesellschaft aus der Soziologie. Unser fiktiver Historiograph beschreibt dagegen die Epoche als eine einzigartige Konstellation genereller menschlicher Bestrebungen, Sachzwänge, zugrundeliegender Prozesse und Schlüsselereignisse von höchster Allgemeinheit. Er (oder sie) stellt unsere Zeit nicht vor dem Hintergrund einer Theorie oder eines Prinzips, sondern auf der Grundlage konkreter materieller Verhältnisse dar. Von Machtblöcken ist die Rede, vom Atomkrieg und von der Bedrohung von Leib und Leben. Im Gegensatz zur derzeit häufig zu beobachtenden Produktion von Histörchen über alles und jedes ist das ein Fall von »großer Geschichtsschreibung«.[1]

Das vorliegende Buch ist aus dem Diskurs über eine neue Epoche entstanden. Sein Ziel ist es, Themen der Vergangenheit neu zu betrachten, denn in der Vergangenheit liegen die Ursachen unseres gestörten Verhältnisses zur Gegenwart. Obwohl also unser Hauptaugenmerk den Veränderungen seit dem Ende des Zweiten Weltkriegs gilt, müssen wir uns daher mit Schilderungen einer weiter zurückliegenden Vergangenheit, der Moderne, befassen. Dabei können wir die Moderne nicht mehr als etwas unwiderstehlich Voranschreitendes betrachten. Es hat sich nämlich herausgestellt, daß sie nichts dergleichen ist. Wir werden deshalb versuchen, das Globale Zeitalter präzise zu bestimmen und gleichzeitig die Moderne mit all ihren spezifischen Eigenschaften als eine Epoche zu beschreiben, die zugunsten einer anderen abgedankt hat.

Obwohl es nach der Moderne angesiedelt ist, handelt es sich bei dem neuen Zeitalter nicht um die Postmoderne. Laut Wolfgang Welsch ist diese lediglich die letzte radikale Ausprägung der Moderne (1993, 6), während John Gray meint, daß die Moderne sich in der Postmoderne selbst untergrabe (1995, VIII). In beiden Fällen ist die Postmoderne eine – wenn auch selbstzerstörerische – Form der Moderne. Noch immer beherrscht die Moderne das Denken der Intellektuellen.

Wir wollen versuchen, die Anzeichen der neuen Zeit in einem umfassenderen Diskurs ausfindig zu machen. Sie klingt zumeist in dem Begriff »global« und seinen Varianten »Globalisierung«, »Glo-

1 Alan Megill fordert die Historiker dazu auf, »sich der jeder historischen Arbeit impliziten Fiktionalität zu stellen« (1995, 172), gleichzeitig aber auch Theorien aus anderen Wissenschaften zu berücksichtigen. Ich würde sagen, daß die Universalität historischer Darstellungen aus der allen Menschen gemeinsamen praktischen Erfahrung entspringt, die ihre eigene theoretische Perspektive mit sich bringt.

balismus«, »Globalität« und so weiter an. Das sind Bezeichnungen für neue Perspektiven, Lebensweisen, Strategien, Mächte, Interessen und Werte, deren herausragendes Kennzeichen nicht unbedingt ihre Neuheit ist und die in vielfältiger Weise an die Stelle von Strömungen der Moderne treten. Sie verweisen auf eine umfassende Transformation, die die Historiker als Epochenwandel bezeichnen.

Wir haben noch nicht wirklich gelernt, die Geschichte der Gegenwart zu schreiben. Unsere Unfähigkeit rührt daher, daß die Moderne in unseren Köpfen noch immer lebendig genug ist, um die Erkenntnis historischer Veränderungen in der Gegenwart zu beeinträchtigen. Letztlich bedeutet das, daß selbst diejenigen, die in der Globalisierung eine wichtige Transformation der Gegenwart sehen, sie für einen Bestandteil der Moderne halten. Ein repräsentatives Beispiel dafür finden wir in Ulrich Becks *Risikogesellschaft*, einem der wichtigsten Bücher der achtziger Jahre.

Beck leitet das Buch mit der Feststellung ein, daß die Vorsilbe »post« das Schlüsselwort unserer Zeit sei (1986, 12). Er erblickt darin das Anzeichen eines historischen Bruches, den er jedoch innerhalb der Moderne lokalisiert. Diesem Bruch entspreche die reflexive Modernisierung der Industriegesellschaft, aus der eine neue Gesellschaft entstehe, in welcher die Produktion von Risiko wichtiger sei als die Produktion von Reichtum. Selbst da, wo die Risiken die ganze Welt betreffen – an dieser Stelle führt Beck den Begriff Globalisierung ein –, werde die Neuzeit als reflexive Modernisierung weitergehen.

Damit aber unterschätzt Beck die Grenzen der Reflexivität, die durch den Verweis auf die Globalisierung gerade hervorgehoben werden. Jede Reflexivität wird schließlich doch durch etwas Nichtreflexives beendet, durch ein Hindernis oder eine Entscheidung, die das Ende der Analyse und den Beginn des Handelns markiert. Daß sie sich nun der Welt als Gesamtheit gegenübersieht, stellt für die expansive Modernisierung ein Hindernis dar, das eine wirkliche Transformation erzwingt.

Die Moderne hat die Phantasie der Intellektuellen dermaßen in Bann geschlagen, daß die Aussicht ihres Endes die Vorstellung vom Ende der Geschichte (Fukuyama 1992) oder wenigstens vom Ende des Schreibens einer Menschheitsgeschichte (Lyotard 1979; Vattimo 1988) hervorruft. Dabei sind diese berühmten Paradoxa vor allem auf den monopolistischen Anspruch zurückzuführen, den die Moderne auf alles Neue erhebt. Wenn alles Neue *per definitionem* modern ist, dann kann die Moderne ihr eigenes Ende nicht als den Beginn einer neuen Epoche begreifen. Weit entfernt davon, der Menschheitsgeschichte ihre Würde zu belassen, erklärt die Moderne die Vergangenheit zum bloßen Vorspiel und kann sich unter der Zukunft nur eine Fortsetzung ihrer selbst vorstellen – oder das Chaos.

Die zahlreichen Ankündigungen eines Endes der Moderne sollten uns ermutigen, das Problem der historischen Periodisierung wieder ins Blickfeld zu rücken. Die Schwierigkeit dabei besteht darin, daß die Rede vom Ende einer Epoche ohne die Ankündigung eines Neubeginns den Eindruck erweckt, es ginge alles zu Ende, was uns lieb und teuer ist.[2] Denn ungeachtet ihres Strebens nach dem Neuen war es doch das Gefühl, im Einklang mit der Vergangenheit zu stehen, das die Menschen in der Moderne miteinander verband. In der Einleitung zur *Cambridge Modern History*, die zu Beginn des 20. Jahrhunderts großes Ansehen für ihre Definition der Moderne genoß, stoßen wir auf eine authentische Stimme, die deren Selbstverständnis verkündet:

Dieses Gefühl der Vertrautheit bringt uns dazu, eine Trennlinie zu ziehen und den Beginn der modernen Geschichte zu markieren. Diesseits jener Linie sprechen die Menschen eine Sprache, die wir ohne weiteres verstehen, sie sind beseelt von Ideen und Sehnsüchten, die denen gleichen, von denen wir selbst beseelt sind, die Formen, in denen sie ihre Gedanken ausdrücken und ihre Handlungen aufzeichnen, sind dieselben wie die, die auch für uns noch maßgeblich sind. Wer sich mit Aufzeichnungen aus dem 15. und 16. Jahrhundert beschäftigt, wird auf einen extraordinären Wandel der Geisteshaltung stoßen, der sich überall auf unerwartete Weise zeigt. (Creighton 1902, 1 f.)

Der Autor sprach von dem, was damals oft als »Menschheitsbewußtsein« bezeichnet wurde. Moderne Menschen waren die, die »uns ähnlich sind«. Diese Bezugsgröße reichte bis ins 15. Jahrhundert zurück und beschränkte sich auf Europa und Nordamerika sowie alles, was unter deren Einfluß geriet. Die Moderne beherrschte das Denken in einem Ausmaß, das es unmöglich machte,

2 Auf die »große Schwierigkeit einer angemessenen Periodisierung von Moderne und Postmoderne« hat Bryan Turner (1990a, 1) hingewiesen.

den geringsten Abstand zu ihr zu wahren. Sie umfaßte sowohl »uns« als auch alles, was wir erstrebten. Und »wir«, der kleinere Teil der Menschheit, verstanden uns selbst als die ewig voranschreitende Vorhut der Geschichte. Die Moderne war keine vergängliche Erscheinung, sie marschierte unaufhaltsam und siegreich voran.

Eine neue historische Periodisierung ist nur möglich, wenn wir einen Weg finden, von der Gegenwart als einem neuen Zeitabschnitt zu sprechen. Wir müssen mit anderen Worten so zuversichtlich sein wie Creighton, daß es uns gelingt, einen Ausgangspunkt zu finden, um unsere Gegenwart von seiner Zeit unterscheiden zu können. Wie im weiteren Verlauf dieses Buches deutlich werden wird, verlangt dies auch, daß in der Perspektive des Globalen Zeitalters alle Teile der Menschheit als gleichwertig anzusehen sind. Diese Erkenntnis hat bereits Vorläufer. Fernandez-Armestos Buch (1995) über das vergangene Jahrtausend etwa, in dem der Geschichte Amerikas, Afrikas und Asiens die gleiche Wichtigkeit für das Verständnis der Gegenwart zukommt wie der Geschichte Europas, bereitet uns auf die dramatisch veränderte Sichtweise der neuen Epoche vor. Der Autor schließt mit zwischen Universalität und Diversität oszillierenden Überlegungen zur möglichen zukünftigen Entwicklung der neuen globalen Zivilisation (S. 710) und relativiert die konventionelle Definition der Moderne in hohem Maße, ohne sie freilich explizit in Frage zu stellen.

Eine solche Schilderung der neuen Globalität läßt sich als Aufforderung verstehen, das postmoderne Gefühl des Epochenendes hinter sich zu lassen und zu verkünden, daß ein neuer Zeitabschnitt begonnen habe: das Globale Zeitalter. Sie ermutigt uns, Abschied von der Vorstellung zu nehmen, daß die Moderne sämtliche anderen Epochen und Zivilisationen aus dem Feld geschlagen habe, und im Gegenteil zu begreifen, daß jede Beurteilung unseres Standortes in der Geschichte darauf eingerichtet sein muß, den Vorrang von Ideen aus anderen Zeitaltern und Kulturen anzuerkennen. Auf diese Weise können wir verdeutlichen, daß wir die Bedeutung der Grenzen der Moderne zu würdigen wissen und sie als die vergangene historische Episode betrachten, die sie ist, ohne ihre weltgeschichtliche Bedeutung als Expansion des Abendlandes zu verleugnen. Allerdings fällt uns das noch immer schwer, und um es uns leichter zu machen, müssen wir verstehen, auf welche Weise die

Moderne das Exklusivrecht über den Verlauf der Geschichte für sich beanspruchen konnte.

1.2 Von der Weltgeschichte zur Geschichte der Völker

Wie sich die große Geschichtsschreibung von der göttlichen Offenbarung abwandte und die Selbsterschaffung der Moderne feierte

Der in Oxford lehrende Historiker und Philosoph R. G. Collingwood schrieb die Idee einer Periodisierung der Geschichte den ersten Christen zu (1955, 56-59). Die Christen sahen die Geschichte als universale Schöpfungsgeschichte, die dem göttlichen Heilsplan folgte und durch heilige Ereignisse, allen voran Jesu Geburt, in Abschnitte gegliedert wurde. Vor diesem Hintergrund wird deutlich, wie die Moderne mit der Geschichte umging: Sie verwandelte sie in ein Werkzeug für die Herrscher der entstehenden Nationalstaaten. Später war es dann die Aufgabe der Geschichtsschreibung, den Nationalstaat als eine Errungenschaft des Volkes darstellen. Anfangs diente sie zur Instruktion junger Prinzen, die den Lauf der Ereignisse bestimmen konnten.

J.-B. Bossuet, der Bischof von Meaux, eröffnete seine im 17. Jahrhundert für den jungen Thronerben Frankreichs verfaßte *Abhandlung über die Weltgeschichte* mit der Bemerkung: »Während die Geschichte für andere Leute ohne Nutzen sein mag, müssen sich Prinzen mit ihr beschäftigen« (1681/1887, 1). Er führte dem Thronerben ein Panorama vor, in dem der Herrscher, von einem Gipfel aus über die Nation wachend, ein Gebiet überblickte, in dem alles und jedes ein potentieller Anlaß zur Sorge und zum Eingreifen sein konnte. Weit unter ihm lag, vor größeren Erschütterungen geschützt, das Milieu der gewöhnlichen Leute.

Umfänglich und ausführlich, detailliert und allgemeingültig lieferten Bossuets Ausführungen eine theoretische Grundlage für administrative und soziale Hierarchisierung. Da die Verantwortung der Höhergestellten mit der steten Ausweitung des Territoriums wuchs, konnte am Ende dieser Entwicklung nur eine Weltordnung mit einem einzelnen Herrscher an der Spitze stehen.

Die Idee, an der Bossuet seine Geschichtsschreibung ausrichtete, bildete zugleich das Fundament der gesamten Moderne: die Expansion der Herrschaft des Menschen über die Welt.[3] Eine Universalgeschichte mußte folglich in einem einheitlichen Menschheitsdiskurs verankert sein, der sich auf eine einzige Ereigniskette bezog und so eine einzige Welt herstellte. Das war das Projekt der Moderne. Die Universalgeschichte war dessen Darstellung, Errungenschaft und ständiger Begleiter. Allerdings verzeichnete sie menschliche, keine göttlichen Taten.

Der große Rationalist Voltaire (1694-1778) bekannte sich zur Methode des Bischofs und entwickelte sie auf exemplarische Weise weiter. In seinem *Siècle de Louis XIV* pries er Bossuets Erzählkunst. Dieser habe die Rhetorik in die Geschichtsschreibung eingebracht, »eine literarische Gattung, die dafür ungeeignet schien« (Voltaire 1751/1926, 360 f.). Die Universalgeschichte sollte eine »Große Erzählung« sein, die der Einteilung der Zeit in Epochen folgte.[4] Letztere dehnte Voltaire bis in seine eigene Zeit aus, so daß nun die Möglichkeit bestand, die Neuanfänge innerhalb der Gegenwart zu verzeichnen.[5]

Es kennzeichnete die neue Epoche, daß sie sich selbst als eine Zeit der Neuanfänge empfand. Schon um 1470 wurde der Beginn der »modernen« Musik auf das Jahr 1430 datiert. Mitte des 16. Jahrhunderts gab es eine »moderne« Malerei (Burke 1988, 33). Die

3 Edmund Husserl findet ähnliche Vorstellungen bei den Philosophen, die Zeitgenossen Bossuets waren, besonders bei Descartes. Er schrieb den »Begründern der Neuzeit« den Glauben zu, daß die Beherrschbarkeit sowohl der Natur als auch der Gesellschaft aufgrund der Vermehrung des Wissens zunehmen würde (1937/1954, 66 f.). Im Gegensatz zu ihm bin ich allerdings der Auffassung, daß die Moderne nicht allein von Intellektuellen begründet wurde.

4 Wie man geographische Räume nach großen Städten einteilt, so sollte man nach Bossuets Auffassung die Zeit nach wichtigen Ereignissen einteilen: »Wir nennen das, nach einem griechischen Wort für ›Halt‹, eine Epoche, weil Sie wie bei einer Rast Halt machen und über alles nachdenken, was vorher und was nachher geschehen ist; auf diese Weise vermeiden Sie Anachronismen, also jene Irrtümer, die auf der Verwechselung von Zeitabschnitten beruhen.« (Bossuet 1681/1887, 4)

5 Friedrich Meinecke vertritt die Auffassung, daß Voltaire »den Impuls zu seiner Inversion und Säkularisierung des christlichen Geschichtsbildes« von Bossuet erhalten hat. Daß Voltaire ein neues universelles Kulturideal auf eine neue Deutung der Universalgeschichte stützte, bezeichne den »Beginn einer neuen Ära des abendländischen Geistes«. Seitdem galt, daß »jedes neue große Ideal einer umfassenden geschichtlichen Begründung bedürfe«. Wie Meinecke sagt, bestand dabei die Gefahr, daß ideologische Tendenzen die geschichtliche Wahrheit verdunkelten (1959, 82 f.). Diese Gefahr besteht auch beim Schreiben über das Globale Zeitalter.

Epoche der Moderne begann mit einem Gefühl des Neubeginns, das sich sowohl aus Innovationen als auch aus Entdeckungen speiste. In besonderem Maße wurde es von der Vorstellung einer »Neuen Welt« getragen. Dieser später zum Klischee geronnene Begriff, den Amerigo Vespucci in einem offenen Brief an Lorenzo de Medici geprägt hatte (Ginzburg 1979, 121), reflektierte das Zusammentreffen zweier unterschiedlicher Phänomene, des Phänomens der Neuheit und des Phänomens des irdischen Daseins, die bis dahin verschiedenen Vorstellungsbereichen zugeordnet waren.

Das Auftauchen einer neuen Welt bedeutete eine von außen kommende Herausforderung des Bestehenden, denn dieses Neue war nicht auf Fortschritte der Künste und Wissenschaften, sondern auf die Existenz anderer Menschen zurückzuführen, die eine reale, lebendige Alternative zu dem darstellten, was man bis dahin für die Welt gehalten hatte. Die »neue Welt« wurde schnell zu einem Bild, das die Möglichkeit einer neuen Gesellschaftsordnung, eines Utopias auf Erden, eröffnete. Plötzlich waren Alternativen denkbar, nicht nur in der Kunst, sondern auch im Hinblick auf Institutionen und Lebensweisen.

Einfache Leute wurden durch die »neue Welt« erregt, etwa der Müller Menocchio (1532-1599) aus einem Dorf im Friaul, dessen Spekulationen über solch gefährliche Themen wie Alternativen zur herrschenden Ordnung seiner Zeit, nach seinen eigenen Angaben angeregt durch die Lektüre der Reisebücher eines Sir John Mandeville, ihn für die Kirche so unbequem machten, daß er auf dem Scheiterhaufen verbrannt wurde (Ginzburg 1979, 72). Die Impulse, die Europa schon seit längerem aus dem Kontakt mit fremden Kulturen bezogen hatte, wurden durch diese Entdeckung beträchtlich verstärkt. Für einen intelligenten Bauern, der immerhin Bürgermeister seines Dorfes war, resultierten daraus der Vorwurf der Häresie und die Hinrichtung. Den gebildeten Bürgermeister von Bordeaux, Michel de Montaigne (1533-1592), brachte dasselbe Phänomen zum Nachdenken über den Untergang der alten Welt und die Verderbtheit, mit der sie die neue angesteckt habe (Montaigne 1580/1992, Bd. 3, 23 f.). Für Montaigne machte die neue Welt die Willkür der Sitten seiner Heimat deutlich und übertraf in ihrer Einfachheit noch das reine Utopia, das sich die Philosophen der Antike vorgestellt hatten (Bd. 1, 371 f.). Ihre Existenz bestärkte seine Überzeugung vom erzieherischen Wert des Reisens. Die Kindererziehung sollte von der Verschiedenheit der Sitten innerhalb der Welt ausgehen (Bd. 1, 256).

Berichte aus dem nun so genannten »Amerika« hatten bereits Sir Thomas Morus' *Utopia* (1516/1970) angeregt und inspirierten neben Montaigne eine Reihe libertärer Denker und radikaler Reformer wie Rousseau und Thomas Paine (Weatherford 1988, 117-131). Diese neue Welt galt es aber auch zu erobern, mit europäischen Regierungsformen zu überziehen und zum Christentum zu bekehren. Sie wurde ganz bewußt als Schauplatz gewählt, um eine von der Last der alten befreite, neue Zivilisation zu schaffen. Aus der »neuen Welt« wurden dann die Vereinigten Staaten, in denen sich die Moderne fast gänzlich unbeeinflußt von alten Hypotheken entwickeln konnte.

Das Gefühl fortwährender Innovation hielt die Epoche zusammen. Es war die dauerhafte Grundlage ihres Selbstverständnisses. Im Jahre 1895 begann Lord Acton, der kurzzeitige, aber brillante Inhaber des Lehrstuhls für neuere Geschichte in Cambridge, seine Antrittsvorlesung mit den Worten: »Die Neuzeit ging nicht in der normalen Abfolge und mit den äußerlichen Kennzeichen eines legitimen Erben aus dem Mittelalter hervor. Unangekündigt begründete sie eine neue Ordnung unter dem Gesetz der Innovation und untergrub die überkommene Herrschaft der Kontinuität.« (1906, 3) Daß sich dies bis in seine Zeit nicht geändert hatte, war die zentrale These seines Werks: »Es ist unsere Geschichte, die Chronik unseres eigenen Lebens, die von Bestrebungen erzählt, die wir noch nicht aufgegeben haben, und von Hindernissen, über die wir noch immer stolpern und die uns nach wie vor quälen.« (S. 8)

Diese Erfahrung des Neuen als Zeitgenössisches ist auch das wichtigste Argument der modernen Denker gegen das Ende der Neuzeit. Kann es je eine neue Epoche geben, wenn die Moderne alles Neue für sich beansprucht? Können wir uns selbst überhaupt als nichtmoderne Menschen vorstellen? Oberflächlich betrachtet sollte das doch möglich sein. Wenn die Moderne eine Epoche ist, kann sie sicherlich enden wie jede andere Epoche auch. Wenn sie dagegen das Neue selbst verkörpert, dann scheint sie das Geheimnis unaufhörlicher Selbsterneuerung zu kennen. In der Moderne wird der Mensch (der Mann in weit höherem Maße als die lediglich für Nachwuchs sorgende Frau) zu einer Art Gott. Um dieses Paradox aufzulösen, müssen wir die spezifische Mischung von Erzählkunst und wissenschaftlicher Theorie untersuchen, die die Moderne in die Lage versetzte, die Kuh zu melken, die sie geschlachtet hatte – also sich als eine neue geschichtliche Epoche zu begründen, die niemals von einer weiteren abgelöst werden kann.

1.3 Die Lehre von den Epochen der Geschichte

*Wie Marx' materialistische Version des aristotelischen »Mythos«
lediglich durch die deprimierende Aussicht einer ewig währenden
Moderne ersetzt wurde*

In der frühen Neuzeit war die Geschichtsschreibung noch eine Form der Erzählung und als solche der Doktrin unterworfen, in den Selbstdarstellungen der Menschheit nach einem tieferen Sinn zu suchen. Als Darstellung von Fakten war die Geschichtsschreibung in der klassischen griechischen Theorie ausdrücklich der Poesie untergeordnet, die die grundlegendere Wirklichkeit erforschte. Doch dies beförderte den Gedanken von historischen Epochen eher. Denn Aristoteles forderte in seiner *Poetik*, daß jede Erzählung von menschlichen Angelegenheiten eine poetische Struktur aus einem Anfang, einem Mittelteil und einem Ende haben müsse. Es war diese Struktur, der Plot (Mythos[6]), der den Ereignissen einen Sinn verlieh.

Daß Aristoteles dabei besonderen Wert auf den Beginn des Plots legte, paßte hervorragend zur praktischen Erfahrung des Neuentdeckens in der Moderne. Die Suche nach den Ursprüngen war eine Lieblingsbeschäftigung der neuzeitlichen Geschichtsgelehrten. Für den einsamen Genius Giambattista Vico (1668-1744), Professor für Rhetorik in Neapel, wurde sie zu einer Obsession. In seiner *Scienza Nuova* versuchte er in drei Auflagen 1725, 1730 und 1744 das Rätsel des Ursprungs der Nationen zu lösen.

»Die Natur der Dinge ist nichts anderes, als ihr Entstehen zu bestimmten Zeiten und unter bestimmten Umständen« (Vico, zi-

---

6 Mit »Mythos« bezeichnet Aristoteles hier die »Zusammensetzung der Geschehnisse«, also eine Handlungsstruktur, eine Fabel (1994, S. 19). (A. d. Ü.)

tiert nach Meinecke 1959, 63). Auf der Suche nach den Ursprüngen finden die Forscher Anhaltspunkte in der Sprache, in Sprichwörtern und vor allem in Fabeln und Mythen. Die Hervorbringungen des menschlichen Geistes enthalten Elemente, deren sich ihre Produzenten nicht bewußt sind. Deshalb sind sie eben nicht Werke einzelner Autoren, sondern spiegeln die praktische Erfahrung einer ganzen Gesellschaft und reichen darüber hinaus bis ins Allgemeinmenschliche (Said 1975/1978, 347-381). Der Geist einer Epoche lebt daher in jedem ihrer Zeitgenossen.

Es gab noch einen anderen aristotelischen Topos, der das neue Geschichtsverständnis inspirierte. Die Wechselbeziehung, in der Tatsachen und Ereignisse miteinander stehen, also der Mythos, verlagerte das Interesse vom einzelnen Autor auf die kollektive Geschichte. Wenn man Zusammenhänge über verschiedene Räume und Zeiten hinweg verfolgte, konnte man Vergleiche nicht nur zwischen Zeitgenossen, sondern auch zwischen ihnen und ihren Vorfahren anstellen. Der Ruhm für das Aufspüren der inneren Verknüpfung von kollektiver Kultur und Geschichte gebührt einem Historiker der Stadt Osnabrück, Justus Möser (1720-1794). Er behauptete, daß die Strukturprinzipien, die für einen Ort gelten, ebenfalls auf Zeitabschnitte zutreffen. Gemäß seinem Motto »Jede Zeit hat ihren Stil« (Meinecke 1959, 329) zeigte er die Verwandtschaft des autorlosen Textes der Geschichte mit den Prinzipien der aristotelischen Poetik auf.[7]

Kurz: Am Beginn der Hochmoderne, im Jahrhundert der Aufklärung, war die Menschheit der kollektive Autor alles Neuen, aller Neuanfänge geworden. Gleichzeitig mußte die Geschichte eines jeden Autors aus poetischen Gründen stets einen Anfang, eine Mitte und ein Ende haben. Die Spannung zwischen diesen beiden Auffassungen blieb bis zum Ende der Moderne bestehen. Aus ihr gingen die Sozialwissenschaften hervor. In ihnen verschmolz das wissen-

---

7 In seiner klassischen Darstellung der *Kultur der Renaissance in Italien* (1860) übernahm Jacob Burckhardt Mösers Grundsätze und wandte sie auf die Entstehung der Moderne an. Diese unterscheide sich vom Mittelalter aufgrund ihres Individualismus, der Auffassung, daß Begabung wichtiger sei als durch Geburt erworbener Rang, und durch die Wiederentdeckung der antiken Literatur. Burckhardt beteuerte, daß in der Renaissance ein Zusammenhang zwischen allen Aspekten des Lebens von der Mode bis zu den Feierlichkeiten, von der Sprache bis zur Zoologie bestanden habe. Das gesamte gesellschaftliche Leben sei von einer Eigenart durchdrungen gewesen, die in deutlichem Kontrast zum Mittelalter gestanden habe (Burckhardt 1860/1944, 217).

schaftliche Interesse an Ursprüngen mit einer Erzählung der Menschheitsgeschichte. Auf diesem Gebiet repräsentierte vor allem Karl Marx, der aus der Geschichte eine Wissenschaft machen wollte, den Versuch der Moderne, ihre Widersprüche aufzulösen. Marx tat Mösers *Patriotische Phantasien* in einer knappen Fußnote ab. Sie zeichneten sich dadurch aus, »daß sie nicht einen Augenblick den biederen, kleinbürgerlichen ›hausbackenen‹, gewöhnlichen, bornierten Horizont des Philisters verlassen und dennoch reine Phantastereien sind« (Marx 1975a, 581).[8] Eine typisch Marxsche Polemik, die aber mehr als eine bloße Beschimpfung war. Der historische Materialismus, den Marx und Engels entwickelten, enthielt in seinem Kern eine Theorie der Abfolge geschichtlicher Epochen: die Aufeinanderfolge von antiker Welt, Mittelalter und Neuzeit, und machte sich nicht die Mühe, die damals allgemein akzeptierte Epochenaufteilung der europäischen Geschichte in Frage zu stellen.

Aber er ging noch viel weiter. Jede Epoche hatte, frei nach Aristoteles, Anfang, Mitte und Ende. Zudem hatte jede ihren Plot, die Geschichte der Entwicklung der Produktivkräfte, deren Widerspruch zu den sozialen Verhältnissen der Zeit immer schärfer wurde, bis schließlich die alte Gesellschaftsform einer neuen Platz machte. Diese umfassende Bewegung betraf jeden Aspekt im Leben der Menschen.

Keine Erzählstruktur könnte dramatischer sein. Auf ihr beruhte das *Kommunistische Manifest* von 1848: »Die aus dem Untergange der feudalen Gesellschaft hervorgegangene moderne bürgerliche Gesellschaft hat die Klassengegensätze nicht aufgehoben.« (Marx 1971, 818) Die »moderne Industrie« habe im Gefolge der Entdeckung Amerikas den Weltmarkt etabliert. Parallel dazu sei die »moderne Bourgeoisie« entstanden und habe als ihre eigene Agentur den »modernen Staat« hervorgebracht.

8 Die Stelle findet sich in den *Ökonomisch-Philosophischen Manuskripten* (1844) im Zusammenhang mit Marx' Darstellung der erbitterten Feindschaft zwischen dem Grundeigentümer und dem Kapitalisten. Möser gehöre zu den Autoren, die dem Selbstverständnis des Landbesitzers schmeichelten, indem sie seine edle Abstammung, sein schwärmerisches Wesen, seine politische Wichtigkeit und die Poesie der Erinnerung beschworen, während sie den Kapitalisten als herzlosen, das Gemeinwesen verschachernden »Geldschurken ohne Ehre, ohne Grundsätze, [...] ohne alles« schilderten (Marx 1975a, 581). Neben Möser nennt Marx u. a. den Schweizer Wirtschaftsromantiker Sismondi; auf der Gegenseite sah er u. a. Saint-Simon, Ricardo und Mill.

Dreimal »modern« – Marx und Engels schrieben eine Geschichte der Moderne. Dies war ein beständiger zentraler Bestandteil ihrer Arbeit, ihrer bewußt verfolgten Lebensaufgabe.[9] 1846 unternahmen sie in der *Deutschen Ideologie* den Versuch, das idealistische Geschichtsverständnis abzulösen. Dessen Grundirrtum lag für sie in dem Glauben, Geschichte könne vom Standpunkt der Überzeugungen historischer Akteure geschrieben werden. Das sei die Illusion der Epoche: »Sie glaubt jeder Epoche aufs Wort, was sie von sich selbst sagt und sich einbildet.« (Marx 1971, 59)

Ihr materialistisches Geschichtsbild hingegen erklärte Ideen aus der materiellen Praxis heraus. Anhand der sozialen Verhältnisse, der Produktionsweisen, des Verhältnisses, in dem diese zur Natur standen, sowie der vorhandenen Geldmittel zeigten sie, daß jede Generation eine bestimmte Situation vorfand und sie ihren Nachkommen verändert übergab. Der Historiker müsse die Ideen aus der konkreten Situation der Menschen ableiten, nicht aus dem »Gebiete des ›reinen Geistes‹« (S. 48).

Marx und Engels schrieben eine Geschichte der Moderne ohne einen *Begriff* von Modernität. Sie akzeptierten umstandslos den konventionellen Gebrauch des Wortes modern, weil dieser ihrer Meinung nach den der Geschichte zugrunde liegenden Strukturen entsprach, die sie mit ihrer Methode aufdeckten. Die Idee der Modernität wurde dabei keineswegs von der Moderne verkörpert, vielmehr verdienten die Veränderungen in einem bestimmten historischen Zeitabschnitt das Etikett »modern« – und zwar weil sie in einem tiefen realen Zusammenhang wurzelten, der den historischen Akteuren selbst nicht bewußt war.

Mit anderen Worten: Marx und Engels fanden eine konkrete Antwort auf unsere aristotelische Frage nach den Zusammenhängen, die den erzählerischen Plot, den Mythos, ausmachen. Es waren nicht die Zusammenhänge eines ungreifbaren »Epochenstils« und

9 Ein Jahr nach Erscheinen des *Kommunistischen Manifests* hatte Marx Gelegenheit, seine Theorie unmittelbar anzuwenden, als er sich vor einer Kölner Geschworenenkammer wegen »Aufreizung zur Rebellion« verantworten mußte. Er bezweifelte die Rechtmäßigkeit einer Aufforderung zur Entrichtung von Steuern mit der Begründung, daß die gesetzgebende Körperschaft, der Vereinigte Landtag, keinerlei Legitimation habe, da er »vor allem das große Grundeigentum« vertrete, »die Grundlage der mittelalterlichen, der feudalen Gesellschaft. Die moderne bürgerliche Gesellschaft, unsere Gesellschaft, beruht dagegen auf der Industrie und dem Handel.« (Marx 1975b, 102) Marx wurde freigesprochen.

ganz bestimmt nicht die des Hegelschen »Geistes«. Es waren real existierende, grundlegende Verknüpfungen von Menschen, Kräften und materiellen Bedingungen, die nur mit einer soliden wissenschaftlichen Theorie erklärt werden konnten. Marx und Engels befanden sich auf der Suche nach einem Heiligen Gral, von dem marxistische und nichtmarxistische Intellektuelle während der gesamten Moderne träumten. Sie waren zutiefst überzeugt, daß es möglich sei, wissenschaftliche Gesetze zu entdecken, grundlegende Entwicklungsprozesse zu bezeichnen und tiefere Schichten der Realität aufzudecken, die die Menschen in die Lage versetzen würden, den Lauf der Geschichte selbst zu bestimmen. Geschichtsschreibung und Wissenschaft würden eins sein.

In gewisser Weise bildet der Historische Materialismus den Höhepunkt der Epochentheorie. Trotz seiner bissigen Urteile über idealistische Historiker übernahm er die damals üblichen Unterscheidungen und suchte sie auf eine Art wissenschaftliche Grundlage zu stellen. Er war also eine hochmoderne Schilderung der Moderne. Andererseits bedeutete der Historische Materialismus den Niedergang der Epochentheorie. Denn seine Vorahnung von einer und sein Hinarbeiten auf eine Revolution versetzten die Herrschenden derart in Aufregung, daß weite Bereiche sowohl sozialwissenschaftlicher als auch allgemeinpolitischer Aktivitäten für den Rest der Neuzeit der Abwendung dieser Bedrohung gewidmet wurden.

Die Folge davon war, daß jede Vorstellung vom Ende der Moderne zugunsten einer Vorstellung unterdrückt wurde, die die Moderne letztendlich zu ewigem Fegefeuer verdammte. Der Untergang des Abendlandes wurde mit dem Ende jeglicher Zivilisation gleichgesetzt, die Alternative hieß, sich endlos weiterzuplagen. Im spätmodernen Diskurs des 20. Jahrhunderts bekämpften Oswald Spengler und Max Weber die marxistische Vision eines neuen Zeitalters, doch am Ende ihrer Debatte stand eine Zukunft, die nichts anderes versprach als immer mehr vom gleichen.

Spengler griff im *Untergang des Abendlandes* (1918-22) eine nach dem Ende des Ersten Weltkriegs verbreitete Stimmung auf. Bezeichnenderweise verwarf er schon in der Einleitung das dreifaltige Epochenschema Altertum, Mittelalter und Neuzeit. Er ersetzte es durch eine Konzeption des organischen Wachstums, der Reife und des Verfalls einzelner Kulturen, in der jedes historische Ereignis als Anzeichen für ihre Kräftigkeit interpretiert wurde.

Spengler verneinte die Universalität des abendländischen Lebensstils. Folglich lobte er Marx dafür, daß er die größte Errungenschaft der bürgerlichen Gesellschaft in der maschinellen Produktion erblickte, tadelte ihn aber wegen seines Festhaltens am alten Drei-Epochen-Schema und weil er nicht bemerkt habe, daß die weltweite Tyrannei der Technik von älteren Kulturen wie der russischen, der jüdischen, der indischen, arabischen und japanischen abgelehnt werde. Zudem sei das Abendland auch deshalb dem Untergang geweiht, weil das Geld die Herrschaft der Maschine bedrohe, um dann seinerseits vom Schwert verdrängt zu werden (Bd. 2, 626-629).

Das Buch war grell, auf intellektuelle Art antiwissenschaftlich, machte jedoch auf so einfallsreiche Weise vom damals verfügbaren Wissen Gebrauch, daß Spengler kühne Zukunftsalternativen entwerfen und gleichzeitig die weit gelehrter argumentierenden Anhänger der Drei-Epochen-Tradition kritisieren konnte. Tatsächlich eröffnete er Ausblicke auf bis dahin ungeahnte Möglichkeiten, wenn auch so, als gelte es, sie zu verhindern. Mit seiner These, daß es in der Zukunft notwendigerweise eine Rückkehr zu den Waffen geben werde, war das Buch eine Art Begleitmusik zu den Gemetzeln des 20. Jahrhunderts.

Max Weber wollte die Moderne von diesen Apokalypsen befreien. Er lehnte sowohl die marxistische Geschichtswissenschaft als auch Spenglers Vision der bevorstehenden Zerstörung ab.[10] Dem Vorrang materieller Faktoren auf Kosten der Ideen konnte er nicht zustimmen. Ebensowenig war er damit einverstanden, daß

10 Vier Monate vor Webers Tod trafen er und Spengler 1920 bei einer von Studenten veranstalteten Diskussion in München aufeinander. Weber griff Spengler scharf an, weil er sich über Marx' Prophezeiungen lustig mache. Spengler habe keine Möglichkeit nachzuweisen, ob eine Sache vom Erblühen oder vom Niedergang einer Zivilisation zeuge. Seine Vorhersagen seien auch nicht besser, als wenn einer sage, daß heute die Sonne scheine, es aber mit Sicherheit eines Tages regnen werde. Auf der anderen Seite würde Marx, käme er wieder auf die Welt, viele seiner Erwartungen bestätigt finden (Baumgarten 1964, 554). Es war ein eindrucksvolles Aufeinandertreffen. Webers intellektuelle Entwicklung näherte sich einer vergleichenden Kulturwissenschaft, die eine oberflächliche Ähnlichkeit mit Spenglers Forschungen aufzuweisen schien. Es war offensichtlich, daß er diesen Eindruck unbedingt vermeiden wollte. Gleichzeitig blieb er durch die Art und Weise, in der er sich von Marx distanzierte, in einem Denkmodell befangen, das nahezu keine Zukunftsoffenheit zuließ.

die Geschichtsschreibung auf einer theoretischen, politischen Ökonomie gründen solle. Statt dessen wandte er sich der Begründung einer ebenfalls auf Fakten beruhenden, komplexen Geschichtstheorie zu, der zufolge sich die westlichen Gesellschaften aufgrund einer sich stets ausweitenden und vertiefenden Rationalisierung aller Lebensbereiche entwickelten.

Diese These vom Rationalisierungsprozeß ging auf die Ursprünge des modernen Kapitalismus ein und brachte das berühmte Postulat vom Einfluß der protestantischen Ethik auf die wirtschaftlichen Aktivitäten hervor. Weber ließ sich ausdrücklich auf die materialistische Geschichtsvorstellung ein. Doch schon bald hatte er diese in eine vergleichende Interpretation der Entwicklung der abendländischen und östlichen Zivilisationen verwandelt und begann, von einem spezifisch westlichen Rationalismus zu sprechen, der seine Wurzeln in der Antike habe.

Weber vertrat die Auffassung, daß die Geschichte aus einer unendlichen Vielfalt kausaler Zusammenhänge hervorgehe. Einen Primat materieller oder anderer Faktoren lehnte er ab. Der moderne Kapitalismus wurde demnach von dem plötzlichen, kontingenten Einfluß der protestantischen Ethik vorangetrieben, die tief in der abendländischen Geschichte verwurzelte Praktiken und Institutionen veränderte, etwa Justiz, Verwaltung und Stadtplanung.

Aufgrund seines Verzichts auf ein streng kausales Modell der gesellschaftlichen Entwicklungsprozesse in der Moderne brauchte Weber einen Leifaden, an dem er seine multiplen Ursachenverknüpfungen ausrichten konnte. Daß er diesen Leitfaden in der Rationalität sah, war in gewisser Hinsicht besonders modern, andererseits führte es aber zu einem Geschichtsbild, dessen Ursprünge im Denken der Griechen lagen und das die Zukunft als eine unbegrenzte Ausdehnung des Immergleichen erscheinen ließ: als eine Steigerung der Rationalität.[11]

Wenn man unter dem spezifisch Modernen die Rationalität und nicht einen Zeitabschnitt versteht, wird die Moderne zur grundlegenden Bedingung des Abendlandes, zu einem stählernen Gehäuse, aus dem es kein Entrinnen gibt. Diese vernunftbestimmte

---

11 Zur Bedeutung des Begriffs Steigerung in Webers Werk s. Albrow (1990a, 238). Wie oft bei Weber geht der Begriff auf Goethe zurück (Meinecke 1959, 569).

Moderne läßt nur noch eine vernünftige Antwort in Form einer Kritik oder die romantische Weltflucht zu, die Weber ablehnte. Es wurde darauf hingewiesen, daß nach Webers Darlegungen die Politik in der Moderne sich darauf beschränken kann, eine Art subjektive Herrschaft über die abstrakte Objektivität der Welt auszuüben (Scaff 1989, 240). Weber war in den Klauen einer unbegrenzten Moderne gefangen, der nur durch persönliche Entscheidungen zu entrinnen war. Eine neue Epoche würde es in der Menschheitsgeschichte nicht mehr geben.

1.4 Für eine Geschichtsschreibung der Gegenwart

Der Versuch, die Gegenwart als Geschichte im Werden zu verstehen

Tatsächlich waren es also die Sozialwissenschaftler, die, im Einklang mit der Zeit, zuweilen in der Nachfolge Webers, manchmal unabhängig von ihm, die Vorstellung einer unbegrenzten Moderne beförderten. Sie verwarfen Marx' Theorie der epochalen Umwälzungen und machten aus den Gesellschaftswissenschaften ein Instrument zur Erforschung der Gegenwart als ungebrochene Fortführung der Vergangenheit. In heimlichem Einverständnis mit ihnen warfen die Historiker die Epochentheorie über Bord und taten so, als erforschten sie als Wissenschaftler Ereignisse der Vergangenheit.

Dies gilt selbst für R. G. Collingwood, den entschiedenen Vertreter einer Historiographie, die sich an der Geschichte des menschlichen Bewußtseins orientiert. Seine *Philosophie der Geschichte* (1946, dt. 1955) führte eine Historikergeneration zu der Vorstellung, daß sich ihre Wissenschaft auf die Interpretation von Quellenmaterial zu beschränken habe. Natürlich war auch Collingwood der Auffassung, daß die Geschichte einen Plot brauchte, aber er folgte dabei eher dem Muster »Wer war der Täter?« als dem Vorbild einer Tolstoischen Epik, und die Kunst bestand für ihn in der Schlußfolgerung aus Tatsachen, nicht im Erzählen. Dies ermöglichte ihm, eine vergleichende Interpretation von Kulturen wie Toynbees umfangreiche *Study of History* (1939-61) mit einem einzigen Federstrich als »schematisierte« Geschichtsschreibung abzutun, die alles in Schubladen mit den Aufschriften »Epoche« und »Gesellschaft« einordne. Um die Würde der Geschichte zu wahren, reduzierte Collingwood Erzählung zu einer Detektivgeschichte.[12] Das Schreiben über Epochen war für ihn zwar ein »Beweis für ein bereits fortgeschrittenes und reifes geschichtliches Denken« (1955, 62), aber Epochen als Gegenstand historischer Forschung nahm er nicht zur Kenntnis. Er warf Toynbee »Positivismus« vor, weil er sich mit der Klassifizierung von Kulturen befaßte, aber er selbst war durch die Betonung wissenschaftlicher Schlußfolgerung ebenso positivistisch.

Das Bild zweier wichtiger Protagonisten der Geschichtsschreibung, die in der Mitte des 20. Jahrhunderts den Vorrang des Menschen verkünden und dabei miteinander um die Krone der »Wissenschaft« wetteifern, gehört zu den kostbarsten Ausstellungsstücken im Museum der Moderne. Inzwischen ist die Erzählkunst wiederentdeckt worden, und ihr kommt erneut eine zentrale Funktion bei der Interpretation von Geschichte zu. Dies bringt nicht nur die Problematisierung von Erzählstrukturen, sondern einen umfassenderen Wandel mit sich, der von Begriffen wie »Diskurs« und »Konstruktion« signalisiert wird (vgl. White 1987).

Letztendlich betrieb Collingwood den Ausverkauf der Geschichte. Er unterschätzte den Einfluß der Vergangenheit auf das Leben der Menschen (vgl. Carr 1986). Denn die Umwälzungen der Moderne sind nicht von Historikern erfunden worden, weder von Schubladendenkern noch von anderen. Die Moderne wurde von dem tiefsitzenden Gefühl beherrscht, daß die Zeiten sich änderten, und sie überdauerte mit Hilfe der ständigen Reproduktion von Modernität im Alltag der Menschen, in den Hypothesen der Wissenschaft und in der politischen Ideologie. Obwohl nicht die Historiker bestimmen, in welchem Rahmen sich die historische Forschung bewegt, sollten sie diesen keinesfalls für gegeben halten. Ihre Pflicht gegenüber der Öffentlichkeit ist es eher, dieser vor Augen zu führen, wie jener Rahmen konstruiert wurde und wie er sich ändern könnte. Für eine Theorie der Epoche ist dies unverzichtbar.

12 Umberto Eco hat in seinem Roman *Der Name der Rose* (1982) Collingwoods Vorgehensweise umgekehrt und aus einer Detektivgeschichte einen fiktiven historischen Bericht gemacht.

Collingwoods Vorbild folgend, halten Historiker seither die Periodisierung für ein relativ oberflächliches Ordnungsinstrument. Die Epochentheorie überlassen sie – wenigstens soweit es die Moderne betrifft – den Theoretikern der Moderne, den Literatur- und Philosophie- sowie den Sozialwissenschaftlern. Ihre entschiedensten Verfechter hat die Epochentheorie in den Marxisten gefunden, die unbeugsam an den Untergang des Kapitalismus glauben. Durch ihren Widerstand gegen Webers Darstellung einer grenzenlosen Moderne wurde dem, was von der Epochentheorie übriggeblieben ist, eine ideologische Dimension verliehen, die es nicht leichter, sondern eher schwerer macht, in ihr ein Arbeitsgebiet des professionellen Historikers zu sehen.

Im 20. Jahrhundert haben die Sozialwissenschaften die Moderne vor allem mit Kapitalismus, Industrialisierung und Modernisierung identifiziert und deren Relevanz innerhalb jeder Gesellschaft als Schlüssel für zukünftige Entwicklung betrachtet. Begriffe wie »kapitalistische Gesellschaft«, »Industriegesellschaft« und »moderne Gesellschaft« prägen die Diskussion. Alles, was wie ein Niedergang oder Wandel von Kapitalismus, Industrialisierung oder Moderne aussieht, wird daher als Vorzeichen einer »Post-Epoche« verstanden, in der die Gesellschaft in einem fürchterlichen Chaos versinkt.

Aus Sicht des Historikers liegt das Problematische darin, daß diese Betrachtungsweise Theorie und Geschichte durcheinanderbringt. Die Wendepunkte einer Epoche können nicht aus theoretischen Zusammenhängen hergeleitet werden – die konkrete »Entdeckung« der Neuen Welt zum Beispiel veränderte die Umstände nachhaltig, unter denen diese Zusammenhänge wirken konnten. Ein solches Ereignis läßt sich nicht theoretisch ableiten, ebensowenig wie umgekehrt der Nationalstaat als Folge der Erfindung des Schießpulvers angesehen werden kann.

Für den Historiker gibt es keinen Grund zu der Annahme, daß Schlüsselereignisse lediglich auf einem Gebiet stattfinden. Der Anstoß für Umwälzungen mag aus der Religion herrühren oder aus der Ökonomie, aus der Wissenschaft oder der Politik, aus einer Seuche oder neuen Ideen. Insoweit ist Webers Modell der Vielfalt der Einflüsse zutreffend und im Einklang mit der nachfolgenden Geschichtsschreibung. Auf jedem Gebiet kann das epochale Ereignis eintreten, es kann eine wissenschaftliche Entdeckung, eine Revolution, eine Naturkatastrophe, ein Konjunktureinbruch oder das Erscheinen eines Propheten sein. In diesem Sinne ist eine historische Zeitspanne der Entwicklungsgang einer Zivilisation und nicht ein Abschnitt in einem wissenschaftlich bestimmbaren Prozeß.

Der Epochenbegriff wirft das Problem der Bestimmung des Ausmaßes und der Grenzen einer Zivilisation auf. Dazu kommt die Schwierigkeit, historische Ursprünge zu eruieren. Wie bei Zivilisationen muß man auch bei historischen Zeitabschnitten von einer Interaktion verschiedener Bereiche oder Gebiete ausgehen. Diese Interaktion ist weder chaotisch, noch erscheint sie den Akteuren sinnlos. In jeder Epoche wird dabei eine spezifische Faktorenkonstellation aus Sicht der Zeitgenossen eine überragende Bedeutung gewinnen und von diesen mit einer entsprechenden Bezeichnung versehen werden.

Der Sozialwissenschaftler unterschätzt die Eigenarten der Moderne, wenn er diese auf die Ökonomie, den Kapitalismus oder die Industrialisierung reduziert. Kein Zeitalter kann auf die Dominanz eines einzigen Faktors eingeschränkt werden. Wenn man denn schon einem Faktor der Moderne eine Vorrangstellung beimessen will, dann ist es der Nationalstaat und nicht die Ökonomie. Das soll nicht heißen, daß der Kapitalismus bedeutungslos sei. Er hat die Moderne überlebt und im Globalen Zeitalter neue Formen angenommen. Dagegen wird die historische Begrenztheit des Nationalstaats sichtbar, da er sich heute zunehmend als eine unter mehreren Formen der Machtausübung erweist.

Man kann die Sozialwissenschaftler wegen ihres reduktionistischen Vorgehens bei der Beschreibung der Zeitalter kritisieren, aber man muß ihnen zugute halten, daß sie die Geschichte ernst nehmen. Die Historiker berücksichtigen weit umfassender als die Sozialwissenschaftler die Fakten, nehmen aber bei der Periodisierung eine relativistische Haltung ein. Dennoch suchen sie häufig bei einer Ressource Zuflucht, die auf den vagen Vermutungen mehrerer Generationen beruht, deren Zeit »Moderne« genannt wird. Genau wie ein Orts- oder Personenname bezeichnet der Name einer Epoche etwas Einmaliges. Banale Daten genügen da ebensowenig wie kartographische Hinweise oder eine persönliche Kennzahl.

Es geht dabei nicht um eine willkürliche Klassifizierung, um ein Schubladendenken oder eine Schematisierung, wie eine oberflächliche, arrogante Betrachtungsweise nahelegen könnte. Die Erkenntnis und Einsicht, die es Toynbee ermöglichten, als einer der ersten das Entstehen eines postmodernen Zeitalters zu postulieren, erwuchsen aus seinem genauen Verständnis der spezifischen Merkmale der Moderne im Vergleich mit anderen Epochen. Er begriff die Gegenwart, weil für ihn die Geschichte im Leben eines jeden Menschen präsent war.[13]

Die Periodisierung der Geschichte ist demnach eine Quelle des historischen Verständnisses der Gegenwart und kein Relikt veralteter Gelehrsamkeit. Sie macht die Widersprüche deutlich, die wir in der Idee einer ewig währenden Moderne aufgedeckt haben, erklärt die herrschende apokalyptische Stimmung und zeigt diese beiden Phänomene als Symptome dessen, was geleugnet wird, daß nämlich die Moderne von einer anderen Epoche abgelöst werden kann und tatsächlich bereits abgelöst worden ist.

1.5 Determinismus und Modernität

*Warum es keine Formel gibt, aus der man die Charakteristika
einer Epoche ableiten kann*

Der grundlegende Fehler des historischen Materialismus war der Versuch, die Abfolge der Zeitalter aus Veränderungen des abstrakten Verhältnisses von Kapital und Arbeit herzuleiten. Derselbe Irrtum wohnt sozialwissenschaftlichen Beschreibungen der Moderne inne, die diese aus einer abstrakten Modernität ableiten wollen. Zwar dominierte in der Moderne der Modernisierungsprozeß, der sich in Zeit und Raum stetig ausdehnte und keinerlei

---

13 David Carr (1986) bewerkstelligte die Verknüpfung von Phänomenologie und Historiographie, indem er behauptete, daß ein Bewußtsein der Vergangenheit unreflektierter Hintergrund jeder praktischen Erfahrung sei. Die Geschichte ist demnach nicht nur ein ergänzender, sondern ein wesentlicher Bestandteil der menschlichen Existenz, und das Vorgehen des Historikers besteht einfach darin, diesen Hintergrund zu thematisieren. Die Geschichtsschreibung ist mit anderen Worten in der spezifischen Natur der menschlichen Wirklichkeit verankert – diese Auffassung unterscheidet sich sehr von der Hayden Whites (1987), der die Zufälligkeit und den Überlieferungscharakter aller Schilderungen betont.

Einschränkung anerkannte. Doch waren bei weitem nicht alle ihre Bereiche modern. Die Moderne erlebte religiöse Intoleranz, Rassismus, unsagbare Grausamkeiten, ein enormes Bevölkerungswachstum, Kriege von beispielloser Zerstörungskraft, Sklaverei und die Vernichtung von Arten und Lebensräumen. Zwar wurde die technische, disziplinierende und berechnende Rationalität häufig als Ursache dieser Phänomene bezeichnet, doch reicht sie zur Erklärung der dämonischen Eigenschaften der Moderne nicht aus. Wenn wir wie Marx und Weber die Rationalität als Kernstück der Moderne betrachten, müssen wir auch wie sie die kontingenten Elemente dieser Epoche zur Kenntnis nehmen. Die Moderne ausschließlich als Produkt des rationalen Denkens zu betrachten heißt, einem radikalen Pessimismus zu verfallen, der zum Rückzug in den Mystizismus führt, den einige voraussehen oder schon angetreten haben (Gray 1995, 184).

Es kommt also darauf an, welche Form der Geschichtsschreibung wir betreiben und wie wir unsere Gegenwart begreifen. Bei unserem Versuch, die Gegenwart zu verstehen, müssen wir historische Theorie und historische Erzählung als getrennte Bereiche behandeln. Wenn wir in der Modernisierung lediglich eine theoretische Zielsetzung sehen, wird die Moderne als eine weit umfassendere und komplexere Figuration erkennbar, in der sich die Modernität mit vielen anderen Dingen arrangieren mußte. Auf diese Weise müssen wir uns nicht auf einzelne Faktoren wie »den technischen Fortschritt«, »Ideen« oder »die Produktionsverhältnisse« als letztinstanzliche Erklärungen stützen und verfallen auch nicht ins andere Extrem, weder Prioritäten zu setzen noch Strukturen zu beschreiben. Innerhalb der Moderne entfaltete sich zweifellos ein immer komplexeres Bündel von Beziehungen zwischen einigen zentralen oder ausschlaggebenden Faktoren. Trotz unterschiedlicher Prioritäten verfolgten marxistische und nichtmarxistische Sozialwissenschaftler dieselbe theoretische Strategie. Sie zeigten, daß der Markt die Arbeitsteilung hervorbrachte, die Spezialisierung die Umsetzung des technischen Wissens vorantrieb, daß die Wissenschaft dem Kapital und der sozialen Kontrolle diente und der Staat Vertragsfreiheit und Bürgerrechte garantierte. Die Idee der Rationalität lieferte den roten Faden für theoretische Analysen von Ökonomie, Politik und Justiz wie, etwa in Form des »Rationalisierungsprozesses« bei Max Weber, für die gängigen Geschichtsdarstellungen.[14] Doch die für die Moderne charakteristische Ausbreitung spezifischer Gesellschaftsmuster läßt sich nicht auf eine einfache Formel aus solchen Faktoren bringen. Wenn daher, um ein jüngeres Beispiel zu nennen, Michael Mann untersucht, auf welche Weise die vier Machtressourcen Ideologie, Wirtschaft, Militär und Politik bzw. Staat zu verschiedenen Zeiten miteinander verwoben waren, muß er einräumen, daß eine historisch komplexe Darstellung auch andere Faktoren einzubeziehen hat. In jedem Staat wurden prämoderne und moderne Elemente auf andere Weise kombiniert. Es hat keine verallgemeinerbare Evolution der auf nationalstaatlich garantierten Bürgerrechten basierenden Freiheit stattgefunden (Mann 1993, 251). Auch müssen wir die Kontingenz jener historischen Ereignisse berücksichtigen, die die Beziehungen zwischen den Nationen und die Ziele menschlicher Bestrebungen bestimmen. Diese Ereignisse prägen den Entwicklungspfad der Epoche. Wir können sie daher als »figurative Ereignisse« bezeichnen. Am Anfang der Epoche sind das die »Entdeckung« der Neuen Welt (1492) und Luthers Angriff auf den Papst (1517). In der Mitte die Amerikanische Unabhängigkeitserklärung (1776) und die Französische Revolution (1789). Den Anfang vom Ende der Moderne signalisierten der Erste Weltkrieg (1914-1918) und die Russische Revolution (1917), den endgültigen Schlußstrich zogen dann der Holocaust (1943-1945) und der Abwurf der Atombomben auf Hiroshima und Nagasaki (1945).

Diese Ereignisse ragen heraus, es gibt aber weitere, mit ihnen verbundene und möglicherweise ebenso wichtige. Die Historiker der Epoche werden sie als Anzeichen von Richtungsänderungen interpretieren, die das Verschwinden einer älteren Unsicherheit oder das endgültige Zerbrechen eines hartnäckigen, überkommenen Machtgleichgewichts markieren. Es sind solche figurativen Ereignisse, die sowohl die Epochen als auch Zeitabschnitte innerhalb derselben voneinander abgrenzen.[15] Auf dieser Grundlage können wir die Moderne in drei Abschnitte einteilen: die Frühe

---

14 Turner (1990a, 6) behauptet, daß Webers Darstellung der Rationalisierung noch immer der beste Weg sei, sich einer Theorie der Moderne anzunähern.

15 Goethe schrieb 1827, daß sich »Weltereignisse« nur aus dem Zusammenwirken grundlegender Tendenzen entwickelten, die vorher im stillen und voneinander unabhängig gewachsen seien (zitiert nach Meinecke 1959, 559).

Moderne vom Ende des 15. bis zur Mitte des 18. Jahrhunderts, die Hochmoderne, die bis ins 20. Jahrhundert reichte, und die anschließende Spätmoderne.

Die Frühe Moderne erlebte die Expansion Europas, die Herausbildung der säkularen Staatsgewalt und die Autonomie der Wissenschaften. Dafür sind die Jahre 1492 und 1517 entscheidend. Die Hochmoderne erlebte die industrielle Revolution, die Entstehung des bürokratischen Staates (daher 1776 und 1789) und den Imperialismus. Die Spätmoderne war die Epoche der Massenbewegungen, der kapitalistischen Unternehmen und der weltbeherrschenden Stellung des Westens. Die Verbindung zwischen den verschiedenen Veränderungsfaktoren berechtigt uns, »figurative« Ereignisse herauszugreifen. Es handelt sich dabei keineswegs um eine willkürliche Wahl. So hängt beispielsweise das Ende beider Weltkriege mit großen technischen Fortschritten, dem Panzer und der Atombombe, zusammen. Die Bedeutung, die diese Ereignisse für das Schicksal der Nationen hatten, zeigt, wie wichtig die technische Innovation für den historischen Wandel ist. Das ultimative Resultat der Moderne war immerhin die Schaffung einer – wenn auch wenig harmonischen – vereinten Welt. Mann nennt sie die »globale Gesellschaft« (1993, 11). Jedoch ist diese Vereinigung nicht bewußt vollzogen worden, und das ist von erheblicher Bedeutung. Denn der Westen expandierte nicht mit dem Ziel der Vollständigkeit, sondern um sich immer noch weiter auszudehnen. Da diese Expansion mittlerweile die ganze Welt umspannt, ist sie an ihrem Ende angelangt: ein von äußeren Faktoren erzwungenes Ende, keine Vollendung.

Die Moderne nahm insofern eine einzigartige historische Entwicklung, als das Zusammenwirken der ihr Profil prägenden Faktoren von spezifischen geographischen Umständen und einem besonderen kulturellen Erbe bestimmt wurde. Hätte es etwa nur einen Kontinent gegeben, hätten Entdeckungsreisen nicht für fundamentale Veränderungen sorgen können. Und ohne die Verbreitung der römischen Schrift in Europa wäre es womöglich niemals zur Entwicklung der modernen Bürokratie gekommen.

Folglich ist das Verhältnis zwischen den Hauptfaktoren, die die Moderne prägen, sowohl grundlegend, insofern es das Leben von Millionen Menschen über lange Zeit bestimmte, als auch kontingent, insofern es zum Teil auf äußeren Faktoren beruhte und auf unvorhergesehene äußere Einflüsse reagieren mußte. Unter diesen ist an erster Stelle die Natur zu nennen. Von der Verteilung der Bodenschätze hängt ab, wie und wo diese ausgebeutet werden, und die Verbrennung von Kohlenstoffen ruft ungewollte Folgen in der Umwelt hervor, weil die Erdatmosphäre nun einmal bestimmte Eigenschaften hat.

Der Verlauf, den die Geschichte der Menschheit nehmen wird, wird nicht durch irgendwelche Ureigenschaften bestimmt. Er ist überhaupt nicht vorherbestimmt.[16] Wäre er das, wie die biologischen Eigenschaften eines Menschen in der DNS, könnte man ihn trotzdem ebensowenig vorhersagen, wie sich die Biographie eines Menschen aus seinem Erbgut vorhersagen läßt. Sie ist im Prinzip (auch wenn es im Einzelfall anders sein mag) ebenso abhängig von dem, was er erlebt, und die Frage, ob nun Ererbtes oder Erworbenes wichtiger sei, führt nur zu fruchtlosen ideologischen Debatten. Die Menschen strebten immer wieder danach, die Ereignisse bestimmen und die Entwicklungen lenken zu können. Die Moderne war ein Höhepunkt solchen Strebens.

1.6 Die Figuration der Moderne

Warum wir eine Theoriegeschichte schreiben müssen, um die charakteristischen Eigenschaften einer Epoche zu bestimmen

Unsere Abkehr vom historischen Determinismus in den Sozialwissenschaften und anderswo stellt keinesfalls eine grundsätzliche Ablehnung aller Theorie dar. Es ist einer der Irrtümer der Moderne,

---

16 Arnold Toynbees (1939-1961) Vorgehensweise bei der Konzeptualisierung einer Epoche ist der hier verwendeten am ähnlichsten. Indem sich Toynbee auf historische Probleme und Lösungsversuche konzentrierte, rückte er die menschlichen Errungenschaften und Irrtümer in den Mittelpunkt der Erzählung und vermied die Fallstricke von Organisationismus, Evolutionismus und Determinismus. Diese Vorgehensweise beläßt jeder Kultur ihre eigene Geschichte und vermeidet es, ihre Zukunft aufgrund von Formeln vorhersagen zu wollen. Daß ein Kritiker Toynbee Positivismus vorwarf (Collingwood, 1955, 170-175), während ein anderer ihn einen Mystiker nannte (Tainter 1988, 74-86), legt den Gedanken nahe, daß es ihm gelungen sein könnte, einen guten Mittelweg zu finden – obgleich es auch so etwas wie »positivistischen Mystizismus« gibt (bei Rudolf Steiner zum Beispiel, offensichtlicher noch bei Spengler).

Theorie und wissenschaftlichen Determinismus gleichzusetzen. Die spezifischen Merkmale einer Epoche lassen sich nur durch Verallgemeinerungen und Abstraktionen bestimmen und verlangen eine gründliche Analyse der Rolle dieser Epoche im Leben der Menschen und in den dominierenden sozialen Institutionen.

Um die Moderne zu erforschen, müssen wir also die abstrakten Faktoren der Modernität herausarbeiten und zugleich bestimmen, auf welche Weise sie in nationale Traditionen eingebettet sind, gewisse Persönlichkeitstypen fördern oder das Erbe der griechischen Philosophie und des jüdisch-christlichen Glaubens weitertragen. Dabei stoßen wir auf Kongruenzen und Widersprüche wie zum Beispiel das Eintreten für Menschenrechte, das zugleich manche Menschen von ihnen ausschließt. Gefragt ist eine historische Theorie, die sich nicht auf die Theorien anderer Wissenschaften zurückführen läßt, auch wenn sie sich bei ihrem Versuch, den Sinn einer Epoche zu finden, dieser hin und wieder bedient. Es gilt, eine Terminologie zu entwickeln, die die Eigenständigkeit der historischen Theorie bewahrt.

Die Begriffe »System« und »Struktur« stehen für eine typisch moderne Betrachtung der Geschichte. Doch diese Trojanischen Pferde der Soziologie sind mit viel zuviel theoretischem Ballast befrachtet. Es bedarf eines Begriffes, der von den Assoziationen der Vollständigkeit, Geschlossenheit und Selbstregulierung frei ist. Ich habe mich für den Begriff »Figuration« entschieden, um auf neutrale Art die Ordnung und den Zusammenhang von Merkmalen zu bezeichnen, ohne das Wesen der Zusammenhänge im vorhinein festzulegen.

Der Begriff »Figuration« läßt offen, welche Merkmale einer Epoche herangezogen werden und in welcher Weise sie miteinander in Verbindung stehen. Er erlaubt uns, sämtliche Aspekte zu betrachten: Menschen, Ideen, Orte, Produktionsverhältnisse, Institutionen, Gefühle, Nationen, Weltanschauungen und sämtliche anderen Faktoren, die als Grundlage einer historischen Darstellung taugen. Wir lassen sowohl kausale als auch abstrakte Zusammenhänge zu. Diese können auf physischer Gewalt, Macht oder Ideen basieren, sie können wie ein Markt oder durch direkte oder indirekte Kommunikation funktionieren. Die Zusammenhänge können stilistischer, erzählerischer, situativer, zufälliger, periodisch auftretender, dauerhafter oder systemischer Art sein. Es kann sich um objektive oder subjektive Zusammenhänge handeln.[17]

Wir müssen davon ausgehen, daß die Kombination dieser Elemente durch eine Vielzahl verschiedener Verbindungstypen hergestellt wird. Diese Vielfalt verleiht historischen Schilderungen Plastizität und macht es unmöglich, ein abstraktes Regelwerk für die Geschichtsschreibung aufzustellen, das deren Allgemeingültigkeit garantieren könnte. Diese Vielfalt macht es auch schwierig, eine bestimmte Figuration der Elemente und ihrer Verbindungen zu benennen. Denn der Name »Zeitalter der Moderne« verweist ja gerade auf deren Totalität. Wir müssen darauf achten, in ihm nicht mehr zu sehen als eine übliche Bezeichnung. Allerdings haben die Konnotationen des Begriffs »modern« auch zur Formung des Epochencharakters beigetragen.[18] Im Prinzip können Anfang wie Ende der Moderne ungewiß sein und sich ständig verschieben. Offensichtlich gab es die Tendenz, ihren Beginn vom 16. über das 18. bis ins 19. Jahrhundert vorzuverlegen.[19] Aber die Grenze befindet sich offensichtlich dort, wo man anfing, ein vergangenes Zeitalter zu benennen und das Prinzip der Neuerung anzuerkennen. Und in der Tat ging die Identifikation eines »Mittelalters« mit einer Vorstellung von Modernität einher, die die nachfolgende Ära charakterisierte.[20]

17 Norbert Elias machte in bezug auf soziale Beziehungsmuster ausgiebigen Gebrauch von dem Begriff »Figuration« (vgl. besonders Elias und Scotson, 1990). Vor ihm verwendete der Kulturanthropologe A. L. Kroeber (1944, 844) den Begriff, um die spezifischen zeitlichen und räumlichen Beziehungen zwischen den Elementen einer Zivilisation zu bezeichnen. Er war dabei beeinflußt von Kunst- und Stilhistorikern und neigte dazu, »Figuration« als Synonym für »Muster« zu gebrauchen. Doch wer von Mustern ausgeht, landet rasch bei Systemen – welche Folgen das hat, sieht man bei Talcott Parsons (1951). Toynbee wiederum entlehnte den Begriff bei Kroeber, wobei er bedauerte, ihn nicht früher entdeckt zu haben (1939-1961, Bd. 12, 77 u. 602).

18 Von seiner ersten Erwähnung an bedeutet »modern« stets »zur Gegenwart gehörig« und einem vorhergegangenen Zeitabschnitt entgegengesetzt. Wenn man vom »Zeitalter der Moderne« spricht, gleicht man daher die sich ständig verändernde Gegenwart implizit an die Vergangenheit an und schließt die Möglichkeit einer neuen Epoche aus.

19 Richard Price (1990) wendet sich gegen diese Tendenz und lehnt es ab, das viktorianische England als Achse der Modernität zu betrachten, wie es kürzlich englische Historiker getan haben. Er fordert dazu auf, den Beginn der Moderne wieder auf das 17. Jahrhundert zu datieren. Toulmin (1990) ist erst zufrieden, wenn sie bis in die Renaissance zurückverfolgt wird.

20 Hans-Ulrich Gumbrecht erwähnt in seinem nützlichen Artikel über die Moderne

46

Seit man es als Aufgabe des neuen Denkens betrachtete, die Irrtümer des alten zu überwinden, ist die Moderne mit Rationalität gleichgesetzt worden. Die Gewohnheit, das Moderne als das Rationale zu betrachten, geht mindestens bis auf William von Ockham im 13. Jahrhundert zurück, und inzwischen gilt die Vorherrschaft rationalen Denkens bei der Organisation und Gestaltung des Lebens als Wasserzeichen der Moderne. Zur Moderne gehört aber, wir wir oben festgestellt haben, mehr als Rationalität.

Rationalität schafft Strukturen. Sie ist folglich die Quelle all der ordnenden, konzeptuellen Oppositionen, die für die Moderne typisch sind: Verstand und Gefühl, Individualismus und Kollektivismus, Konformität und Abweichung, Planwirtschaft und Marktwirtschaft, Staat und bürgerliche Gesellschaft, Bürger und Fremder, Elite und Masse. Doch es ist irreführend, die Moderne durch den Rationalismus zu charakterisieren. Genaugenommen basiert sie auf dem Dualismus von Rationalität und Irrationalität, da jede Seite die jeweils andere voraussetzt und von ihr abhängig ist, so daß auch die Irrationalität ihre entschiedenen Verfechter gefunden hat.

Diese Dichotomie war auch der rote Faden, an dem sich die Moderne orientierte. Sie lag dem internen Wandel zugrunde, der dynamischen Suche nach Verbesserung. Sich der Rationalität zu verschreiben ist die typische Methode zur Produktion von Neuerungen. Dadurch wurde die Moderne zu einer von Intellektuellen geleiteten Ideenwerkstatt (daher deren ureigenes Interesse an ihr). Unter ihrer Regie wurde sogar die Kulturvermittlung den kühl kalkulierenden Regeln von Produktion und Reproduktion unterworfen.

Doch wenn die Hervorbringung von Neuerungen allein auf intellektueller Aktivität beruht hätte, würde sie nicht einen so durchdringenden Einfluß auf die Moderne gehabt haben. Ideen entstehen ebenfalls aus neuen praktischen Erfahrungen, die die Schranken des vorhandenen Wissens und der Gewohnheiten durchbrechen, und sie benötigen neue Energiequellen, um in Taten umgesetzt zu werden. In der europäischen Geschichte erwuchsen neue prakti-

(1978), daß das Wort »modern« zum erstenmal in einem Brief des Gelasius im Jahre 494 oder 495 Verwendung findet (»admonitiones modernae«). Synonyme für das Mittelalter treten laut Gumbrecht, der darin Nathan Edelman (1938) folgt, erstmals am Beginn der Neuzeit auf: »media tempestas« (1469), »media aetas« (1518) und »medium aevum« (1604).

sche Erfahrungen aus dem durch Reisen, Handel und Eroberungen immer wieder aktualisierten Kontakt mit fremden Kulturen. Der Rationalitätsbegriff wurde erweitert, damit auch fremde Zivilisationen in ihm Platz fanden, und er wurde verschärft, um der mit ihnen gegebenen Herausforderung zu begegnen. Die Entwicklung der Moderne war die Geschichte der Expansion und des Wandels der europäischen, später dann der westlichen Zivilisation.

Die territoriale Expansion war die notwendige Triebfeder der Moderne wie ihre Folge. Sie trieb die Entwicklung des europäischen Nationalstaats voran. Sie ermöglichte die Ausweitung des Handels und das kapitalistische Unternehmertum. Sie förderte die technische Umsetzung wissenschaftlicher Erkenntnisse und die Idee des Individualismus. All diese Erscheinungen hingen unmittelbar zusammen und wurden oft gemeinsam aus einem Nexus von Vorstellungen über Justiz, Staat, Staatsbürgerschaft, Besitz, Markt und technischen Fortschritt herausgearbeitet. Rationalität entfaltete sich hauptsächlich in vier Bereichen: im individuellen Bewußtsein, in Staat und Justiz, im Profitdenken und in der Unterwerfung der Natur. Daß diese Bereiche an der Expansion Europas mitwirkten, war epochemachend, denn sie verhalf der Rationalität durch Machtmittel zu einer Realität, die das Schicksal der übrigen Welt bestimmte. Die Umwandlung der übrigen Welt nach den Standards, die im Westen den Staat und das individuelle Verhalten prägten, wurde dann im 20. Jahrhundert als »Modernisierung« bezeichnet.

Die Moderne ist folglich ein Nexus von institutionengestützten Ideen und Macht, die das Neue und Zeitgemäße mit der Ausbreitung von Rationalität verknüpfen. In der Neuzeit expandieren Ideen, Macht und Institutionen durch den Zugewinn neuer Territorien und neuer praktischer Erfahrungen. Diese Expansion wiederum verlockt Individuen und Gruppen zur Teilhabe an diesen Gütern. Die prägenden Faktoren dieser Entwicklung sind in der ganzen Moderne auf eine komplexe Weise miteinander verwoben, die sich nicht auf eine griffige Formel reduzieren läßt. Das relative Gewicht jedes einzelnen Faktors hängt weniger von seinen spezifischen Merkmalen als davon ab, welche Verbindungen er mit der Zeit zu dem aufbauen kann, was sich ursprünglich außerhalb seiner Reichweite befand.

Aus diesem Grund kann der Versuch, geschichtliche Entwicklungen aufgrund eines Systems zu erklären, niemals zur Schilderung eines historischen Wandels taugen. Sicherlich können wir abstrakte Vorstellungen wie Rationalität, Staat und sogar Kapitalismus weiterhin verwenden und zeigen, auf welche Weise das tägliche Leben und die sozialen Prozesse einer Zeit von ihnen durchdrungen oder geprägt werden. Doch wir können den gesellschaftlichen Wandel nicht mehr aus diesen abstrakten Zusammenhängen herleiten.[21] Denn sie werden selbst durch eine Vielzahl äußerer Faktoren direkt beeinflußt: durch natürliche Ressourcen, Bevölkerung, Klima, Krankheiten und die unvorhersehbaren Folgen wissenschaftlicher Entdeckungen.[22] Die Gentechnik etwa wird nicht allein durch die rationale Organisation der Wissenschaften ermöglicht, sondern sie beruht auf und findet ihre eigentlichen Grenzen in der Form, die die DNS nun einmal besitzt.

Das Streben nach der Beherrschung der Natur, der Ökonomie und des Menschen war die Triebfeder der Moderne. Ihre historische Darstellung muß folglich auch berücksichtigen, wie sie sich mit Hilfe wissenschaftlicher Begriffe selbst theoretisch zu erfassen versuchte. In letzter Zeit ist dieser Vorgang als »reflexive Modernisierung« bezeichnet worden. Dieser Begriff bleibt allerdings der Moderne verhaftet und kann daher die historische Begrenztheit der Reflexivität nicht vollständig erfassen. Einen umfassenden theoretischen Begriff der Neuzeit können wir indes nur erlangen, wenn wir diese Begrenztheit erkennen.

Die besondere Figuration dieses Zeitalters beruhte vor allem auf seiner Selbsterneuerung durch ständige Expansion. Mittlerweile beginnen wir zu begreifen, daß es sich dabei nicht um eine permanente Notwendigkeit der Menschheit handelt. Wir können erken-

---

21 Joseph Schumpeter kritisierte Max Webers Auffassung vom Aufstieg des Kapitalismus, weil Weber die analytische Brauchbarkeit abstrakter Systembegriffe (Idealtypen) mit den Erfordernissen historischer Erklärung verwechsle, die ein gewisses Maß an faktischen Details nötig mache (1954, 80). Er kritisierte auch Marx und seine Nachfolger, weil ihre Theorie die Vielfalt historischer Ursachen auf bestimmte Kategorien beschränke (S. 144).
22 Aus diesem Grund läßt Niklas Luhmanns Versuch, theoretische Systeme im Sinne einer Reduktion der Komplexität auf das soziale Leben anzuwenden, so viele Fragen offen. Sobald die Komplexität der Welt durch einen institutionellen Mechanismus reduziert wird, entsteht eine Reihe neuer Komplexitäten. Luhmanns Lieblingsbeispiel, die Justiz, ist in dieser Hinsicht besonders ambivalent (Luhmann 1986).

nen, daß für die Konfiguration der Moderne ein Merkmal zentral war, das sich am besten als »das Projekt der Moderne« umschreiben läßt. Und um einer neuen Geschichtsschreibung der Gegenwart den Boden zu bereiten, müssen wir dieses Projekt als ein historisches Phänomen betrachten. Nur auf diese Weise können wir der inhärent modernen Tendenz entgehen, die Gegenwart immer wieder der Vergangenheit einzuverleiben und jeden von uns in ein Werkzeug der ewigen Erneuerung der Moderne zu verwandeln. Zu diesem Zweck werden wir im folgenden Kapitel den Aufstieg des Nationalstaats, des wichtigsten Akteurs der Moderne, untersuchen.

2. Die Schaffung der nationalstaatlichen Gesellschaft

2.1 Das Projekt der Moderne

Inwiefern selbst der Entwurf des Projekts ebensosehr auf realen Umständen wie auf Ideen beruht

Das gespannte Verhältnis von Theorie und Geschichte liegt dem falschen Selbstverständnis der Moderne zugrunde. Die Theorie dieses Zeitalters tritt an die Stelle ihres Gegenstands. Wir haben die Moderne als einen Nexus von Ideen und Macht bezeichnet. Wenn mehr Ideen in Umlauf gebracht werden, als Mittel zu ihrer Verwirklichung bereitstehen, oder man die Idee an sich für mächtiger als Menschen, Nuklearwaffen oder Kohlenstoffemissionen hält, entsteht der Glaube an die unbegrenzte Zukunft. Die Vorstellung, die Moderne sei eine von Ideen beherrschte Epoche, fördert diesen Unsterblichkeitswahn.

Die Überbewertung der Ideen drückt sich am deutlichsten in dem aus, was Jürgen Habermas im Zusammenhang mit dem Versuch der Aufklärungs-Philosophen im 18. Jahrhundert, das Alltagsleben so zu verändern, daß es mit Wissenschaft und Vernunft übereinstimmt, das »Projekt der Moderne« (1981b, 453) genannt hat. Er versteht darunter im wesentlichen das Engagement für die unbegrenzte Ausbreitung der Rationalität in allen Lebensbereichen.

Er hätte auch sagen können: die Moderne *als* Projekt. Der Begriff des »Projekts« selbst, die rationale, konzertierte Anordnung von Handlungen und Ressourcen zur Realisierung einer Idee, bezeichnet eine zutiefst moderne Vorstellung. Im 18. Jahrhundert wurde sie eifrig umgesetzt. Der Abbé de Saint-Pierre trug sich bereits mit einem »Projekt, die Straßen im Winter passierbar zu machen«, und einem »Projekt, Herzoge und Peers nützlich zu machen«, bevor ihn 1713 »ein Projekt, den Frieden in Europa dauerhaft zu machen«, erleuchtete, das seine Aufmerksamkeit volle fünfzehn Tage beanspruchte![1]

---

[1] Zitiert nach Becker (1932, 39 f.). Acton (1952, 469 f.) wies darauf hin, daß dieses Programm die Europäische Gemeinschaft vorwegnahm und eine verblüffende Ähn-

Für Habermas ist die Moderne historisch wie inhaltlich mit dem Projekt der Aufklärung identisch. Insofern ist er selbst einer jener *philosophes* und teilt deren Glauben, daß der Verlauf der Geschichte von Ideen bestimmt wird, die aus der Rationalität erwachsen, über die wiederum die Philosophen verfügen. Zweifellos trugen die Philosophen der Aufklärung in erheblichem Maße zum Projekt der Moderne bei, doch als eine geschichtsträchtige Kraft beruhte dieses Projekt bei weitem nicht nur auf einigen Plaudereien in Pariser Salons.

Den Gedanken einer »universalen irdischen Gesellschaft, der für seine Zeit noch ganz neu war und dessen erster Anhänger er selbst gewesen zu sein scheint«, schreibt Étienne Gilson Dante zu (Gilson 1953, 194). In seiner *Monarchie* (1312), einer Schrift zur Verteidigung des Kaisers gegen den Papst, verknüpft Dante die Ausdehnung der menschlichen Rationalität mit der Notwendigkeit einer Weltregierung und stellt so jenen Zusammenhang her, der das staatliche Expansionsstreben legitimiert. Sein Konzept einer durch Vernunft geeinten, verwalteten Menschheit ging davon aus, daß »Völkerschaften, Reiche und Bürgerschaften [jeweils unterschiedliche] Eigentümlichkeiten [haben], welche durch verschiedene Gesetze geregelt werden müssen. Denn das Gesetz ist die leitende Richtschnur des Lebens.« (Dante 1872, 45)

Die grundlegenden Ideen für das Projekt der Moderne existierten bereits, bevor die politischen Möglichkeiten seiner Realisierung bestanden. Aus diesem Grund widerspricht Stephen Toulmin Habermas und verfolgt die Ursprünge des Projekts über die Aufklärung hinaus bis zu den Autoren der Renaissance des 16. Jahrhunderts zurück (1991, 25-28). Doch auch diese Version überbetont den idealistischen Ursprung der Moderne. Ein Projekt besteht aus mehr als nur Ideen und Visionen, genau wie auch die Geschichte mehr als nur Ideengeschichte ist. Ein Projekt bündelt viele Energien, Ressourcen und Handlungen zu einem kohärenten Ganzen und verleiht ihnen einen Zweck, ein Ziel und eine Folgerichtigkeit. Die Rivalität der italienischen Stadtstaaten, dann der entstehenden Nationalstaaten, die Entdeckung der Neuen Welt und der Goldzu-

---

lichkeit mit dem Verwaltungsapparat der EU aufweist. Das bestätigt die Maxime des Abbés, der überzeugt war, daß man etwas mehrmals wiederholen müsse, damit es im Gedächtnis hafte.

fluß bereiteten den Boden, auf dem die Ideen der Moderne erblühten. Ein Projekt benötigt materielle Ressourcen. Dadurch treten Menschen in ein autoritäteres oder gleichrangiges Verhältnis zueinander. Es befördert Ideen, weckt Begeisterung und gestaltet neue Produkte.

Die Anfänge eines Projekts können in den unzugänglichen Bereichen der Phantasie liegen, und sein Resultat kann uneindeutig oder gar nicht wahrnehmbar sein. Ein Projekt muß nicht einmal zu etwas führen. Auf der letzten Seite seines Buches *Der Wohlstand der Nationen* (1776) prangert Adam Smith die Herrscher Großbritanniens an, die »dem Volk eingeredet [haben], sie würden ein großes Reich westlich des Atlantik besitzen. Dieses Empire bestand indes bislang lediglich in der Einbildung. Denn anstelle eines Reiches existierte nur der Gedanke daran und anstelle einer Goldmine höchstens der Plan dazu. Es handelt sich um ein Projekt, das bloß Kosten verursacht hat...« Smith war besorgt, daß das Projekt auch in Zukunft keinen Gewinn abwerfen würde: »Wenn der Plan nicht durchzuführen ist, sollte man ihn aufgeben.« (1990, 819)

Er wollte das die Ökonomie seinen Zwecken unterordnende Projekt auf den Boden der Tatsachen zurückholen und der ökonomischen Vernunft unterwerfen. Denn dieses Projekt ist mehr als der Produktionsprozeß, mehr sogar als das Wirtschaftssystem. Man darf es nicht mit dem Kapitalismus gleichsetzen, obgleich dieser zu einem integralen Bestandteil der Moderne wurde. Dieses Projekt aufzugeben bedeutet folglich auch weit mehr, als lediglich die Gewinn-und-Verlust-Rechnung auszugleichen.

Wie hier am Beispiel des Kapitalismus gezeigt, müssen wir uns das Projekt auch in anderer Hinsicht als umfassender vorstellen, als es in den Entwürfen derer erscheint, die daran arbeiten und es für sich beanspruchen. Es hat sich zu einem Projekt ohne Urheber, auch ohne kollektiven Urheber entwickelt, dessen Konstruktion und Charakter denen, die an ihm beteiligt sind, nicht vollständig bewußt sind. Die Sozialwissenschaften haben oft auf das Phänomen des fehlenden Urhebers hingewiesen: Bei Smith trug der Markt durch die ihm innewohnenden Kräfte der Selbstregulierung zum allgemeinen Wohlstand bei, bei Marx trieb die kapitalistische Entwicklung ihre Protagonisten ohne deren Zutun in den Untergang. Entscheidend ist, daß zwar nichts in der Geschichte ohne Taten von Menschen geschieht, die Menschen jedoch die Absichten und Folgen ihres Handelns nicht vollständig in der Hand haben können.

Das Projekt der Moderne richtete menschliche Aktivitäten auf Ziele aus und führte, wenn auch unbeabsichtigt, zur Vereinigung der Menschheit. Alle möglichen untergeordneten Aktivitäten fanden einen Platz in diesem Projekt und legitimierten sich durch ihre Teilnahme daran.

An dieser Stelle müssen wir präzisieren, um keine falschen Zusammenhänge herzustellen. Zwar kann man jede Epoche als eine bestimmte Figuration darstellen. Doch nicht jede Epochenfiguration wird von einem umfassenden Projekt dominiert. Der Fehler der modernen Geschichtsschreibung besteht darin, sämtliche Epochen als Projekte aufzufassen. Doch war weder die antike Welt, noch ist, wie wir sehen werden, das Globale Zeitalter als Projekt konfiguriert. Auch besteht ein Projekt nicht einfach nur aus Ideen. Zwar orientiert es sich an einer Idee, aber nur auf der Grundlage materieller und menschlicher Ressourcen sowie im Rahmen günstiger gesellschaftlicher und natürlicher Bedingungen.

Zudem beschränkt sich die Moderne nicht auf das Projekt der Moderne. Beide sind eng miteinander verbunden, und die Einheit und Folgerichtigkeit dieser Epoche läßt sich ohne den Begriff des Projekts, sowohl in seiner abstrakten Bedeutung als auch konkret im Sinne allgemeiner und besonderer Einzelprojekte, nicht begreifen. Man könnte sagen, daß der große Einfluß des modernen menschlichen Strebens nach Herrschaft das unverwechselbare Merkmal dieser Epoche ist, die auch die Idee einer wissenschaftlichen Geschichtsbetrachtung hervorbrachte. Die Unterschiede zwischen Epochen lassen sich allerdings grundsätzlich nicht auf einen einzelnen, theoretisch hergeleiteten Faktor oder Prozeß reduzieren. In einer umfassenderen Perspektive erscheint auch die wissenschaftliche Geschichtsbetrachtung als eine vorübergehende Erscheinung modernen Hochmuts.

Das Projekt der Moderne ist die historische Entwicklung der Modernität, die allgemeine Steuerung menschlicher Aktivität durch die herrschenden institutionellen Strukturen. Einst wurde es sogar mit Gesellschaft als solcher gleichgesetzt. Wir wissen inzwischen, daß dies ein Übergangsstadium der Geschichte war. In der

Moderne nahm das Projekt der Moderne seinen Aufstieg, verdrängte andere Organisationsformen menschlichen Lebens und erreichte, wie jedes Projekt, schließlich seine Grenzen. Von seinen Protagonisten wurde es über die Jahrhunderte für selbstverständlich gehalten, und seine Vertrautheit hindert uns immer noch daran, über die Figuration des Globalen Zeitalters nachzudenken.

Noch 1902 war es einem der Interpreten der Moderne möglich, sie als die Zeitspanne zu bezeichnen, in der »die Probleme, die uns bis heute beschäftigen, bewußt erkannt und in einer Weise behandelt wurden, die wir als unserer eigenen ähnelnd erkennen. Dieses Gefühl der Vertrautheit bringt uns dazu, eine Trennlinie zu ziehen und den Beginn der modernen Geschichte zu markieren.« (Creighton, 1902, 1) Aber 1990 vertreten viele Autoren die Auffassung, daß die vollständige Umsetzung des Projekts der Moderne unmöglich ist und daß seine Werte nicht mehr von allen geteilt werden (Smart 1990, 27). Die Einsicht, daß Modernität nicht die einzige Weise ist, auf die Menschen eine sinnvolle Existenz führen können, verbreitet sich erst allmählich. Der Übergang vom modernen zum globalen Zeitalter ruft genausoviel Unverständnis zwischen den Verfechtern der verschiedenen Lebenweisen hervor wie der Übergang vom Mittelalter zur Neuzeit.[2]

Es gibt eine Alternative zur Fortsetzung oder vollständigen Umsetzung der Moderne. Sie ist, und war es immer, notwendig unvollständig, weil sie auf der unbeschränkten Expansion von Rationalität, der unbegrenzten Verfügung über Bodenschätze und Territorien beruhte. Diese drei Grundbestandteile zeigen, daß die Moderne auch vor ihrer vollständigen Umsetzung enden kann, denn sie finden ihre Grenzen in immanenter Nichtrationalität, dem Versiegen der Bodenschätze und der Endlichkeit des Territoriums. Diese Beschränkungen sind dafür verantwortlich, daß die Moderne nicht als reine Idee triumphierend voranschreiten konnte. Sie verlor ihren Schwung und ihre Zielstrebigkeit gerade darum, weil sie

2 Ortega y Gasset befaßte sich intensiv mit der Vorstellung, daß der Übergang von einer Epoche zur anderen von denen, die ihn erlebten, als eine Krise empfunden würde. Der Zusammenbruch des Glaubens an ein Weltsystem führe zu Desorientierung und Verlorenheitsgefühlen sowie, ausgehend von der Kunst, zu neuem Enthusiasmus. Genau das geschah am Ende des Mittelalters (Ortega y Gasset 1962, 88 f.). Ein solcher Zustand trat auch in der Moderne ein, als diese den Glauben an die Vernunft verlor (Ortega y Gasset 1984, 200).

auf so viel mehr als nur Ideen beruhte. Das läßt sich sogar anhand der praktischen Erfahrungen der Philosophen der Aufklärung zeigen, die den größten Anteil daran hatten, das Projekt der Moderne zum vollen Bewußtsein seiner selbst zu bringen.

2.2 Territorium, praktische Erfahrung und Universalismus

Warum das neue Denken der Philosophen auf der
Entdeckung neuer Welten beruhte

Zufälle der europäischen Geschichte waren für die Philosophie ebenso gewichtig wie für die Entwicklung der Wirtschaft. Um zu verstehen, was innerhalb eines Bereichs geschieht, müssen wir nach kontingenten Zusammenhängen Ausschau halten und bereichsübergreifende Verbindungen untersuchen. Dann entdecken wir, daß im Leben und Treiben der italienischen Kaufleute des 13. Jahrhunderts zwischen der Erforschung ferner Länder und der Anhäufung von Reichtum ein enger Zusammenhang bestand (Burke 1988, 9). Dieser Zusammenhang kulminierte dann in zwei Seereisen, der »Entdeckung« der Neuen Welt 1492 und der ersten Weltumsegelung 1522, die ihn dem europäischen Bewußtsein unauslöschlich einprägten.

Die erste dieser beiden Fahrten verwandelte das, was zuvor schon Ansporn und Stimulanz gewesen war, in eine lebensnotwendige Priorität. Dennoch rechtfertigte nur die Erforschung des Ostens mit seinen zu erwartenden Reichtümern die Reise nach Westen. Die zweite Fahrt bewies, daß die Erde rund ist, und maß den begrenzten Raum aus, der mit den anderen Völkern geteilt werden mußte. Als Folge beider Fahrten erlangten die gezielte Suche nach neuen Territorien, der technologische Fortschritt der Seefahrt, die Kartographie und die Einführung neuer Produkte eine bis dahin unbekannte Dringlichkeit. Dieses Muster bestimmte die Geschichte Europas bis ins 20. Jahrhundert.

Der Beweggründe gab es viele, die wichtigsten waren der Wettstreit der entstehenden europäischen Nationen um neue Ressourcen und die Suche des einzelnen nach einer anderen Lebensweise. Beide, Nation und Individuum, ließen sich von der Vorstellung unbekannter Welten und fremder Völker inspirieren. Forschung, Macht und Wohlstand gingen mit einer Erweiterung der praktischen Erfahrungen einher, die ein neues Verständnis des Menschen forderte. Die Selbsterforschung der Menschheit, ihre permanente Selbstreflexion, rückte ins Zentrum des Projekts der Moderne. Man könnte meinen, daß sich dies mit der Weisheit des 400 Jahre später Geborenen leicht sagen läßt. Doch die beweglichsten und weitsichtigsten unter den zeitgenössischen Denkern begriffen das schon damals. So verband Francis Bacon (1561-1626) in seinem letzten Werk, *Das neue Atlantis* (1626), die Erzählung von einer Forschungsreise zu einem verlorenen Kontinent mit einer Darstellung des durch Innovationen sich ausweitenden menschlichen Wissens.

Was als Streben nach Reichtum begann, wurde mittels der technischen Vernunft zu einer Suche nach gesellschaftlichen Ordnungsprinzipien. Die Gesellschaft wurde der Vernunft in zweierlei Hinsicht unterworfen. Erstens bediente sich der moderne Staat ihrer als einer Methode, um das Militär, die Verwaltung, das Erziehungs- und später das Sozialsystem zu organisieren. Zweitens sollten aus ihr die Prinzipien und Ideale begründet werden, die den Kontakten zwischen einzelnen und Völkern zugrunde liegen sollten, Prinzipien also, die zur Regelung der Beziehungen zwischen Chinesen und Europäern, Mitgliedern einer Nation und sogar einer Familie gleichermaßen geeignet waren. Der Universalismus dieser Prinzipien legitimierte dann den Versuch, der übrigen Welt westliche Ideen aufzuzwingen. Die Vernunft akzeptiert keine territorialen Beschränkungen. Ihre Prinzipien sind unabhängig von Zeit und Raum und gewinnen immer dann an Einfluß, wenn sie sich auf die konkrete Vielfalt menschlicher Sitten einlassen.

Die Ideen, welche die Begründer des westlichen Imperiums inspirierten, waren keineswegs naiv oder arrogant ethnozentrisch. Der Vormarsch des abendländischen Denkens war eng mit der Aufklärung verbunden und stand oft im Widerspruch zu einem rücksichtslosen Imperialismus. Die Kenntnisse über andere Länder mögen gering und undifferenziert gewesen sein, aber deren Weisheiten wurden, wie wir bei Montaigne sahen (vgl. oben 1.2), nicht einfach ignoriert. Vielmehr galten die Axiome der europäischen Philosophen auf eher subtile Weise für verschiedene Zivilisationen: weil sie von diesen einiges übernahmen, behaupteten sie, den Weg zum Universellen zu weisen.

Der westliche Individualismus geht daher mindestens ebensosehr auf die Notwendigkeit zurück, das Fremde zu verstehen und kulturellen Unterschieden Rechnung zu tragen, wie auf die Ideologie der Renaissance. Das Phänomen des Fremden in unserer Mitte, mehr noch das der Fremden, die einander ihrerseits fremd sind, verlangt, das Gemeinsame in den Vordergrund zu rücken. Die Idee des Individuums resultierte daraus, daß unendlich viele Unterschiede zwischen Menschen möglich sind. Sie stellt den minimalen gemeinsamen Bezugspunkt dar.

Das Projekt der Moderne wollte die Welt mittels eines Prozesses vereinen, in dem sich zwei miteinander verbundene Phasen abwechseln. In der einen Phase wurde in der außereuropäischen Welt durch staatliches Handeln und die Marktmechanismen die Herrschaft der Rationalität durchgesetzt. In der anderen wurden universelle Ideen entwickelt, die der konkreten Vielfalt der Welt Rechnung trugen. In beiden Phasen wurde der Vernunft des einzelnen eine bestimmte Funktion eingeräumt: in der ersten hinsichtlich seiner technischen Fähigkeiten, in der zweiten hinsichtlich seiner Wertvorstellungen. Dadurch wurden sowohl das individuelle Fortkommen als auch die Bindung an eine übergeordnete Sinnquelle sichergestellt.

Die allgemeine Struktur des Projekts der Moderne prägte, insofern sie auf universelle Werte und die Welt als Gesamtheit abstellte, die bedeutenden Werke der europäischen Philosophie. Allerdings trat sie weniger inhaltlich in Erscheinung, sondern zeigte sich am Ursprung und der Entfaltung der Argumentation. Oft berichteten die Autoren von Reisen, die sie unternommen hätten, zuweilen durch die Welt, zuweilen durch andere Bücher. Die Reisenden durchliefen jedesmal drei Stadien: sie erkannten sich in der Fremdheit anderer wieder, fühlten sich ihrer Herkunft beraubt und entwickelten ein neues, universelles Selbstverständnis.

Stets war der Reisende am Ende der Reise ein anderer. René Descartes (1596-1650) schildert das in seiner Abhandlung *Von der Methode*. Er ließ sein Zuhause und seine Bücher hinter sich und verbrachte sieben Jahre auf Reisen, um »im großen Buche der Welt« zu studieren (Descartes 1637/1960, 8). Dabei stellte er fest, daß in anderen Ländern ebensoviel Gebrauch von der Vernunft gemacht wurde wie in seiner Heimat und daß eher Gewohnheit als sicheres Wissen die menschlichen Sitten formt (S. 13).

Descartes folgerte daraus, daß er sich selbst erforschen und seine eigene Vernunft gebrauchen müsse. Er wandte sich der Mathematik zu, um Regeln des logischen Denkens zu finden, die ihm die klare und sichere Erkenntnis dessen, was im Leben nützlich ist, ermöglichen sollten. Gleichzeitig entwickelte er eine provisorische Ethik, der zufolge er vorerst den religiösen und sonstigen Ansichten, nach denen er erzogen worden war, gehorchen mußte, da es besser sei, auf zweifelhafter Grundlage zu handeln, als gar nicht zu handeln. Während die Vernunft das Bewußtsein eroberte, mußte man in der Realität nach Treu und Glauben handeln (S. 19). Anschließend zog er weitere neun Jahre umher.

Von einem ganz anderen philosophischen Standpunkt ausgehend, machte John Locke (1632-1704) eine ähnliche Erfahrung. Zu Beginn seines *Versuchs über den menschlichen Verstand* illustrierte er unter Verweis auf exotische Bräuche von Asien bis Peru aufwendig seine Überzeugung, daß es keine angeborenen Prinzipien gebe (Locke 1690-1706/1981, Bd. 1, 59-62). Wie Descartes vertrat er die Auffassung, daß jeder einzelne alle Ideen durch Nachdenken und Ausprobieren selbst erkennen müsse, sogar solche, die unbestreitbar wahr seien (Locke 1690-1706/1981, Bd. 1, 100-103).

Am Schluß des Buches räumte er ein, daß der überwiegende Teil der Menschheit folglich in Unkenntnis der Wahrheit lebe (Bd. 2, 418-431), da die herrschende Meinung in keinem Land unfehlbar sei und die meisten Menschen zu sehr von der Sorge um ihren Lebensunterhalt beansprucht und von den Mächtigen unterdrückt würden, um die Möglichkeiten ihrer Vernunftbegabung ausnutzen zu können. Doch auch die Reflexion der eigenen Gedanken könne neue Wahrheiten produzieren.

Obwohl sie als zutiefst unterschiedliche Verfechter von Rationalismus bzw. Empirismus gelten, ist Descartes und Locke doch die paradigmatische Erfahrung des abendländischen Intellektuellen gemeinsam: die Entdeckung, daß andere Kulturen weder rationaler noch irrationaler sind als die eigene und daß es der persönlichen Anstrengung des einzelnen vorbehalten ist, zu universellen Wahrheiten vorzudringen. Individualismus und Universalismus trugen gleichermaßen zur steten Erweiterung der praktischen Erfahrung und des angehäuften Wissens bei. Doch in jedem Fall war die praktische Erfahrung fremder Länder und Zivilisationen der unverzichtbare Rohstoff der Imagination.

2.3 Die Vernunft im Dienste der Macht

Warum die Verbreitung der Rationalität zwangsläufig die der Irrationalität zur Folge hat

Die Moderne bestand nicht nur aus einer Reihe abstrakter Vernunftprinzipien. Ihre Dynamik speiste sich aus der wachsenden Kenntnis fremder Länder und Kulturen wie aus Logik und exakter Kalkulation. Schicksalhafte Folgen für die Welt aber hatte erst die Verknüpfung von Expansion und Rationalität. Viele Elemente der Moderne fanden sich bereits andernorts: die griechische Antike stellte einen Zusammenhang zwischen Vernunft und individuellem Erfolg her, und die Phönizier waren die ersten kapitalistischen Kaufleute.

Die gesellschaftlich organisierte Produktion des Neuen aber eignet nur der Moderne. Neuerungen allein können jedoch noch keine Epoche begründen, denn ohne eine Verankerung sind sie entweder vergänglich oder zerstörerisch. Die Neuerungen der Moderne waren im Phänomen der expandierenden Rationalität verankert, das seit Max Weber als Rationalisierungsprozeß bezeichnet wird. Webers Auffassung, daß dieser das spezifische Merkmal der modernen abendländischen Kultur sei, hat allgemeine Zustimmung gefunden.[3]

Rivalisierende Zivilisationen wie die indische oder chinesische, in denen die Trennung zwischen Rationalität und Irrationalität keine ähnlich zentrale Bedeutung besitzt und die mit einem anderen Bezugssystem und ganz anderen Begriffen (wie z.B. Karma oder Yin und Yang) operieren, stellten daher eine Herausforderung für die westliche Lebensweise dar. Die Beachtung dieser Zivilisatio-

---

3 Ich beziehe mich hier auf Max Webers Vorbemerkung zu seinen religionssoziologischen Aufsätzen (1920/1976, 13-31), in der er seine Theorie der Rationalisierung erläutert.

nen ist inzwischen ein Teil der Transformation, aus der das Globale Zeitalter hervorgeht, denn sie haben sich als wehrhaft erwiesen und der Vorherrschaft des Westens widerstanden. Ihr Überdauern unterstreicht abermals die Begrenztheit der Moderne.

In ihrer schlichtesten Form beruhte die Expansion der Moderne auf dem Glauben, daß Wahrheit und Irrtum sich auf einen begrenzten Vorrat möglichen Wissens beziehen. Wenn man die Wahrheit mehrte, müßten sich folglich die Irrtümer verringern, mehrte man das Wissen, stürbe die Unwissenheit aus, und wenn man die Welt erst beherrschte, würde sie berechenbar werden. In dieser Sichtweise erscheint die »Welt« als eine abgeschlossene, mit der konkreten Realität der Erde deckungsgleiche Entität. Doch die Welt der praktischen Erfahrungen des Menschen ist ein sich ausdehnendes kulturelles Universum ohne endgültige Grenzen. Die Rationalität hat an dieser Ausdehnung großen Anteil, doch der Bereich außerhalb ihrer Reichweite bleibt trotz allem grundsätzlich unendlich. Wenn wir versuchen, das wesentliche Element jener Rationalität, die die »abendländische« genannt wird, ausfindig zu machen, werden wir wahrscheinlich auf die binäre Logik stoßen, in der Ja und Nein einander ausschließen, die Welt in Innen- und Außenwelt aufgeteilt wird und es zwischen Sein und Nichtsein nichts Drittes gibt.

Daß die Ausdehnung der Rationalität mit einer Verminderung der Irrationalität einhergehe, ist ein verbreiteter Irrglaube. Für Weber stand im Gegensatz dazu fest, daß alle möglichen unüberwindbaren Irrationalismen den Prozeß der Rationalisierung begleiteten. In ihm selbst sei der Keim zu Konflikten zwischen verschiedenen Rationalitäten angelegt.[4] Wenn wir Weber darin folgen wollen, müssen wir auch anerkennen, daß die Moderne nicht auf der Zurückdrängung der Irrationalität beruht, sondern auf dem beharr-

4 Eine ausführliche Diskussion dieses Aspekts findet sich bei Albrow (1990a, vor allem 186-189) und allgemeiner über Rationalität und Irrationalität im sozialen Denken bei Alan Sica (1988). Nichtsdestotrotz verteten einige die Ansicht, daß Weber die irrationalen Konsequenzen der Rationalisierung vernachlässige. Zum Beispiel meint Beck, daß Webers Rationalisierungsbegriff die spätmoderne Realität unkalkulierbarer technologischer Risiken nicht mehr erfasse (1986, 22). Es stimmt, daß Weber sich nicht mit der Umweltzerstörung auseinandersetzte. Doch die Idee, daß die Rationalisierung eines Tätigkeitsbereichs unvermeidlich einen Konflikt mit anderen Bereichen hervorruft, ist von großer Wichtigkeit für seine Charakterisierung als Konflikttheoretiker. Als einen solchen betrachten ihn die meisten Interpreten.

lichen Bestreben, die Dichotomie rational/irrational auf immer neue Bereiche auszudehnen. Ihr haben wir den Computer und die Staatsbürgerrechte zu verdanken, aber auch den Kalten Krieg und den Ausländerhaß, die Menschenrechte, aber auch die Diskriminierung aufgrund des Geschlechts, der Rasse oder des Alters. All diese Entwicklungen beruhen auf der Ausgrenzungsmacht, der Definitionsmacht. Die Funktion von Staat und Kapitalismus im Projekt der Moderne besteht im wesentlichen in der Verbreitung und Durchsetzung solcher Definitionen. Das ist eine im Prinzip nie endende Aufgabe. Die Moderne gerät dann in Schwierigkeiten, wenn es nicht mehr möglich oder zumindest unattraktiv ist, auf diese Weise weiterzumachen.

Für das Verständnis des Endes der Moderne ist die »Verbreitung« der Rationalität von so zentraler Bedeutung, daß wir genauer bestimmen müssen, was damit gemeint ist. Diese Verbreitung nimmt drei miteinander verbundene Formen an: die der »Ausdehnung«, der »Intensivierung« und der »Aufspaltung«. Mit der Ausdehnung der Rationalität sind die Übertragung von Ideen auf neue Gebiete und eine Zunahme ihrer konkreten Anwendungsmöglichkeiten gemeint. Belege dafür finden sich in jedem Bereich der Wissenschaft. Der elektronische Schaltkreis zum Beispiel hat, ausgehend vom Radio, nach und nach die Kommunikations- und Haushaltsgerätetechnologie, das Verkehrswesen und die Maschinenherstellung erobert. Der Vormarsch rationaler Vorstellungen ist dabei nicht auf den Produktionsprozeß beschränkt geblieben. Er hat ganze Bereiche des Alltags erfaßt und verändert: durch persönliche Kennzahlen, digitale Adressencodes, die internationalen Vorwahlnummern sowie, noch fundamentaler, durch die Banknote, das metrische System, die Standardzeit und die Dezimalzahlen. All diese Phänomene sind nun Bestandteile der neuen sozialen Technologien des Globalen Zeitalters.

Die »Intensivierung« der Rationalität zeigt sich in der Analyse und Weiterentwicklung von Ideen, der Erforschung ihrer Ursprünge, ihrer Verquickung mit anderen Ideen und der Widersprüche zwischen diesen. Auf dem Gebiet der Mathematik findet sie ihre reinste Ausprägung. Doch auch die Intensivierung der Rationalität griff auf ganz andere Sphären über. Die Ökonomen entwickelten aus dem simplen Verhältnis von Angebot und Nachfrage ein

Modell des gesamtwirtschaftlichen Ablaufs, das viele hundert Variablen enthält. In der Psychoanalyse brachten miteinander wetteifernde Schulen eine Vielzahl von Theorien hervor, die alle auf dem Begriff Verdrängung beruhen.

Wie so oft in der Geschichte führte die intensive Ausarbeitung einer Idee zu immer feineren Differenzierungen, aus denen sich unterschiedliche Auffassungen herauskristallisierten. Eine solche »Aufspaltung« der Rationalität entstand aber auch aus der Zunahme der Gebiete, in denen eine Idee Anwendung fand. Die Folge war dann eher eine Variation als eine Standardisierung, zum Beispiel im Fall der weltweit unterschiedlichen Stromspannungen.

Ausdehnung und Intensivierung der Rationalität entwickeln sich zuweilen relativ unabhängig voneinander. So gilt das metrische System inzwischen weltweit, ohne daß es signifikanten Änderungen unterworfen worden wäre, und auch die Regeln des Schachspiels haben sich während der Jahrhunderte, in denen es sich bis in den letzten Winkel der Welt ausbreitete, kaum geändert. Manchmal aber setzt der eine Prozeß den anderen voraus. So bewirkt die Ausbreitung digitaler Informationssysteme innerhalb eines Staates oder die Anwendung künstlicher Methoden der Fortpflanzung die Entwicklung neuer Reglements. Auch die Zielgerichtetheit und Erfolgskontrolle, die administrativen Systemen durch die modernen Technologien aufgezwungen werden, sind ein typischer Fall von Intensivierung der Rationalität (Albrow 1987). All das sind wichtige Folgen dessen, was inzwischen als reflexive Modernisierung bezeichnet wird (Beck 1986, Giddens 1990, Beck et al. 1996). Daneben ist es aber auch möglich, daß einzelne eine Idee in jahrelanger Arbeit entwickeln, wie Charles Babbage den Entwurf des Computers, bevor andere sie aufgreifen. Auch kommt es vor, daß ausgereifte Ideen ihren Einfluß auf die Gesellschaft verlieren, weil sie von anderen verdrängt werden.

Nichtsdestotrotz gehen Intensivierung und Ausdehnung im allgemeinen Hand in Hand, da beide für die Verbreitung der Rationalität unerläßlich sind. Und je weiter sich eine Idee verbreitet, um so wahrscheinlicher wird die Aufspaltung ihrer Interpretationen und Umsetzungen. Die Verbreitung einer Idee verlangt daher in der Regel sowohl einen verstärkten Rückgriff auf Ressourcen als auch die Anwerbung von Fürsprechern, während die Wahrscheinlichkeit einer möglichen Nutzung durch andere Menschen zunimmt. Schließlich finden sich stets Versuche, die Aufspaltung der Rationalität durch neue Mechanismen zu überbrücken.

Die Verbreitung der westlichen Rationalität glich keineswegs der Einprägung einer Reihe unveränderlicher Ideen in ein beliebig formbares Material. Zunächst einmal ist die Bezeichnung »westlich« rein assoziativ und beschreibt nicht den Kern dieser Rationalität. Die Renaissance übernahm Ideen aus antiken wie zeitgenössischen Kulturen, vor allem aus der griechischen und der arabischen. Zweitens traf die Rationalität im Zuge ihrer Verbreitung auf Vorstellungen, die sie umgestalteten. Sowohl die Bürokratie Chinas als auch die Astronomie Indiens und die Demokratie der amerikanischen Ureinwohner forderten und formten Reaktionen des Westens. Daneben hingen die Expansion der Rationalität und die Betonung unterschiedlicher Facetten auch von den Bestrebungen und Ressourcen ihrer Protagonisten ab. In dieser Hinsicht verlieh die Verknüpfung mit Nationalstaat und Kapitalismus der Rationalität eine bestimmte Stoßrichtung. Ein Nationalstaat definiert sich durch sein Hoheitsgebiet, ein kapitalistisches Unternehmen durch sein Eigentum.

Wenn der Staat sich ausdehnt, muß er sich das anverwandeln, was nicht zu ihm gehörte, und neu bestimmen, wer oder was sich außerhalb seiner Grenzen befindet. Wenn eine Firma expandiert, muß sie neu bestimmen, wer sie selbst ist und wer ihre Kunden sind. Was auf der einen Seite der Bilanz addiert wird, muß auch auf der anderen addiert werden, doch Bedeutung gewinnt jede Seite nur in Beziehung zur jeweils anderen. Die äußere Bedrohung, der Markt, das Unerforschte und das Irrationale müssen so immer wieder erneuert und aufgefüllt werden.

Wie die Expansion eines Staates oder einer Firma wird auch die Erweiterung des Wissens oft als »Eroberung von Neuland« bezeichnet. Aufgrund der Stofflichkeit von Staatsgrenzen und der Nachfrage sind die Beschränkungen staatlicher und ökonomischer Expansion offensichtlicher und in ihren Auswirkungen früher erkennbar, als es beim Wissen der Fall ist.

Das Projekt der Moderne birgt allerdings viele Widersprüche. Die Ausdehnung des Nationalstaats ist irgendwann mit der Endlichkeit der Ressourcen der Welt konfrontiert. Die Expansion der

Rationalität steigert die Komplexität des Handelns ins Unüberschaubare. Die Entwicklung neuer Waffensysteme vermindert aus der Sicht des einzelnen die Rationalität der Welt und verstärkt das Gefühl von Unsicherheit und Bedrohung. In diesen Fällen bedeutet die Ausdehnung der Rationalität die der Irrationalität. Je größer das Hoheitsgebiet, desto länger auch die Grenze, die verteidigt werden muß. Das Irrationale gehört zweifellos zur Figuration der Neuzeit, doch als Bestandteil des Projekts der Moderne wurde es verdrängt. Wir müssen die Folgen dieser Verdrängung im Zusammenhang mit den Begriffen Gewalt und Staat genauer untersuchen.

Eine der bedeutsamsten Folgen der Reformation im 16. Jahrhundert war, daß der gesellschaftliche Zusammenhang der Vormundschaft der katholischen Kirche entzogen wurde. Der gesellschaftliche Zusammenhang mußte stets neu in politischen Auseinandersetzungen hergestellt werden, durch die sich die Nationalstaaten herausbildeten. Der Einfluß auf das Gesellschaftsgefüge nahm verschiedene Formen an. Gewalt war eine davon, die Kontrolle des Zugangs zu Märkten eine andere. Beide Methoden waren jedoch mit der Rationalität des Staatsapparates verknüpft.

Norbert Elias (1976) hat ausführlich dargestellt, welche Konsequenzen die Zentralisierung staatlicher Macht in Europa seit dem 16. Jahrhundert für die Kodifizierung der Sitten und die Selbstkontrolle des Individuums hatte. Beides ging mit der Bildung eines staatlichen Gewaltmonopols einher. Das Gegenstück dazu war eine spezifische Identifikation des einzelnen mit der Nation. Die innerhalb der Gesellschaft auftretenden Emotionen sollten so für die Ziele des Staates eingespannt werden.

Die Idee der Nation stellte einen Zusammenhang her zwischen dem Staat und dem Volk, das er regierte, und diente zur Rechtfertigung einer oftmals willkürlichen Rechtsprechung und Grenzziehung. Sie lenkte die Aufmerksamkeit auf Abenteuer im Ausland und legitimierte das Eindringen des Staates in die Nischen des Lebens des einzelnen. Bereits im 18. Jahrhundert, meinte Tocqueville 1854, hatte die französische Regierung auf vielfältige Weise Einfluß nicht nur auf die Lenkung allgemeiner Angelegenheiten, sondern auf das Schicksal von Familien und das Privatleben jedes Menschen (1854/1956, XI). Die Verwurzelung des Nationalstaats im alltäglichen Leben war eine immanente Begleiterscheinung des Projekts der Moderne.

In den USA vertrat Henry James zu Beginn des 20. Jahrhunderts die Auffassung, daß es eine wichtige Aufgabe der Volkswirtschaft und der individuellen Ethik sei, dafür zu sorgen, daß die Menschen ihre Ziele mit einem Höchstmaß an Energie verfolgten, da jede Nation, in der das nicht geschehe, anderen unterlegen sei, in der die Menschen ihre Ziele mit größerem Einsatz verfolgten (James 1907/ 1917, 42).

Als die Industrialisierung diese Verbindung von Individuum und Nation bedrohte, wurde auf die dadurch aufgeworfene soziale Frage mit dem gezielten Aufbau des Wohlfahrtssystems reagiert. Die Entwicklung, die zu den Weltkriegen des 20. Jahrhunderts führte, korreliert mit der Entstehung des Sozialstaats. Beide beruhten darauf, daß das Schicksal des einzelnen mit dem der gesamten Nation verflochten war. Soziale Absicherung und totale Mobilmachung gehörten zusammen.

Die Dekonstruktion der Verbindung von Nationalstaat und Bürger versetzt uns also in die Lage, den Sinn sonst widersprüchlich scheinender Elemente der Moderne zu erkennen. Rationalität und Irrationalität, häufig als einander entgegengesetzt, manchmal als frühe und späte Phasen der Moderne bezeichnet, letztere im Extremfall als Kennzeichen einer Postmoderne verstanden, bildeten in Wirklichkeit den spezifisch binären Code der Moderne und bestimmten die Beziehungen zwischen dem Nationalstaat und seinen Bürgern.

Der Nationalstaat, der sich unbedingt in den Besitz des Gewaltmonopols bringen wollte, akzeptierte Gewalt als legitim, wenn sie seiner Verteidigung diente. Emotionalität wurde, wenn sie sich in seinen Dienst stellte, gefördert, obwohl die staatlichen Aufgaben die Herausbildung von Disziplin, Wissenschaft, Technik und rationaler Verwaltung erforderten. Die Bereitschaft, sein Leben für einen Staat zu riskieren, der gleichzeitig disziplinierte Arbeitskräfte verlangte, mußte folglich zur Entwicklung widersprüchlicher Persönlichkeitstendenzen führen.

Es war ein Teufelspakt, aus dem enorme kollektive Energien und heroische Einzelleistungen, aber auch die Gefährdung und oft genug die Vernichtung von Leben in riesigem Maßstab hervorgingen.

Bauman (1992) betrachtet den Holocaust daher zu Recht als Bestandteil der immanenten Dynamik der Moderne. Aber die Moderne brach unter dem Widerstreit der Extreme nicht zusammen. Ihr zentrales Organ, der Nationalstaat, schaffte es, gleichartige und entgegengesetzte Tendenzen zu fördern und miteinander zu kombinieren.[5]

2.4 Die Expansion des Nationalstaats

Warum das Projekt der Moderne auf der Expansion
des Nationalstaats beruhte

Der moderne Nationalstaat war auf territoriale Expansion ausgerichtet, weil er auf diesem Wege seinen Bürgern neue Chancen eröffnen, ihnen ein Ziel geben und ihre Aktivitäten bündeln und ausrichten konnte.[6] Dies galt gleichermaßen für den Militärdienst, bahnbrechende Forschungen, die Suche nach Öl und die Verwaltung des Reiches. Blieb einem Nationalstaat die eigene Expansion verwehrt, mußte er sich zumindest gegen die verteidigen, die expandierten.

Das ist keine neue These. Sie stammt von Acton, der in einem von Expansionsträumen genährten Vormachtstreben die Triebfeder für den Aufstieg des modernen Staates sah.[7] Solche Träume waren die

---

5 Die Moderne kennt viele Beispiele für die erfolgreiche Vereinigung von Gegensätzen. In einem Rahmen, in dem der Nationalstaat die Bedingungen des Handelns diktierte, erscheint etwa Goethe als herausragender literarischer Vertreter miteinander konkurrierender Forderungen des Individuums, der Nation und der Menschheit. Er stellte die individuelle praktische Erfahrung, die Ungewißheit von Beziehungen und die dämonische Seite des Strebens nach Wissen in Frage und untersuchte auf diese Weise die Grenzen von Rationalität und Irrationalität, während er gleichzeitig in herausgehobener Position Regierungstätigkeiten nachging.

6 Immanuel Wallerstein (1986, 54) hat darauf hingewiesen, daß sich die Interessen verschiedener europäischer Gruppen, die von jüngeren Söhnen des Adels oder Kaufleuten etwa, bei den frühmodernen Überseefahrten mit den Interessen der Monarchen verbanden. Später fand die aufkommende Bürokratie andere Mittel und Wege, um persönliche Karrierewünsche in staatliche Strukturen einzubinden.

7 Die zentrale Bedeutung des Nationalstaates war axiomatisch für den großen Überblick der Moderne, den Acton in der *Cambridge Modern History* (13 Bände, 1902-1911) gab. In seiner »Einleitenden Bemerkung« erklärte Bischof Creighton, daß »die zwei wichtigsten Eigenschaften der modernen Geschichte die Entwicklung der Nationalität und das Wachstum der individuellen Freiheit sind« (Creighton 1902, 3). Deren Inter-

Folge der Heldentaten von Magellan und Cortez, nicht nur in Spanien. »Jene Gesetzmäßigkeit der modernen Welt, daß die Macht dazu neigt, sich unbeschränkt auszudehnen und alle inneren und äußeren Grenzen zu überschreiten, bis sie auf eine ihr überlegene Kraft stößt, erzeugt die rhythmische Bewegung der Geschichte.« (Acton 1906, 51) Die rhythmische Bewegung, von der Acton spricht, resultierte aus den vereinten Anstrengungen der Schwachen, die sich zur Wahrung ihrer Selbstbestimmung zusammenschlossen und dieser unbarmherzigen Kraft Widerstand leisteten.

So beurteilte vor einhundert Jahren ein katholischer Liberaler die Moderne, ein Insider, der über einigen Abstand und Weitblick verfügte und dennoch nicht in der Lage war, sich unter ihr etwas anderes als einen allumgreifenden dynamischen Prozeß vorzustellen. Er hoffte, daß die Freiheit aufgrund der Gegenkräfte innerhalb jedes Systems zunehmen würde. Einem Freund schrieb er: »Jede Freiheit beruht im Grunde auf der Bewahrung eines inneren Bereichs, der der Macht des Staates entzogen bleibt.« (Mathew 1946, 170)

Doch das war eine optimistische Beurteilung der günstigen Möglichkeiten unbegrenzter Moderne. Noch der Historiker Otto Hintze, der im Ersten Weltkrieg das dämonische Potential der Moderne erlebt hatte, stimmte mit Acton bezüglich des wesentlichen Zusammenhangs von Nationalstaat und Expansion überein. Unter Berufung auf Max Weber führte er das weltweite Vordringen des kapitalistischen Denkens auf den Nationalstaat zurück (Hintze 1942, 120).

In der Frühen Moderne erwarben staatliche Organisationen durch die Mobilmachung im Konfliktfall und durch ihre generelle Expansion zunehmend die Vorherrschaft über andere Gesellschaftsordnungen wie die feudalen Stände, die Städte, den Handel, die Kirchen und die Intellektuellen. Prinzipien und Interessen wie Besitzstandswahrung, Marktmacht oder Weltanschauung, um die sich solche Gruppen bilden, waren nicht so mächtig wie die überdies als legal angesehene Drohung mit der Gewalt. Wenn wir den

dependenz war ihm vollkommen bewußt: »Die Stärke der Nation beruhte auf der Kraft der Individuen, aus denen die Nation bestand. Der internationale Wettbewerb machte die Entwicklung eines Nationalgefühls erforderlich, das auf der Mithilfe von allen und jedem beruhte.« (S. 2) Das unterschied die Moderne vom Mittelalter.

Beginn der Moderne auf das frühe 16. Jahrhundert datieren, tun wir das im vollen Bewußtsein der Tatsache, daß sie am Anfang weder mit Industriekapitalismus noch mit dem Rationalismus der Aufklärung etwas zu tun hatte und daß zudem der Kapitalismus keine führende, sondern nur eine untergeordnete Rolle spielte.

Nichtsdestotrotz nutzten die Inhaber staatlicher Macht, ob sie nun adliger Herkunft, Warlords oder beides waren, ihren Einflußbereich dazu, wirtschaftliche Aktivitäten einzufügen und zu ihrem Vorteil zu gestalten. Joseph Schumpeter beschreibt die Beziehungen zwischen dem aufstrebenden Bürgertum und den aristokratischen Ständen, die den Staat beherrschten, als symbiotisches Verhältnis (1976, 136). Der Nationalstaat entstand, wie Schumpeter bei anderer Gelegenheit formulierte, als ein »auf kapitalistischer Grundlage existierender Feudalismus« (1965, 198). Beide, Kapitalismus und Staat, brauchten einander, doch keiner war die Ursache des anderen. Vielmehr fingen die Mächtigen im Staat gerade deshalb an, die Ökonomie als Wissenschaft zu betreiben, weil sie begriffen, daß Staat und Kapital nach prinzipiell unterschiedlichen Regeln funktionierten.

In ihren europäischen Anfängen hatte diese Wissenschaft nichts mit den Prinzipien des freien Marktes im Sinn. Sie war eher das Produkt von Staatsverwaltern, das dem Vorgehen der Monarchie eine Basis verleihen sollte, um im Namen der Nation die Feinabstimmung des Systems von Kolonialrechten, Manufakturmonopolen und Handelsprivilegien zum größtmöglichen Nutzen der Mächtigen zu verbessern. Die Ökonomie befaßte sich daher mit der Aufteilung der Gewinne zwischen den verschiedenen Gesellschaftsgruppen aufgrund ihrer überkommenen Stellung und ihres Anteils an den wirtschaftlichen Aktivitäten.

Auch als Ganzes betrachtet ergaben die wirtschaftlichen Aktivitäten dieser Gruppen mit Sicherheit noch kein Wirtschaftssystem, geschweige denn so etwas wie »Kapitalismus«. Am ehesten könnte man sie unter dem Begriff »Gesellschaft« zusammenfassen oder mit Adam Smith als »die gesamte Volkswirtschaft« (1776/1868, 2) bezeichnen. Doch Smiths Darlegungen richteten sich gegen die Ansprüche des Staates. Er machte es sich zur Aufgabe zu zeigen, daß in einer nationalstaatlichen Gesellschaft wie Großbritannien, in der der Staat die soziale Ordnung in weit geringerem Maß dominierte als in Europa, die Begrenzung der Staatsausgaben auf ein notwendiges Minimum dem individuellen Wohlstand und folglich dem Wohlstand der Nation förderlich war.

Smith warf seinen Kollegen vom Festland zwar die Befürwortung staatlicher Eingriffe ins Wirtschaftsleben vor, doch offenbarte er dabei, daß er von der gleichen Voraussetzung ausging wie sie, nämlich daß eine Gesellschaftsordnung denkbar sei, in der das Erfolgsstreben des einzelnen mit einem nationalstaatlichen Bewußtsein verschmolzen wäre und dem Staat nur mehr die Rolle eines Schiedsrichters zukäme. Aus diesem Grund führte er in seinem Buch aus, daß die Arbeitsteilung zwischen verschiedenen Berufen und innerhalb der Produktion nicht nur dem einzelnen, sondern der ganzen Nation Nutzen bringe. Andererseits ließ sich die Bindung an die Nation aber nicht aus individuellen Interessen ableiten.

Smiths Zeitgenosse Adam Ferguson (1723-1816), Professor für Moralphilosophie in Edinburgh, begründete die Bindung an die Nation auf diese Weise:

Ohne die Rivalität der Nationen und ohne die Praxis des Krieges könnte die bürgerliche Gesellschaft selbst kaum Inhalt und Form gefunden haben. [...] Könnten wir bei irgendeinem Volk mit einem Schlag den Wetteifer vernichten, der von auswärts angeregt wird, dann würden wir wahrscheinlich auch die Bande der Gesellschaft im Lande selbst zerreißen oder doch zumindest schwächen. Damit aber würden wir auch die geschäftigsten Szenen nationaler Betätigung und Tugenden zum Erliegen bringen. (1767/ 1986, 127f.)

Zwischen den Zeilen finden wir hier eine Andeutung des Doppelcharakters der gesellschaftlichen Ordnung, die in verschiedenen Epochen der Geschichte unterschiedliche Formen annimmt und jede Verwaltung gesellschaftlicher Ordnung und jede Theorie über rationale Prinzipien prekär werden läßt. Diese Doppeldeutigkeit war der theoretische Ausgangspunkt zur Etablierung der Soziologie als eines akademischen Faches.[8] Denn unabhängig davon, ob eine Vergesellschaftungsform andere Formen überwindet oder exi-

---

8 In dieser Hinsicht ist Georg Simmel (1908) der eigentliche Begründer der Soziologie, denn sein gesamtes Werk kreiste um die paradoxen Dualitäten der hermetischen Idee des Sozialen. Nur sein Werk fand über nationale Grenzen hinweg in den am Anfang des 20. Jahrhunderts gegründeten Jugendstrafanstalten der Vereinigten Staaten, Europas, Asiens und Südamerikas Beachtung.

stierende Gesellschaftsformen neue Vergesellschaftungsweisen verstärken: In keinem Fall können wir, ebenso wie Ferguson, davon
ausgehen, daß die Beziehungen, die Menschen herstellen, sich auf
die vorgegebenen Grenzen etablierter Autoritätsverhältnisse beschränken. Der Versuch, dieses Problem zu lösen, war für die
Expansion des modernen Nationalstaats von zentraler Bedeutung.

2.5 Die Verschmelzung von Staat und Gesellschaft in der Moderne

*Wie moderne Denker die unauflösliche Einheit von Staat
und Gesellschaft beschworen*

Die Beziehung von Staat und Gesellschaft beschäftigt das abendländische Denken seit Jahrhunderten. In der klassischen aristoteli
schen Theorie ist der Staat die höchste Form menschlicher Gemeinschaft, deren Zweck das sittlich gute, glückselige Leben aller Bürger
ist. In dieser politischen Gemeinschaft findet das allgemeine soziale
Leben seine Vollendung, auf der sie zugleich notwendigerweise basiert. Auf dieser Grundlage unterschied Aristoteles Bürger und
Nichtbürger, bestimmte das einem Menschen als Mensch, Herr,
Freund oder Sklave zukommende Verhalten und teilte die zwischenmenschlichen Beziehungen danach ein, ob sie der Fortpflanzung dienten, ein Herrschaftsverhältnis darstellten, von gegenseitigen Interessen, Freundschaft oder der Beteiligung am sittlich guten,
glückseligen Leben geprägt waren.
   Von Anfang an ging es um das Verhältnis der politischen Verfas-
sung zur Gesellschaft, um die Frage, wie sie die sozialen Prozesse,
in die sie verstrickt war und die oft genug ihre Interessen und sogar
ihre Existenz bedrohten, steuern konnte. Bei Aristoteles beruhte
die Unterscheidung von guten und schlechten Verfassungen darauf,
welche Beteiligung sie den Bürgern gewährten. Die Struktur des
Staates resultierte aus gesellschaftlichen Abläufen.
   Das vorliegende Buch will dem Leser die Vorstellung vermitteln,
daß er ein Teil der Geschichte ist. Es geht zudem davon aus, daß
sämtliche von Menschen je erdachten Arrangements für ihr Leben

vorübergehend sind. Einige sind jedoch langlebiger als andere, und da unser eigenes Leben kurz ist, fällt es uns oft schwer, unseren Standort im Fluß der Dinge zu bestimmen. Wäre es leicht, würden wir nicht so energisch auf die Unbegrenztheit der Moderne pochen. Ein epochaler Wandel läßt sich leichter feststellen, wenn es um eine ferne Vergangenheit geht.

Der Terminus »Staat« kam zu Beginn der Moderne mit einer Vielzahl von Nuancen in Gebrauch, die um die Begriffe Stabilität, Dauer und politische Organisation kreisten. Diese Bedeutungen haben sich bis in die Gegenwart immer weiter entwickelt, ohne je klare Kontur zu gewinnen, so daß es müßig ist, nach einer letztgültigen Festlegung des Begriffs zu suchen.[9] Wo man sich in der Geschichte auch umschaut, stets sind dem Staatsbegriff die Eigenarten der jeweiligen Zeit eingeschrieben. Das läßt sich an einem Beispiel aus der Mitte der Neuzeit zeigen. In seinem *Versuch über die Geschichte der bürgerlichen Gesellschaft* schrieb Adam Ferguson über das antike Sparta:

[…] dieses Volk [siechte] nicht in der Kraftlosigkeit solcher Nationen hin, die in Weichlichkeit versinken. Seine Angehörigen stürzten sich in den gleichen Strom, der schon andere Staaten in den Strudel der Leidenschaften und der Ausschreitungen barbarischer Zeiten hineingerissen hatte. Sie traten die Laufbahn anderer Nationen […] das letzte Gemeinwesen Griechenlands, das zu einem Dorf im römischen Reich wurde […] [die] Geschichte dieses einzigartigen Volkes […] [das] die Tugend zum Staatszweck [erhob]. […] Wir [dagegen] leben in Gesellschaften, in denen die Menschen reich sein müssen, um groß zu sein […]. (Ferguson 1767/1986, 309)

Ferguson springt leichthin vom Volk zur Nation, vom Staat zum Gemeinwesen und wieder zu Volk und Staat zurück. Doch alle diese Begriffe sollen ein und dieselbe Entität bezeichnen: Sparta. Sie sind austauschbar, bis Ferguson mit der bemerkenswerten Verschiebung »Wir leben in Gesellschaften« schließt. Er maß seiner Wortwahl keinerlei theoretische Bedeutung zu.

Dafür gab es zwei Gründe. Erstens beschrieb er eine Gesell-

9 Das Argument stammt von T. D. Weldon, der darauf hinwies, daß in Fragen, die den Staat betreffen, nur Verwirrung entstehe, wenn man den Inhalt dieses Begriffes festlegen wolle (1953, 46). Trotz dieser Einschränkung können wir immer noch versuchen, mit Hilfe einer angemessenen Terminologie Bedeutungen von bleibender Relevanz zu übermitteln.

schaftsform – den griechischen Stadtstaat, die Polis –, für die es schon lange keine reale Entsprechung mehr gab und für die in gewisser Hinsicht jeder dieser Begriffe gleichermaßen anachronistisch war. Zweitens lebte Ferguson in einer Zeit, in der sich eine andere Form der sozialen Organisation herausbildete, die nationalstaatliche Gesellschaft, die auf der Gleichsetzung der Begriffe Volk, Nation und Staat beruhte, die andernfalls, wenn man sie voneinander trennte, auch ganz andere Formen von Gemeinschaft beschreiben könnten.

Die Behauptung, der moderne Staat habe die Gesellschaft geschaffen, ist eine krasse Vertauschung der historischen Reihenfolge.[10] Die Idee der Gesellschaft, eines Zusammenschlusses von Menschen, geht in ihren antiken, mittelalterlichen und nichtwestlichen Versionen dem Staat voraus. Dafür finden sich im 14. Jahrhundert ein christlicher und ein islamischer Gewährsmann: Dante (1265-1321) beziehungsweise Ibn Chaldun (1332-1406). Dante sprach von »*universalis civilitas humani generis*«, der universalen Gesellschaft des Menschengeschlechts, für die letztlich ein einziger Weltstaat der angemessene politische Rahmen sei (1312/1954, 5). Ibn Chaldun sprach von »*umran*«, der Identität der Zivilisation mit der gesellschaftlichen Organisation, und schlug die Gründung einer neuen Wissenschaft vor, um diese zu untersuchen (1958, 77 ff.). Beide nahmen Bezug auf Aristoteles' Darstellung der »Polis« und fragten nach den Konsequenzen der Erkenntnis, daß unterschiedliche politische Strukturen auf Unterschieden zwischen Gesellschaftsformen beruhen. In der katholischen Theologie ersetzte Thomas von Aquin (1224-1274) das aristotelische Diktum, daß der Mensch ein »politisches Wesen« und seine naturgegebene Lebensform die »Polis« sei, durch die Behauptung, daß es naturgegeben sei, in der Gesellschaft vieler anderer als ein »soziales und politisches Wesen« zu leben (Thomas von Aquin 1954, 2 f.).

---

10 In diesem Jahrhundert ist die kuriose Behauptung aufgekommen, daß die Idee des Sozialen und der Gesellschaft eine Erfindung der Moderne sei. Ein Autor schreibt die Unterscheidung zwischen dem Menschen als sozialem Wesen und dem Menschen als Bürger merkwürdigerweise Adam Ferguson und John Millar zu: »Die herkömmliche Lehre kannte nur den Staat: sie hatte noch nicht entdeckt, was später (...) bürgerliche Gesellschaft genannt werden sollte« (Stark 1960, 165). Solche fehlerhaften Lesarten der Ideengeschichte lassen sich auf das arg beschränkte Selbstverständnis der Moderne zurückführen.

Thomas von Aquin unternahm sehr bewußt den Versuch, die Politik aus dem Sozialen herzuleiten. Damit verfolgte er ein bestimmtes Interesse. Er legitimierte so eine Instanz, die zwischen säkularer und religiöser Macht vermitteln konnte. Denn das Gesellschaftliche unterlag Gottes Gesetz, und folglich konnten die weitreichenden Ansprüche weltlicher Mächte derselben Prüfung unterzogen werden wie die Gesetze, die Gott der menschlichen Natur eingeschrieben hatte. Für die katholischen Theologen des Mittelalters diente die Betonung des Sozialen der Abwehr von Übergriffen weltlicher Herrscher.

Die meisten modernen Staatstheorien versuchten den Nachweis, die dem Staat eigentümliche Form sozialer Organisation sei eine getreue und dauerhafte Widerspiegelung der Gesellschaft. Tatsächlich war es aber so, daß eine bestimmte Form des Staates, der Nationalstaat, bestrebt war, die Gesellschaft nach ihren Vorstellungen zu formen. Daher erscheint der Staat von einem spätmodernen Blickwinkel aus als das Ursprüngliche und das Gesellschaftliche als ein von ihm zu kontrollierender Bereich.[11]

Die Hochmoderne eröffnete zweifellos einen neuen Blick auf die Gesellschaft, indem sie diese der wissenschaftlichen Analyse unterzog. Aus dem Entwurf einer besonderen Gesellschaftswissenschaft entstand die akademische Soziologie. Doch bald zählte jeder Lebensbereich zu ihrem Aufgabengebiet. Auch die europäischen Regierungen wurden am Ende des 19. Jahrhunderts von der sogenannten »sozialen Frage« vollauf in Anspruch genommen. Diese kreiste im wesentlichen darum, wie der Staat die gesellschaftlichen Kräfte zähmen könne, die die Industrialisierung freigesetzt hatte, im besonderen das entstehende Massenproletariat, das die etablierten Obrigkeiten bedrohte.

Doch keine dieser zweifellos bedeutenden Umwälzungen im Verhältnis von Staat und Gesellschaft rechtfertigt den Sprung zu der modernistischen Deutung, die die Gesellschaft auf ein Produkt bürgerlichen Bewußtseins reduziert.[12] Solche Auffassungen gehen

---

11 Arnold Toynbee behauptete, es sei charakteristisch für das Zeitalter der Großmächte, daß diese versuchten, in sich geschlossene Welten zu bilden, und »danach strebten, ein Surrogat für die Gesellschaft zu sein« (1939-1961, Bd. 1, 10).

12 Nach Auffassung von Donzelot (1984, 21) wurde »die Erfindung des Sozialen« dadurch befördert, daß das über die politische Entwicklung nach 1848 enttäuschte französische Volk sich vom Staat ab- und der sozialen Sphäre zuwandte. Für einen

sämtlich auf eine materialistische Wissenssoziologie zurück, die die älteren Ideen von Staat und Gesellschaft als bourgeoise Erfindungen betrachtet. Dabei wird übersehen, daß Marx' Idee des Sozialen eng mit der aristotelischen verwandt ist.

Dieser modernistische Irrtum entsteht aus der Vernachlässigung des Begriffs der Nation (ob er sich nun auf ein Land, einen Staat oder ein Volk bezieht), der Staat und Gesellschaft miteinander verknüpfte. Die Nation war die spezifisch moderne Antwort auf die Frage, die Aristoteles mit der Polis beantwortet hatte. Sie war die Reaktion des Staates auf die Probleme der Arbeitsteilung, aus der mit dem Staat rivalisierende Ansprüche auf Vergesellschaftungsformen der Individuen resultierten.

2.6 Die Krise der Industriegesellschaft

Wie die Bedrohung durch die entstehende Arbeiterklasse
die herrschende Klasse dazu brachte, den Sozialstaat
und die Sozialwissenschaften zu befördern

Bis in die Mitte des 19. Jahrhunderts sorgten entweder die »unsichtbare Hand« des Marktes, wie es die Volkswirtschaftler nannten, oder der Geist der Vernunft für eine wundersame Übereinstimmung zwischen individuellen und nationalen Zielen. Jede kleinere Gruppe, zu der sich Individuen zusammenschlossen, war ein Bestandteil des größeren gesellschaftlichen Organismus. Bis zu diesem Zeitpunkt wurde der überkommenen feudalen Gesellschaftsordnung einfach die Theorie des Nationalstaats übergestülpt. Doch in der Mitte des 19. Jahrhunderts wurde klar, daß der Aufstieg einer neuen Klasse den frühmodernen Frieden zwischen Staat und Gesellschaft grundlegend stören würde.[13]

anderen Autor bezeichnete der Begriff »Gesellschaft« nur im frühen 19. Jahrhundert etwas Eigenständiges (Rabinow 1989, 11).

13 Landelin Winterer, Pastor und Domherr in Mülhausen und elsässischer Abgeordneter im deutschen Parlament, schildert, wie diese Krise von der herrschenden Klasse wahrgenommen wurde: »Wir bieten dem Leser eine Fortsetzung unserer Studien über den heutigen Socialismus. Als wir dieselben im Jahre 1878 begannen, leugneten noch hervorragende Staatsmänner das Vorhandensein einer socialen Frage. Heute ist dieser Standpunkt aufgegeben; die sociale Frage ist allenthalben aufgetaucht, sie hat ihre Existenz durch eine Reihe von Ereignissen bewiesen, die mit unheimlicher

Als die Kräfte des Industriekapitalismus die zunehmende Brüchigkeit der Verbindung von Staat und Gesellschaft aufzeigten, versuchte Marx die Kluft zu erweitern und zu vertiefen, indem er die überkommene Theorie in Frage stellte und sich der Interessen der entstehenden Arbeiterklasse annahm. Seine Anstöße zur Überarbeitung der Theorie erwiesen sich als außerordentlich erfolgreich – allerdings auf Kosten seiner politischen Ziele.

In seinem Frühwerk hatte sich Marx in wahrhaft aristotelischer Manier auf die gesellschaftliche Natur des Menschen berufen. Doch dann beeindruckten ihn zwei unterschwellig zusammenhängende Phänomene. Das erste war die Entfremdung des Arbeiters in der unpersönlichen Industrieproduktion. Die neue Struktur der Produktionsverhältnisse zwang die Arbeitenden zu Tätigkeiten, die sie nicht bestimmen konnten und die ihnen nichts bedeuteten. Das zweite war die Analyse der wirtschaftlichen Zusammenhänge, die ebenfalls ein unpersönliches System von Gesetzen und Kräften postulierten. Beides zusammen bedeutete, daß der umfassende gesellschaftliche Charakter des Menschen zumindest für die Dauer des Industriekapitalismus aufgehoben war. Erst mit dem Ende des Kapitalismus würden die Menschen nach Marx' Auffassung ihre wahre soziale Natur wiedererlangen.

Marx konnte auf die immer wirkungsvolleren Untersuchungsmethoden der politischen Ökonomie zurückgreifen. Zugleich versuchte er, die gesellschaftliche Zukunft vorauszusagen. Daß er beides miteinander kombinierte, hatte für die Gesellschaftstheorie der nächsten hundert Jahre fatale Folgen. Für Befürworter wie Gegner der nationalstaatlichen Gesellschaftsordnung wurde die Entwicklung eines analytischen Systems, das eine einleuchtende Erklärung für den zukünftigen Kurs der Gesellschaft geben konnte, zur intellektuellen Preisaufgabe, die alles andere in den Schatten stellte.

Schnelligkeit auf einander gefolgt sind. Mehr und mehr beherrscht sie das öffentliche Leben. Wird sich ihre Lösung friedlich vollziehen, oder wird derselben eine furchtbare Katastrophe vorausgehen? Das ist das große Problem, dem wir am Ausgange des neunzehnten Jahrhunderts gegenüberstehen. Der Socialismus behauptet, die Lösung dieses Problems in sich zu tragen. Er fordert die Proletarier der ganzen Welt zu festem Zusammenschluß auf und macht unglaubliche Anstrengungen, um die Leitung der gewaltigen Bewegung an sich zu reißen, welche die gesamte Arbeiterwelt ergriffen hat.« (Winterer 1890, III)

Die Marxsche Methode war der Prototyp. Sie bestand aus drei Teilen: einem analytischen, einem historischen und einem synthetischen. Der analytische Teil unterschied die drei abstrakten Schlüsselbegriffe Kapital, Arbeit und Grundrente und entwickelte ein Modell ihrer Beziehungen unter idealtypischen Bedingungen. Dieses Modell generierte Prozesse wie das unvermeidliche Sinken der Profitrate und war intellektuell einflußreich, wenn auch fehlerhaft. Der historische Teil untersuchte die realen Beziehungen zwischen sozialen Gruppen und deren Veränderungen im Lauf der Geschichte, die Konflikte zwischen politischen Parteien, die Veränderungen der Familienstruktur, die Beziehungen von Stadt und Land sowie die Frage, welchen Platz die Intellektuellen in der Gesellschaft einnahmen. Der dritte Teil schließlich war eine vollständige Gesellschaftstheorie, die die historischen Entwicklungen auf die analytischen Prozesse übertrug, wobei ihr letztere zur Erklärung der ersteren dienten. Industriekapitäne, Arbeiter und Landbesitzer wurden den Konzepten Kapital, Arbeit und Grundrente zugeordnet, während die im analytischen System postulierten Kräfte einen wachsenden Klassenantagonismus bewirkten, der schließlich, wie Marx sich das wünschte, in den Zusammenbruch der kapitalistischen Gesellschaft mündete. Das ließ die nationalstaatliche Gesellschaft erschauern. Und nicht allein, weil Marx den Arbeitern Hoffnungen machte, sondern vor allem, weil seine theoretische Methode dermaßen eindrucksvoll war, begann der Nationalstaat mit Hochdruck nach alternativen, gefälligeren Theorien zu suchen.

Marx' Werk machte deutlich, daß das größte Problem für die Zukunft der nationalstaatlichen Gesellschaft darin bestand, daß sie von grenzüberschreitenden Kräften beeinflußt werden würde. Denn jede Analyse des Wirtschaftssystems zeigte, daß es immanent mit der Welt als Gesamtheit verbunden war. Indem er das Soziale in diese Analyse einzeichnete, stieß er auf die Möglichkeit einer internationalen Arbeiterbewegung. Marx' Methode eröffnete die Perspektive einer Weltrevolution. Seine Ideen versetzten den Nationalstaat in Panik und brachten dem Internationalismus den Ruf einer subversiven Haltung ein.

Wie man weiß, bestand die Reaktion des Nationalstaats auf die sozialen Umwälzungen der Industrialisierung darin, das Problem als innerstaatliches aufzugreifen. Die Bedrohung durch eine unkontrollierte Gesellschaft, deren Kräfte weltweit wirksam waren, wurde in eine innerstaatliche umgewandelt. Mit dem Aufwerfen der »sozialen Frage« wurde die Integration des neu entstandenen Proletariats in nationalstaatliche Gesellschaften versucht. Diese Aufgabe war dermaßen weitreichend, daß sich so unterschiedliche Lösungsansätze wie der Sozialismus, der Wohlfahrtsstaat und die Soziologie als Wissenschaft daran beteiligten.

Die praktische Reaktion auf die soziale Frage bestand in einer Erweiterung des Projekts der Moderne. Die Sozialstaaten betrieben die Nationalisierung der Aufgabe hauptsächlich auf dem Wege militärischer Mobilmachung. Erst ging es um Konflikte zwischen Nationalstaaten, die in den beiden Weltkriegen kulminierten, dann diente der Kalte Krieg zwischen dem kapitalistischen und dem sozialistischen Staatensystem als Aufhänger. Fergusons Vorschlag aus dem 18. Jahrhundert, das Nationalgefühl zu fördern, wurde so auf eindrucksvolle Weise verwirklicht.

Hundert Jahre nach Marx hat das Projekt des Nationalstaats an Schwung verloren, und infolgedessen wird der Sozialstaat angegriffen. Einige seiner Gegner verlangen die Rückkehr zur Idee der Bürgergesellschaft. Sie betrachten den Sozialstaat nicht mehr als ein Werkzeug sozialer Integration, sondern abermals als den Schauplatz von Verteilungskämpfen, bei denen verschiedene Interessengruppen um kollektive Güter und Vorrechte ringen. Dem Nationalstaat ist es nie ganz geglückt, eine einheitliche Gesellschaft zu formen und das Protestgeschrei der verschiedenen Interessengruppen zum Verstummen zu bringen. Sozialausgaben werden neuerdings als Ausgaben für »andere« hingestellt. Dies ist paradox, da die Kosten des Sozialstaats einschließlich Gesundheitsfürsorge, Erziehung und Ausbildung sowie Altersversorgung zum großen Teil aufgrund der Universalität seiner Leistungen entstehen – die eben nicht Leistungen für »andere«, sondern für jedermann sind. Die Frage der Legitimität erhebt sich vielmehr dann, wenn der Staat seinen universalistischen Anspruch aufgibt und Einzelinteressen zu bedienen scheint.

Dies geschieht nicht aufgrund der Kosten, sondern infolge des Wohlstands. Es ist vor allem der insgesamt gestiegene Wohlstand der Nationalstaaten, der das Problem erzeugt. Das Sozialsystem erscheint vor diesem Hintergrund aus zwei Gründen als eine wach-

sende Last. Erstens wegen seiner relativen Verteuerung. Das Sozialsystem besteht hauptsächlich aus Dienstleistungen und kann seine
Produktivität daher nicht im selben Maße steigern wie der Indu-
striesektor. Deshalb wachsen relativ gesehen die Kosten. Der
zweite Grund ist, daß der zunehmende Reichtum ein immer stär-
keres Wohlstandsgefälle entstehen läßt, so daß aus diesem und
anderen Gründen ein wachsender Teil der Bevölkerung in vollkommene Abhängigkeit von staatlichen Geldern gerät.

Die Legitimationskrise des Sozialstaates beruht daher nicht auf
der gestiegenen steuerlichen Belastung allein, sondern auf der Erkenntnis, daß der Nationalstaat nicht länger dieselben Wohltaten
wie bisher verteilen kann. Aber diese Erkenntnis bedeutet, daß eine
der Methoden zu versagen beginnt, mit denen der Nationalstaat das
Individuum in die Gesellschaft zu integrieren versuchte. Unabhängig davon ist es für den Nationalstaat schwieriger geworden, gesellschaftliche Gruppen dadurch von Verteilungsfragen abzulenken,
daß er ihnen für ihre Teilnahme am Projekt der Moderne Belohnungen in Aussicht stellt. Denn die Organisationsform des Nationalstaats bietet keine neuen Ziele, die es zu realisieren, keine neuen
Territorien, die es zu erobern gelte. Unter diesen Umständen überrascht es kaum, daß überall gefordert wird, »den Staat zurückzudrängen«. Die Vertreter dieser Forderung sollten nur eines nicht
übersehen: sie zu erfüllen bedeutete nicht nur, die Ausmaße des
Nationalstaats zu verkleinern, sondern auch, die Gesellschaft von
der Kontrolle durch ihn zu befreien.

2.7 Die Systematisierung der nationalstaatlichen Gesellschaft

Warum die Gesellschaftstheorie ein Sprachrohr des Nationalstaats war

Mit Hilfe des Sozialstaats sollte der einzelne unmittelbar in die nationale Gesellschaft eingebunden und eine von feudalen oder Interessengruppen gesteuerte Politik verhindert werden. Parallel dazu
wurde eine Theorie entwickelt, die die Kampfansage des Marxismus annahm. Wie es einem Projekt zukommt, wurde der Staat nun

als ein geschlossenes Handlungssystem betrachtet. Auf dieselbe Weise, in der Marx das Soziale mit dem Ökonomischen verschmolzen hatte, sorgte der Nationalstaat dafür, daß die Menschen in rationale Handlungssysteme wie das Management, den Markt oder die Bürokratie integriert wurden.

Anhand der theoretischen Methode von Marx läßt sich das Problematische aller solcher Theorien erläutern. Marx bezieht seine abstrakten Termini aus dem realen Leben. Deshalb haben sie verschiedene Bedeutungen, je nachdem, ob man sie im Alltag oder in einem theoretischen System verwendet. Ob, wann und für wen Bankguthaben, Forderungen, Maschinen, Warenvorräte, Aufträge, Kunden, Warenzeichen, technisches Know-how, Verkehrswege, Wohnungen oder Grundbesitz ein »Kapital« darstellen, ist höchst unklar, ganz zu schweigen von dem Geldwert, der für sie angesetzt wird. Marx löst solche Schwierigkeiten, indem er als Kapital definiert, was sich im Besitz von Kapitalisten befindet. Was Arbeiter besitzen, bleibt unberücksichtigt (Schumpeter 1954, 634).

Das Problem verschärft sich, wenn reale soziale Identitäten mit technisch definierten Beziehungen gleichgesetzt werden. Diese Verschmelzung von realer Gesellschaft und abstrakter Wirtschaftstheorie spielt letztlich den Theoretikern des Nationalstaats in die Hände. Denn sie verschafft ihnen eine zusätzliche Berechtigung, die alten Einheiten im Gewande des Nationalstaats neu zu schaffen.

Im Rückblick wird deutlich, daß große Teile der Gesellschaftstheorie lediglich die staatlichen Bestrebungen widerspiegelten, die Gesellschaft zu kontrollieren. Dies erforderte jedesmal eine Bagatellisierung der dissonanten Aspekte der Realität, die die theoretische Harmonie zerstört hätten. Und diese war ein notwendiger Bestandteil dieser Art von Theorien. Unter der Prämisse der Herrschaft des Nationalstaats über das Individuum zielen sie darauf ab, historische Veränderungen aus analytischen Begriffen abzuleiten. Es lassen sich drei Typen solcher Theorien unterscheiden, die wir grob als die Theorie der Industriegesellschaft, die Theorie der kapitalistischen Gesellschaft und die Theorie der modernen Gesellschaft bezeichnen können.

Die Theorie der Industriegesellschaft verwarf die marxistische These, daß die Gesellschaft auf ökonomischen Beziehungen basiere, und richtete ihr Augenmerk statt dessen auf die Mechanismen der Machtausübung. Die Vorstellung, die Gesellschaft könne allein aus ökonomischen Gesetzmäßigkeiten entschlüsselt werden, in denen der Staat nur ein Faktor unter vielen sei, war im strikten Sinne unhaltbar. Zudem begann sich bereits am Ende des 19. Jahrhunderts abzuzeichnen, daß die Regierungen die Bedrohung durch das Industrieproletariat erfolgreich abwenden würden. Das führte zu der Ansicht, daß der Staat Prinzipien und »eisernen Regeln« gehorche, deren Wirkungsmächtigkeit denen der Ökonomie gleichkomme.

Parallel zu den kapitalistischen Prinzipien entwickelten sich Verwaltungs- und Managementprinzipien, die sowohl in der staatlichen Bürokratie als auch in den sich herausbildenden Industriekonzernen Anwendung fanden. Es schien, als schreibe die Rationalität allen Bereichen des modernen Lebens ein und dieselbe Form von Disziplin und Organisation vor. In den aufstrebenden sozialistischen Staaten kam der Logik der Massenproduktion die gleiche Bedeutung zu wie im Kapitalismus. Die Klasse, die zur Leitung des Staates und der Konzerne gleichermaßen gebraucht wurde, das Management, dominierte die modernen Gesellschaften ungeachtet der von ihnen vertretenen Ideologie (Burnham 1941). Der Begriff der Autorität und der Prozeß der Institutionalisierung von Konflikten waren die analytischen Äquivalente des Profits und der Kapitalkonzentration. Aus der Theorie des Kapitals wurde die Theorie des Großkonzerns, aus der Theorie des Staates wurde eine Rechtfertigung der Bürokratie. Die Unterscheidung zwischen kapitalistischen und sozialistischen Staaten war nur noch eine politisch bequeme, rhetorische Bezeichnung für einander gegenüberstehende Gruppen von Nationalstaaten, deren Strukturen auf ein einziges Organisationsmodell hinauszulaufen schienen (Kerr et al. 1960).

Die Theorie der Industriegesellschaft war eine Theorie der Machtkonzentration. Sie zog eine Parallele zwischen dem Projekt der Industrialisierung und dem Projekt des modernen Staates. Vor dem Hintergrund der empirischen Tendenz sich ausweitender staatlicher Aktivität und des Wachstums großer Unternehmen erschien die Vorstellung von einer liberalen Demokratie zunehmend als ideologische Schönfärberei: Parlamente waren Quasselbuden,

Gewerkschaften lediglich Mittel zur Institutionalisierung von Konflikten und funktionierten nach denselben bürokratischen Prinzipien wie Staat und Unternehmen, und der Sozialstaat war bloß noch eine Erfindung zur Domestizierung der Massen. An die Stelle der liberalen Demokratie sei die Massendemokratie getreten (Kornhauser 1957). Andererseits wies die Theorie der Industriegesellschaft auf Gefahren für die nationale Unabhängigkeit hin. Wenn die Mechanismen staatlicher Herrschaft weltweit die gleichen waren, wodurch wurde dann die Unabhängigkeit des Nationalstaats garantiert?

Durch diese Angleichung trat der innere Widerspruch der industriegesellschaftlichen Theorie des Nationalstaats zutage. Die Machtkonzentration folgte offensichtlich transnationalen Mustern, und aufgrund des ähnlichen Verständnisses von Staat und Konzernen besaß innerhalb dieser Theorie der Nationalstaat keine Zukunft mehr.

Diese hatte er in der Theorie der modernen Gesellschaft. Diese parallelisierte nicht Politik und Wirtschaft in einer Weise, daß beide schließlich miteinander verschmelzen mußten, sondern bezog weitere Bereiche, vor allem die Kultur, in ihre Analyse ein. Für sie beruht Gesellschaft auf pluralistischen Grundlagen und wird von einem gemeinsamen Nenner oder einem Prinzip zusammengehalten. Modernisierung ist zwar ein grenzüberschreitender Prozeß, doch der Zusammenhang zwischen den Teilbereichen der Gesellschaft wird durch die nationale Kultur gewährleistet.

Im Endeffekt brachte die Theorie der modernen Gesellschaft die Theorie der Arbeitsteilung aus dem 18. Jahrhundert auf den neuesten Stand und bekräftigte auf diese Weise die nationale Identität. Dazu war es erforderlich, die Bedeutung transnationaler Beziehungen in den Hintergrund zu drängen. Émile Durkheim machte sich die überkommene Auffassung zu eigen, daß wirtschaftlicher auch sozialer Austausch sei und daher die Gesellschaft begründe. Da für ihn jedoch jede Gesellschaft wesentlich eine nationalstaatliche war, bezeichnete er grenzüberschreitende Transaktionen lediglich als »Mutualismus«, nicht als wirklich sozial, weil dergleichen auch bei verschiedenen Tierarten vorkomme! (Durkheim 1893/1977, 322)

Parsons' Version der Theorie der modernen Gesellschaft beruhte auf der Weiterentwicklung eines auf die Theorie sozialen Handelns zurückgreifenden Rollenmodells und stellte gleichzeitig eine Weiterentwicklung der Theorie der Arbeitsteilung dar. Im Gefolge der Spezialisierung verschränke sich gesellschaftlicher Wohlstand mit dem Erwerbsstreben und den besonderen Fertigkeiten des einzelnen. So erzeugten die Märkte alternative, mit den staatlichen konkurrierende Möglichkeiten der Sinngebung individuellen Handelns. Der Staat seinerseits stelle mit dem Eigentums- und Vertragsrecht den Rahmen für das individuelle Erwerbsstreben bereit.

Auch die auf Marx zurückgehende Theorie der kapitalistischen Gesellschaft konnte über den Erfolg des Nationalstaats bei der Lösung der sozialen Frage nicht hinwegsehen. In der Mitte des 20. Jahrhunderts war es selbst für in der Wolle gefärbte Kommunisten offensichtlich, daß der Nationalstaat die Menschen in weit höherem Maße beherrschte, als Marx' Theorie des Kapitalismus eigentlich angenommen hatte. Antonio Gramsci umschrieb die staatliche Herrschaft über die gesamte Lebensweise der nationalen Gesellschaft mit dem Begriff der Hegemonie (1957), Althusser entwickelte eine elaborierte strukturalistische Darstellung repressiver und ideologischer Staatsapparate (1971).[14]

Den drei Theorien war die Annahme gemein, daß die nationalstaatliche Gesellschaft sich auf eine allgemeine Handlungsbasis beziehe, die wir als Projekt bezeichnet haben. Die oft verschwiegene Prämisse dafür war die staatliche Souveränität. Der Einfluß des Staates auf das Handeln wurde durch den Systembegriff verstärkt, und schließlich gelang die Quadratur des Kreises von Individuum und Staat, indem man von Handlungssystemen sprach.

Die Theorien der nationalstaatlichen Gesellschaft hatten mit zwei Schwierigkeiten zu kämpfen. Die erste war die Bestimmung der Grenzen. Die theoretisch festgelegten Systemgrenzen, an denen sich Input und Output messen lassen, können nur durch Willkür mit den Grenzen der nationalstaatlichen Gesellschaft gleichgesetzt werden. Denn bei diesen handelt es sich im Grunde um logikferne, durch Macht geschaffene Fakten, und was durch Macht geschaffen wurde, kann durch Macht verändert werden.

14 Auf die formalen Ähnlichkeiten von strukturalistischem Funktionalismus und marxistischem Strukturalismus ist oft hingewiesen worden. Vielleicht waren sie der Grund dafür, daß die sehnsüchtig erwartete Diskussion von Parsons und Althusser auf dem 9. Soziologischen Weltkongreß 1978 in Uppsala nicht stattfand. Zum angekündigten Zeitpunkt war keiner der beiden anwesend.

Das zweite Problem betrifft die Untersuchungskategorien. Der Staat behandelt den einzelnen als frei von jeglicher Bindung an Gruppentraditionen. Gleichzeitig ist der einzelne als Rechtssubjekt, rational Handelnder, Inhaber sozialer Rollen, Bürger und so weiter Träger von Systemeigenschaften. Das Individuum wird also seiner gesellschaftlichen Eigenschaften beraubt und statt dessen mit Eigenschaften des Systems ausgestattet. Das aber geschieht nur in der Theorie. Individuen bleiben Menschen, die fähig sind, die ihnen vom System zugedachten Eigenschaften in etwas anderes zu verwandeln.

Diese Vermischung des Analytischen und des Konkreten ist nicht etwa ein grundsätzliches Problem der Theoriebildung. Maßvollere Theoretiker haben die Realität weit weniger verkürzend dargestellt. Der Wirtschaftswissenschaftler Alfred Marshall etwa unterschied zwei Konzepte des Begriffs Kapital, das von Individuen und im alltäglichen Geschäftsleben benutzte und das gesellschaftliche Konzept, das die Perspektive der ganzen Gemeinschaft wiedergibt, unter der er natürlich die nationalstaatliche Gesellschaft verstand. Er ging von dem aus, was die Allgemeinheit unter diesen Abstrakta verstand, und fügte erst dann die technischen Spezifikationen der Wirtschaftswissenschaft hinzu (Marshall 1890/ 1920, 69).

Wenn wir ähnlich vorsichtig vorgehen, können wir die groben Verkürzungen im Bild der Gesellschaft und des Wirtschaftssystems vermeiden, die der Begriff »kapitalistische Gesellschaft« vornimmt. Auch können wir sowohl die Einwirkung des Sozialen auf die Wirtschaftsbeziehungen als auch die Zerstörung des gesellschaftlichen Zusammenhangs durch das Wirtschaftswachstum berücksichtigen. Das Hauptproblem analytischer Darstellungen besteht darin, daß sie im Gegensatz zu historischen Schilderungen die soziale Kompetenz des Menschen fast vollständig unter den Tisch fallen lassen.[15]

Parsons' Theorie der modernen Gesellschaft setzte einen ganz und gar von den Werten nationaler Kultur durchdrungenen Bürger voraus, der, wie es seine Kritiker formulierten, einem »Kulturidio-

---

15 Eine neuere Kritik professioneller akademischer Ökonomie findet sich bei Paul Ormerod (1994), der den Ökonomen vorwirft, daß sie sich von der sozialen Realität entfernt hätten.

ten« gliche. Diese Theorie verzerrte die Realität zwar, aber nicht so sehr, daß sie nicht auf einige ihrer Aspekte einwirken konnte. Doch nicht nur die dominante Orthodoxie will durch ihre Theoriebildung bestimmte Tendenzen fördern. Die wünschenswerte Gesellschaftsordnung der marxistischen Theorie entsprang dem Bild vom entfremdeten Arbeiter und verlangte von diesem ein gesellschaftliches Verhalten, um diese Gegenwelt herzustellen.

Alle diese Beispiele zeigen, wie leicht sich eine analytische Theorie in eine Ideologie verwandeln kann. Doch das Verhältnis von Gesellschaftswissenschaft und Gesellschaft ist selten unmittelbar ideologisch. Die doppelte Hermeneutik[16] der beiden Sphären kann ebenso leicht dazu führen, daß Menschen Prämissen übernehmen, die in der analytischen Theorie unterdrückt werden. Der Kultur»idiot« zum Beispiel könnte die nationale Kultur statt auf konservative auch auf radikale Weise anwenden und der entfremdete Arbeiter diese Entfremdung sich zu eigen machen und schätzenlernen.

Es gibt Methoden theoretischer Interpretation, die nicht auf der Vergegenständlichung analytischer Konzepte beruhen. Habermas' Begriff der »Kolonialisierung der Lebenswelt« macht das Eindringen des Staates in den Alltag anschaulich (1981a). Er fußt auf einer historischen Grundlage und zeigt, indem er die Kontrolle des Lebens der Bürger mit der Eroberung von Territorium vergleicht, implizit Alternativen auf. Wir werden später sehen, daß die, die »kolonialisiert« werden, diese praktische Erfahrung tatsächlich nutzen können, um ihr Leben selbst zu bestimmen.[17]

Indem sie den Unterschied zwischen Analyse und Historie ignoriert, übersieht die Theorie das soziale Gestaltungspotential der Menschen, die Tatsache also, daß sie Elemente eigener und überkommener sozialer praktischer Erfahrung weiterentwickeln können. Eine analytische Theorie des Handelns, die diese nichtsystemischen Faktoren berücksichtigte, wäre eine Theorie der Praxis. Aber das hieße bereits, eine Alternative zu dem vom Nationalstaat dominierten Projekt vorzuschlagen. Worauf auch immer man das

16 »Doppelte Hermeneutik« im Sinne Giddens' (1988) als wechselseitiger Austausch zwischen der Sprache der Gesellschaft und der Sprache der Gesellschaftswissenschaft.

17 Ich komme auf diese Idee besonders im 7. und 9. Kapitel ausführlich zurück. Vgl. dazu auch William Outhwaite, *Habermas: A Critical Introduction* (1994).

Verhältnis von Nationalstaat und Gesellschaft theoretisch gründet: Der Schaden, den der Niedergang des Projekts der Moderne verursacht hatte, war in der Mitte des 20. Jahrhunderts jedenfalls so groß, daß er sich durch keine Theorie mehr beheben ließ.

3. Der Niedergang des Projekts der Moderne

3.1 Modernität, Modernismus und der Epochenbegriff

Wie die Intellektuellen versuchten, der Epoche
ihren Stempel aufzudrücken, und warum sie das jetzt den
Menschen überlassen müssen

Wir können nun einen wichtigen Schritt zum Verständnis der Veränderungen machen, die das Globale Zeitalter mit sich bringt, indem wir zusammenfassen, was wir über die Eigendynamik der Moderne gesagt haben. Das auf Expansion gerichtete Projekt der Moderne hat seinen inneren Schwung verloren. Dieser hing davon ab, daß es stets möglich war, das Nichtrationale außerhalb der Moderne auf die Dichotomie rational/irrational zurückzuführen.

Für den Nationalstaat ist die naheliegende Form der Expansion, der Zugewinn von Land, schlicht und einfach unmöglich geworden. Doch auch sein Eindringen in Kopf und Herz der Menschen ist inzwischen auf immanente Grenzen gestoßen. Und auf ökonomischem Gebiet müssen sich Staat und Markt stets neu aneinander anpassen. Der Kapitalismus wurde weltweit vor allem durch die Erkenntnis erschüttert, daß die Ressourcen begrenzt sind und daß die bisherige Entwicklung nicht fortsetzbar ist.

Selbst die Kultur der Moderne, die alle anderen Kulturen durchdrang, hat ihre Kraft verloren. Das wird am Schicksal der modernen Kunst deutlich. Sämtliche Höhepunkte der intellektuellen und künstlerischen Moderne bezogen ihren Antrieb, unabhängig davon, auf welche der beiden Seiten sie sich stellten, aus der Aktualisierung der Dichotomie von Rationalität und Irrationalität. Um diese ständige Erneuerung zu ermöglichen, mußte die Kunst immer wieder das aufgreifen, was sich außerhalb der Moderne befand, in anderen Kulturen oder in noch nicht rationalisierten Modernisierungsnischen. Irving Howe, der die moderne Kunst als »eine alles einschließende Verneinung« beschrieb, als ständige Revolte gegen den etablierten Stil, brachte das Dilemma der Epoche auf den Punkt, indem er erklärte, wir seien unfähig vorherzusehen, wie sie enden würde (1967, 13). Inzwischen sind wir dazu in der Lage. Wenn es keinen etablierten Stil mehr gibt, verliert die Revolte ihren Sinn.

Die altehrwürdigen kulturellen Dualismen Vernunft und Gefühl, Wissenschaft und Kunst, Traditionalismus und Innovation haben die Fähigkeit verloren, widerstreitende Lager zu begründen. Das bedeutet nicht das Ende jeder Ordnung, aber ein teilweises Wiederaufleben prämoderner und nichtmoderner Richtungen. Denn obwohl die Moderne wiederholt mit der Ausweitung der Rationalität verknüpft wurde, war ihre Institutionalisierung doch immer in die Projekte und *Praktiken* von Staat und Kapitalismus eingebettet. Beide unterstützten sich gegenseitig dabei, die Sexualität und die Geschlechterrollen zu strukturieren, Disziplin und Beherrschtheit einzufordern, Bedürfnisse zu erzeugen, sich Ängste zunutze zu machen, mit Zwang zu drohen und diesen auch anzuwenden. Wie oben gezeigt (s. Abschnitt 1.6), ist unter der Ausweitung der Rationalität weniger der Ausschluß des Irrationalen als vielmehr die Einteilung der Realität nach Maßgabe der Dichotomie rational/irrational zu verstehen. Es gibt immer eine unabhängige »vorrationale«, wenn auch nicht unbedingt »antirationale« Grundlage, auf der die Anwendung dieser Dichotomie basiert.

Vernunft kann die Haupteigenschaft einer Handlung sein, aber keine Handlung wird allein durch Vernunft bestimmt. Die übrigen Elemente der Praxis lassen sich am zutreffendsten als nichtrationale bezeichnen. Sie sind für die Moderne nicht wesentlich. Das »Irrationale« verdankt seine besondere Rolle der Privilegierung der Vernunft. Sein dynamisches Verhältnis zur Vernunft begreift man, wenn man sich vor Augen führt, welche Rolle den Intellektuellen in der Moderne zugewachsen ist. Der Aufstieg der Wissenschaften, nicht als Zünfte, sondern als autonome Akteure der Veränderung, deutete sich bereits im 1620 erschienenen *Novum Organum* Francis Bacons an.

Die Loslösung intellektueller Tätigkeiten von den eingefahrenen Praktiken des Zeitalters war ein zentrales Element in der Figuration der Moderne. Eine neue Idee spiegelte nicht bloß die Welt wider. Sie imaginierte zukünftige oder fremde Welten, entdeckte neue Kräfte und stellte die Überzeugungen der Zeit in Frage. Obwohl Staat und Kapitalismus das Denken des Neuen ermutigten, mußten sie gleichzeitig bestrebt sein, die Auswirkungen ihres faustischen Paktes mit den Intellektuellen einzudämmen.

Auf diese Weise befand sich das Königreich der Ideen in einem steten Spannungszustand mit der Wirklichkeit, die diese formen sollten. Auch der Ursprung von Ideen und Innovationen ließ sich nicht auf Rationalität, sondern nur auf die Vorstellungskraft, das Unbewußte und die unvorhersehbaren Folgen neuer praktischer Erfahrungen zurückführen. Diese Bereiche wurden als irrational bezeichnet. Doch diese Definition war eine willkürliche – ein Produkt der professionellen Macher der Moderne.

Diese Figuration lag den verschiedenen »Modernismen« in der Kunst, der Architektur, der Musik und der Literatur zugrunde, die den Charakter der Moderne bestimmten. Die Intellektuellen arbeiteten mit den von der modernen Zivilisation hervorgetriebenen Widersprüchen, entdeckten abwechselnd Tradition und Innovation, Verstand und Gefühl wieder, die entgegengesetzten Strömungen innerhalb der Moderne also, und haben dadurch deren ständige Erneuerung betrieben.

Immer wieder absorbierte das Projekt der Moderne jede ausdrückliche Opposition gegen die Moderne. Die Nationalsozialisten machten sich Nietzsche zu eigen, aus den radikalen Ideen von William Morris ging nicht etwa eine Organisation hervor, die Kampagnen durchführt, sondern die Edelfirma »Liberty«. D.H. Lawrence, der Prophet der erotischen Liebe, verarbeitete lediglich die Theorien deutscher Intellektueller.[1] Marcuse regte eine Gegenkultur an, doch aus »make love not war« wurde bald ein Werbeslogan. Die ultimative paradoxe Apotheose der Moderne war vielleicht in dem Augenblick erreicht, in dem Lenin im Fließband die Zukunft des Sozialismus erblickte.

Gewiß hatten manche dieser Visionäre genaue Vorstellungen von einem neuen Zeitalter, doch die neue Epoche, in der wir leben, ist nicht ihr Produkt. Sie ist auch erst in zweiter Linie eine Folge der Kultur, obwohl kulturelle Veränderungen einer ihrer zentralen Prozesse sind. Von Intellektuellen dominierte Bewegungen waren

---

1 Brenda Maddox (1994) hat anschaulich dargestellt, daß Lawrence im Umgang mit seiner Frau Frieda und ihrem Freundeskreis deutscher Intellektueller deren Theorien über Sexualität theoretisch und praktisch erprobte. Diesem Kreis gehörten u.a. Freuds einstiger Lieblingsschüler Otto Gross und Max Weber an.

viel eher ein typisches Merkmal der vergangenen Epoche. Dennoch ist es auch weiterhin von vitalem Interesse für das Verständnis der Moderne, intellektuelle Fähigkeiten in Gang zu halten und Konzepte zu entwickeln und anzuwenden, die es uns ermöglichen, die Spannungen und Widersprüchlichkeiten ihres Verlaufs auf den Punkt zu bringen. Zudem müssen wir die Vergangenheit verstehen lernen, um den Bruch einschätzen zu können, der die neue Epoche von ihr trennt, und um uns gegen einige der Gefahren letzterer zu wappnen. Die Moderne ist vorbei, doch einige ihrer Errungenschaften müssen bewahrt werden.

Heutzutage werden die Intellektuellen wieder mehr in den Hintergrund gedrängt. Im Gegensatz zum Sozialismus werden weder die Umwelt- noch die Frauenbewegung von einer intellektuellen Elite dominiert. Auch der Kapitalismus hat den Glauben an Patentrezepte in dem Maße verloren, in dem ihre Zahl zunahm. Doch ist Intellektualität ein unverzichtbarer Bestandteil des täglichen Lebens geworden, dessen Qualität und dessen Bewältigbarkeit mit der Qualität der Ideen zunehmen, die darin eingebettet sind. In dieser Hinsicht besteht Bildung im Globalen Zeitalter immer weniger in der Vermittlung herrschender Ideen und dient immer mehr der Möglichkeit massenhafter Teilnahme am Prozeß der Kulturproduktion. Dann freilich muß Qualität an allen Fronten und in allen Bereichen verteidigt werden.

Aus diesen ersten Überlegungen zum Ende der Moderne ergibt sich meines Erachtens eine moderate, aber auf breiter Ebene anwendbare Schlußfolgerung. Sie besteht in der Aufforderung, generell konzeptuelle Unterscheidungen zu verwenden, die bei der Orientierung in der neuen Epoche helfen. Ich schlage also vor, daß wir einige der Schlüsselbegriffe meiner Argumentation als Bezugspunkte für die spätere Diskussion des Globalen Zeitalters übernehmen.

Zunächst ist da der Begriff »modern«. Wenn wir darunter alles Aktuelle, Neue, Innovative oder Gegenwärtige verstehen, hat »das Moderne« als die Summe aller so bezeichneten Dinge keinerlei besondere Bedeutung für die Epoche. Wenn wir allerdings von »der Moderne« sprechen, beziehen wir uns damit auf eine Reihe von zusammengehörigen Eigenschaften, die den herrschenden Lebensstil und die für den Westen und das moderne Zeitalter wichtigsten

Institutionen repräsentieren. Zusammengenommen lassen sie sich als Projekt charakterisieren, und das Projekt der Moderne ist die dynamische Konstellation beziehungsweise der Betriebsmodus der Moderne.

Die Moderne war ein Nexus von Eigenschaften, die als »modern« bezeichnet wurden und die, zusammengenommen, ihr den Charakter eines Projekts verliehen. Zu diesem Projekt gehörten Rationalität, Territorialität, Expansion, Innovation, angewandte Wissenschaft, Staat, Staatsbürgerschaft, bürokratische Organisation, Kapitalismus und viele andere Elemente. Sie alle zusammen ergaben den Rahmen für die praktischen Aktivitäten der Masse der einfachen Leute.

Der Begriff »Modernismus« bezeichnet die kulturellen Bewegungen, die von Intellektuellen, Künstlern und Schriftstellern angeführt wurden, die die innere Logik der Moderne weiterzuentwickeln suchten oder einzelne Ideen der Moderne hinsichtlich ihrer kreativen Möglichkeiten erforschten. Die Vertreter des Modernismus bestimmten die Moderne nicht, sondern nährten sich von ihr und versuchten, sich an ihre Spitze zu setzen. Das Bild der »Avantgarde« beschreibt sie zutreffend. Der Modernismus war ein Mittel im Kampf um die Vorherrschaft über die Epoche, um die die Intellektuellen mit Politikern, Militärs, Kapitalisten, Managern und anderen Gruppen rangen. Doch keine dieser Gruppen besaß ein Selbstverständnis, das in sich selbst schlüssig genug war, um dem Historiker als Definition ihres Zeitalters zu dienen.

Weder Moderne noch Modernismus ergeben, einzeln oder zusammen, eine vollständige Definition der Neuzeit. Sie sind wesentliche, formgebende Aspekte einer Epoche, zu der aber eben auch die Landbevölkerung der ärmsten Länder der Welt und die alten Weltreligionen gehörten. Die Moderne konnte die traditionellen Kulturen nicht einfach umgehen. Diese waren vielmehr stets präsente Bestandteile des Zeitalters der Moderne, obgleich sie alles andere als modern waren. Das Projekt der Moderne versuchte von Anfang an, sie sich einzuverleiben. Es bezog seine Dynamik aus der Ausnutzung ihrer Ressourcen und griff nicht selten ihre Ideen auf. Die Anhänger des Projekts bezeichneten dies als »Modernisierung« und »Entwicklung«.

Aus dieser Darstellung des Verlaufs der Moderne und der Rolle, die das Projekt der Moderne, die Modernisierung und der Modernismus dabei spielten, folgt, daß sie nicht aufgrund einer ihr immanenten Widersprüchlichkeit unterging. Sie trug den Samen ihrer Zerstörung keineswegs in sich. Sie wurde auch nicht von inneren Feinden zersetzt, selbst wenn diese ihr Ende vorhersagten. Vielmehr war ihre Transformation zum großen Teil das Ergebnis ihres fortgesetzten Erfolgs.

Der endgültige Niedergang des Zeitalters der Moderne begann, als das Projekt der Moderne den größtmöglichen Bereich des täglichen Lebens absorbiert hatte, sich über die ganze Welt erstreckte und auf Kräfte traf, die es sich nicht unterwerfen konnte. Der umfassende Wandel, der dann eintrat, läßt sich nicht als Triumph des Irrationalen verstehen. Wie einige Vertreter der Postmoderne bemerkt haben, besteht der Wandel darin, daß die Dichotomie rational/irrational nicht mehr die Achse ist, um die das alltägliche Verhalten kreist. Die Anzeichen des Wandels sind in allen Lebensbereichen und nicht nur in irgendeiner intellektuell begrenzten Sphäre sichtbar. Es handelt sich um einen historischen Wandel.

3.2 Die Gegenkultur

Wie oppositionelle Gruppen die Werte der Moderne
reproduzierten und dem Staat in die Hände spielten

Wie wir gesehen haben, ist der Glaube, die Moderne beruhe auf der Ausschaltung der Emotionalität oder, allgemeiner gesagt, der Irrationalität, eine Fehleinschätzung, die das wahre Wesen der Epoche verhüllt. Vielmehr richtete sich die Moderne vor allem an der Dichotomie rational/irrational aus. So verlangte der moderne Staat von den Bürgern diszipliniertes Engagement für seine Ziele, während die moderne Wirtschaft sie zur unbegrenzten Ausübung irrationaler Einstellungen aufforderte.

Das Soziale als emotional und irrational zu definieren war eine Form der Opposition, die das Selbstverständnis des modernen Staates stärkte. Aufgrund dieser Einstellung des Nationalstaats bezeichnete Émile Durkheim das Verbrechen als nützlich für die Gesellschaft, da es die soziale Kontrolle stärke (1895/1982). Utopische Visionen von einer anderen Welt waren charakteristisch für die moderne Gesellschaft.

In dieser Hinsicht war die psychoanalytische Definition der Neurose als Folge frustrierter Sexualität zutiefst modern, wie Freud selber einräumte.[2] Theorien dieser Art müssen die Existenz von Bedürfnissen und Trieben voraussetzen, die, von den Erfordernissen des modernen Lebens unterdrückt, von Zeit zu Zeit hervorbrechen. Auf diese Weise untermauerten sie die staatliche Behauptung, daß ständig die Gefahr eines Kontrollverlustes drohe. Die Ähnlichkeit der Begriffsbilder »unterbewußt« und »Unterwelt« etwa weist deutlich auf die Assoziation von Verbrechen und Leidenschaft hin.

Wie plausibel solche Theorien auch waren, an einem entscheidenden Punkt griffen sie alle zu kurz, nämlich bei der Frage, welcher Druck entstehen müsse, bis das Unterdrückte hervorbricht. Es ist keine Kunst, nach dem Ausbruch der Gewalt festzustellen, der Druck sei zu hoch gewesen. In jüngster Zeit haben vor allem Elias (1976 und 1977) und Foucault (1967, 1977 und 1979) dem Nachdenken über das Verhältnis von sozialer Struktur und individueller Persönlichkeit neue Impulse gegeben. Sie entkamen dem Selbstbild der Moderne, indem sie darauf hinwiesen, daß der Nationalstaat nicht für die Repression von Emotionen, Gefühlen und Trieben, sondern vielmehr für deren Erzeugung und Strukturierung sorgte. Dabei zeigte sich, daß der Repressionsdiskurs jeder Grundlage entbehrte und nichts weiter war als ein Diskurs, den sich der Staat und seine Vertreter zunutze machten, um potentiell alternative Formen sinnvollen Handelns als individuelles Versagen darzustellen.

Insgesamt hat der Nationalstaat nicht einfach ein Gewaltmonopol errichtet, sondern den öffentlichen Ausdruck von Emotionen geformt und kontrolliert. Die Extremformen öffentlicher Gewalt in Friedenszeiten, wie sie etwa bei internationalen Fußballspielen auftreten, zeigen nicht zufällig nationalistische Züge. Der Nationalismus ist ein Projekt des Staates und kein ursprünglicher Trieb,

---

2 Daniel Bell wies darauf hin, daß der Angriff der kulturellen Avantgarde der sechziger Jahre dieses Jahrhunderts auf die sexuelle Repression ein Vorbild im umfangreichen Werk von Charles Fourier (1772-1837) hatte, der »seine gesamte Gesellschaftstheorie auf dem Primat der Leidenschaften errichtete« (Bell 1968/1980a, 99).

aus dem dann der Staat hervorgeht, und wenn sich Nationalisten gegen etablierte staatliche Strukturen stellen, dann tun sie das im Namen der von ihnen angestrebten Staatlichkeit.

Da der Staat der Rationalität eine enorme Wichtigkeit beimißt, ist es wiederholt Bestandteil seiner Strategie gewesen, opponierende oder abweichende soziale Beziehungen und Bewegungen als irrational zu stigmatisieren. Viele dieser Bewegungen haben die Stigmatisierung sogar bereitwillig akzeptiert. Wegen dieser stillschweigenden Hinnahme staatlicher Definitionen, die dem Staat gewissermaßen eine Lizenz zum Lizensieren ausstellte, warnte Marcuse vor »repressiven Weisen von Entsublimierung« (1990, 1994). Die freie Ausübung von Sexualität in einem staatlichen Rahmen diene nur der Stabilisierung der bestehenden Gesellschaftsverhältnisse.

Die Gegenkultur ist, mit anderen Worten, ein fester Bestandteil der Moderne gewesen, und der avantgardistische Intellektuelle sah sich stets dem Dilemma gegenüber, daß direkte Opposition gegen die herrschenden Werte ein Ausdruck der Minderheitsmeinung der Intellektuellen geworden ist. Irving Howe hat den Modernismus als »unbezähmbaren Haß auf die offizielle Ordnung« charakterisiert (1967, 13). Das wird nur dem paradox erscheinen, der übersieht, daß eben nicht allein die Rationalität die Moderne ausmachte, sondern die Anwendung der Dichotomie rational/irrational. Die Lust am Umsturz, der Mut zum Widerstand und die Entschlossenheit, in unbekannte Gebiete vorzudringen, waren wesentliche Merkmale der Moderne.

Daher kann man der Moderne mit Ideen allein nicht entkommen, vor allem nicht mit kritischen Ideen, denn das kritische Denken ist seit langem als das spezifisch moderne Denken institutionalisiert. Das Werk von Friedrich Nietzsche und seine Rezeptionsgeschichte sind das beste Beispiel dafür. Teilweise begab er sich in direkte Opposition zur Moderne und huldigte dem Irrationalen. Er feierte Macht und Gewalt, verachtete Demut und Wohltätigkeit, verspottete Keuschheit und die Achtung vor der Frau, nannte die christliche Religion einen unheilvollen Betrug und erklärte, Gott sei tot. Er stellte die herrschenden Werte auf den Kopf und führte sie einer »Umwertung« zu, nach der ihr jeweiliges Gegenteil als Leitfaden des Handelns dienen sollte. Damit rief er bei den gebildeten Klassen Deutschlands und der ganzen westlichen Welt eine noch nie dagewesene Panik hervor. Andererseits versuchte er aber auch, alternative Lebensweisen vorzuschlagen, die nicht auf dem Irrationalen beruhten, sondern auf einer positiven Aufnahme von Qualitäten, die den abendländischen Werten nicht zuwiderliefen, sondern eher quer zu ihnen lagen.[3] Doch nur sein Gegensatz zur westlichen und vor allem christlich geprägten Rationalität erwarb ihm Reputation und verschaffte ihm die Bewunderung einer Vielzahl minderer Geister.[4]

Wie ihre Vorläufer haben auch die Bewegungen der Gegenkultur im 20. Jahrhundert das Ende der Moderne nicht vorweggenommen, obwohl sie eine Art Vorherrschaft erlangten. Doch Ascona[5] konnte das Wettrüsten, das zum Ersten Weltkrieg führte, ebensowenig verhindern wie die Flower-Power-Bewegung die nukleare Konfrontation des Kalten Krieges, durch die die Welt verändert wurde. Als sich Theodore Roszak (1971) über den Widerstand der Jugend gegen die technokratische Zivilisation freute, ignorierte er also bewußt die wiederholte praktische Erfahrung der

3 Es gab ein unübersehbares Anzeichen dafür, daß Nietzsche nicht vollständig mit der Moderne brechen wollte. Goethes Ansehen in der deutschen Kultur war so groß, daß Nietzsche sich nie dazu durchringen konnte, diese Ikone zu kritisieren. Er beruhigte sich mit der Erklärung, daß er Goethes wahren Absichten folge. Das war zutiefst unwahr. Goethe hielt Kant für abschreckend theoretisch, erkannte aber seine geistige Größe an. Nietzsche dagegen ging mit einem Haß über Kant hinweg, der nur jemandem möglich war, der von einem protestantischen Pfarrer erzogen wurde und diesen zutiefst verabscheut hatte.

4 Gianni Vattimo bezeichnet Nietzsches Werk als die Geburtsstunde der philosophischen Postmoderne (1988, 164). Der Höhepunkt der Moderne erscheint dann als ihre Verneinung und der Beginn ihres Untergangs. Doch damit sollte man vorsichtig sein. Das Lob der Macht und die Befreiung des Individuums von den Fesseln einer rationalen Moral sind durchaus moderne Topoi, ein Spiel mit der schillernden Dichotomie, die die westliche Zivilisation kennzeichnet. Nur insofern Nietzsche Möglichkeiten außerhalb dieses Rahmens andeutet, können wir in ihm einen genuinen Vorläufer einer nachmodernen Epoche sehen.

5 Martin Green hat die Anfänge der Gegenkultur in dem intensiven Experimentieren der Künstler und Intellektuellen ausgemacht, die zwischen 1900 und 1920 in Ascona zusammenkamen. Zu denen, die das Städtchen in der Schweiz besuchten, gehörten Peter Kropotkin, D.H. Lawrence, C.G. Jung, Hermann Hesse und Isadora Duncan. Doch Green weist zu Recht auf die politische Ambiguität der Gegenkultur hin. Einige ihrer Vertreter unterstützten sogar den Nationalsozialismus. Aufschlußreich für das Verhältnis von Gegenkultur und Moderne ist die Tatsache, daß die Ideen, die in Ascona kursierten, ein Veränderungspotential erst erhielten, als Gandhi sie mit dem Hinduismus verknüpfte (Green 1986, 246). Mit anderen Worten: Die Hinzufügung nichtwestlicher Elemente war nötig, um die aus Widersprüchlichkeiten gefügte, aber solide Struktur der Moderne zu destabilisieren.

Vergeblichkeit der von Gefühlen getragenen Generationsrebellionen.[6]

Der eigentliche Bruch mit der Moderne, der Übergang zu einer neuen Epoche, kommt nicht durch den Sieg des Irrationalen über das Rationale zustande, sondern dadurch, daß das Soziale eine Bedeutung außerhalb des vom Nationalstaat vorgegebenen Bezugsrahmens gewinnt. Dies geschieht, wenn der Staat nicht mehr fähig ist, neue Formen sozialer Organisation zu kontrollieren. Erst wenn sich der Staat der Selbstbestimmung des Sozialen beugen muß, ist die Moderne an ihrem Ende angelangt. Unserer Darstellung zufolge kann das nicht allein aufgrund von Ideen geschehen, sondern nur dadurch, daß das Projekt der Moderne seinen Einfluß auf die Organisation des täglichen Lebens und das Handeln des gewöhnlichen Menschen verliert. Wenn wir die theoretische Integration des Projekts dekonstruieren, erkennen wir jedoch, daß genau dies eingetreten ist.

3.3 Die theoretische Durchdringung des Projekts

Wie eine neue Theorie entstand, um den Niedergang
des alten Projekts der Moderne zu interpretieren

Die Ausbreitung des Staates im Alltagsleben ist nicht einfach eine Folge der Tätigkeit von Behörden, auch wenn es im 18. Jahrhundert so aussah. Die königliche Regierung war damals durchaus eine mit Macht ausgestattete Behörde, die sich aber nach wie vor in Konkurrenz zu anderen Mittelpunkten sozialer Organisation befand. Die Trennung von Staat und Herrscher führte mit der Zeit zur Unterscheidung von offiziellen Pflichten und Privatleben. Dieser wiederum folgte eine allgemeinere Trennung von öffentlichem und privatem Leben der Bürger. Auf diese Trennung bezog sich später

---

6 Tatsächlich berührte Roszak zufällig den sich anbahnenden entscheidenden Wandel, als er auf die internationale Dimension der Jugendrevolte hinwies (1971, 20). Doch seine Darstellung blieb der Ebene der Kritik verhaftet, ohne aus dieser für den epochalen Wandel wichtigen soziologischen Beobachtung die Konsequenzen zu ziehen. Wie andere Autoren bemerkt haben, ist die Idee der technokratischen Gesellschaft vor allem insofern problematisch, als sie jede Analyse in den Käfig bleibender Modernität sperrt (Kumar 1978, Webster 1995).

die Rollentheorie, in der der einzelne als Träger von Funktionen erscheint, die ihm nicht als Eigenschaften oder Bestandteile seiner Persönlichkeit, sondern aufgrund seiner Teilnahme an abstrakten Handlungssystemen zugeordnet werden.

Das wichtigste dieser Systeme war der Staat. Aufgrund der engverbundenen Prozesse der Ausdehnung seines Einflußbereichs und der Einverleibung der nationalen Bevölkerung in die daraus resultierenden Handlungssysteme nahm allmählich die Bevölkerung ihrerseits aktiv am Staat teil. Diese Aktivität erschöpfte sich nicht im Bezahlen von Steuern, im Militärdienst oder in der Beteiligung an Wahlen. Es war eine viel weiterreichende Veränderung, ein Bedeutungswandel alltäglichen Handelns. Der einzelne kann etwa als bevollmächtigter oder auch nichtbevollmächtigter Repräsentant des Staates auftreten, Dienstleistungen für ihn erbringen, staatliche Verpflichtungen erfüllen, Privilegien und Belohnungen genießen, staatlichen Zwang erdulden, staatliche Genehmigungen erbitten, sich staatlichen Ermahnungen fügen oder den Staat zu beeinflussen oder zu ändern versuchen. Im modernen Nationalstaat gab es nur sehr wenige Alltagshandlungen, die nicht in eine dieser Kategorien fielen. Sie waren die tägliche Verwirklichung dessen, was Habermas die »Kolonialisierung der Lebenswelt« nannte (1981a, Bd. 2, 522). Es ist offensichtlich, daß die theoretische Gleichsetzung von Staat und Gesellschaft in der Ära des Nationalstaats durchaus eine reale Grundlage hatte.[7]

Auf diese Weise wurden die Individuen in der Moderne zunehmend in ein hochkomplexes System staatlicher Aktivitäten eingebunden und waren bald ein integraler Bestandteil dieses Systems. Wir sollten allerdings nicht vergessen, daß sie mindestens auf ökonomischem und kulturellem Gebiet auch zu nichtstaatlichen, ebenfalls als Systeme definierten Institutionen gehörten. Die Modelle aller dieser komplexen sozialen Systeme beruhten darauf, den einzelnen quasi als Hülle eines unbegrenzten Raumes zu behandeln, in dem die kompetente Umsetzung der Erfordernisse des Systems möglich war. In solchen Gesellschaftsentwürfen wurde dem handelnden Individuum und der Frage, ob es wirklich in der Lage ist,

---

7 Wenn Marx 1844 mit seiner Behauptung recht hatte, daß aus der Perspektive der Politik der Staat die Struktur der Gesellschaft sei, dann lag das allein daran, daß diese Perspektive Hegemonie errang (Marx und Engels 1975a, 197).

sich so zu verhalten, wie es das System erfordert, sehr wenig Aufmerksamkeit gewidmet.

Zwei theoretische Bewegungen bemühten sich darum, diese Lücke zu füllen. Die erste beruhte im wesentlichen auf einer historischen Betrachtung sozialer Strukturen, sie geht nämlich davon aus, daß Menschen gesellschaftlichen Gruppen angehören, die eine mehr oder weniger lange Geschichte haben, und daß die Beziehungen, die sie mit anderen im Laufe ihres Lebens eingehen, auf traditionellen Identitäten beruhen. Das sind in der Hauptsache nicht soziale Klassen, sondern Identitäten ethnischer, religiöser, sprachlicher oder geschlechtsspezifischer Art. Diese Auffassung ist mit unterschiedlichen theoretischen Einstellungen vereinbar. Einige ihrer Vertreter sind Marxisten, andere Interaktionsforscher, wieder andere postulieren die Webersche Konflikttheorie, doch die Tatsache, daß diese Auffassung so viele Anhänger gewonnen hat, spiegelt einen grundlegenderen Paradigmenwechsel wider, der mit dem nachlassenden Einfluß des Nationalstaats korrespondiert – ein Paradox, das nicht gegen die Kolonisierung der Lebenswelt spricht, aber einer näheren Erklärung im Verlauf dieses Buches bedarf.

Die andere Bewegung kommt eher aus dem Bereich der Philosophie. Sie ist nicht analytisch, versucht aber, die Realität mit Hilfe von Begriffen zu erfassen. Diese philosophische Richtung namens Phänomenologie zielt besonders darauf ab, die uns umgebende Welt zu durchleuchten, indem sie untersucht, wie diese sich im individuellen Bewußtsein abbildet. In ihren Anfängen schien sie wenig mit der konkreten Realität des Lebens zu tun zu haben. Doch sie hat sich allmählich zu einem Diskurs entwickelt, der sich auf die praktische Erfahrung der neuen Epoche einläßt. Der Grund dafür liegt in den Umständen, die ich gerade geschildert habe.

Die Entwicklung des Staates führte zu einer zunehmenden Polyvalenz menschlichen Handelns, auch wenn sie dieses in einen allumfassenden Rahmen einbettete. Eine Handlung kann verschiedene Bedeutungen haben, je nachdem, ob man sie vom Standpunkt des Staates, des Individuums oder eines Außenstehenden betrachtet. Vor allem Husserl (1937/1982) und Schütz (1932/1981) haben sich mit den multiplen Bedeutungsrahmen auseinandergesetzt, in denen sich der einzelne unter heutigen Bedingungen zurechtfinden muß. Sie haben versucht, die Voraussetzungen zu bestimmen, unter

denen sich in der alltäglichen Lebenswelt persönliche und inter-
subjektive Bedeutungen herstellen lassen.

Ein Staatsbeamter kann in ein und demselben Augenblick einen administrativen Befehl ausführen, seinen Lebensunterhalt sichern, seine Beförderungschancen erhöhen, bei einem bestimmten
Dienstleister eine bestimmte Dienstleistung in Auftrag geben und
einen Menschen ausgrenzen, der Sozialleistungen beantragt. Dieser
eine Vorgang stellt sich aus der Perspektive des Beamten, des De-
tektivbüros und des Antragstellers jeweils anders dar, und die
Beteiligten wetteifern miteinander darum, ihre jeweilige Darstellung als diejenige zu etablieren, die von Außenstehenden als die
zutreffende angesehen wird.

Der Phänomenologie ist vorgeworfen worden, sie lasse die Definitionsmacht als Variable außer acht. Aber diese Kritik verfehlt
die Zielsetzung der Phänomenologie. Die Komplexität der alltäglichen Lebenswelt resultiert aus der Vielfalt der Machtbeziehungen,
und die phänomenologische Kritik bestreitet jeden *intellektuellen*
Anspruch des Staates auf vorrangige Handlungsdefinitionen. Es
ist allein die *Macht* des Staates, die seinen Handlungsdefinitionen
besondere Geltung verschafft. Der Staat ist fähig, Lösungen zu
erzwingen, und verfügt über eine scheinbare Objektivität, Unper-
sönlichkeit und Beständigkeit, die die Bestrebungen der Individuen bei weitem übertrifft. Wenn eine in Armut lebende Mutter
einen Vorgang als Versorgung ihrer Kinder schildert, während der
Staat ihn als Brotdiebstahl definiert, hat die Bezeichnung der Mutter wenig Chancen, sich durchzusetzen.

Aber der Staat hat einen gewaltigen Nachteil als privilegierter
Schöpfer von Bedeutungen, nämlich daß diese stets von Menschen
übermittelt und empfangen werden, die sie im Prinzip jederzeit
abweichend interpretieren können, was sie auch regelmäßig tun.
Dem Staat eignet dieselbe Art von Objektivität wie einem Text, er
ist ein Gebilde von Menschenhand, offenkundig existierend, um
analysiert und dekonstruiert, bewundert oder geschmäht, verbes-
sert oder in seine Bestandteile zerlegt zu werden. Darin besteht die
Faktizität des Staates, dessen intellektuelle Begründung keinem anderen Produkt von Menschenhand übergeordnet ist.

Folglich verweist jeder, der sich weigert, dem Staat Existenz zu
verleihen, indem er ihn als Grundlage, Voraussetzung oder Mittel

des Handelns anerkennt, und ihn statt dessen durch kritische Distanz objektiviert, auf alternative Grundlagen des Handelns. Und diese kritische Distanz vergrößert sich noch, sobald es für den Staat immer schwieriger wird, seine eigenen Ziele zu erneuern und zu aktualisieren. Dieser Fall muß eintreten, wenn seinen Expansionsbestrebungen der Treibstoff in Form von neuem Land, neuen Ressourcen und neuen Menschen ausgeht. Phänomenologische Reduktion und Kritik allein untergraben noch nicht den Anspruch des Staates, das Handeln zu bestimmen. Sie sind lediglich ein Reflex seiner Entwicklung, da es erst die Entfaltung des Staates und der Moderne als Projekt war, die das Handeln zum Sinn der menschlichen Existenz erklärte. Andere Umstände müssen hinzukommen. Das Projekt muß seinen Schwung verlieren, und es muß eine reale Grundlage für eine alternative menschliche Lebensführung vorhanden sein. Schließlich muß irgend etwas die Gewichte zugunsten der letzteren verschieben.

Das Projekt der Moderne entwickelte einen Handlungsbegriff, bei dem das Handeln auf einer wohlbedachten Entscheidung zwischen Alternativen beruhte. Die Mittel wurden aufgrund ihrer Brauchbarkeit wie hinsichtlich der mit ihnen verbundenen Kosten zweckrational ausgewählt. Die Analyse der Praxis wurde nicht mehr in menschlichen oder göttlichen, sondern mittels Kategorien der Organisation des Staates und des Wirtschaftsbetriebs vorgenommen. Umgekehrt wurden die Kriterien für die Analyse der Rationalität dieser Systeme auf die Beurteilung individuellen Handelns übertragen. Doch kann eine Gesellschaft niemals ein reines »Handlungssystem« in diesem Sinne sein. Sie beruht auf lang währenden Bindungen und Belohnungen zu einem bestimmten Zeitpunkt, den praktischen Erfahrungen des Lebens und Reaktionen auf die Umwelt, die nicht programmiert oder geplant sind. Zudem kann ein Staat diese Art von Macht über das Leben der Menschen niemals praktisch ausüben.

Der Staat hatte stets Konkurrenten für seine Rolle als wichtigster Richter über Sinn- und Lebensfragen – Kirchen, Verbände, den Markt, die Familie, um nur einige zu nennen. Der Einfluß, den diese ausüben können, wandelt sich im Lauf der Geschichte. Die Beziehung dieser Institutionen zum Staat ist historischen Veränderungen unterworfen. Durch die Expansion des modernen Staates ist jede von ihnen zeitweise in ein überdurchschnittlich deutlich artikuliertes Spannungsverhältnis zum Staat geraten.

Daß der Staat in der Neuzeit weit über sein Ziel hinausschoß, hat in jedem seiner Konkurrenten die Bereitschaft geweckt, eine Autorität bei der Bestimmung der Bedeutung menschlichen Handelns zu beanspruchen. Gleichzeitig resultieren das weitverbreitete Gefühl der Fragmentierung der Diskurse, die multiple Persönlichkeit und das Auseinanderfallen der Gesellschaft aus der Polyvalenz, die menschliche Handlungen in der Morgenröte des Globalen Zeitalters annehmen. Es ist paradox, daß dieser Zustand als Folge der Expansion der Rationalität erscheint, die ursprünglich versprochen hatte, für größere Kohärenz zu sorgen.

3.4 Der dezentrierte Staat

*Wie die Rationalität des Staates eine allgemeine,
nationenübergreifende Realität und die Bevölkerung in
entsprechendem Maße von ihm befreit wird*

Der Nationalstaat ist wie keine andere Staatsform vor ihm im Volk verwurzelt. Aber seine Wurzeln sind nicht immun gegen Angriffe. Er mußte sich ebenso gegen andere Nationalstaaten wie gegen mit ihm konkurrierende Vereinigungen wie die Familie, die lokale Gemeinschaft, die Kirche oder das Wirtschaftsunternehmen behaupten. Er war immer in Machtkämpfe verstrickt und mußte sein Territorium verteidigen. Von Anfang an schien es zu seinen unvermeidlichen Bestandteilen zu gehören, Gewalt nicht nur gegen andere Staaten, sondern auch gegen das eigene Volk anzuwenden.

In der Geschichte der Theorie des Nationalstaats sind, spätestens seit Machiavelli (1517) und dem Beginn der Moderne, Gewalt und Zwang stets als seine zentralen Merkmale betrachtet worden. In der Tradition des aristotelischen Denkens über den rationalen Zweck menschlicher Zusammenschlüsse und später im deutschen Idealismus nahm allerdings die Vernunft den gleichen Stellenwert ein. Noch später wurde die technische Rationalität des Staates hervorgehoben, am entschiedensten in Max Webers Darstellung der Bürokratie in *Wirtschaft und Gesellschaft* (1921). Auf diese Weise hat die Theorie die immanente Verbindung von Staat und Rationalität postuliert.

Der Nationalstaat versteht sich selbst als eine Sphäre, in der zwischen den widerstreitenden Interessen der Bevölkerung vermittelt wird, gemeinsame Ziele festgelegt und Kooperationen in die Wege geleitet werden. All diese Prozesse gehorchen rationalen Imperativen. Die rationale Anwendung expliziter Kriterien versetzt die Parteien in die Lage, zu diskutieren und die Legitimität selbst der für sie unangenehmen Ergebnisse anzuerkennen. Auf ähnliche Weise formen kollektive Entscheidungen einen gemeinsamen Bezugsrahmen, der es den Menschen erlaubt, rationale Erwartungen an den Staat und aneinander zu richten.

Aus diesem Grund räumen auch die erklärten Vertreter empirizistischer und pluralistischer Machttheorien ein, daß konkurrierende gesellschaftliche Gruppen ein gemeinsames Interesse an der Existenz von allen anerkannter Institutionen haben, die ihnen die freie Verfolgung ihrer Ziele garantieren. In diesem Punkt konvergieren so unterschiedliche Theorien wie Robert Dahls Modell des Gruppenkonflikts (1961) und Talcott Parsons' systemischer Ansatz, in dem Macht als eine Ressource erscheint, die im Namen der Gesellschaft eingesetzt wird. Beide Theorien gehen davon aus, daß die Rationalität letztendlich der Mastercode für die Schaffung von Vermittlungsinstanzen ist, eine Ressource also, die frei verfügbar, allen Parteien gleichermaßen zugänglich und prinzipiell unerschöpflich ist. Sie erfordert gewisse Voraussetzungen auf seiten derer, die aus ihr Nutzen ziehen wollen, vor allem den zumindest zeitweiligen Verzicht darauf, selbst Gewalt auszuüben, sowie eine freiwillige Unterwerfung unter ihre Prinzipien.

Mit den Gesetzen verhält es sich ähnlich. Auch wenn sie aus Willkür entstanden sind und von Despoten angewendet werden, ist es doch im Interesse jedes Machthabers, daß sie berechenbar sind. Auch unter der Herrschaft Stalins mußte die Entscheidungsfindung berechenbar sein und die Bürokratie sich wenigstens annähernd rational verhalten. Gesetzmäßigkeit und folglich Rationalität sind dem Staat inhärent.

Die Rationalität des Staates erwächst aus den vielfältigen, oft konfliktträchtigen Bedürfnissen seiner Bürger, der Herrschenden wie der Beherrschten. Gleichzeitig reicht sie aber über die Nation hinaus. Die Rationalität gehört einer idealen Sphäre an, keinem bestimmten Volk. Folglich muß eine Nation, die Außenstehende von ihren Bürgerrechten auszuschließen versucht, ein Interesse daran haben, daß ihre eigenen Bürger im Ausland wie ausländische Bürger in ihrem Heimatland behandelt werden.

Die Idee des Gesetzes ist daher für die Beziehungen zwischen Gruppen ebenso maßgeblich wie für die Beziehungen innerhalb einer Gruppe, und wo die nationalen Gesetze voneinander abweichen, wird mit großem Einfallsreichtum auf eine rationale Lösung des Problems hingearbeitet.[8] Das führt dazu, daß sich große Teile zwischenmenschlicher Interaktion allmählich aus einer rein nationalen Gesetzgebung lösen und zu einem Bereich gehören, der internationale Übereinkünfte, internationale Gerichte und andere Institutionen erforderlich macht. Selbst wenn die Ausführung einer Entscheidung auf nationalem Territorium geschieht, wird sie von einem internationalen Gesetzesrahmen bestimmt. Viele Regierungen haben sich freiwillig der Rechtsprechung von Körperschaften wie dem Europäischen Gerichtshof unterworfen. Diese Körperschaften unterscheiden sich nicht wesentlich von staatlichen Organen, sie sind jedoch nicht mehr Teil einer Nation.

Doch nicht allein der sich erweiternde Rahmen transnationaler Rechtsprechung schränkt die Vollmachten des Nationalstaates ein und läßt ihn einen »Souveränitätsverlust« beklagen. Die am Beginn des 20. Jahrhunderts aufkommende Diskussion über den Prozeß der Bürokratisierung brachte ans Licht, daß der Staat zunehmend unter die Herrschaft einer professionellen Verwaltung geriet. Dem Spannungsverhältnis zwischen Bürokratie und Demokratie entsprachen die neuen Produktionsverhältnisse, die dadurch entstanden, daß die Alleinbesitzer oder Aktionäre der großen Konzerne die Macht an die Manager übertrugen. Beide Prozesse waren Teil einer sich entwickelnden modernen Dynamik. Im Fall der Wirtschaftsunternehmen hat sie zur vielbeschworenen Internationalisierung der Produktionsprozesse und Konzernstrukturen geführt.

---

8 Wie Aristoteles darlegte, ist es des Handels wegen im allgemeinen Interesse, daß Bürger und Fremde überall gleich behandelt werden. Im Zuge der Ausweitung des Handels war es für alle von Vorteil, sich auf ein universales Modell des Handelsrechts zu einigen.

Auf das Aufkommen transnationaler bürokratischer Praktiken ist hingegen seltener hingewiesen worden.

Unabhängig von den zunehmenden transnationalen Zusammenarbeitsvereinbarungen und der Herausbildung einer internationalen Bürokratie im Dienst der Vereinten Nationen und anderer Einrichtungen besteht nun der Zwang, die besten Verwaltungstechniken allen Nationen verfügbar zu machen und bei ihrer Weiterentwicklung zu kooperieren. Die weltweite Verwendung der digitalen Speicherung von persönlichen Daten und der zunehmende Gebrauch von persönlichen Kennzahlen und maschinenlesbaren Karten haben dazu geführt, daß die Staatsverwaltung in dieselbe Abhängigkeit von einer universellen Technologie geraten ist wie große Wirtschaftsunternehmen. Es gibt nun eine soziale Technologie, die den internationalen Informationsaustausch erleichtert und den weltweiten Austausch von Experten und Fachwissen erforderlich macht. Es ist inzwischen für jeden Nationalstaat unmöglich geworden, sich der weltumspannenden Administrationslogik zu entziehen, ohne selbst drastischen Schaden zu nehmen.

In einem früheren Stadium der Entwicklung fürchtete man, daß die Beamten der Bürokratie eine Gruppe bilden könnten, die sowohl von der Regierung als auch vom Volk unabhängig wäre. Dennoch war man sich stets darüber einig, daß der nationalstaatliche Verwaltungsapparat die moderne Grundlage der Macht war. Was schon immer den Kern der Verwaltungstechnik ausmachte, tritt nun durch die neue soziale Technologie zutage: daß der Staat inzwischen ein Netz transnationaler Praktiken ist.

Als Hegel (1821) den Staat mit der irdischen Vernunft gleichsetzte, bestand sein Problem darin, ihn mit einem Volk zu verbinden. Das war nur möglich, indem er die Tugenden des deutschen Beamtentums beschwor und der Rationalität ihren Ort in der gebildeten Mittelklasse seiner Zeit zuwies. Aber die Vernunft steht grundsätzlich jedermann offen. Wird der Staat als Verkörperung der Rationalität betrachtet, gibt es für ihn keine Grenzen mehr.

In der Justiz, in der Praxis transnationaler Zusammenarbeit und in der neuen sozialen Technologie erweist sich die Rationalität des Staates als das, was sie immer schon war, nämlich eine objektive und universalisierbare Qualität, die von jeglicher nationalen Souveränität unabhängig ist. Selbst in seiner Entwicklungsphase reichte der

Nationalstaat bereits über die Grenzen hinaus, die Hegel um ihn herum gezogen hatte. Der Staat ist nicht mehr in der Nation verwurzelt, er dehnt sich weltweit aus. Er gehört nicht zu einer bestimmten Gruppe von Menschen in einer bestimmten Zeit, auch wenn er aus deren Bedürfnissen hervorgegangen sein mag. Der Staat des Globalen Zeitalters hat seine Wurzeln verloren. Die Regierungen stellen fest, daß der entwurzelte Staat, den sie verwalten, nicht ihnen und nicht einmal ihrem Volk gehört. Seine Regeln entstehen vielerorts und werden in vielen Zentren verwaltet. Von diesem Standpunkt aus ist es möglich, vom Staat als einem weltweiten Netz von Praktiken ohne Zentrum zu sprechen.

Nationalstaaten bildeten sich heraus aufgrund der sie transzendierenden Vorstellung einer unabhängigen und souveränen politischen Entität. Die Idee der Anerkennung von Souveränität machte einen Diskurs erforderlich, der mehr als nur eine Nation umspannte. Nun wird dieser Diskurs wichtiger als die Idee, aus der er hervorgegangen ist. Wir müssen erkennen, daß Völker und Regierungen, anstatt den Staat als separate Entität zu behandeln, sich in seine Aktivitäten einmischen. Der Staat ist eine globale Sphäre sinnvoller Handlungen geworden. Seine vielfältigen Akteure sind ständig damit beschäftigt, das Wesen und die Grenzen ihrer jeweiligen Jurisdiktion zu bestimmen.

Wir haben die historischen Grenzen und Bedingungen des »Nationalstaats« aufgedeckt. Auch wenn nationalistische Bewegungen noch versuchen, die politische Macht zu erringen, die einst mit der Souveränität verbunden war, beschränkt sich der Staat doch längst auf die Bereiche Technologie, Justiz und transnationale Organisation. Und in einer Welt, in der die Ziele des Nationalstaats lange Zeit die Aktivitäten des einzelnen bestimmten, der Staat weite Bereiche des täglichen Lebens kolonialisierte und das gesellschaftliche Leben formte und regulierte, hat seine Transformation weitreichende Folgen für Individuen und Gruppen.

3.5 Die Fragmentierung von Wirtschaft und Gesellschaft

Wie die Beendigung des Projekts der Moderne den Nationalstaaten die Fähigkeit raubt, dem Zerfall der nationalen Gesellschaften entgegenzutreten

Durch die Auflösung des Projekts der Moderne verliert der Nationalstaat die Kontrolle über jene Kräfte, deren Wirken er zuvor eindämmte. Die Folge ist eine Zersplitterung, auch wenn die Welt noch immer aus nationalen Gesellschaften besteht. Den Preis, den der Nationalstaat für seinen Erfolg bezahlen muß, gilt es vor allem zu begreifen. Auf das Individuum übertragen, läßt sich sein Zustand mit Tiefpunkten persönlicher Projekte vergleichen, mit dem Gefühl, im Stich gelassen zu werden oder keine Zukunft mehr zu haben, dem Zerbrechen eines Traums. Allerdings war das Projekt der Moderne individuellen Entscheidungen entzogen, auch wenn es deren Mitwirken benötigte. Der Diskurs des Projekts der Moderne verbietet eine solche subjektive Darstellung, da er über alles Persönliche hinausging. Doch seine Auflösung weist ganz ähnliche Symptome auf, nämlich Kontrollverlust, das Schwinden jeglichen Zusammenhalts, Orientierungslosigkeit.

Die Kräfte der Auflösung kamen nicht aus dem Nirgendwo. Sie waren in das Projekt der Moderne eingespannt, weshalb ihr Unabhängigkeitspotential lange unentdeckt blieb. Tatsächlich sind sie zum Teil aus dem wachsenden Wohlstand und den technischen Möglichkeiten entstanden, die das Projekt erzeugte. Doch beruhte das Projekt auf der Herrschaft über Menschen, und letzten Endes mußte der Nationalstaat trotz seines Anspruchs, die Vergesellschaftungsform zu kontrollieren und eine umfassende Gesellschaftsstruktur bereitzustellen, die Begrenztheit seiner Herrschaft über Menschen eingestehen, da er durch andere Nationalstaaten begrenzt war und alle mit den logischen Grenzen der Expansion konfrontiert waren.

Wir können fünf wesentliche Kräfte unterscheiden, die zu seiner Fragmentierung beitragen: den Großkonzern, den Markt, die Wissenschaft, die Kultur und das Soziale. Zur Auflösung des Projekts der Moderne führen sie jedoch nur unter der Voraussetzung, daß das Projekt seinen Schwung verliert. Zuerst überschritt der Kapitalismus im Zuge seiner Expansion die Grenzen des Nationalstaats. In den sechziger Jahren dieses Jahrhunderts kam es fast zu einer Panik angesichts der Rolle multinationaler Konzerne. Zwar bedeutete die grenzüberschreitende Tätigkeit dieser Konzerne eine Ausbreitung der Moderne, machte jedoch dadurch deutlich, daß die Gesetze der Ökonomie eine relative Unabhängigkeit von jeglicher staatlichen Kontrolle verlangten. Die Besorgnis galt damals verschiedenen Tendenzen: der Ausbeutung der armen durch die reichen Länder oder dem Ausverkauf eines reichen Landes an ein noch reicheres. Jedenfalls wurde erkennbar, daß sich die Wirtschaftsbeziehungen relativ unabhängig von staatlichen Einschränkungen entwickelten.

Die zweite Kraft, der Markt nämlich, ist ein weiterer Beleg für die Unabhängigkeit ökonomischer Beziehungen. Ein Staat, der ständig seine Grenzen erweiterte, bot dem einzelnen wachsende Erwerbsmöglichkeiten entweder im unmittelbaren Staatsdienst oder durch die Vergabe von Land, Lizenzen oder Monopolen. Zudem erschienen die Binnenmärkte nicht als eine Bedrohung, sondern eher als Stärkung des Staates. Doch ein statischer Staat geriet bald in Widerspruch zum Marktprinzip, also dem uneingeschränkten freien Tausch zum gegenseitigen Vorteil. Die tiefverwurzelten Erwartungen auf ständig steigende Gewinne konnte der Staat nur befriedigen, indem er Schranken für den Außenhandel abbaute und den Marktbereich innerhalb seines Hoheitsgebietes ausweitete.

Doch nicht die Rationalität des Marktes allein hat die Grenzen des Nationalstaats gesprengt. Als dritte Kraft kam der Universalismus der Wissenschaften hinzu, in dem der Staat stets eine Gefahr für seine Herrschaft gesehen hatte. Auch schien die universale Geltung der Menschenrechte eine mögliche Weltregierung nach sich zu ziehen. An seinem Endpunkt sollte nichts Geringeres als eine sich auf die ganze Welt ausdehnende Kopie des Nationalstaats in Form einer einzigen Weltregierung stehen. Doch diese Erwartung wurde nur teilweise realisiert. Der Nationalstaat ist immer noch die weltweit vorherrschende Staatsform, und anstelle einer einzigen Weltregierung erleben wir die Dezentrierung des Staates und eine Expansion sozialer Technologien, die von niemandem mehr kontrolliert werden kann.

Ebenso wie nun die kommunikative die bürokratische Rationalität ersetzt, ist auch die Rationalität nicht mehr länger das bestimmende Prinzip der Vergesellschaftung. Die Beachtung rationaler Prinzipien scheint zu keiner bestimmten Gesellschaftsform zu führen. Auf wirtschaftlichem Gebiet hat das nach Lash und Urry (1987) zu einem desorganisierten Kapitalismus, flexiblen Arbeitsbedingungen und einer Ablösung der alten, hierarchischen, regelgebundenen Strukturen durch einzelne vertragliche Absprachen geführt. Die Kommunikationstechnologie wiederum sorgt dafür, daß die nationalen Grenzen eher ein Faktor bei Standortentscheidungen als Hindernisse sind.

Insofern scheint die Rationalität, das belebende Prinzip der Moderne, ihre Grundlage verloren zu haben. Sie ist nicht mehr in einer bestimmten Gesellschaftsstruktur verankert. Die Folgen dieser Entwicklung haben wir bereits mit dem Begriff des dezentrierten Staates umschrieben. Auch die kapitalistische Wirtschaftstätigkeit gehorcht gewiß nicht mehr der Rationalität. Die abstrakten rationalen Marktprinzipien schreiben nämlich keine bestimmte Form der wirtschaftlichen Organisation vor. Nicht rationale ökonomische Prinzipien, sondern die historische Anhäufung von Eigentum und Macht gibt die Parameter vor und charakterisiert die als kapitalistisch bezeichneten Wirtschaftsbeziehungen. In diesem Sinne demonstrieren die Veränderungen der Weltwirtschaft nicht so sehr den relativen Niedergang einer bestimmten Nation, sondern vor allem des Nationalstaats als einer gesellschaftlichen Organisationsform.

Unter diesen Umständen, vor dem Hintergrund des verlorenen Vertrauens in die Rationalität weitverzweigter Gesellschaftsstrukturen, gewinnt die Bemühung um die Bestimmung von rationalen Entscheidungskriterien für individuelles Verhalten an Reiz. Hier zeigt allerdings der Kontrast zwischen zwei modernen Persönlichkeitstypen, dem seinen Vorteil suchenden Kalkulierer und dem sich selbst suchenden, in seiner Existenz Verunsicherten, daß die Rationalität als solche weder für die Analyse noch für das Handeln einen absolut verläßlichen Bezugspunkt darstellt.

 Diese Ablösung der Rationalität fördert auch die Autonomie der Kultur, der vierten Kraft, die zur Fragmentierung beiträgt. Auch hier ist die Begegnung mit fremden Kulturen für die Moderne wesentlich. Sie war ihrerseits eine logische Folge der Expansion und des Austauschs zwischen nationalen Gesellschaften. Ihren reinsten Ausdruck fand die nationalstaatliche Gesellschaft in Form einer besonderen Kultur, in der sich Sprache und Literatur von allen anderen in der Welt unterschieden. Die inneren Widersprüche dieser Idee wurden durch die Ausbreitung der englischen Sprache und vor allem durch bestimmte Produkte der US-amerikanischen Kultur aufgedeckt. In der westlichen Gesellschaft äußerte sich die Sorge um die Kultur als Sorge um die Jugend und konnte als solche in eine Krise der Beziehungen zwischen den Generationen innerhalb eines Nationalstaats umgedeutet werden. Der Jugendprotest wurde als ein internes Phänomen dargestellt, als ein Ausdruck der Aufsässigkeit und gefühlsgelenkten Irrationalität, zu der moderne Gesellschaften von Zeit zu Zeit neigen. Anders war die Situation, wenn der Protest die Ausbreitung von Ideen aus fremden Gesellschaften und die Anziehungskraft exotischer Bilder belegte. Das bedeutete, daß die Kultur ihre Unabhängigkeit von der nationalen Gesellschaft demonstrierte. In den europäischen Ländern riefen die Hippies nicht nur deswegen Besorgnis hervor, weil sie junge Rebellen waren, sondern weil sie *amerikanisierte* junge Rebellen waren und sich als solche gegen das nationale Projekt wandten.

Die Verbindung von Jugend und Kultur wirkte elektrisierend und rief bei Zusammenkünften gewaltige Affekte hervor. Die fünfte Kraft war das Soziale selbst. Es nahm während der hundertfünfzigjährigen Periode der Dominanz des organisierten Industriekapitalismus verschiedene Formen an. Zu ihnen gehörten Gewerkschaften, sozialistische Parteien und revolutionäre Bewegungen, kommunistische, New Age-, Friedens-, Umwelt-, Frauen- und andere Bewegungen der achtziger Jahre. Diese mehr oder weniger losen Zusammenschlüsse von Menschen mit ähnlichen Interessen oder Idealen zeigten, welches Potential es für kollektive Aktivitäten gab, die sowohl im geographischen als auch im konzeptuellen Sinn außerhalb des von der nationalen Gesellschaft vorgegebenen Rahmens stattfanden. Die Autonomie des Sozialen ignorierte die territorialen Grenzen wie die Verhaltensvorschriften der nationalen Gesellschaft, und die Entwicklungen auf jedem der beiden Gebiete verstärkten sich gegenseitig. Auch wenn der Nationalstaat die Gesellschaft in seinen Rahmen zu pressen versuchte, bedeutete das kreative Potential der sich stets erneuernden sozialen

Kontakte eine Gefahr. In der Ausdrucksweise der sich am Nationalstaat orientierenden Sozialwissenschaften wurde das Gesellschaftliche in Begriffen wie »Sozialisierung« und »soziale Reproduktion« verharmlost, doch damit ließ sich die Gefahr völlig unvorhersagbarer Auswirkungen von Begegnungen und Beziehungen nicht bannen.

Die Krise der nationalstaatlich verfaßten Gesellschaft ist immer wieder als ein Höhepunkt der Moderne, als eine Zwischenstation auf dem Weg zu einer neuen Moderne beschrieben worden. Einige Autoren bezeichnen die Ausweitung der Rationalität als reflexive Modernisierung, also als eine ihre eigenen Prinzipien rationalisierende Moderne. Doch diese Verknüpfung von Reflexivität und Moderne verhüllt die Unbestimmtheit von Rationalität als Organisationsprinzip. Reflexive Rationalität ist ebensowenig wie schlichte Rationalität in der Lage, einen Fixpunkt zu bestimmen. Sie ist sogar um so weniger dazu in der Lage, weil sie die Aufmerksamkeit lediglich auf den unendlichen Regreß bei der Suche nach endgültigen Prinzipien verlagert. An irgendeiner Stelle muß durch Befehl oder Übereinkunft eine Entscheidung getroffen werden, die einem Element der Welt einen Wert zuspricht und die prinzipiell endlose Suche nach Ursachen oder Absicherungen gegen Risiken beendet. Die nationalstaatlich verfaßte Gesellschaft traf diese Entscheidung, indem sie unter Rationalität ihre eigene Ausdehnung und unter Gesellschaft ihre besondere Struktur verstand. Sie wurde zur Basis für die existentielle Sicherheit des einzelnen und für die sozialen Bindungen zwischen Individuum und der Nation, etwa der Familie und anderen Gemeinschaften. Inzwischen erwächst die Sicherheit des einzelnen aus der frei gewählten Zugehörigkeit zu sozialen Vereinigungen, zwischen denen er sich aufgrund von Werten, Glauben und Vertrauen entscheidet.

Die Moderne ging nicht an inneren Widersprüchen zugrunde und auch nicht, weil sie ein vorherbestimmtes Ziel erreicht hatte. Vielmehr erwies sich der Höhepunkt als ein Unfall, als die Voraussetzungen für die fortgesetzte Expansion des Projekts nicht mehr bestanden. Man könnte ganz einfach sagen, daß dieser Fall eintrat, als die Welt eine Einheit wurde. Doch diese Formulierung ist vieldeutig und vermittelt kaum, daß die entscheidende Veränderung durch die Kollision des Nationalstaats mit der geographisch begrenzten Umwelt und die Endlichkeit der ihm zugänglichen Ressourcen eintritt. Jedes Territorium gehört inzwischen zu einem staatlichen Herrschaftsgebiet, und die Ressourcen können nicht ✕ mehr durch territoriale Expansion vergrößert werden.

Natürlich ist diese epochale Veränderung nicht in einem Moment eingetreten, auch wenn sie uns ziemlich plötzlich zu Bewußtsein kam. Der einschneidendste Vorgang, an dem wir uns ihrer bewußt wurden, war vielleicht die Anhebung der Ölpreise durch das Kartell der ölexportierenden Länder im Jahre 1973. Ins öffentliche Bewußtsein drang das, wie Ralf Dahrendorf (1975) formulierte, als das Ende des Wachstums, durch das die Probleme des Überlebens und der Gerechtigkeit in den Vordergrund traten. Danach ließen sich die Kräfte, die durch die Fortschritte des Projekts der Moderne in den nationalstaatlichen Rahmen gezwungen worden waren, nicht mehr zurückhalten. Neue Vergesellschaftungsformen mußten gefunden werden. Die letzten fünfzig Jahre waren die Übergangszeit zwischen zwei Epochen.

3.6 Die modernste aller Nationen

Das Schicksal der Moderne entscheidet sich in den
Vereinigten Staaten

Der Niedergang des Projekts der Moderne läßt sich sehr genau an der Geschichte seines bedeutendsten historischen Vertreters, der Vereinigten Staaten von Amerika, verfolgen. In den Erfahrungen des Staates, der sich im 20. Jahrhundert als der typischste aller Nationalstaaten erwies, fand die Moderne ihren charakteristischen Ausdruck.[9]

Natürlich war auch der Imperialismus der Staaten Europas ein Bestandteil der Moderne. Die historische Verflechtung dieser bei-

9 »Das vollendetste Beispiel des modernen Staats ist Nordamerika.« (Marx 1971, 93) Diese Feststellung aus der *Deutschen Ideologie* bezieht sich auf die vollkommene Identität der Interessen von Staat und Privateigentum in den Vereinigten Staaten, die in Europa durch das Überdauern der feudalen Stände noch verborgen war. Dem liegt die Auffassung zugrunde, daß zum Projekt der Moderne auch die Schaffung einer nationalen Gemeinschaft gehöre, und auch in dieser Hinsicht waren die Vereinigten Staaten die modernste Nation.

den Kontinente markiert den Anfang wie das Ende des Zeitalters der Moderne. Dennoch stellen sie zwei verschiedene Ausprägungen des Projekts der Moderne dar, zwischen denen durchaus Rivalität und Spannungen herrschten. Auf einigen Gebieten entwickelten sie sich sogar in entgegengesetzte Richtungen. So spielt etwa für den Erwerb der amerikanischen Staatsbürgerschaft im Gegensatz zu Europa die Abstammung keine Rolle, und die amerikanische Außenpolitik verfolgt im Gegensatz zur auf internationale Vereinbarungen abzielenden europäischen eigene Interessen. Doch dies sind zwei Seiten derselben Medaille, die den Nationalstaat als Hauptakteur der Geschichte zeigt.

Die USA mußten ihre Nationalität an zwei Fronten erringen, die jeweils für einen zentralen Aspekt der Moderne charakteristisch sind. Zum einen im Kampf gegen eine einheimische, ältere, als primitiv und wild geltende Zivilisation. Dieser Konflikt wurde durch territoriale Eroberung entschieden. Zum anderen mußten die Vereinigten Staaten die Einwanderung bewältigen und die ursprünglichen ethnischen Zugehörigkeiten der Immigranten mit dem übergeordneten Staat amerikanischer Nation verschmelzen.

Aus europäischer Perspektive stellten diese Kämpfe eine Fortsetzung der Geschichte der Begegnung des Westens mit dem Irrationalen und der zunehmenden Modernisierung dar.[10] Die Natur sollte durch die moderne Rationalität gezähmt werden. Die Einverleibung der ethnischen Zugehörigkeit in die übergeordnete nationale Identität entsprach dem Modell der Unterdrückung überkommener, irrationaler Phänomene, und die Staatsbürgerschaft erschien zunehmend als die eigentliche Ausdrucksform des rationalen Staates.

Diese Zusammenhänge sind für analytische Beobachter der Vereinigten Staaten schon seit langem kein Geheimnis mehr. Einer der interessantesten von ihnen war Hugo Münsterberg, ein aus Deutschland emigrierter Psychologieprofessor in Harvard, der mit

10 Vgl. die Berichte vom Kampf gegen die Indianer. Ob der jeweilige Berichterstatter eine feindselige Haltung einnimmt wie der Spanier Cortez, der die Indianer »vernunftlose Barbaren« nannte (zitiert nach Sinclair 1977, 24), oder eine freundliche wie Montaigne, der schrieb: »Sie folgen noch den natürlichen Gesetzen, und sind durch die unsrigen noch nicht sehr verderbet worden« (1580/1992, 371), ist in diesem Zusammenhang bedeutungslos.

Max Weber befreundet war und dessen Interesse an der Entstehung nationaler Souveränität teilte.[11] Er führte den spezifischen Charakter der amerikanischen Nation auf die Expansion nach Westen,»das unablässige Vordringen in neue Gebiete«, zurück. Sie sei eine Zweckgemeinschaft und gründe auf einem Individualismus, der in Form von Selbstbestimmung, Eigeninitiative, Selbstvervollkommnung und Behauptung individueller Rechte die Politik, die Ökonomie, das Denken und die Gesellschaft durchziehe.

Münsterberg verschmolz den eher abgehobenen kantianischen Rationalismus, mit dem er aufgewachsen war, mit der rauhen, von Bildern indianischer Wildheit durchsetzten Ziviliation der transatlantischen Kleinbauern. Sein neuer Amerikaner besitzt die Tugend der Selbstbestimmung, das letzte Wort des Protestantismus zum Thema Erlösung, auf dem die Ethik Kants beruht.

Ihren »ordinären« Ausdruck (Münsterberg war zu sehr Beobachter, um ein echter Verfechter dieser These zu sein) fand diese Selbstbestimmung im Glauben an

die Überlegenheit der amerikanischen Ideale – und ein Bestandteil dieser zu jeder öffentlichen Versammlung gehörenden Beschwörung ist stets die Bekräftigung, daß es Amerikas Pflicht sei, sein politisches System bis in den hintersten Winkel der Welt zu verbreiten. Andere Nationen werden folglich danach beurteilt, ob sie reif für die Übernahme dieses Systems sind, und die Weltgeschichte erscheint als eine lange und glückliche Erziehung der Menschheit, bis sie das Niveau des amerikanischen Entwurfs erreicht. (1904, 6)

Die Individualität wird zu einem Projekt, das eher mit der praktischen Erfahrung der Expansion als mit der passiven Befolgung von Gesetzen und Verboten zusammenhängt. In das Verhältnis von Staat und Individuum kam auf diese Weise eine amerikanische Dynamik, die auch Max Weber bewunderte. Sie war das Gegengewicht zu Kants Traum vom universellen Frieden, der europäischen Ver-

---

11 Münsterbergs Studie *The Americans* (1904) liest sich wie ein Katechismus des Projekts der Moderne: »Dieses Amerika, das den Einwanderer empfängt, verwandelt ihn so gründlich, daß das Verlangen nach Selbstbestimmung sein innigster Herzenswunsch wird … Mit seinen neuen Landsleuten verbindet ihn weder Rasse noch Tradition noch die unmittelbare Vergangenheit, sondern nur die Zukunft, an der sie gemeinsam bauen. Das Gemeinwesen gründet auf einem Zweck, und der ist effektiver als jede Tradition, denn er durchdringt den ganzen Menschen.« (1904, 5)

fechtern der *Realpolitik* lange Zeit als Symptom eines entkräfteten, subversiven Kosmopolitanismus galt.

Die USA faszinierten das 20. Jahrhundert daher nicht, weil sie die Flucht in eine primitive Vergangenheit, sondern eine fortschrittlichere Moderne repräsentierten und als ein Ort galten, an dem eine aus vollkommenem Selbstvertrauen geborene Rationalität sich von feudalen Überresten und den Ketten der Tradition befreit hatte. Aus der *Neuen* Welt wurde die neue *Welt*, die von den Vereinigten Staaten und der amerikanischen Kultur dominiert wurde.

Die Bewunderer der Vereinigten Staaten hielten deren »Annahme, daß die Weltgeschichte ein Teil der amerikanischen Geschichte sei«, für durchaus zuträglich, da sie die Amerikaner geneigt mache, die Führung in der Welt zu übernehmen (Brogan 1946, 153). Nach dem Debakel der internationalistischen Ideale sah man darin die einzige Möglichkeit, in einer nationalstaatlich verfaßten Welt für Ordnung zu sorgen. Der letzte Akt im Drama der Moderne war folglich der Kalte Krieg zwischen ihren Hauptakteuren, den USA und der Sowjetunion, erstere ein Schmelztiegel, letztere ein multikulturelles Imperium, zwei einander diametral entgegengesetzte Formen des Nationalstaats. Sowohl der Kapitalismus als auch der Sozialismus waren echte Produkte der Moderne, und jede der beiden Seiten unternahm enorme Anstrengungen, um die übrige Welt ihrer Version der Moderne einzuverleiben. Die Zukunft der Welt schien vom Ausgang des Zweikampfs dieser Nationalstaaten abzuhängen.

Einer der wichtigsten Interpreten der späten Moderne, der ehemalige Marxist James Burnham, erklärte 1947, daß der Dritte Weltkrieg bereits im April 1944 begonnen habe, als griechische Seeleute, die unter britischem Kommando standen, eine sowjetisch inspirierte Meuterei anfingen (1947, 1). Er sah keine Alternative zu einem Kampf um die Weltherrschaft zwischen der Sowjetunion und den Vereinigten Staaten und appellierte an letztere, ein Staatenbündnis zu gründen, das die Welt beherrschen und die Demokratie durchsetzen sollte.

In Anlehnung an Toynbee (1954, 40) unterschied Burnham zwischen der Vereinigung der Welt auf technischem und ökonomischem Gebiet, die weit fortgeschritten sei, und der politischen und vor allem kulturellen Einigung. Ein Sieg der Vereinigten Staaten im Dritten Weltkrieg könne ein entscheidender Schritt auf dem Weg zu einer genuin »demokratischen Weltordnung« und Weltregierung sein (Burnham 1947, 242). Zur Führung der Welt durch die USA sah er keine Alternative.

Fünfzig Jahre später schien es, als habe die modernste Nation der Welt den Wettstreit der Systeme endgültig gewonnen. Aber das Drama dieses Kampfes hatte die Aufmerksamkeit von jenen Folgen der Moderne abgelenkt, die dafür sorgten, daß die Welt inzwischen ganz anders aussah, als Burnham sich das vorgestellt hatte. Die Vereinigung der Welt war auf allen anderen Gebieten so weit fortgeschritten, daß diese nun für den Verlauf des Geschehens wichtiger waren als die politische Macht. Das Pochen auf die »neue Weltordnung« klang hohl, denn die globalen Kräfte waren längst den Anstrengungen des dominierenden Nationalstaats, seinen Willen durchzusetzen, entronnen. Die Akteure des Projekts der Moderne waren ihrer Macht beraubt.

3.7 Das Ende der amerikanischen Hegemonie

Warum die Globalisierung eine Bedrohung für die amerikanische Konzeption einer Weltordnung darstellt

Die amerikanischen Präsidentschaftswahlen von 1992 wurden weitgehend von der Vorstellung einer globalen Bedrohung der amerikanischen Hegemonie bestimmt. Der »globale« ökonomische Wettbewerb wurde im Wahlkampf zum Klischee. Sowohl Bill Clinton als auch sein designierter Vizepräsident Al Gore verbreiteten mit Erfolg eine Botschaft, die eine doppelte Wirkung hatte. Sie betonten, daß den Vereinigten Staaten die Rolle einer Weltmacht zukomme, und konnten mit dieser Aussage trotz aller inneramerikanischen Zwistigkeiten Einigkeit herstellen. Gleichzeitig sprachen sie davon, daß diese Position aufgrund der »globalen« Veränderungen einer zunehmenden Gefährdung ausgesetzt sei, und erzeugten eine Stimmung allgemeiner Unsicherheit. Diese Wahlkampfstrategie war durch systematische Untersuchungen und Brainstorm-Sitzungen gründlich vorbereitet worden.

Der Titel von Gores Buch *Earth in the Balance* übermittelte auf suggestive Weise genau diese ambivalente Botschaft:[12] einerseits Unsicherheit und folglich Angst, andererseits die Erde als Ganzheit und als reale Grundlage des Lebens. Die Botschaft des Wahlkampfs kam in Sätzen wie diesem zum Vorschein: »Die globale Umweltkrise ist so real wie der Regen, wie wir in Tennessee sagen, und ich kann den Gedanken nicht ertragen, meinen Kindern eine zerstörte Erde und eine verdunkelte Zukunft zu hinterlassen.« (Gore 1992b, 29) Das Globale wird lokal und dient so als Chiffre für eine politische Kampagne, mit der die Demokratische Partei das amerikanische Volk hinter sich versammelt, um sich der globalen Bedrohung zu stellen. Die »Umwelt« war dabei ein Synonym für alles, was gesellschaftlich falsch gelaufen war.

Clinton griff dieses Motiv unmittelbar nach seinem Wahlsieg wieder auf: »Wir müssen unsere wirtschaftliche Stärke zurückgewinnen, um in der neuen Welt eine wichtige Rolle spielen und erfolgreich den globalen Wettbewerb bestehen zu können.«[13] In seiner Wahlannahmerede bekräftigte er am selben Tag abermals die Rolle der amerikanischen Nation in der Welt: »In dieser Nacht nehme ich die Verantwortung an, die Sie mir übertragen haben: der Führer dieses Landes zu sein, des großartigsten Landes in der Geschichte der Menschheit.«[14] Dies ist die authentische Stimme des Hauptakteurs des Projekts der Moderne. Nur in jenem Land war es möglich, sich in vollem Ernst eines solchen Pathos zu bedienen.

Es versteht sich nicht von selbst, daß eine auf globaler Bedrohung beruhende Wahlkampagne erfolgversprechender ist als eine Kampagne, die auf spirituelle Erneuerung, individuelle Freiheit oder politische Integration setzt. Der Erfolg einer politischen Botschaft hängt davon ab, ob es ihr gelingt, die herausragenden Merkmale der Zeit zu benennen, auf die sie einwirken will. Deshalb müssen wir danach fragen, warum die Botschaft der Globalität bei den amerikanischen Präsidentschaftswahlen des Jahres 1992 eine wirksame Strategie darstellte. Die Antwort darauf liegt er-

---

12 Im übertragenen Sinne bedeutet »in the balance« auch »in der Schwebe« bzw. »auf Messers Schneide«. (A. d. Ü.)
13 In einem von Trude B. Feldman von der *New York Times* geführten Interview unmittelbar nach seiner Wahl (*Guardian* vom 4. 11. 1992, S. 17).
14 *Guardian* vom 4. 11. 1992.

stens in der Geschichte der Vereinigten Staaten und zweitens im weltweiten Krisengeschehen der Jahre 1989 bis 1992, in dem einige Grundvoraussetzungen dieser Geschichte ins Wanken zu geraten schienen.

Das geschickte Spiel Clintons und Gores mit der von einer neuen globalen Situation erzeugten Unsicherheit ermöglichte ihnen, die Themen der achtziger Jahre zu verabschieden. Damals wußten die Amerikaner, welches ihre Rolle in der Welt des Kalten Krieges war, und die entscheidenden Probleme waren innenpolitischer Natur. Das neue amerikanische Unbehagen, das die Demokraten ausbeuteten, hatte unter anderem folgende Ursachen:

1. Das Haushaltsdefizit und die Auslandsverschuldung waren unter den Regierungen Reagan und Bush enorm gestiegen, zum Teil, um die Intensivierung des Kalten Krieges zu finanzieren.

2. Importe eroberten zunehmend den Markt in den Vereinigten Staaten, besonders aus Japan, das zum erstenmal als eine Bedrohung für die Rolle der USA als führende Wirtschaftsmacht angesehen wurde.

3. Der relative Bedeutungsverlust der Vereinigten Staaten als Zentrum des Weltkapitalismus durch den Aufstieg europäischer und fernöstlicher Finanzzentren.

4. Der Sieg des Westens über den Kommunismus und der Zusammenbruch der sozialistischen Staaten Osteuropas stellten den Sinn der militärischen Präsenz der Vereinigten Staaten in Europa und der Welt in Frage.

5. Die zunehmende Evidenz der Spannungen im eigenen Land zwischen Schwarzen, Weißen, Hispanoamerikanern und anderen, Reichen und Armen, Mann und Frau, jung und alt weckte Zweifel an der gemeinsamen Geltung des amerikanischen Traums und der amerikanischen Mission gegenüber dem Rest der Welt.

Es ist sehr fraglich, ob die Sorge um die Umwelt einen Platz in dieser Aufzählung hat. Gewiß machen sich viele Amerikaner Gedanken über Umweltprobleme. Doch in Texten amerikanischer Autoren über die Umwelt dominiert derart häufig das Phänomen des Herrschens und Beherrschtwerdens, daß man sich gedrängt sieht, sie als Ausdruck des Unbehagens über den Verfall einer Weltmacht zu lesen.

Was Gore in seinem Buch über die Folgen der gegenwärtigen

industriellen Praktiken für die Menschheit sagt, hat – ob es ernst gemeint war oder nicht – die Wähler weniger beeinflußt als die Tatsache, daß er Japan als das Land hinstellte, das über die fortgeschrittenste und profitabelste Technologie für den Umgang mit dem Treibhauseffekt verfügt. Mit anderen Worten: Wo »globale Erwärmung« steht, ist »japanische Bedrohung« gemeint. Gore ermutigt diese Lesart explizit, da er das Thema im Zusammenhang mit der »amerikanischen Wettbewerbsfähigkeit« behandelt (1992b, 341).

Das Schwinden der amerikanischen Hegemonie geht nicht mit dem Erstarken eines potentiellen Nachfolgers für die Rolle der dominanten Weltmacht einher. Auch die UNO stellt offenkundig keine Weltregierung dar. Dies verstärkt die allgemeine Desorientierung, da die Idee der Weltherrschaft so eng mit dem Projekt der Moderne verbunden ist.

Statt dessen scheinen die bestimmenden Einflüsse von einer Vielzahl von Zentren auszustrahlen, zu denen keineswegs nur Regierungssitze gehören. Es kann sich um finanzielle oder kulturelle Zentren wie Frankfurt oder Hollywood handeln. Manche von ihnen haben überhaupt keinen physischen Sitz, wie das internationale Finanzsystem, das via Telefon und Videokonferenz operiert. In diesem Kontext erscheint die Globalisierung als ein Prozeß, der die Welt vereint, indem er sie der Kontrolle des einzelnen Nationalstaats entzieht. Die Kulmination des Projekts der Moderne führt zu einer Desorientierung seines Hauptakteurs, des Nationalstaats.

Wir sollten uns nur mit großer Vorsicht an irgendeine ambitionierte Theorie dieser Ironie der Geschichte heranwagen. Mit Sicherheit wird das neue Dilemma der Vereinigten Staaten zum Teil durch so etwas wie zwingende Umstände hervorgerufen. Vom Sieger eines Wettkampfs wird ein Verhalten erwartet, das sich von dem unterscheidet, das für das Erringen des Sieges nötig war. Der militärisch-industrielle Komplex kann seine Forderungen an den Staat und die Bürger nicht mehr auf gewohnte Weise rechtfertigen. Die internationalen Sicherheitssysteme sind nicht mehr in eine gemeinsame Aufgabe eingebunden und müssen sich nicht mehr dem Chefkoordinator USA unterordnen. Der internationale Wettbewerb, der als Quelle der Stärke galt, hat längst seine eigene, vom

Kalten Krieg unabhängige Dynamik entwickelt. Alle diese Faktoren scheinen einer immanenten Logik zu folgen, die darauf hinausläuft, daß Hochmut vor dem Fall kommt und der Mächtige erniedrigt wird.

Diese »Logik« wäre jedoch nicht derart unbarmherzig, wenn sie nicht von Kräften bestimmt würde, die sich aus Quellen speisen, die sich der Nationalstaat zwar zunutze machen, aber nicht kontrollieren konnte. Die Entwicklung insbesondere der Kommunikations- und Informationstechnologie hat weltweit zu einer neuen Intensität der Interaktion zwischen Organisationen und Individuen geführt. Inzwischen ist der Globus auf idealer und instrumenteller Ebene der Bezugspunkt für kulturelle und wirtschaftliche Aktivitäten. Gleichzeitig werden die internationalen Beziehungen, innerhalb deren die Nationalstaaten ihren Status und ihre Identität erringen, nicht mehr von einer einzigen Nation oder einer Gruppe von Nationen dominiert.

Individuen und Organisationen ihrerseits ziehen eigene Konsequenzen aus der veränderten Stellung des Nationalstaats. Sie suchen zunehmend außerhalb seiner Grenzen nach Problemlösungen und beteiligen sich immer weniger an seinem Schicksal. Für jene, die die Nation weiterhin in heiliger Ehrfurcht bewahren, ist dieses schwindende Vertrauen ein Affront und die Globalisierung gleichbedeutend mit einer Welt, die an nichts mehr glaubt.

Besonders beunruhigend ist das für die Bürger der Vereinigten Staaten, in denen die Zugehörigkeit zur Nation offenkundig die Selbstidentität bestimmte, da im Verlauf ihrer Geschichte eine große Vielfalt von Ethnien in ihr verschmolz. Die Vereinigten Staaten, die aus dem alle betreffenden Projekt der individuellen Freiheit hervorgingen, das nicht auf dem Vergangenen, sondern auf einer Zukunftsvision basierte, sind der prototypische Nationalstaat der Moderne. Daher erschüttert die Globalisierung die amerikanische Vorstellung einer Weltordnung, die aus Nationalstaaten besteht. Darüber hinaus bedroht sie auch den inneren Zusammenhalt der Vereinigten Staaten, und zwar in zweierlei Hinsicht. Der amerikanische Traum vereinte die verschiedenen Ethnien mittels der Hoffnung auf zukünftigen Wohlstand durch Wettbewerb. Die globalisierte Welt bietet wirtschaftlichen Wettbewerb und eine Identität als Weltbürger, die in Konkurrenz zur historischen Identität der

Bindestrichamerikaner[15] tritt. Deshalb rückt durch die Globalisierung sogar der Alptraum einer Welt ohne Amerika in den Bereich des Möglichen.

15 Bindestrichamerikaner: Hispano(Bindestrich)Amerikaner, Italo(Bindestrich)Amerikaner etc. (A. d. Ü.)

4. Globalisierung: Eine Theorie des Übergangs

> Erst der zweite Weltkrieg hat dem Einsatz aller [Erd-
> räume], dem Globus im Ganzen, sein volles Gewicht
> gegeben. Der Krieg in Ostasien war so ernst wie der in
> Europa. Es war in der Tat der erste wirkliche Welt-
> krieg. Die Weltgeschichte als eine einzige Geschichte
> des Ganzen hat begonnen. Von hier aus erscheint die
> Zwischenzeit der bisherigen Geschichte als ein zer-
> streutes Gebiet von voneinander unabhängigen Versu-
> chen, als vielfacher Ursprung von Möglichkeiten des
> Menschen. Jetzt ist das Ganze zur Frage und Aufgabe
> geworden. Damit tritt eine völlige Verwandlung der
> Geschichte ein.
>
> Entscheidend ist: Es gibt kein Draußen mehr. Die
> Welt schließt sich. Die Erdeinheit ist da. Neue Gefah-
> ren und Chancen zeigen sich. Alle wesentlichen Pro-
> bleme sind Weltprobleme geworden, die Situation eine
> Situation der Menschheit.
>
> *Karl Jaspers, Vom Ursprung und Ziel der Geschichte*

4.1 Nicht das Ende der Geschichte

*Woran wir erkennen können, daß wir einen grundlegenden
historischen Wandel erleben*

Rückblickend kann man sagen, daß das Zeitalter der Moderne eines
Tages an seine Grenzen stoßen mußte.[1] Die für den modernen Staat
wesentliche territoriale Expansion tut das von ganz allein. Eine andere Art der Expansion, die weltweite Ausbreitung der rationalen

---

1 Das deutete sich bereits an, als Machiavelli seinem »Fürsten« den Rat gab, erobertes
Territorium durch die Gründung von Kolonien zu sichern, weil »diese Kolonien
nichts kosten, größere Treue zeigen und weniger Verstöße begehen« (1517/1997, 24).
Sein Ziel war zwar nicht die Weltherrschaft, aber die Logik des Staates erforderte Eroberung und Expansion. Wenn der Staat diese Stoßrichtung beibehielt, mußte das
Endergebnis die Weltherrschaft sein, auch wenn sich diese in Form einer vergleichs-
weise freundlichen Kolonialisierung vorbereitete.

Vernunft mit dem Ziel des Verstehens der gesamten Welt, wurde von den intellektuellen Missionaren der Moderne betrieben. In Verbindung mit der territorialen Expansion entstanden die Ideen der universellen Menschenrechte, einer Weltordnung und einer Weltregierung.

Die Verknüpfung von universeller Rationalität und Weltherrschaft erklärt, warum der Westen so beharrlich glaubte, daß die Geschichte irgendwann an ihr Ende kommen müsse. Die Geschichte war identisch mit der Ausbreitung der Vernunft, die eines Tages die ganze Welt beherrschen würde. Dann könnte man einen Schlußstrich unter die Geschichte ziehen. Die Idee der universellen Vernunft wäre Wirklichkeit geworden. Diese Kombination aus Imperialismus und Universalismus fand ihren theoretischen Ausdruck in der Vorstellung einer weltumspannenden Zivilisation.[2]

Für einige Autoren hat das Ende des Kalten Krieges diese rationalistische Interpretation der modernen Geschichte verifiziert. Francis Fukuyama (1992) sieht Hegels Vision der Herausbildung eines rationalen liberalen Staates bestätigt. Dennoch verstand er die weltweite Ausbreitung freiheitlicher Demokratie als das »Ende der Geschichte«, weil durch sie etwas verlorengegangen sei, nämlich die Identifikation mit einer nationalen Mission.

Die Vereinigung der Welt war daher eine zweischneidige Sache. Sie schien dem Akteur, der sie vorangetrieben hatte, den Boden unter den Füßen wegzuziehen. Der Nationalstaat hatte den Handel gefördert und das Geld geschaffen. Diese befreiten sich nun von seiner Herrschaft.[3] Nach Spenglers Auffassung konzentriert sich

2 Ein repräsentatives Beispiel dafür findet sich in dem Essay *Universal Civilization and National Cultures* des französischen Philosophen Paul Ricœur (1965, 271-286). Ricœur behauptet, daß die Menschheit am Beginn einer singulären, universellen Weltkultur stehe, der er fünf Attribute zuschreibt: abstrakte Rationalität, die die Menschheit aufgrund ihrer Universalität vereine; durch die Technologie erzeugte faktische Universalität; eine universelle rationale, also unvermeidlich demokratische Staatsstruktur; eine rationale universelle Ökonomie und eine standardisierte Konsumkultur (S. 271-274). Er stand dieser Folge der Modernität zutiefst ambivalent gegenüber – einerseits betreten die Massen die Bühne der Geschichte und gewinnen dadurch Würde und Autonomie, aber auf der anderen Seite wird der ganzen Welt eine mediokre Konsumkultur aufgebürdet. Einmal mehr zeigt sich hier, daß die Massengesellschaft für den modernen Intellektuellen ein Dilemma darstellt.

3 Selbst der Modernisierungsflüchtling Henry David Thoreau fühlte sich in seinem Refugium im Wald als Weltbürger, wenn der Frachtzug mit Palmwedeln für die führenden Köpfe Neuenglands vorbeiratterte (1854/1927, 103).

das Geld in wenigen Weltstädten und steuert von dort aus die Welt-
wirtschaft, während in der Peripherie weiterhin patriarchalische
Beziehungen überdauern (1918-1922, Bd. 2, 594). Daß sich die
Welt des Geldes von Staat und Technik löst, wie zuletzt bei der
weltweiten Deregulierung der Finanzmärkte Anfang der neunziger
Jahre, die für viele den endgültigen Triumph des Marktprinzips
und des freien Geldflusses bedeutete, ist bis in die Gegenwart ein
Problem geblieben.[4]

Oswald Spengler beschloß seine Darstellung vom Untergang des
Abendlandes mit der Prophezeiung, daß eine unnennbare Sehnsucht die trunkene Seele des Menschen verlocke, sich von der Erde
zu lösen, um im Weltall unter den Sternen zu kreisen (1918-1922,
Bd. 2, 624). Spenglers »Dekadenz« erschien Ortega y Gasset als
eine Quelle unbegrenzter Möglichkeiten: »...der Lebensinhalt eines Menschen von mittlerer Art ist heute der ganze Planet« (1932/
1997, 34). Andererseits betrachtete er den Aufstieg von Faschismus
und Kommunismus als einen Beweis für die unerfüllbaren Forderungen des Massenmenschen.

Dies sind authentische Äußerungen vom Ende des Projekts der
Moderne. Spengler, Fukuyama und Ortega y Gasset prangerten die
Unfähigkeit des Staates an, die Bestrebungen der Individuen zu
formen und zu einem kollektiven politischen Ziel zu vereinen.
Zum erstenmal in der Geschichte, meint Ortega y Gasset, stoße der
Europäer »mit seinen politischen, wirtschaftlichen, geistigen Un-
ternehmungen an die Grenzen seiner Nation« (147).

Er hoffte, daß ein europäischer Staat entstünde, der den neuen
Aufgaben gewachsen sei. Fukuyama greift auf den platonischen Begriff *thymos*[5] zurück, das vitale Streben nach Anerkennung, das
einer neuen historischen Massenbewegung als Motor dienen solle.

4 David Hume, den Spengler erwähnt, attackierte in seinem Essay *Of Public Credit* die
  Praxis des Geldverleihs als Ursache eines »unnatürlichen Zustands der Gesellschaft«,
  in dem die von Aktienbesitz und Zinsen lebende Klasse keine ererbte Autorität mehr
  besitze: »Diese Männer haben keine Bindung an den Staat und können ihr Einkommen
  in jedem Teil des Globus genießen, in dem sie leben wollen. Naturgemäß werden sie
  sich in der Hauptstadt oder in großen Städten vergraben und in die Lethargie eines
  dummen und verwöhnten Luxus versinken, eines Geist, Ehrgeiz oder Vergnügen.«
  (Hume 1741-1742/1988, 281f.) Der staatenlose und ungebundene Charakter des
  Geldes und der Menschen, die von seiner Verwaltung und Manipulation leben, ist bis
  in die Gegenwart immer ein Thema gewesen. Nach Spenglers Auffassung waren lediglich Rasse und Schwert noch mächtiger als Geld.
5 Etwa Stolz, Beherztheit. (A. d. Ü.)

Für Spengler erfüllte die Rasse diese Funktion. Sie alle gingen von der Annahme aus, daß das Schicksal des Staates und die Identität und Lebensführung des einzelnen in der Moderne untrennbar miteinander verknüpft seien.

Spengler und Ortega y Gasset standen unter dem Eindruck des Ersten Weltkriegs und registrierten den Niedergang Europas. Doch beide hofften auch auf eine Wiederbelebung des Kontinents in neuer politischer Form. Spengler feierte den Aufstieg des Caesarismus, der im Bund mit Sozialismus und Imperialismus bis ins Jahr 2000 führen sollte. Cecil Rhodes[6], dessen Motto »Expansion ist alles« lautete, war für ihn das Vorbild des Helden der Zukunft. Spengler und Ortega y Gasset waren von der transzendenten geschichtlichen Mission Europas zutiefst überzeugt – nur ihre Verachtung für die Masse war eine ähnliche Konstante ihres Denkens.

Beide sahen weder, daß es an den Vereinigten Staaten war, die Modernisierungsmission im 20. Jahrhundert fortzuführen, noch begriffen sie, daß die USA aufgrund ihrer Geschichte der Prototyp der modernen Nation waren und in diesem Punkt alle europäischen Nationen weit übertrafen. Fukuyama dagegen geht wie selbstverständlich davon aus, daß die Vereinigten Staaten die Führung des Projekts des »modernen Liberalismus« (1992, 439) übernommen hätten. Dieses identifiziert er mit dem freiheitlich-demokratischen Staat, der seine Bürger homogenisiert und dazu bringt, das demokratische System zu lieben (S. 295 f.). Die modernen Demokratien ziehen die Menschheit wie einen »Wagentreck, der über eine lange Straße verteilt ist« (S. 446), hinter sich her und kämpfen nur noch gegen undemokratische Staaten. Fraglich sei nur, was geschehen werde, »wenn eines Tages überall auf der Welt Demokratien bestehen und es keine Tyrannei und keine Unterdrückung mehr gibt, gegen die es sich zu kämpfen lohnen würde« (S. 435).

All dies sind moderne Aufgabenstellungen, die auf der Annahme basieren, daß Staat, Gesellschaft und Individuum in einer unauflöslichen Zweckgemeinschaft miteinander leben und daß alles, was diesen Zusammenhalt in Frage stellt, auf eine Krise hindeutet. Man

6 Rhodes war Ende des 19. Jahrhunderts Premierminister des britischen Südafrika und eroberte später das nach ihm benannte Rhodesien. (A. d. Ü.)

ist sich gegenwärtig zwar einig, daß eine tiefgreifende Veränderung stattfindet, doch sämtliche Diagnosen sind Produkte der alten Epoche und beruhen auf der Formel »entweder Moderne oder gar nichts«. Die Vereinigung der Welt ist aber weder aus dem Fortschritt der Vernunft noch aus einem einzigen Weltreich hervorgegangen. Sie ist kein Triumph des Universalismus. Sie ist eingetreten, als das Projekt der Moderne auf globale Grenzen stieß. Die Folge ist die Fragmentierung der Moderne und eine Umformung der Welt, die kaum jemand vorausgesehen hat – aber nicht das Ende der Geschichte.

4.2 Nach der Postmoderne

Warum die Theorie des neuen Zeitalters sowohl das Vergängliche erfassen als auch epochen- und zivilisationsumgreifend sein wird

Eine Theorie der neuen Epoche zu formulieren heißt, Begriffe zu entwickeln, die das Neue zu fassen vermögen. Eine Theorie ist die reflexive und diskursive Deutung von Realität, die sich aus der Vergangenheit speist und Zukunftsalternativen entwirft (nach Lobkowitz 1967). Ungeachtet der gegenwärtigen Betonung einer »reflexiven Moderne« (Beck et al. 1994) sind nicht alle Theorien notwendig modern. Die Griechen waren die ersten, die Theorien entwickelten, und viele andere Zivilisationen haben ebenfalls ihren Beitrag zu diesen kollektiven Produkten der Menschheit geleistet.

Auch wenn die allermeisten Theorien ihre Entstehung dem Wissenschaftsbetrieb der späten Moderne verdanken, wird die neue Epoche wohl kaum mit einer Entwicklung brechen, die so tief in der Vergangenheit vieler Kulturen verwurzelt ist. Das Aufkommen des Globalen Zeitalters sorgt lediglich dafür, daß die Modernität die bestimmende Funktion verliert, die sie im Zeitalter der Moderne besaß.[7] In der Figuration der neuen Epoche, deren charakte-

---

7 Stephen Toulmin setzt sich in seinem Buch *Cosmopolis: the Hidden Agenda of Modernity* (1990; dt. Übers.: *Kosmopolis: die unerkannten Aufgaben der Moderne*, 1991) sehr kritisch mit den überkommenen Vorstellungen von Modernität und besonders mit der zentralen Stellung der kartesianischen Rationalität auseinander, bleibt aber bei dem Versuch, das volle Potential der Theorie wiederzuentdecken, auf halbem Wege stehen,

ristische Eigenschaften sich vom Globalen herleiten, nehmen Modernität, Modernisierung und Modernismus einen untergeordneten Platz ein; wir können daher davon ausgehen, daß die Assoziation von Theorie und Moderne noch eine Zeitlang bestehenbleibt.

Nichtsdestotrotz müssen wir die Theorie von der Herrschaft der Modernität befreien, wenn wir den Anbruch des Globalen Zeitalters als einen epochalen Wandel würdigen wollen. Wir müssen den eingeschränkten Theoriebegriff in Frage stellen, dem bestimmte Protagonisten der Moderne Vorschub leisteten, und wieder neu begreifen, was alles eine Theorie zu leisten vermag. So sollten wir uns zum Beispiel vergegenwärtigen, aus welchem Kontext die Psychoanalyse, die Betriebswirtschaft, die *Rational-Choice*-Theorie oder der Sozialismus hervorgingen, um die Begrenztheit ihres Rationalitätsbegriffs zu erkennen.

Die Theorie des Globalen Zeitalters wird die Situation der Menschheit unter Berücksichtigung der gesamten Vergangenheit und der praktischen Erfahrung der gegenwärtigen Kultur neu bestimmen. Die technische Vernunft wird ihre herausragende Stellung bei der moralischen Bewertung sozialer Beziehungen verlieren. Das herrschende spätmoderne Denken kann sich der Vorstellung, daß das Soziale technisch determiniert sei, nicht entziehen.[8] Im Gegensatz dazu erkennen Theoretiker wie Franco Ferrarotti, die den technologischen Determinismus ablehnen, die Neuheit der gegenwärtigen sozialen Veränderungen an.[9]

Die Theoretiker der späten Moderne versuchen, die Richtung des gegenwärtigen Wandels zu bestimmen, indem sie an der Metaerzählung des technischen Fortschritts festhalten. Gerade durch ein Verständnis von Technologie als Zentrum der Epoche ergibt

weil es ihm darum zu tun ist, eine unerkannte Modernität zu bergen, die er in der Renaissance ortet. Eine positive Konzeptualisierung einer nachmodernen Epoche wird jedoch eher durch die Berücksichtigung prämoderner und nichtwestlicher Beiträge ermöglicht.

8 Eine neuere Kritik des technologischen Determinismus, der einer Vielzahl moderner Untersuchungen inhärent ist, findet sich bei Webster (1995).

9 Ferrarotti spricht von einer Epoche des »vertikalen Imperialismus« und der besonderen Signifikanz des Eintretens von Völkern und Nationen in die Geschichte, die vorher von ihr ausgeschlossen waren (1985, 159). Auch betont er die »Offenheit der Geschichte« (S. 18). Allerdings zieht er daraus noch nicht die Konsequenz, daß die Modernität ihre Dominanz verloren haben könnte.

sich die Idee einer Postmoderne. Deren Verfechter stellen die technologischen Aspekte der Moderne in den Vordergrund und offenbaren so ihre Zugehörigkeit zu ihr, obwohl sie gleichzeitig behaupten, daß die Moderne dem menschlichen Handeln keinen Sinn mehr verleihen könne.

Insofern steht die Idee der Postmoderne eher für die Überschätzung moderner Innovationen als für den Anbruch eines neuen Zeitalters. Sie preist die Innovation als Selbstzweck und macht die zwischenmenschliche Interaktion und Kommunikation zu einem Anhängsel neuester Technologien, ähnlich wie Baudrillard (1988) auf seiner Reise durch Amerika die Bedeutung der Artefakte zu erfassen versuchte, ohne auch nur einmal aus dem Auto auszusteigen. Die amerikanischen Menschen existieren für ihn nicht. Wir sollten darin nicht die Vorzeichen der neuen Epoche, sondern eine Warnung vor Tendenzen sehen, die der Moderne tatsächlich *immanent sind*.

Für die Postmoderne spricht vor allem, daß sie den Rahmen der Erzählung über die Abfolge der Zeitalter zurückweist. Daß sie dennoch der Moderne verhaftet bleibt, zeigt sich daran, daß sie sich als Alternative zu dieser lediglich das Chaos vorzustellen vermag. Die Postmoderne fungiert als eine Art »Rote Garde«[10] der Moderne, mit der sich diese implizit vor allen rivalisierenden Theorien schützen will. Doch durch eine neue Theorie der Gegenwart können wir diesen Abschreckungsversuch in die Schranken weisen.

Allerdings stimmen wir mit den Verfechtern der Postmoderne überein, daß die größte Gefahr darin liegt, den neuen Diskurs einem älteren anzugleichen, das Neue also mißzuverstehen und zu verharmlosen. Die Vertreter der Postmoderne schärfen immerhin unser Bewußtsein für den drohenden Zerfall und die Tatsache, daß wir eine Grenze erreicht haben. Insofern müssen wir ihre Mahnungen beachten und dürfen die schiere Komplexität und Unverstehbarkeit vieler Bereiche der Gegenwart nicht unterschätzen.[11]

Andererseits sind wir nicht gezwungen, uns entweder für die Moderne bzw. Spätmoderne oder für die Postmoderne zu ent-

---

10 Gemeint sind die in der chinesischen »Kulturrevolution« gegen »revisionistische Tendenzen« kämpfenden maoistischen Schüler- und Studentenverbände. (A. d. Ü.)

11 Besonders Gianni Vattimo hat die Frage, ob das Ende der Moderne auch das Ende der Geschichte bedeute, auf eine Weise behandelt, als gelte es, die Möglichkeit einer neuen Epoche von vornherein auszuschließen (1988).

scheiden. Obgleich sämtliche der miteinander konkurrierenden Theorien der Gegenwart die Tatsache eines fundamentalen Wandels anerkennen, sind sie in vieler Hinsicht dermaßen widersprüchlich, daß wir eine gänzlich andere Alternative in Betracht ziehen müssen, nämlich daß wir in eine neue Epoche eingetreten sind.

Nach unserem Verständnis eines epochalen Wandels wird diese jedoch einen Diskurs hervorbringen, der sich in mancher Hinsicht von der Vergangenheit löst, und Selbstdarstellungen produzieren, die mit denen der vergangenen Zeitspanne inkommensurabel sind. Die beiden Epochen werden nicht auf allen Gebieten miteinander kommunizieren können. Das Unverständnis zwischen den Generationen ist ein Beleg dafür.

Um das Wesen des Wandels zu erfassen, müssen wir zwei Bedingungen erfüllen. Wir benötigen erstens eine phänomenologische Beschreibung, ein genaues empirisches Register alles dessen, was sich im Leben der Menschen verändert, wenn Globalität, Globalismus und Globalisierung an Einfluß gewinnen. Ebenso wichtig wie die negativen Aspekte der Moderne sind die positiven Aspekte der neuen Epoche, und am sinnvollsten ist es, deren Bedeutung für die Mehrzahl der Menschen zu erfassen. Wir müssen also zu beschreiben versuchen, auf welche Weise sich die praktischen Erfahrungen von Menschen in der globalisierten Welt in erkennbaren sozialen Formen niederschlagen und wie sie sich auf die Kultur auswirken.[12]

Die zweite Bedingung ist, daß wir am epochen- und kulturübergreifenden Potential der Theorie festhalten. Die Theorie soll den Kern der neuen Epoche erfassen, die Bedeutung neuer praktischer Erfahrungen bestimmen und dem Zusammenhang von historischem Wandel und individuellem Schicksal nachgehen. Sie wird das zwar auf andere Weise als in der Vergangenheit tun, aber nicht

---

12 Diese Bedingungen beruhen auf den Überlegungen, denen Berger, Berger und Kellner in ihrem klassischen Werk *The Homeless Mind* (1973, 19-25) Ausdruck gaben, in dem sie eine systematische Beschreibung des die Modernisierung charakterisierenden Bewußtseins forderten. Sie taten das zum Teil auch, um eine Antwort auf die Frage zu finden, welche Alternativen es zu den bestehenden Formen der Modernisierung geben könnte. Bezeichnenderweise betrachteten sie die damalige Gegenkultur als eine Anti-Modernisierungsbewegung, die ihre Grenzen in den technischen und bürokratischen Erfordernissen der Moderne finde. Es gab keinerlei Andeutung einer zukünftigen Alternative zur Modernisierung.

so, daß jede Verbindung mit dieser verlorengeht und die Menschen sich nicht mehr miteinander verständigen können. Tatsächlich wird der Ruf nach neuen Diskursen über individuelle und kollektive Lebensweisen immer lauter werden, da die globalen Kräfte in immer stärkerem Ausmaß für Veränderungen sorgen. Obwohl wir eine tiefgreifende Umwälzung erleben, wird auch die Theorie der neuen Epoche sich mit der Frage beschäftigen, was es heißt, Mensch zu sein.

Diese beiden Bedingungen gehen zurück auf Husserls Behauptung, daß es unvermeidlich sei, auf die Lebenswelt zu reagieren. Die Beschäftigung mit der Lebenswelt der Gegenwart und die Erforschung von Lebenswelten der Vergangenheit seien identische Aktivitäten. Husserl schlug vor, diese tägliche Gewohnheit durch eine »transzendentale Epoché« hinter sich zu lassen, die diese nicht ersetzen, sondern ein eigenständiges intellektuelles Unterfangen sein sollte (1937/1954, 146 ff.). Sein Ehrgeiz war der eines Religionsstifters.[13]

Mein Vorhaben ist weit prosaischer. Es bestimmt die Art und Weise, in der die neuen praktischen Erfahrungen unser Verständnis alter Konzepte verändern, was dazu ermutigt, neue zu entwickeln. Ihm liegt ein pragmatischer Universalismus zugrunde, der die Möglichkeit skeptisch beurteilt, in menschlichen und natürlichen Vorgängen jemals ewige Wahrheiten zu entdecken, während er gleichzeitig auf der Notwendigkeit beharrt, die uns gegenwärtig zugänglichen Wahrheiten nach bestem Wissen zu benennen.

---

13 Husserl bekannte, daß »die totale phänomenologische Einstellung und die ihr zugehörige Epoché zunächst wesensmäßig eine völlige personale Wandlung zu erwirken berufen ist, die zu vergleichen wäre zunächst mit einer religiösen Umkehrung« (1937/1954, 140).

4.3 Der Begriffswandel

Warum die herausragende Rolle des Begriffs »global« in der Öffentlichkeit es nahelegt, von einem Wandel in der gesellschaftlichen Deutung von Realität zu sprechen

Die Große Erzählung der Theoretiker der Moderne verneint die Möglichkeit des Heraufkommens einer neuen Epoche. In ihren Augen kann die Zukunft nichts anderes als eine Fortsetzung der Tendenzen der Vergangenheit sein. In der verengten Perspektive postmoderner Denker, die immerhin in der Lage sind, die Möglichkeit des Endes einer Epoche ins Auge zu fassen, scheint dagegen überhaupt keine Grundlage für eine neue Erzählung bestimmbar.

Bevor wir damit beginnen, die Theorie der neuen Epoche zu entwickeln, wollen wir versuchen, eine vor-theoretische Vetrautheit mit ihr zu bekommen. Wenn es stimmt, daß eine neue Epoche eingetreten ist, werden wir die Belege dafür eher in der praktischen Erfahrung der Menschen als in philosophischen und soziologischen Abhandlungen aufspüren können. Berger et al. (1973) untersuchten die Phänomenologie der Modernisierung und stießen im Alltagsbewußtsein auf die Zeitströmungen. Auf die gleiche Weise können wir in den neunziger Jahren der neuen Epoche auf der Straße begegnen. Und ebenso wie der Name der Moderne aus dem zeitgenössischen Diskurs hervorging, ist auch der der neuen Epoche bereits im öffentlichen Bewußtsein verankert. Wie anders sollte sie heißen als das »Globale Zeitalter«?

Ende der achtziger und Anfang der neunziger Jahre nahm der Gebrauch des Worts »global« und der von ihm abgeleiteten Termini exponentiell zu. Man begegnet ihnen in der Werbung, in Stellenanzeigen, Gesandtschaftsberichten, im Journalismus und in Buchtiteln.[14] Bereits dies spricht für einen Begriffswandel. Malcolm Waters meint, die Globalisierung spiele in den neunziger Jahren dieselbe Rolle wie die Postmoderne in den Achtzigern (1995, 1). Die Modeterminologie hat sich geändert. Bevor wir uns

---

14 Bei der Suche nach einem bestimmten Buch im *Economist's Bookshop* in London ergab sich vor kurzem eine Liste von 134 lieferbaren Büchern, die das Wort »global« oder eine seiner Abwandlungen im Titel führen.

der Frage zuwenden, ob das ein Anzeichen eines grundlegenden Wandels ist, sollten wir aber untersuchen, welche Begriffe die neue Terminologie verwendet und welche sie ersetzt.

Betrachten wir zuerst die Ableitungen des Begriffs »global«. Seit McLuhan vom »globalen Dorf« sprach (1962), ist der Begriff durch die Anfügung von Suffixen wie »-ismus«, »-ität« und »-isierung« zunehmend erweitert worden.[15] Diese Suffixe sind gängige sprachliche Markierungen, die einem Begriff sowohl einen theoretischen Charakter als auch eine gewisse Sachlichkeit verleihen. Sie suggerieren die Existenz von Prozessen, Ideologien und Zielen. »Global« ist nicht mehr die mehr oder weniger nebensächliche Eigenschaft einer Sache, sondern kennzeichnet diese vollständig.

Ein Blick auf die Entwicklung des Begriffs »Nation« unterstreicht diese Beobachtung. Aus ihm gingen die Begriffe »national«, »Nationalismus«, »Nationalität« und »Nationalisierung« hervor. Natürlich ist jeder dieser Begriffe in einen bestimmten historischen politischen Diskurs eingebettet. Daß »Nationalität« ursprünglich eine Individuen zugeschriebene Eigenschaft war und der Begriff »Nationalisierung« die Ausweitung des staatlichen Einflußbereichs bezeichnet, offenbart jedoch den kontroversen und teilweise unlogischen Charakter des Verhältnisses von Staat, Nation und Individuum im westlichen Denken.

Dasselbe trifft auch auf das Wort »global« zu. Es bezieht sich auf den Globus, aber die Verbreitung des Begriffs beruht darauf, daß

15 Der *Oxford English Dictionary* dokumentiert die Ausbreitung des Begriffs »global« zum ersten Mal in einem Ergänzungsband von 1972. Vorher hatte er die Bedeutung von »global« mit »die Gesamtheit einer Reihe von Gegenständen betreffend« angegeben. Die erste Verwendung des Begriffs in der Bedeutung »weltumspannend« wird auf 1892 datiert und merkwürdigerweise einem Franzosen zugeschrieben, obwohl der *Larousse* (1979) das Wort »global« noch immer nur in der Bedeutung »prise en bloc« kennt, vermutlich weil es ein passenderes Wort für die neuere englische Bedeutung gab, nämlich »mondial«. Sir Ernest Gower empfiehlt in der zweiten Auflage von *Fowler's Dictionary of Modern English Usage*, man solle im Englischen das Wort »mondial« anstelle von »global« verwenden, gegen das er einwendet, daß es sich »als Synonym für das bisher übliche Wort ›weltweit‹ unnötigerweise in vielen Bereichen fest etabliert hat« (1965, 229). Das war, kurz nachdem McLuhan den Begriff in der Bedeutung bekannt gemacht hatte, die der *Oxford Englisch Dictionary* zitiert. In der Soziologie etablierte Wilbert Moores Aufsatz über eine »globale Soziologie« das Wort (1966), doch selbst unter Soziologen wurde es weiterhin in der Bedeutung »gesamt« gebraucht, auch noch im Jahre 1976, als sowjetische Soziologen zum Weltkongreß in Uppsala eine Reihe von Vorträgen über die »globale Gesellschaft« einreichten und damit die Gesamtdarstellung einer einzelnen Gesellschaft meinten.

menschliches Handeln in einem globalen Kontext einen anderen Stellenwert hat als in einem nationalen Kontext. Die Nation beansprucht einen umstrittenen halb konkreten, halb idealen Status, der Globus dagegen ist etwas unbestritten Materielles, auch wenn sich das im alltäglichen Verhalten derer, die sich in ihren Überlegungen und Handlungen auf ihn berufen, nicht unmittelbar niederschlagen muß.

Der Begriff »modern« hat eine andere Entwicklung genommen. Das liegt daran, daß es für ihn überhaupt keine materielle Entsprechung gibt, die sich mit der Nation oder dem Globus vergleichen ließe. Modernität ist eine Qualität, die nicht an eine Substanz gebunden ist. Globalisierung ist von global abgeleitet wie Modernisierung von modern, aber wenn das Wort »global« auf den Globus verweist, worauf verweist dann das Wort »modern«? Jedenfalls auf nichts Materielles. Modernität ist vielmehr eine abstrakte Eigenschaft jener historischen Zeitspanne, in der das Rationale und das Neue eine dynamische Allianz eingingen, um sich Mensch und Natur untertan zu machen.

Das Moderne läßt sich von keinem Gegenstand und von keiner sozialen Entität ableiten. Aus diesem Grund müssen wir uns auch, um das gesellschaftliche Handeln im Zeitalter der Moderne zu verstehen, an den Nationalstaat und das kapitalistische Unternehmen halten. Daran sehen wir, daß Nation und Moderne aufeinander verweisende Begriffe sind und daß die Globalität beide in Frage stellt.

Das Globale, oder, abstrakt formuliert, die Globalität, bezeichnet etwas territorial über die Nation Herausgreifendes und sie gleichzeitig Durchdringendes; es ersetzt den zeitlichen Bezug des Modernen durch einen räumlichen, der jedoch unbestimmt ist. Der Globalismus schwächt den Partikularismus der Nationalismen, indem er nicht mehr allein auf den humanen Aspekt, sondern auch auf materielle Bezugspunkte Wert legt. Er stellt sich gegen den abstrakten Charakter des Modernismus. Der Globalismus betont nicht Rationalismus und Innovation, sondern die offene, pragmatische Kommunikation von Menschen und Völkern und die Interaktion mit der Natur.

Dies soll kein ausführlicher Vergleich, sondern lediglich eine vorläufige Darstellung des sprachlichen Rahmens sein, in dem sich

Begriffe wie Nation, Moderne oder Globalität bewegen. Doch schon daran sieht man, daß die Globalität einen ebenso starken Einfluß auf die soziale und kulturelle Realität ausübt wie die beiden anderen Konzepte, während gleichzeitig klar wird, daß sie einander zu sehr widersprechen, um nebeneinander existieren zu können. Im Gegenteil scheint es so, als ob Globalität einerseits und Moderne oder Nation andererseits als dominierende Merkmale einer Epoche miteinander unvereinbar sind.

Daß Moderne und Globales Zeitalter ihre sprachlichen Kennzeichen auf ähnliche Weise verwenden, macht uns auch darauf aufmerksam, daß jede dieser Epochen eine komplexe Einheit darstellt, die weit über das von den Begriffen Modernität und Globalität Bezeichnete hinausgeht. Ebenso wie wir anerkennen müssen, daß die Moderne zahlreiche antimoderne und nichtrationale Bestandteile enthielt, wird auch das Globale Zeitalter im gleichen Maße vom Antiglobalen wie vom Globalen bestimmt. Gerade das Spannungsverhältnis zwischen diesen beiden Phänomenen charakterisiert diese Epoche.

Wenn wir über die Figuration des Globalen Zeitalters nachdenken, werden wir in dieser deshalb mehr als nur eine Ausweitung der Globalisierung sehen müssen. Es ist nämlich genau diese Verkürzung, die so viele Fehlurteile über die anbrechende Epoche verursacht. Wir würden nur den Irrtum derjenigen wiederholen, die die Moderne als ein Zeitalter des rationalen Fortschritts betrachten, ohne die vom Kapitalismus erzeugten sozialen Widersprüche zu berücksichtigen. Wenn wir andererseits die Dynamik der Globalisierung außer acht lassen, werden wir auch deren Gegenkräfte nicht beurteilen können – wie man die Entwicklung des Kapitalismus nicht verstehen kann ohne Analyse des ihr zugrunde liegenden technischen Fortschritts.

4.4 Globalität, globale Kräfte und Globalismus

Der »globale« Wortschatz eröffnet einen Zugang zu den deskriptiven und analytischen Begriffen der neuen Epoche

Um die Gesamtheit der globalen Bezüge zu bezeichnen, verwenden wir den Begriff *Globalität*. Er verhält sich zu den Begriffen global, Globales Zeitalter und Globalismus wie Modernität zu Moderne, Modernes Zeitalter und Modernismus – wenigstens in grammatischer Hinsicht. Tatsächlich ist es deshalb so naheliegend, vom »Globalen Zeitalter« zu sprechen, weil der Begriff am Ende der Reihe steht, die mit den Begriffen »global« und »Globalisierung« beginnt.

Diese Parallelen enden jedoch auf der semantischen Ebene – wäre dem nicht so, gäbe es kaum Anhaltspunkte für einen Wandel. Zum Beispiel kann man zwar vom modernen Menschen sprechen, kaum aber vom globalen, obgleich sich das Streben nach individueller Globalität als der überspannte Versuch bezeichnen ließe, das Globale als letzten Schrei der Moderne auszugeben. Doch es wird keinen dominanten globalen Persönlichkeitstyp geben, der mit dem von Sozialwissenschaftlern entworfenen Modell der modernen Persönlichkeit vergleichbar wäre. Genau darin liegt eine der Herausforderungen, die das Globale Zeitalter an den einzelnen stellt. Ich werde später noch darauf eingehen.

Das Wort »global« verweist auf andere Bedeutungsebenen als das Wort »modern«. Der Ausdruck »modern« bezeichnet vor allem eine zeitliche Dimension. Er unterscheidet die Erneuerung vom Überkommenen, sortiert das Nutzlose und Überholte aus, schätzt zielgerichtetes Handeln und Herrschaft und legt daher Wert auf Expansion. Die räumliche Dimension von »modern« folgt aus der Produktion und dem Verbrauch von Zeit. Der Begriff »global« dagegen bezeichnet vor allem ein räumliches Phänomen, verortet die Erde im All, hebt ganz konkret auf die natürliche Umgebung ab, auf der das Leben der Menschheit beruht, evoziert die materielle Gesamtheit oder Vollständigkeit des Lebens und teilt die Menschheit nicht, sondern fügt sie zusammen.

Unternehmensstrategien stützen sich auf ein Reservoir allgemein geteilter Bedeutungen, die aus gelebter praktischer Erfahrung hervorgehen. Trotzdem wurde die Globalität nicht in dem Augenblick erfunden, in dem ein multiethnischer Chor auf einem Hügel *Always Coca-Cola* sang, auch wenn diese Marke eines ihrer Symbole ist. Die Globalität stand bereits vorher als ideelle Ressource zur allgemeinen Verfügung. Es zeichnet den erfolgreichen Kapitalismus aus, daß er das, was vordem Allgemeingut war, für seinen Profit ausnutzt. Doch die Globalität galt, gerade weil sie ein Allgemeingut war, nicht einmal als Ressource.[16] Die Kommerzialisierung ist jedoch für ideelle Bedeutungen, wie sie der Liebe oder Sexualität beigemessen werden, ebenso schädlich wie die Ausbeutung von Rohstoffvorkommen für die Umwelt. So hat der Begriff des »Globalen« nun seinerseits den Beiklang der alles durchdringenden Kommerzialisierung.

Der Begriff »Globalität« läßt die Frage des menschlichen Handelns offen; statt dessen objektiviert er wie der Begriff »Moderne« die Folgen der Interaktion von Mensch und Welt und läßt sich daher nicht auf Individuen und nicht einmal auf die ganze Menschheit beziehen. Giddens (1990) hat die Wissenschaft und Rationalität der Moderne wegen ihrer Inhumanität mit dem Dschagannath-Wagen[17] verglichen. Durch die Globalität wird die Menschheit zu einem Sklaven natürlicher Kräfte. Die Idee der Globalität läßt offen, ob Menschen individuell oder kollektiv etwas verändern können. Um diese Differenzierungen zu beleuchten, müssen wir die Begriffe »Globalismus« und »globale Kräfte« näher bestimmen.

Von Globalismus können wir sprechen, wenn Menschen Verpflichtungen gegenüber der Welt als Gesamtheit eingehen, sich Werte zu eigen machen, die den Globus als Rahmen oder Bezugspunkt haben. Seinen deutlichsten Ausdruck findet er in der Umweltbewegung, im Eintreten für die globale Ökologie, im Hinweis auf die Begrenztheit der Rohstoffvorräte und die Notwendigkeit nachhaltiger Entwicklung.

Der Globalismus ist auch in andere Bereiche vorgedrungen, das Gesundheitswesen, die Frauenbewegung und den Kampf für die

---

16 Jeremy Rifkin (1992) hat dokumentiert, wie die umfassende globale Erfassung des Luftraums, des Meeres und der Erde mit deren kommerzieller Nutzung zusammenhängt.
17 Zur Erläuterung des Begriffs s. Kapitel 6.4. (A. d. Ü.)

Menschenrechte etwa. Auf diese Weise ist er mit alten Bewegungen der Moderne verschmolzen, die sich auf universalistische Prinzipien und die Idee von Frieden und internationaler Zusammenarbeit berufen. Der Universalismus, also der Glaube an Prinzipien, die, besonders bezüglich der Menschenrechte, immer und überall gelten, und der Internationalismus, der Glaube an die Menschheitsgemeinschaft, waren zentrale Bestandteile der Ausbreitung der Moderne. Allerdings beruhten beide auf einem optimistischen Fortschrittsbegriff und einem abstrakten Idealismus, die im Vergleich mit den materiellen Anliegen des Globalismus oft ebenso gut gemeint wie unrealistisch erscheinen.

Als sie mit der Begrenztheit des Globus und der Existenz globaler Kräfte, insbesondere globaler Macht und globalen Märkten, konfrontiert wurden, mußten sich die älteren Bewegungen auf das eher pragmatische und konkrete Ringen um Umverteilung, Hilfsprojekte, Umgestaltung internationaler Institutionen konzentrieren und ihre speziellen Interessen im globalen Maßstab verfolgen. Der Globus ist inzwischen das Bezugs- wie Operationsfeld von Bewegungen aller Art geworden, wodurch gleichzeitig die Ausprägung regionaler und lokaler Werte und Auffassungen einen Aufschwung erlebt. Auf diese Weise sind die globalen Bewegungen nun die Gegenspieler von global operierenden Institutionen, auf die sie Einfluß auszuüben versuchen.

Die internationalen Institutionen, die nach dem Zweiten Weltkrieg entstanden, gingen zum Teil aus jenen überkommenen Idealen, zum Teil auch aus Vereinbarungen zwischen Großmächten hervor. Doch heute anerkennt die Führungsriege dieser Institutionen die praktische Notwendigkeit, den Globus als Bezugsrahmen zu begreifen, dessen materielle Realität sich der Geltung universalistischer Prinzipien wie nationalen Ambitionen widersetzt. Der Globalismus stellt also stets eine Reaktion auf die Wirklichkeit dar und holt die universalistischen Prinzipien in Anbetracht der globalen Kräfte auf den Boden der Tatsachen zurück. Er entwickelt einen eigenen kategorischen Imperativ: Was auch immer du tust, tue es unter Berücksichtigung der Bedürfnisse der gesamten Welt.

Der Globalismus selbst lenkt die Aufmerksamkeit auf das, was mit dem Begriff »Kräfte« gemeint ist. Im frühen Marxismus nahm dieser Begriff eine Schlüsselposition ein, verlor sie aber in seinen späteren, idealistischen Ausprägungen. Der Begriff ist aber auch für die Ideologien des freien Markts und für jedes Denken von Bedeutung, das davon ausgeht, daß menschliche Projekte unvermeidbarerweise und nur teilweise beherrschbaren Zwängen und Beschränkungen ausgesetzt sind.

Kräfte können in der natürlichen Umwelt entstehen, im menschlichen Organismus, als ungewollte Folgen kollektiven Handelns oder einer Summe individueller Aktivitäten. Dummerweise respektieren sie keine von Menschen gesetzten territorialen, moralischen oder ästhetischen Grenzen. Man versucht solche Kräfte vor allem durch die Errichtung von Grenzen einzuschränken, durch Staudämme, Altersgrenzen für sexuelle Mündigkeit, Vorschriften für die Kreditgewährung oder Promillegrenzen.

Da diese Kräfte die ihnen von Menschen auferlegten Grenzen jederzeit überschreiten können, greift das Bemühen um ihre Eindämmung auf den Globus als Gesamtheit aus. Der Markt basiert auf dem potentiellen Angebot und der potentiellen Nachfrage anonymer Dritter. Das Warenangebot an einem bestimmten Ort wird letztendlich von der weltweiten Nachfrage nach dieser Ware bestimmt, egal ob die Personen, die sie kaufen und verkaufen, bekannt sind oder nicht.

Der Erosion des Bodens in einer Region der Welt erhöht den Druck, der auf anderen Regionen lastet. FCKW-Gase aus Sprühdosen und Kühlschränken haben über einen langen Zeitraum die Schutzschicht der Erdatmosphäre angegriffen. Ein Problem wurde bislang nur dann als ein globales anerkannt, wenn es in einem unmittelbaren Zusammenhang mit der Übernahme westlicher Produktionsstandards durch die asiatischen Staaten stand. Doch die Kräfte, die in diesen Zusammenhängen am Werk sind, waren schon immer globaler Natur.

Hier hat die Globalisierung den Rahmen menschlichen Handelns tatsächlich verändert. Die weltweite Verknüpfung menschlicher Aktivitäten zieht ein globales Bewußtsein nach sich und ermöglicht es, globale Risiken in Begriffe zu fassen. Sobald die Erde selbst der Bezugspunkt menschlichen Handelns ist, wird die Globalität zu einem nicht mehr wegzudenkenden Aspekt jeglicher Überlegung. Der von Ulrich Beck (1986) geprägte Begriff der

»Risikogesellschaft« spiegelt die Veränderungen wider, die sich ergeben, wenn sich das Risiko von einem lokal begrenzten, individuellen Problem in ein globales Phänomen von tiefgreifender politischer Signifikanz verwandelt.

Eine Umwälzung hat stattgefunden, und das Wort, das sie bezeichnet, indem es den Übergang von einem Zustand in einen anderen ausdrückt, lautet Globalisierung. Es ist inzwischen die gängigste Bezeichnung für den tiefgreifenden sozialen und kulturellen Wandel. Doch wird die Globalisierung immer wieder als Erklärung benutzt und nicht als etwas, das es zu erforschen, zu analysieren und zu erklären gilt. In wissenschaftlichen Aufsätzen und Zeitungskommentaren dient die Globalisierung als Erklärung für so gut wie jeden gegenwärtigen Wandel in allen Lebensbereichen. Dabei nimmt sie beinahe die magische Qualität eines Steins der Weisen an, der für universelle Erleuchtung sorgt. Doch dieser undifferenzierte Wortgebrauch reflektiert eher die Grenzen des gegenwärtigen Verständnisses. Wir brauchen eine kritische Analyse des Begriffs Globalisierung, um beurteilen zu können, wie und warum sie diesen Reiz ausübt, und um über die rituelle Beschwörung einer neuen und mysteriösen Kraft hinauszugelangen.

4.5 Definition der Globalisierung

Da der allgemeine Gebrauch des Begriffs verwirrend und uneinheitlich ist, müssen wir eine Begriffsbestimmung vornehmen

Alle Substantive mit der Endung »-isierung« bezeichnen eine Veränderung. Die jahrzehntelange Debatte über die »Urbanisierung« liefert uns den Prototyp einer »-isierungs«-Diskussion im Bereich des sozialen Wandels. Mit diesem Begriff wurden abwechselnd die Zunahme der Stadtbevölkerung, die wachsende Zahl der Städte, die Auswirkungen der Stadt auf die sie umgebende Landschaft und der Einfluß der Stadt auf das Leben ihrer Einwohner bezeichnet. Diese Entwicklungen hängen miteinander zusammen, und der Begriff Urbanisierung deckt inzwischen deren Gesamtheit ab. Er ist nun kein Terminus technicus mehr, sondern dient oft als allgemeine Bezeichnung eines Veränderungsprozesses.[18]

Die Schwierigkeit besteht darin, daß dieser Begriff wie alle auf »-isierung« endenden Begriffe der Moderne einen hohen theoretischen Anspruch erhebt. Ein »Prozeß« ist eine Reihe von Veränderungen, die, naturwissenschaftlichen Gesetzen gehorchend, an einem festgelegten Ziel enden. Wer den Begriff »Prozeß« auf einen historischen Wandel anwendet, übersieht den Unterschied zwischen Transformationen mit ungewissem Ausgang und wiederholbaren, vorhersagbaren Experimenten. Der Untergang der Moderne hat die »wissenschaftlichen« Theorien der Urbanisierung, Demokratisierung und Industrialisierung zu dem gemacht, was sie eigentlich sind: Relikte des Selbstverständnisses einer vergangenen Epoche, deren Triftigkeit lediglich darin bestand, die Trends ihrer Zeit halbwegs brauchbar darzustellen.

Wir sollten uns also davor hüten, von einer der Globalisierung immanenten Zielgerichtetheit auszugehen, auch wenn der Begriff oft in diesem Sinn gebraucht wird. Wie die Urbanisierung in der öffentlichen Meinung und von Gelehrten diverser Disziplinen als Bezeichnung eines fundamentalen Wandels begriffen wurde, so dient auch die Globalisierung so verschiedenen Gruppen wie Politikern, Historikern, Geographen, Geschäftsleuten, Unternehmensberatern, Ökonomen und Literaturkritikern als beliebter Topos. Allein die Frage, warum dieses Thema sich einer derartigen Beliebtheit erfreut, erfordert schon eine Untersuchung. Doch es ist etwas ganz anderes, dem als Globalisierung bezeichneten Prozeß irgendeine wissenschaftlich bestimmbare Zielrichtung zu unterstellen.

Unter dem Begriff »Globalisierung« werden die sich verzweigenden Bedeutungen des Wortes »global« und seiner Ableitungen zusammengefaßt. Folglich sind diese Bedeutungen tatsächlich Teil einer sich entfaltenden Geschichte, die von der verbreiteten Einstellung handelt, daß die Welt sich ändert. Diese alles erfassende Tendenz deutet allerdings darauf hin, daß diese Geschichte nicht auf einem präzisen analytischen Satz von Bezugspunkten beruht.

18 Die Verallgemeinerung des Begriffs zeigt sich zum Beispiel bei Amos Hawley (1981), der unter Urbanisierung die Expansion zwischenmenschlicher Beziehungen an einem Wohnort versteht.

Die Sozialwissenschaften haben auf den Wunsch nach Beherrschung von Natur und Gesellschaft mit der Bereitstellung klarer Begriffe, präziser Daten und überprüfbarer Hypothesen reagiert. Doch diese Klarheit und Genauigkeit ist in der Regel sehr zeit- und kontextgebunden. Scheinbar flößt der Begriff »Globalisierung« dem schwindenden Einfluß der Moderne auf die Wirklichkeit neues Leben ein. In ihm schwingt die moderne Vorstellung einer »prozeß«artigen Entwicklung mit und weitet deren Anwendungsbereich über die engen zeitlichen und räumlichen Beschränkungen der Moderne hinaus aus. In dieser Hinsicht entspricht die »Globalisierung« dem marxistischen Vorbild einer wissenschaftlichen Theorie des historischen Wandels.

Hierbei handelt es sich zum Teil um ein altes Dilemma: das Spannungsverhältnis zwischen Wissenschaft und Geschichte, das eine grundsätzliche Methodendiskussion in den Sozialwissenschaften ausgelöst hat. Der Reiz des Marxismus bestand unter anderem darin, daß er behauptete, das Problem einer theoretisch begründeten Darstellung historischer Veränderungen gelöst zu haben. Der historische Materialismus behandelte die Vergangenheit wie ein Objekt logischer und wissenschaftlicher Datenerhebung. So wurde suggeriert, daß in derselben Weise, wie die Gegenwart sich kontrollieren ließ, auch die Geschichte beherrschbar war, nämlich indem man sie machte. Jedenfalls schien es mit Hilfe der Sozialwissenschaft möglich, die Geschichte zu beherrschen. Am Ende des Projekts der Moderne jedoch verfügen weder marxistische noch Modernisierungstheoretiker über einen Ansatzpunkt, von dem aus sie die gegenwärtige Geschichte erklären könnten.

Zwischen der getreuen Erläuterung von Entwicklungen der Vergangenheit und den Modellen der statistischen Sozialwissenschaft, deren sich das Management und die Administration von Staat und Kapital bedienen, hat sich in den Sozialwissenschaften eine Kluft aufgetan. Nur die Vergangenheit ist real, während die Gegenwart unfaßbar bleibt. Die »Globalisierung« scheint diese Lücke zu füllen. Sie führt die »Große Erzählung« wieder ein, indem sie ältere, über den Begriffsrahmen des Marxismus hinausweisende Versuche zur Darstellung der grundlegenden Prozesse geschichtlicher Umwälzungen aufgreift. Gleichzeitig wird dadurch die Gegenwart historisch. Sie relativiert die Bedeutung jener Modelle, die auf dem unveränderlichen Verhältnis zwischen feststehenden Variablen beruhen. Wie sollen das Bruttosozialprodukt, die Migration, die Zahlungsbilanz statistisch erfaßt werden, wenn sich die nationalen Grenzen ständig verändern? Die Gegenwart erscheint als Wirklichkeit in stetiger Bewegung.

Gleichzeitig liegt in der realen Veränderung der Welt die größte Herausforderung, der sich die etablierten Paradigmen der Sozialwissenschaften stellen mußten, seit in den sechziger Jahren die marxistische Theorie im Westen in Mode kam. Seinerzeit wurde die Reaktion auf den Marxismus weitgehend vom Kalten Krieg bestimmt. Das versetzte die Vertreter der herrschenden westlichen Paradigmen in die Lage, die Forderung nach einer sinnvollen theoretischen Darstellung der damaligen sozialen Verhältnisse als linke, sowjetisch gesteuerte Propaganda zurückzuweisen. Vor allem die Soziologie nahm Schaden an der durch diese Lagerbildung vorgenommenen Schuldzuweisung.

Wir sollten uns jedoch davor hüten, die »Globalisierung« als einen »Prozeß« anzusehen, der die gegenwärtigen sozialen Veränderungen erklärt. Wir würden damit lediglich die Fehler der Moderne wiederholen, die Folge wäre eine veraltete, modernistische Theorie des Globalen Zeitalters. Um einen klaren Kopf zu behalten, müssen wir vielmehr auf nüchternere Formen der Begriffsanalyse zurückgreifen, die weitaus älter als die Moderne sind. Am besten fangen wir mit einer formalen Definition der Globalisierung an. Diese wird uns in die Lage versetzen, uns den komplexen Problemen zuzuwenden, die heutzutage mit der Interpretation einer historischen Umwälzung verbunden sind, der unser Hauptaugenmerk gilt.

Auf diese Weise können wir der Herausforderung eines Begriffs begegnen, der das Spezifische und Lokale zu überschreiten behauptet, und ihn mit Hilfe einer Definition auf den Boden der Tatsachen zurückholen:

Globalisierung

1. Die aktive oder passive <u>Entwicklung hin zur Globalität;</u>
    1.1 in einzelnen Bereichen:
    1.1.1 als Ausbreitung von Praktiken, Werten, Technologien und anderen menschlichen Erzeugnissen über die ganze Welt;

1.1.2 als wachsender Einfluß globaler Praktiken etc. auf das Leben von Menschen;

1.1.3 als zunehmende Bedeutung des Globus als zentraler Bezugspunkt oder Voraussetzung menschlichen Handelns;

1.1.4 als zunehmender Wandel, der durch die Interaktion einzelner dieser Bereiche hervorgerufen wird;

1.2 als die Gesamtheit dieser Bereiche;

1.3 als der abstrakte Oberbegriff dieser Bereiche.

2. Ein aktiver oder passiver Globalisierungsprozeß in einem oder allen der unter 1. aufgezählten Bereiche.

3. Die historische Umwälzung, die aus der Summe der einzelnen Formen und Beispiele unter 1. resultiert.

Diese Formulierungen sollen sowohl der Ambiguität und Komplexität, die dem Begriff im täglichen Gebrauch eignet, als auch den oben erwähnten wissenschaftlichen Problemen gerecht werden. Sie bieten mehr als eine vorläufige Orientierung. Sie bieten auch mehr als reine, im Namen der Klarheit willkürlich definierte Fachtermini. Daher sind sie nicht in Max Webers Sinne idealtypisch. Sie sollen die wesentlichen Eigenschaften erfassen, die dem Begriff Globalisierung im allgemeinen Sprachgebrauch zugeordnet werden, und sie auf kohärente Weise anordnen. Sie behaupten nicht die wissenschaftliche Gültigkeit dieser Vorstellungen. Im Gegenteil dürfte durch meine bisherigen Ausführungen klargeworden sein, daß ich die Definition 2 für ebenso verbreitet wie fehlgeleitet halte. Zudem ist sie keineswegs identisch mit Definition 3.

Dies ist nicht das einzige mögliche Verfahren einer Begriffsbestimmung. Dennoch scheint mir an dieser Stelle eine Diskussion sozialwissenschaftlicher Methodologie nicht sinnvoll zu sein. Solche Diskussionen können zwar von großem Nutzen sein, doch ich bin der Ansicht, daß die Methodologie nicht unbedingt der Methode vorausgehen muß, und betrachte sie eher als eine nachträgliche Rechtfertigung von Methoden, die sich in der Praxis bewährt haben. Folglich sollte man den Wert dieser Vorgehensweise anhand ihrer Fruchtbarkeit für den hier vorliegenden Text beurteilen, und nicht aufgrund einer abstrakten Rechtfertigung der ihr zugrunde liegenden Logik.

An dieser Stelle muß der Hinweis genügen, daß diese Formulierungen sehr alte Vorläufer haben. Sie verwenden drei Erklärungsmuster, die jeweils unterschiedliche Aufgaben haben. Erstens ein *analytisches*, das sich an spezifischen Facetten des sozialen Lebens orientiert, die unter den gegebenen Umständen auf unendlich viele verschiedene Weisen reproduziert werden. Dies ermöglicht Verallgemeinerungen und Abstraktionen. Zweitens ein *realistisches*. Dieses beziehe ich auf den Begriff »Prozeß«, insofern er auf eine Sequenz grundlegender Veränderungen verweist, die die reale Grundlage vieler Formen der Globalisierung bilden. Drittens ein konkretes *historisches*, das die Einmaligkeit und Unwiderruflichkeit eines Wandels bedeutet, der in einer bestimmten Periode der Weltgeschichte stattfindet, wie zum Beispiel in der Renaissance oder der Industriellen Revolution.

Der Begriff »Globalisierung« findet in jedem dieser Erklärungsmuster Anwendung, manchmal als Bezeichnung abstrakter Elemente, die auf konkrete soziale Verhältnisse einwirken, manchmal als Bezeichnung eines komplexen Bündels von sozialen Veränderungen, die in einem historischen Abschnitt stattgefunden haben. Im ersten Fall kann sie sozialwissenschaftlich untersucht werden, im letzteren ist sie Bestandteil aktueller historischer oder politischer Interpretation. Wenn beides mit einem realistischen Erklärungsmuster verschmolzen wird, entsteht die für moderne Theorien typische Vermengung.

Tatsächlich ist die Verschmelzung der beiden Erklärungsmuster und der zu ihnen gehörenden Methoden für die Irrtümer des Marxismus verantwortlich. Diese Verschmelzung erwuchs aus der Überzeugung, daß eine Analyse der abstrakten Gesetzmäßigkeiten des Kapitalismus zutreffende Voraussagen über die konkrete Zukunft der kapitalistischen Gesellschaft ermöglichen würde. Gleichzeitig verschaffte die Erkenntnis, daß beide Darstellungsweisen für eine Welterklärung notwendig waren, der marxistischen Theorie eine weitaus höhere öffentliche Aufmerksamkeit als dem begrenzten Spezialistentum ihrer Gegner.

Für eine nachmarxistische Gesellschaftstheorie und Geschichtsschreibung kommt es vor allem darauf an, analytische und historische Darstellungen in einer sinnvollen Erzählung der Gegenwart zu vereinen, ohne sie dabei mit realistischen zu verschmelzen. Das ist leichter gesagt als getan. Um den »Kapitalismus« zu erklären, wurden abstrakte Theorieelemente stets mit der komplexen Wirklichkeit realer Wirtschaft und Lebensweise vermischt.

Die Gegner der Globalisierung, die sich sowohl gegen den Begriff als auch gegen die Tatsache wenden, behaupten, daß die Darstellungen der Globalisierung eine ideologische Sichtweise widerspiegelten. Der gleiche Vorwurf wurde auch gegen marxistische Darstellungen des Kapitalismus ins Feld geführt. Doch da die Gegner des Marxismus ideologisch befangen waren, weil sie sich nicht mit inhaltlichen Fragen beschäftigten, übersahen sie immer wieder, welche zentrale Rolle der Kapitalismus im Leben der Menschen spielte.

Seit dem Zusammenbruch des sozialistischen Systems ist die Globalisierung das für die Gesellschaftstheorie bedeutendste Phänomen der Gegenwart. Es wäre eine Ironie, wenn die Kritiker des Marxismus auch die inhaltlichen Probleme nachmarxistischer Theorie falsch einschätzten, weil sie glauben, daß ihre ideologiekritische Haltung die Überlegenheit ihrer Gesellschaftstheorie garantiere. Die Erklärung der Globalisierung stellt für die zeitgenössische Geschichtsschreibung und Theorie eine ebenso fundamentale Herausforderung dar wie der Versuch, den Kapitalismus als Theorie und soziales System zu verstehen. Zudem hängen diese beiden Aufgaben miteinander zusammen.

4.6 Unbestimmtheit und Ambiguität des Globalisierungsbegriffs

Warum wir von einem Begriff nicht zu viel erwarten und ihn nicht vorschnell ablehnen sollten, wenn er unvollkommen ist

Der analytische Begriff der Globalität kann nicht so präzise ausfallen wie der des Kapitalismus. Aus dem oben angestellten Vergleich erhellt, daß jede analytische Theorie der Globalisierung einen letzten Rest Unbestimmtheit enthalten muß. Doch wenn wir unser Ringen um ein Verständnis der Globalisierung wegen dieser Einschränkung aufgeben würden, würden wir uns wie jemand verhalten, der sich mit der Begründung, sie seien unpräzise, jede

Beschäftigung mit Religion oder Kunst versagt. Statt dessen sollten wir die Analyse genau so weit vorantreiben, wie sie uns von Nutzen sein kann.

Zuerst sollten wir die äußeren Beschränkungen für den Globalisierungsbegriff bestimmen, insofern er Teil des Diskurses über Kultur und Gesellschaft ist. Als natürlicher Gegenstand läßt sich der Globus astronomisch, geologisch und biologisch beschreiben. In bezug auf Geographie und Umweltforschung lassen sich seine Eigenschaften schon weit weniger genau bestimmen. Doch sobald wir uns auf das Gebiet menschlicher Handlungen und Ideen begeben, auf das sich der Begriff Globalisierung bezieht, stößt die Möglichkeit, vom Globus in einer wörtlichen Bedeutung zu sprechen, auf immanente Grenzen.

In den Diskussionen über die Globalisierung findet die wörtliche Bedeutung des Wortes »Globus« kaum Berücksichtigung. Wohin sollte das auch führen? Wenn man sich mit der Tatsache befaßte, daß die Erde ein Globus ist, und nach deren Folgen für das menschliche Handeln fragte, könnte man vielleicht auf Weltumsegelungen, Weltreisen per Flugzeug oder das Umkreisen des Planeten im Orbit verweisen. Zweifellos wurde auch die künstlerische Imagination seit Kopernikus und Shakespeare vom Bild des Globus angeregt. Das »Globe Theatre« trug seinen Namen nicht umsonst. Auch symbolisieren die um die Erde kreisenden Satelliten das Globale Zeitalter wie Magellans Erdumsegelung die Moderne.

Genauso ist die Tatsache, daß die Erde die Form einer Kugel hat, für die Globalisierungsdiskussion von geringerer Bedeutung als die Begrenztheit der Erdoberfläche. Wenn wir sagen, daß der Globus die Voraussetzungen menschlichen Handelns beeinflußt, denken wir dabei nicht an eine um die eigene Achse sich drehende Kugel, sondern an das Leben auf der Erdoberfläche, dessen Gesamtheit bei vielen Entscheidungen sowohl der internationalen Bürokratie als auch des gewöhnlichen Bürgers und Konsumenten inzwischen eine wichtige Rolle spielt.

Wir müssen uns darüber im klaren sein, daß Wendungen wie »global denken« und »global handeln« Metaphern für eine ganze Bandbreite verschiedener, miteinander verbundener Bedeutungen waren, sind und immer bleiben werden. Wie wichtig diese Bedeutungen im einzelnen auch sein mögen: da sie metaphorisch benannt werden, wird der Globalisierungsdiskussion immer eine gewisse Unbestimmtheit und Ambiguität anhaften, die unsere Definition nicht vollständig verhindern kann.[19]

Damit soll die Wichtigkeit dieser Metaphern nicht in Abrede gestellt werden. Die Bezeichnung »Renaissance« ist eine Großmetapher für die unterschiedlichsten Phänomene, deren Zusammenhang sich mit ihrer Hilfe am besten fassen läßt. Die »globale« Metaphorik bezeichnet das volle tatsächliche Ausmaß menschlicher Aktivitäten auf der ganzen Welt, während sie gleichzeitig sämtliche von Menschen vorgenommenen Unterteilungen der Erdoberfläche ignoriert. Insofern bedeutet »Globalisierung« vor allem die Überschreitung jeglicher nationaler Grenzen.[20]

Indem wir erkennen, daß der Verweis auf den Globus metaphorischer Natur ist, nähern wir uns auch einem Verständnis der grundsätzlichen Unbestimmtheit des Globalisierungsbegriffs. Denn »Begrenztheit«, »Vollständigkeit« und »Überschreitung« sind abstrakte Konzepte, die so in der Realität nicht vorkommen. Ein globaler Tyrann der Zukunft, der die Globalisierung der Welt vollenden wollte, könnte der gesamten Bevölkerung befehlen, jeden Zentimeter der Erdoberfläche abzugrasen, und würde dennoch sein Ziel nie erreichen. Zumindest würde er niemals wissen können, ob er es erreicht hat – was für Wahnsinnige in der Regel ja von großer Bedeutung ist. Auch der kritische Verbraucher, der die Liste der Inhaltsstoffe auf der Lebensmittelverpackung studiert, kann niemals sicher sein, ob jeder einzelne Bestandteil des Leckerbissens in jener Packung tatsächlich unter Verzicht auf Tierquälerei, Umweltverschmutzung und Ausbeutung hergestellt wurde.

Die Globalisierung hat weder ein bestimmtes Ziel, noch ist es

---

19 Anthony McGrew (1992, 77) hat die Komplexität und Ambiguität in den Globalisierungsdarstellungen vieler Autoren nachgewiesen. Wie bei jedem analytischen Vorgehen gilt es auch hier, die Komplexität von der Ambiguität zu befreien.

20 Die erste explizite Globalisierungsdiskussion erwuchs aus Untersuchungen zur internationalen Politik. Sie wurde von Autoren geführt, die eine transnationale Perspektive bevorzugten und in ihrer Arbeit nicht auf den Nationalstaat, sondern auf die Welt als Gesamtheit abhoben (vgl. Modelski 1972). Keohane und Nye definierten in der Einleitung zu ihrer vielbeachteten Anthologie über transnationale Politik »globale Interaktionen« als die »Bewegung von Informationen, Menschen oder anderen körperlichen und unkörperlichen Gegenständen über Staatsgrenzen hinweg« (1971, XII).

möglich, ihre Auswirkungen vollständig zu erfassen. Auch das hat Konsequenzen für unsere Analyse. Es ist unmöglich, einen Weg zu bestimmen, wenn das Ziel räumlich wie zeitlich ungewiß ist. Wir wissen nicht, wo es sich befindet und wann wir es erreichen werden.

In der Praxis müssen wir die Globalisierung daher stets in Relation zur Vergangenheit beurteilen und sie etwa mit dem Kolonialismus des 19. Jahrhunderts vergleichen oder an Regularien messen, die keine Weltgeltung hatten, wie etwa denen der Académie Française oder der deutschen Sozialversicherung. Eine gemeinsame europäische Währung überschreitet zweifellos nationale Grenzen. Sie kann ein Schritt auf dem Weg zu einer Weltwährung sein, in der man das letzte Stadium der Globalisierung sehen könnte, in dem alle nationalen Grenzen verschwinden. Doch selbst wenn dieser Fall eintritt, werden damit keineswegs sämtliche Alternativen für die Zukunft ausgelöscht – lokale Währungen, alternative Tauschmittel, konkurrierende Weltwährungen bleiben weiterhin denkbar. Ist eine Welt, in der mehr als eine Währung existiert, globalisierter als eine, die verschiedene Währungen kennt?

Die Globalisierung besitzt keine immanente Logik, die es wahrscheinlich machte, daß sie zu einem bestimmten Ergebnis führt. Da wir es auf absehbare Zeit (wenn auch nicht unbedingt für immer) eher mit einer Welt des Mehr oder Weniger als mit einer des Alles oder Nichts zu tun haben, gibt es keine Garantie dafür, daß die Globalisierung andauern wird. Sowohl die Motive als auch die Technologien sind bekannt, die zu einer Entwicklung privater oder lokal begrenzter Welten in größtmöglicher Distanz zu den wimmelnden Massen führen könnten.

Zu dieser immanenten Unbestimmtheit kommt das Problem der Ambiguität. Es wird immer eine offene Frage bleiben, ob die Globalisierung dazu führt, daß jedermann seine eigene Botschaft in jeden Teil der Welt senden kann, oder dazu, daß alle zur gleichen Zeit das gleiche Programm empfangen. Die Schlagworte Homogenisierung und Differenzierung spiegeln diese Ambiguität wider. Der Streitpunkt ist, ob Kultur und soziales Handeln zunehmend standardisiert werden oder ob die vielfältigen kulturübergreifenden Kontakte zu einer wachsenden Vielfalt neuer Ausdrucksformen führen.

Die Debatte darüber wird nicht so bald aufhören.[21] Man kann versuchen, das Problem zu lösen, indem man den semiotischen Aspekt von Kommunikation berücksichtigt und sagt, daß beides gleichzeitig auf verschiedenen Ebenen stattfinden muß, zum Beispiel in Form einer Standardisierung der Kommunikationskanäle bei gleichzeitiger Differenzierung der Inhalte. Einen anderen Erklärungsversuch unternimmt Don Gifford mit seinem Paradox von Quantität und Qualität. Auf der Londoner Weltausstellung von 1851 seien im »Crystal Palace« derart viele verschiedene Exponate gezeigt worden, daß die Ausstellung insgesamt den Eindruck der Eintönigkeit hervorgerufen habe (Gifford 1990, 129).

Jede dieser Argumentationen liefert Einsichten und Erkenntnisse. Aber sie lösen das Paradoxon nicht auf. Tatsächlich sind sie gerade deshalb wichtig, weil sie uns zu der Erkenntnis verhelfen, daß Ambiguität eine notwendige Eigenschaft von begrifflichen Konzepten sein kann. Daran sehen wir wiederum, daß Metaphern für das Begreifen gewisser Realitäten unverzichtbar sind. Schuld daran ist nicht unser mangelndes Vorstellungsvermögen, sondern die Beschaffenheit der menschlichen Verhältnisse, deren Zukunftsoffenheit unter Umständen am sinnvollsten mit Hilfe einer Metapher vermittelt werden kann. Dies gilt besonders für das Begreifen historischer Veränderungen.

Anhand unserer analytischen Definition der Globalisierung läßt sich das zeigen. Die Entwicklungen unter 1.1.1 bis 1.1.3 ließen sich ohne weiteres als Phasen eines Prozesses darstellen, der an diesem oder jenem Punkt globales Ausmaß annimmt. Ohne Schwierigkeiten könnten wir dann auf eine innere Kohärenz dieser Entwicklungen (1.2) und weiter auf die Existenz eines Prozesses (Definition 2) schließen. Doch dies sind große Sprünge. Denn aus dem bloßen Hinweis auf die Globalisierung können wir noch nicht einmal erkennen, welcher der unter 1.1.1 bis 1.1.3 aufgeführten Aspekte Anwendung finden soll, ganz zu schweigen davon, ob sie Teil eines Prozesses sind.

Ob zwischen diesen Entwicklungen irgendwann ein Zusammenhang entstehen wird, hängt von Faktoren wie der Konzentra-

---

21 Eine prägnante Zuammmenfassung der unterschiedlichen Meinungen in der Debatte über die Auswirkungen der Globalisierung auf Kultur und Identität gibt Hall (1992).

tion des Kapitals, der Stärke der demokratischen Kräfte oder dem technischen Fortschritt ab, die nicht zur Globalisierung selbst gehören. Da die Globalisierung zwar eine Antriebskraft, im gleichen Maße aber auch von äußeren Faktoren abhängig ist, kann man an ihr allein nicht ablesen, welcher dieser Faktoren zu einer gegebenen Zeit vorherrscht.

Dies entspricht einer Beobachtung von Roland Robertson, der darauf hinwies, daß zur Globalisierung auch eine bestimmte Art der Lokalisierung gehöre. Aufgrund seiner Reichweite könne das Globale jeden Ort durchdringen. Robertson hat daher den Begriff »Glokalisierung« vorgeschlagen, der aus dem japanischen Marketing stammt und die örtlichen Auswirkungen der Globalisierung bezeichnet.[22] Doch welche Form der Globalisierung hätte keine lokalen Auswirkungen?

Ambiguität ist eine ihr immanente und für sie notwendige Qualität. Der Versuch, diese Ambiguität auszublenden, anstatt mit ihr zu arbeiten, ist der Fehler der positivistischen und idealistischen Richtungen in den Sozialwissenschaften. Der Positivist versucht, Ideen und Wirklichkeit zu trennen, der Idealist will die Wirklichkeit aus der Theorie ableiten. Der praxisorientierte Historiker oder Sozialwissenschaftler hingegen macht auf pragmatische Weise Gebrauch von Theorien. Er akzeptiert ihre Unverzichtbarkeit ebenso wie die Grenzen, die ihnen eine sich verändernde Realität auferlegt. Auf diese Weise ließe sich die immanente Ambiguität statischer analytischer Begrifflichkeiten in den Gesellschaftswissenschaften überwinden. Heißt das, daß wir auf den analytischen Begriff der Globalisierung verzichten und uns auf die Schilderung des historischen Wandels konzentrieren sollen? Dieser Frage werden wir im folgenden Abschnitt nachgehen.

22 Robertson (1992, 173 f.; 1994). Dieser Begriff ist problematisch, weil er die Interdependenz des Globalen und Lokalen einseitig auf die lokale Übernahme eines globalen Produkts oder einer globalen Praxis verkürzt. Zur Lokalität globaler Institutionen gehört auch das umgekehrte Phänomen der weltweiten Dominanz bestimmter Orte wie etwa Hollywood oder Silicon Valley, das ich an anderer Stelle als »Mekka-Effekt« bezeichnet habe (Albrow 1995). Wieder etwas anderes ist die globale Arbeitsteilung, die die globale Wirtschaftstätigkeit auf ein Netzwerk spezialisierter lokaler Schauplätze aufteilt. Und schließlich haben die Soziologen des Roehampton Institute Wandsworth auf Aspekte der individuellen Orientierung an lokalen Schauplätzen hingewiesen, die man wohl am ehesten als Mikroglobalisierung bezeichnen kann (Albrow et al. 1994a, 1994b).

4.7 Die Globalisierung als historische Transformation

Warum die Globalisierung kein gesetzmäßiger »Prozeß«,
wohl aber ein allumfassender historischer Wandel ist

Unser analytischer Globalisierungsbegriff ist vielseitig verwendbar. Er umfaßt die Verbreitung religiöser Ekstase durch die »Toronto Blessing«, die Konzentration von Informationstechnologien im Silicon Valley, die Entwicklung der Londoner *Canary Wharf*[23] und den Kauf eines Big Mac in Peking, die wir als Beispiele für Globalisierung bezeichnen können (Definition 1.1.1-1.1.3). Er versetzt uns in die Lage, darüber nachzudenken, ob Veränderungen in der pharmazeutischen Industrie und auf den internationalen Kapitalmärkten oder die Entwicklung des Internets einander beeinflussende Folgen eines wachsenden Wandels sind (Definition 1.1.4).

All das sind konkrete Veränderungen zu einem bestimmten Zeitpunkt. Wir wollen sie einmal insgesamt betrachten und als repräsentative Aspekte desselben Phänomens behandeln (Definition 1.2). Diese Rolle spielen sie nämlich in den Überlegungen der führenden Vertreter der Globalisierungstheorie. Wir könnten also Robertson (1992) und Giddens (1991) folgen, die die Ansicht vertreten, daß Globalisierung die überkommenen Einheiten, etwa die Nationalstaaten, Gemeinschaften und Individuen, relativiert und destabilisiert, oder wir könnten wie Hall (1992) hervorheben, daß sie zur Herausbildung neuer hybrider Entitäten führt, etwa in Form von transnationalen Gemeinden der Diaspora ethnischer oder religiöser Minderheiten. Wir könnten auch mit einer Untersuchung der OECD (1993) darauf verweisen, daß das globalisierte Unternehmen durch die Flexibilität und Internationalität von Produktion und Marketing gekennzeichnet wird.

Auf diese Weise ist, trotz der Unbestimmtheit und Ambiguität des Begriffs, eine neue Erzählung der Gegenwart etabliert worden,

---

23 Gescheiterter Versuch privatwirtschaftlich finanzierter urbaner Erneuerung. Seit 1988 plante die internationale Immobilienfirma Olympia and York, im Londoner Hafenviertel 32 Gebäude mit über 3 Millionen Quadratmetern Bürofläche inklusive U-Bahn-Anschluß bereitzustellen. An dem Projekt waren 11 internationale Banken beteiligt, als Mieter versuchte man neben Regierungsstellen Firmen wie Texaco, American Express und die amerikanische Chemical Bank zu gewinnen. Olympia and York mußte 1992 Konkurs anmelden. (A.d.Ü.)

die den Rahmen altehrwürdiger Konzepte der Moderne wie Nationalstaat, Organisation und Gemeinschaft sprengt und uns in die Lage versetzt, Prozesse zu beleuchten, die zuvor entweder sich in einem rudimentären Stadium befanden oder unbemerkt blieben (diese Unterscheidung ist umstritten, aber von einiger Bedeutung). Aber diese neue Erzählung der Gegenwart beruht nicht auf einer induktiven Sammlung von konkreten Belegen. Die Theoretiker begründen sie in der Regel mit einer gängigen Theorie der Moderne oder der Entwicklung der Weltgesellschaft oder des Spätkapitalismus. Es handelt sich mit anderen Worten um einen abstrakten Begriff, der aus einem umfassenderen theoretischen Zusammenhang abgeleitet wird (Definition 1.3). Dies führt häufig zu der in Definition 2 dargestellten Auffassung. Sogar in Untersuchungen, die wie die der OECD auf empirischer Grundlage basieren, wird ein Prozeß zunehmender internationaler Integration skizziert und als Wandel der Weltwirtschaft bezeichnet.

Die Einbettung dieser Darstellungen in die überkommene Theorie führt dazu, daß in ihnen von einem allgemeinen »Globalisierungsprozeß«, einer generellen Veränderung der gegenwärtigen Welt die Rede ist. Doch bei solchen theoretischen Festlegungen besteht immer die Gefahr einer Mythologisierung.[24] Zudem wird durch die Verknüpfung der Globalisierung mit dem überkommenen Modernisierungsdiskurs die enorme Reichweite des Wandels unterbewertet.[25]

Wir haben bereits gesehen, daß der analytische Globalisierungsbegriff voller Unbestimmtheiten und Ambiguitäten steckt. Es gibt daher keine Garantie dafür, daß die Entstehung von Diaspora-Gemeinden, die Just-in-time-Produktion und die größere Freiheit der Geschlechterrollen notwendig Bestandteile desselben umfassen-

---

24 Marjorie Ferguson (1992) etwa hält die Globalisierungsdiskussion für einen ideologischen Versuch, die Expansion des globalen Kapitalismus zu rechtfertigen. Ich bin der Ansicht, daß wir uns durch die mythischen Eigenschaften der Globalisierung nicht von den Realitäten des Wandels ablenken lassen sollten (Albrow 1994).

25 Ein Beispiel dafür ist ein kürzlich erschienener Überblick über einige Globalisierungstheorien, dessen Autor darauf hinweist, daß die Globalität einer allgemeinen sozialen Umwelt deren gemeinsames Merkmal sei. Kurz darauf behauptet er in unmittelbar aufeinanderfolgenden Sätzen, daß »die Globalisierungstheorien eine ins Auge springende Diskontinuität« zwischen Vergangenheit und Zukunft unterstellten und daß sie eine »Ausweitung und Neuformulierung von Modernisierungstheorien« seien, ohne diesen offensichtlichen Widerspruch zu kommentieren (Beyer 1994, 7).

den und dauerhaften Prozesses sind. Sie können ebensogut mit verschiedenen, sogar gegenläufigen Aspekten der Globalität in Beziehung stehen. Die Existenz einer neuen Entität, die auf den metaphorischen Gebrauch des Wortes »global« zurückgeht, wäre dann eine bloße Annahme. Die unterschiedlichen Beispiele für Globalisierung würden dann auf relativ unabhängigen Prozessen wie dem technischen Fortschritt, der Kapitalkonzentration, der Modernisierung und Rationalisierung beruhen. Die Komplexität der Verknüpfungen zwischen diesen Prozessen und die Schwierigkeit, ihre Ursachen und Wirkungen zu bestimmen, sind Grund genug, mit der Behauptung äußerst vorsichtig zu sein, sie seien Teil eines einheitlichen, zusammenhängenden Prozesses.

Sollten wir daher, wie einige Autoren vorgeschlagen haben, aufgrund der Gefahr, einen Mythos zu fabrizieren, eine neue »große Erzählung«, die der Geschichte aus ideologischen Gründen einen Sinn verleiht, überhaupt nicht mehr von Globalisierung sprechen? Andere halten die Globalisierung für eine neue Fassung des Mythos von der fortschreitenden Einigung der Menschheit, der bloß der Expansion des Kapitals dient.

Aber diese intellektuelle Strategie entspricht dem oben kritisierten Vorgehen, bei dem Darstellungen von Veränderungen mit beträchtlicher substantieller Bedeutung deswegen abgetan werden, weil sie nicht auf einer einwandfreien Methodologie beruhen. Es gibt eine andere Strategie für den Umgang mit Globalisierungsfällen und den sie bestimmenden und von ihnen bestimmten Faktoren. Wir betrachten sie als Elemente einer Periode historischer Veränderungen ohne bestimmtes Ziel, für die Globalität charakteristisch, deren Zukunft jedoch offen ist. Die Globalisierung erscheint dann nicht als ein umfassender Transformationsprozeß, sondern als ein Phänomen, das eine geschichtliche Übergangszeit dominiert. Sie kennzeichnet den Beginn des Globalen Zeitalters, weil nicht mehr die Moderne, sondern der häufige Verweis auf die Globalität die Figuration der Epoche bestimmt, aber sie entwickelt sich weder in einer immanenten Richtung noch auf ein unvermeidliches Endstadium zu. In diesem Punkt unterscheidet sich die Globalisierung von der Modernisierung. Wie wir gesehen haben, erreicht die Moderne ihr Endstadium, wenn das Projekt der Moderne ausgeschöpft ist – die Globalität jedoch ist kein Projekt.

Dieser Unterschied ist von grundlegender Bedeutung. Die Globalisierung ist nicht nur keine Fortsetzung der Modernisierung, sie ist auch kein gesetzmäßiger Prozeß. Der Unterschied ist so groß wie der zwischen einem Erklärungsmodell, in dem das Leben älterer Bürger in der heutigen Gesellschaft als eine neue Form des Alterungsprozesses dargestellt wird, und einem Erklärungsmodell, das davon ausgeht, daß sich die gesellschaftliche und kulturelle Rolle der Alten gewandelt hat. Das erste Modell postuliert eine von wissenschaftlichen Gesetzmäßigkeiten gesteuerte Reihe von Veränderungen. Das zweite Modell setzt sich mit gehäuft auftretenden Erscheinungen, individuellen Reaktionen auf kontingente Veränderungen der Umwelt und des persönlichen Umfelds sowie mit der Diskussion über diese Reaktionen in sozialer Interaktion auseinander. Daran können wir die Figuration einer neuen Periode der Geschichte ablesen.

Wenn wir den Begriff »Globalisierung« verwenden, um die Summe der historischen Veränderungen eines bestimmten Zeitraumes zu bezeichnen, ist das etwas ganz anderes, als wenn wir diesen eine Entwicklungslogik unterstellen. Wir verwenden ihn also in demselben Sinne, wie wenn wir von der Renaissance, der Reformation, der Aufklärung oder dem Imperialismus sprechen. Es gibt zahllose Beispiele für den alltäglichen Einfluß des Globalen, das Aufgehen nationaler Ökonomien in der Weltwirtschaft, die Verbreitung der Weltnachrichten mit Hilfe von Satelliten bis in entlegenste Winkel und Protestaktionen in einem Teil der Welt gegen Ereignisse in einem anderen Teil – wenn wir all diese Beispiele zusammennehmen und begreifen, daß sie sich gegenseitig verstärken, erhalten wir ein Bild jener einzigartigen Veränderung, die gegenwärtig stattfindet. Sie durchdringt vielleicht nicht jeden Bereich des sozialen Lebens, aber ihr Umfang und ihre Verbreitung geben uns ausreichend Anlaß anzunehmen, daß sie sowohl das Spezifische der heutigen Zeit repräsentiert als auch unsere praktische Erfahrung der Gegenwart dominiert.

Auch Karl Jaspers hat sich auf diese Weise mit seiner Gegenwart auseinandergesetzt, als er von den epochalen Ereignissen des Jahres 1945 sprach (vgl. das diesem Kapitel vorangestellte Motto). Er äußerte sich in einem weltgeschichtlichen Kontext, im Rahmen der Schilderung der Menschheitsgeschichte. Es ist meines Erachtens nicht notwendig, unsere Sichtweise dieses Ereignisses im Lichte späterer Erfahrung zu korrigieren, nur um festzustellen, daß die Ereignisse seit 1989 von ebenso großer Bedeutung waren, und Jaspers' Verständnis des neuen Zeitalters zu modifizieren, in das wir eingetreten sind. Es kennzeichnet den gesamten Zeitraum zwischen diesen Daten, den Höhepunkten der Moderne, daß Jaspers glaubte, die Zukunft der Menschheit hinge davon ab, wie die Menschen miteinander umgehen würden. Die Enthüllungen über das Ausmaß des Holocaust und die Auseinandersetzung mit dem Sozialismus bestärkten ihn in dieser spätmodernen Einstellung.

Der Übergang von der Moderne zum Globalen Zeitalter zwischen 1945 und 1989 entspricht exakt dem Erkenntnissprung, daß die Zukunft eben nicht allein vom Umgang der Menschheit mit sich selbst abhängt, sondern auch von ihrem Verhältnis zur Natur. Ralf Dahrendorf, einer der scharfsinnigsten Beobachter dieses Zeitraums, faßte die Veränderungen 1975 in diesem Sinne zusammen. Dahrendorf, der der Zeit durch eine Theorie des alten Klassenkonflikts der Moderne seinen Stempel aufgedrückt hatte (1957), erklärte, daß die Expansion als Antwort auf die soziale Frage ausgedient habe und daß nunmehr die Probleme des Überlebens und der Gerechtigkeit zu lösen seien. Dieser Herausforderung zu begegnen bedeute einen Bruch mit der Vergangenheit, einen »Wechsel der Perspektive, der Geisteshaltung, des Themas der Geschichte« (Dahrendorf 1975, 114). Seither hat sich die neue Perspektive der Geschichte über die Initiative von einzelnen oder Gruppen hinaus durchgesetzt. Es ist die »globale« Perspektive. Aber die, die sie thematisieren, haben bis jetzt noch nicht erkannt, wie tief der Bruch geht. Um das zu erkennen, müssen wir die Erzählformen, mit deren Hilfe die Moderne ihr Ableben zu verhüllen versuchte, einer kritischen Betrachtung unterziehen.

5. Die historische Erzählung der neuen Epoche

5.1 Eine Neubewertung des Historizismus

Warum die neueren Arbeiten über die Globalisierung
die alte Frage aufwerfen, wie man Geschichte schreiben soll

Eine der wichtigsten intellektuellen Interventionen in der Mitte des 20. Jahrhunderts war Karl Poppers Angriff auf den Historizismus (1957). Darunter verstand er jede Doktrin, die auf der Vorstellung einer geschichtlichen Notwendigkeit, der Existenz unabänderlicher Gesetze eines weltgeschichtlichen Ablaufs beruhte, nach denen man sowohl das Handeln in der Gegenwart ausrichten als auch die Zukunft vorhersagen konnte. Seine Argumentation wandte sich hauptsächlich gegen den Marxismus, aber auch gegen andere Versionen des Fortschrittsglaubens, die davon ausgingen, daß ein aufgeklärter Staat die Ausbreitung der Rationalität befördern würde.

Poppers Auffassung von der Unmöglichkeit, die Zukunft vorherzusagen, basierte paradoxerweise darauf, daß er dem menschlichen Wissen und der Stellung des Menschen in der Geschichte eine alles überragende Wichtigkeit zuschrieb. Seiner Überzeugung nach gab es keine Möglichkeit zu verhindern, daß die Kenntnis einer vorhersagbaren Zukunft benutzt werden würde, um deren Eintreten zu befördern oder zu verhindern. Die Unbestimmtheit der Zukunft war insofern ein immanentes Prinzip, als die Geschichte sich mit menschlichen Angelegenheiten beschäftigte.

Unglücklicherweise brachte diese Haltung Popper dazu, die Geschichtsschreibung insgesamt abzuwerten.[1] Doch wir sollten nicht darauf verzichten, Jahrhunderte überdauernde Muster ausfindig zu

---

[1] Popper lehnte sowohl die Idee historischer Gesetzmäßigkeiten als auch die historische Periodisierung ab: »Der Historizismus behauptet, daß nichts von größerer Bedeutung ist als der Anbruch eines wirklich neuen Zeitalters.« (1971, 9) Gleichzeitig leugne der Historizismus, daß es soziale Regelmäßigkeiten von epochenübergreifender Gültigkeit gebe (S. 5). Tatsächlich ist es eine zentrale Aufgabe historischer Forschung zu bestimmen, auf welche sozialen Regelmäßigkeiten das zutrifft und auf welche nicht. Vgl. meine Ausführungen über Bewährung in der Zeit im letzten Abschnitt dieses Kapitels.

machen oder die weltgeschichtliche Bedeutung von Ereignissen wie der Russischen Revolution hervorzuheben, nur weil sich nicht der gesamte Verlauf der Geschichte durch Gesetze erklären läßt.[2]

Popper war Rationalist, und es grenzt an eine Provokation, ihn als einen der Initiatoren jener Serie von intellektuellen Interventionen in der zweiten Hälfte des Jahrhunderts zu bezeichnen, die die Bedeutung der Vernunft im menschlichen Leben bagatellisierten. Doch Popper war tatsächlich der Meinung, daß es kaum möglich sei, den Verlauf der Geschichte vernünftig zu erklären. Zu Recht verwies er auf menschliche Motive und situationsabhängige Zufälligkeiten, bot aber keine Hinweise für die Bestimmung historischer Kontinuitäten an. Als Kuhn (1962) später aufzeigte, auf welche Weise gesellschaftliche Umstände den Aufstieg und Fall wissenschaftlicher Paradigmen beeinflußten, und Rorty (1980) behauptete, daß es unmöglich sei, die Wissenschaft auf universelle Prinzipien zu gründen, erschien die Vorstellung eines Musters, das der Geschichte einen Sinn gab, als eine wertlose Albernheit. Auf dieser Schlußfolgerung beruhte auch Lyotards (1979) berühmte Verkündigung des Endes der »Großen Erzählung«. Alles schien auf das Zerbrechen der Gewißheiten der Moderne und das Aufkommen einer postmodernen Stimmungslage hinzudeuten.

Vor diesem Hintergrund mag die Globalisierungstheorie als ein widersinniger Rückfall in die Vergangenheit erscheinen, als Versuch, einer erloschenen Denkweise neues Leben einzuhauchen. Einige ihrer wichtigsten Verfechter neigten dazu, die Globalisierung als Fortsetzung einer Meistererzählung anzusehen, die mit der Moderne oder sogar noch früher begann.

Die Theoretiker der Postmoderne halten das wiederum für eine krasse Fehlinterpretation ihrer Botschaft. Indem sie das Ende der Moderne verkündeten, wollten sie keineswegs ein neues Zeitalter einleiten. Sie wollten vielmehr zu verstehen geben, daß Schilderun-

---

2 Poppers Vorstellung von Geschichtsschreibung weist eine starke Ähnlichkeit mit der von Collingwood (1946) auf. Beide legen nachdrücklich Wert auf die Eigenlogik von Situationen und das Problemlösen. Beide äußern sich vernichtend über eine an Epochen orientierte Geschichtsschreibung. Keiner von beiden sagt etwas zum Gegensatz von Geschichtsschreibung und historischer Forschung. Vermutlich war man nach dem Zweiten Weltkrieg der Auffassung, daß die Wissenschaft Probleme lösen könne (zum Beispiel Kriege beenden) und daß man sich durch einen Neuanfang vom Erbe der Vergangenheit befreien könne (zum Beispiel von Hitler). Das Geschichtsgefühl war verlorengegangen.

gen der Vergangenheit, die sich an einer inneren Logik der Modernisierung orientierten, ebenso irreführend seien wie deren Projektion in die Zukunft. Ihre Botschaft lautete: Es ergibt keinen Sinn mehr, von einer Richtung des Geschichtsverlaufs zu reden.

Ohne Zweifel beruht die Theorie der Globalisierung auf Behauptungen, die postmoderner Kritik ausgesetzt sind. Anthony Giddens betrachtet die Globalisierung als Ausdruck der Moderne, die nach weltweiter Verflechtung strebt: »Definieren läßt sich der Begriff der Globalisierung demnach im Sinne einer Intensivierung weltweiter sozialer Beziehungen, durch die entfernte Orte in solcher Weise miteinander verbunden werden, daß Ereignisse am einen Ort durch Vorgänge geprägt werden, die sich an einem viele Kilometer entfernten Ort abspielen, und umgekehrt.« (1995, 85) Globalisierung ist also Teil seiner allgemeinen Theorie der Veränderungen sozialer Beziehungen in einem späten Stadium der Moderne.

Roland Robertson, Soziologieprofessor in Pittsburgh, der sich seit über einem Jahrzehnt um eine Theorie der Globalisierung bemüht, widerspricht Giddens. Er nennt dessen Auffassung »eine aktualisierte und überaus abstrakte Version der Konvergenztheorie – der gleichgeschaltete Mensch der Moderne, angereichert mit einer bestimmten Dosis phänomenologischer Reflexivität« (1992, 145). Für Robertson ist die Globalisierung vor allem ein zivilisatorischer Prozeß, in dem die Einheit der Welt durch ein globales Bewußtsein vorangetrieben wird. In der Tat ist sie ein Prozeß, der seit Jahrhunderten andauert. Giddens stellt den Einfluß der Technologie auf zwischenmenschliche Beziehungen in den Mittelpunkt, Robertson die Erfolge menschlicher Anstrengungen, doch beide halten die Globalisierung für eine soziale Veränderung, die aus einem sich über lange Zeit entwickelnden Prozeß resultiert.

Historizistisch im Popperschen Sinne sind die Darstellungen von Giddens und Robertson, weil sie den Begriff des Prozesses auf den geschichtlichen Wandel anwenden. Die Behauptung, die Moderne treibe die Globalisierung an, macht letztere zum notwendigen Produkt eines Prozesses, der einem inneren Entwicklungsgesetz folgt. Auf diese Weise wird ein Endstadium postuliert, auf das alles Vorangegangene hinausläuft. Es handelt sich folglich um teleologische Analysen.

Diese sollten wir mit Hilfe klarer Unterscheidungen in ihre Bestandteile zerlegen. Zunächst wird in dem Augenblick, in dem die Moderne faktisch die gesamte Erdoberfläche durchdringt, ein Teil der mit ihr verbundenen Expansionsfaktoren gestoppt. Dieser Wendepunkt folgt jedoch aus der Begrenztheit des Globus und nicht aus einer Prozeßlogik. Es wäre allerdings kleinlich, den Begriff »Vereinigung der Welt« zu verwerfen, mit dem Ortega y Gasset, Toynbee und Robertson die Ereignisse zusammenfassen, die zum jetzigen Stand der Dinge geführt haben. Wir können außerdem konzedieren, daß es sich dabei in gewissem Grade um ein von Menschen gewolltes Ergebnis handelt. Wir sollten aber die Vorgänge, die zu dieser Vereinigung der Welt führen, von jener Globalisierung unterscheiden, die an dem Punkt dieser Vereinigung einsetzt, in dem der Globus als Gesamtheit zu einem materiellen Bezugsrahmen für individuelles und kollektives Handeln wird. Die Schlußfolgerungen, die sich aus dieser Differenzierung ergeben, weichen so stark von den Veränderungssequenzen der Modernisierung ab, daß wir genausogut behaupten können, die Globalität treibe die Entmodernisierung an.

Die Globalisierung hängt offensichtlich vom in der Vergangenheit angehäuften Kapital und Wissen, einer weit fortgeschrittenen Kommunikationstechnologie sowie der Existenz internationaler Institutionen der Politik und Finanzwelt ab. Das Streben nach einer Weltordnung kennt zahlreiche Vorläufer. Doch in dem Augenblick, in dem der Globus als Entität erkannt wird, kommt eine ganze Bandbreite neuer Faktoren ins Spiel.[3]

Von diesen Faktoren wären zu nennen: der schwindende Einfluß des Nationalstaats auf das Individuum, das Ende der Aufteilung der Welt durch die Supermächte des Kalten Krieges, die Spekulationskrise der Kapitalmärkte, die Energiekrise und der Treibhauseffekt. Jedes dieser Phänomene hat seine Analytiker und Propheten, die dem Rest der Welt deren spektakuläre Bedeutung mitgeteilt

---

3 Toynbee, der als einer der ersten den Begriff »postmodern« gebrauchte, sprach hinsichtlich dieser Faktoren mit einiger Voraussicht von einem »Entwurzelungsprozeß« (1939-1961, Bd. 12, 276). Dieser Begriff bezeichnet das, was andere Autoren später »Loslösung von traditionellen Bindungen« genannt haben. Toynbee spricht auch von einem künftigen »Durchbruch (...) nichtwestlicher Elemente« (S. 673). In dieser Hinsicht kann man – eher als in Hinblick auf seine Vorstellung der Vereinigung der Welt – sagen, daß Toynbee die Globalisierung vorausgesehen hat.

haben. Fukuyama (1992) behauptete, daß der Triumph des liberalen westlichen Kapitalismus das Ende der Geschichte bedeute, und der Club of Rome bezeichnete die Beschränktheit der Rohstoffvorkommen als immanente Grenze des Wachstums (Meadows et al. 1972). Wallerstein (1974-1989) hielt sich an Marx und beschrieb die weltweite soziale Umwälzung als Resultat der Expansion des Kapitalismus.

Diese Phänomene können nur dann als eine unvermeidliche Kulmination historischer Tendenzen gelten, wenn wir erstens ignorieren, daß sie einander gegenseitig bedingen, und zweitens die kontingente Tatsache der Materialität des Globus außer acht lassen.[4] Berücksichtigt man diese Faktoren, verfliegt die Illusion der Unvermeidlichkeit. Ohne die Ozonschicht gäbe es weder einen Treibhauseffekt noch, aller Wahrscheinlichkeit nach, überhaupt Leben auf der Erde; gäbe es kein Öl oder schwämmen wir darin, hätten wir noch nie von einer Ölkrise gehört; ohne Nuklearwaffen wäre womöglich der Kalte Krieg ausgefallen[5]; ohne Computer gäbe es keinen weltweiten Kapitalmarkt, und vielleicht hätte es ohne das Christentum auch keinen säkularen Fortschrittsglauben gegeben.[6]

Der Mensch bestimmt seine Geschichte selbst, allerdings unter vorgegebenen Umständen, und die Begrenztheit der Erde ist ein solcher Umstand, der in dem Augenblick, in dem der Globus als die Rahmenbedingung menschlicher Aktivitäten erkannt wurde, ein zentrales Thema geworden ist. Aus menschlicher Sicht mag es bloßer Zufall sein, daß die Welt eine Kugel mit einer Oberfläche aus Wasser und Land und einer bestimmten Verteilung von Rohstoff-

---

4 Joseph Schumpeter argumentierte mit der Kontingenz materieller Umstände, um zu zeigen, welche Auswirkungen der unerwartete Strom von Edelmetallen, den die Eroberung Südamerikas freisetzte, auf die Entwicklung des Kapitalismus hatte (1954, 144).

5 Toynbee schrieb: »Das Jahr 1949 eröffnete eine neue Ära der Menschheitsgeschichte«, da die Sowjetunion nun über Atomwaffen verfüge (1939-1961, Bd. 12, 524). Bezüglich neuer Epochen war er äußerst großzügig.

6 Der Ökonom Richard Norgaard (1994) bezeichnet Prozesse, in denen sich multiple Faktoren aufgrund von Interaktion wechselseitig weiterentwickeln und aneinander angleichen, als »ko-evolutionäre« Prozesse und vertritt die Auffassung, daß die Ko-evolution ein Stadium erreicht hat, in dem »das moderne Projekt des Fortschritts in den meisten Teilen der Welt zum Stehen kommt« (S. 3). Diese Sichtweise unterscheidet sich von älteren, auf multiplen Faktoren basierenden Theorien wie der von Max Weber insofern, als sie eher auf Transformation als auf Kumulation abstellt.

vorkommen ist, aber diese Tatsache ist nicht das Endergebnis eines Prozesses. Eher schon stellt sie ein Hindernis für alles dar, was ein Prozeß gewesen sein könnte. Die Globalisierung, die keineswegs ein Ziel menschlicher Bestrebungen war, bedeutet das Ende moderner Lebensweisen, die die Menschen für selbstverständlich hielten. Der globale Wandel ist eine Transformation, keine Kulmination. Das ist die tiefere Bedeutung des Globus als Bezugspunkt. Der Globus macht Grenzen, natürliche Faktoren also, die nicht der Beeinflussung durch den Menschen unterliegen, zur Vorbedingung jeder menschlichen Unternehmung, jedes Projektes. Deshalb halten gerade diejenigen, die auf die ökologischen Grenzen menschlichen Handelns hinweisen, die Globalisierung keineswegs für das Resultat des menschlichen Erfindungsreichtums oder der menschlichen Wertvorstellungen.

Jeremy Rifkin (1992), der eine »Biosphärenpolitik« anstelle der Weltpolitik fordert, hat das moderne Bestreben, die Natur zurückzudrängen, als die vergebliche Bemühung charakterisiert, die Bedrohung durch die Umwelt zu minimieren. Die Eroberung der Natur und die territoriale Expansion sind nun zu einem Stillstand gekommen, erstere, weil sie Folgen wie die Erwärmung der Erdatmosphäre hervorrief, die das vorzeitige Ende der Menschheit bedeuten können, letztere, weil sie die vorhandene Erdoberfläche aufgebraucht hat. Beide Projekte waren wesentliche Bestandteile der Moderne. Daher stellt der Globus einen Endpunkt, eine Kulmination lediglich insofern dar, als er gewissermaßen die Rechnung für die rücksichtslose Expansion der Moderne präsentiert.

Auch andere Mitglieder der ökologischen Bewegung meinen, daß die Globalisierung, die Berufung auf den Globus, eine Gesamtorganisation der Welt verlange und insofern die letzte Forderung und Selbstverteidigungsmaßnahme des expandierenden westlichen Imperialismus sei. Wolfgang Sachs sieht in dem Bestreben, eine Art planetarisches Management zu errichten, die letzte Wendung des von Kolumbus begonnenen Prozesses; die Expansion der westlichen Nationen sei nun selbst zu dem Problem geworden, das zu lösen sei (1993, 20).

Aus zwei Gründen sind die Ökologen bessere Geschichtsschreiber als die Soziologen. Erstens schildern sie die Auswirkungen menschlicher Errungenschaften auf die Natur und räumen die Existenz von Kontingenzen ein, die menschlicher Kontrolle nicht unterliegen. Zweitens setzen sie sich wegen ihres unmittelbaren Interesses an den Folgen der menschlichen Interaktion mit der Natur auch mit hypothetischen Entwicklungen auseinander, um deren potentielle Gefahren zu erkennen; und folglich betonen sie die Zukunftsoffenheit menschlichen Handelns. Der Verlauf historischer Ereignisse folgt nicht mehr einer inneren Logik des Handelns. Es ist kein Zufall, daß im Mittelpunkt von Arnold Toynbees *Study of History* (1939-1961), dem einzigen gelungenen Versuch, die historische Schilderung der Entwicklung von Kulturen und Zivilisationen mit einer Theorie ihres Aufstiegs und Falls zu verschmelzen, die kollektive menschliche Reaktion auf von außen kommende Herausforderungen steht. Entscheidend ist dabei, daß diese Herausforderungen nicht den Regeln und Gesetzen der jeweiligen Zivilisation gehorchen. Deshalb können sie sowohl Neues hervorbringen als auch Etabliertes zerstören.

Soziologische Darstellungen der Globalisierung sind nicht deshalb problematisch, weil sie sich auf die Geschichte berufen, sondern weil sie historizistisch vorgehen, die Geschichte in eine »Große Erzählung« verwandeln und die Globalisierung als Kulmination der Moderne darstellen. Doch die »Große Erzählung« ist eben selten groß genug, in der Regel reduziert sie die Geschichte auf Banalitäten wie den Fortschritt, die Rationalität oder den Kampf um eine klassenlose Gesellschaft. Wenn wir die Gegenwart als in der Entstehung begriffene Geschichte betrachten wollen, müssen wir aber die Möglichkeit in Betracht ziehen, daß ganz neue Phänomene auftauchen und neue Konstellationen von Rahmenbedingungen entstehen, die neue Vorgehensweisen erfordern.[7]

Wir sollten uns vorzustellen versuchen, daß die Globalisierung mitnichten das letzte Stadium eines langen Entwicklungsprozesses ist, sondern das Ende dessen, was wir für selbstverständlich hielten, eine Transformation also, die aus einer Kombination verschiedener Kräfte entsteht und den Verlauf der Geschichte auf unvorhergesehene Weise verändert. Vielleicht ist sie weniger der Höhepunkt der

7 Sam Whimster (1992, 314 f.) stellt fest, daß keines der neuen Paradigmen den Transformationen der letzten beiden Jahrzehnte gerecht wird. In seinem Bericht über die Veränderungen, die zur Entstehung der »Yuppies« führten, verfolgt er Bedeutungsverschiebungen über einen längeren Zeitraum hinweg. Dies impliziert, daß das für seine Zwecke benötigte Paradigma eine Geschichtsschreibung der Gegenwart wäre.

alten Epoche als vielmehr der Übergang zu einer neuen. Eine solche kontingente Entwicklung könnte zum Bestandteil der größten aller Erzählungen werden, der Geschichte der Auseinandersetzung von Mensch und Natur.

5.2 Axiale Prinzipien und epochaler Wandel

Inwiefern das Werk Daniel Bells zeigt, daß es ratsamer ist,
die Geschichte anhand von praktischen Erfahrungen als anhand
der Rationalität zu erforschen

Die Schilderung eines epochalen Wandels ist zum Hauptproblem der Sozialwissenschaften geworden, ohne daß es als solches anerkannt würde. Es sollte für unsere Studenten die gleiche Bedeutung haben wie das Verstehen und Vergleichen verschiedener Kulturen und von den Lehrenden sogar noch stärker beachtet werden. Kulturvergleiche beanspruchen seit Jahrzehnten eine enorme Aufmerksamkeit, obwohl die Globalisierung einige ihrer zentralen Voraussetzungen unterminiert hat.

Die Abgrenzungen von Kulturen und Epochen haben vieles miteinander gemein. In der Tat gibt es, weil die Diskussion kultureller Unterschiede so weit fortgeschritten ist, gute Gründe, den epochalen Wandel als einen Sonderfall kultureller Unterschiede zu betrachten. Es wird daher hilfreich sein, zunächst die wesentlichen Argumente der Auseinandersetzung um den Vergleich von Kulturen zusammenzufassen.

Wenn man Kultur als die auf kollektiver praktischer Erfahrung beruhende Entwicklung allgemein geteilter Bedeutungen definiert, spaltet sich die Menschheit in die, die an dieser praktischen Erfahrung teilhaben, und die, die nicht daran teilhaben. Wenn wir als eine weitere Prämisse akzeptieren, daß diese kollektive praktische Erfahrung unwiederholbar sei, entsteht eine undurchdringliche Barriere für das gegenseitige Verständnis von Kulturen.

Die Strenge dieser Definition ist zugleich ihre Stärke und ihre Schwäche. Ihre Stärke insofern, als sie auf der Vorstellung von etwas Ursprünglichem, Einzigartigem, Irreduziblem und Exklusivem beharrt, die der Kultur einen unzerstörbaren Kern zuspricht.

Ihre Schwäche insofern, als sie die allgemeine Bedeutung von nichtkollektiven praktischen Erfahrungen (etwa der des Verliebtseins) und deren Wiederholbarkeit (an einer einsamen Küste sitzen und Ehrfurcht empfinden zum Beispiel) ignoriert. Mit anderen Worten: Die Vorstellung separater und geschlossener Kulturen leugnet, daß Menschen als Mitglieder einer Gattung praktische Erfahrungen machen können, die kulturelle Unterschiede überschreiten.

Aufgrund der Ähnlichkeit menschlicher Lebensbedingungen eignet der Idee kultureller Grenzen tatsächlich eine gewisse Künstlichkeit, denn diese Ähnlichkeit bildet eine Plattform, auf der sich über Trennendes hinweg Verbindungen aufbauen ließen und folglich die Schaffung einer neuen Kultur möglich wäre. Die oben erwähnte Definition beruht also darauf, daß eine Kultur über eine lange Zeit hinweg gegen den Kontakt mit Fremden und Innovationen isoliert wird. In dieser Hinsicht stellt die Globalisierung eine Gefahr für den überkommenen Kulturbegriff dar. Der Gegenstand, den sie bedroht, tritt dabei in schärferen Umrissen hervor.

Kulturelle Grenzen werden aus pragmatischen Erwägungen gezogen, und ihre behauptete urprüngliche Inkommensurabilität beruht auf machtgestützten Entscheidungen. Das heißt, daß eine soziale Organisationsform, zum Beispiel ein Nationalstaat, der Barrieren gegen die Außenwelt errichtet, in Wahrheit Barrieren für das gegenseitige Verständnis schafft. Andere Kulturen sind nicht verstehbar mittels universeller Klassifikationen und Erhebungen, die die Sozialwissenschaften den Naturwissenschaften entlehnt haben. Über nationale Unterschiede hat uns Goethe mehr zu sagen als die von der Europäischen Gemeinschaft durchgeführten Umfragen über Wertvorstellungen. Und in Tocquevilles Werk aus dem vorigen Jahrhundert erkennen wir noch immer die Vereinigten Staaten von heute.

Wenn wir etwa – wie es zahlreiche Autoren in den letzten 200 Jahren versucht haben – die Geheimnisse des relativen wirtschaftlichen Erfolgs von Nationalstaaten erforschen wollten, könnten wir zum Beispiel die Bevölkerungszahlen, Gesetzgebung und Gerichtsbarkeit, das Erziehungssystem oder das Verhältnis der Staatsausgaben zum Bruttosozialprodukt vergleichen. Doch so viele Korrelationen wir zwischen diesen oder anderen Variablen auch herstellen, das Ergebnis solcher Berechnungen wird niemals so zufriedenstellend sein wie der Rückgriff auf eher immaterielle und kontingente kulturelle Faktoren wie den »Amerikanischen Traum«, die japanische Vorstellung vom »Land der aufgehenden Sonne« oder die praktische Erfahrung der englischen Kolonien. Diese ungreifbaren Faktoren stehen außerhalb des Systems kulturüberspannender Variablen. Der »Amerikanische Traum«, die Vorstellung, daß jedermann fähig sei, sein Glück zu machen, paßt in keine der Kategorien wie »moralische Werte«, »Einstellungen« und »Persönlichkeitsmuster«. Sie verweist auf Eigenschaften, die ausschließlich im Kontext der amerikanischen Geschichte galten, und zeigt, daß die Bürger der Vereinigten Staaten anders leben als andere.

Es ist diese spezifische praktische Erfahrung einer Kultur und nicht eine allgemeine Theorie, die immer wieder herangezogen wird, um das aufgrund der kulturübergreifenden Variablen errechnete Ergebnis zu erklären und mit anderen zu vergleichen. So ist die enge Verknüpfung von persönlicher Unabhängigkeit, Perfektionismus und Existenzangst für die Vereinigten Staaten charakteristisch, weil diese Faktoren aus einer einzigartigen kollektiven praktischen Erfahrung hervorgehen, die über Generationen weitergegeben wurde.

Keiner hat sich so intensiv wie Daniel Bell mit dem diffizilen Problem einer angemessenen Analyse kultureller Einzigartigkeit und sozialen Wandels auseinandergesetzt. In einem 1968 erschienenen Essay, der die schwer faßbare Vorstellung eines Nationalcharakters untersucht, bestimmt Bell fünf Bereiche – Weltanschauung, »Imagos«, Stil, Bewußtsein und Persönlichkeitstypen –, in denen sich der unreduzierbare Einfluß des konkreten historischen Kontextes ausdrücke (1968/1980b, 182). Seiner Ansicht nach sind amerikanische Lebensstile und Reaktionsmuster durch die Imagos Daniel Boone, Huckleberry Finn, Horatio Alger, Charles Lindbergh, Frank Sinatra und Elvis Presley geprägt. Das allgemeine Gefühl, einer Nation anzugehören, wird demnach nicht durch eine begriffliche Schablone, sondern durch herausragende reale oder fiktive Persönlichkeiten vermittelt.

Bells Ansatz ähnelt jenem, den wir oben zur Charakterisierung der Moderne vorgeschlagen haben. Wir begannen damit, Charakteristika zu bestimmen, und entdeckten dann einen zentralen Nexus ihrer Figuration, den wir, Habermas folgend, das Projekt der Moderne genannt haben. Wir waren jedoch so vorsichtig zu betonen, daß zwischen dem Projekt der Moderne und der Figuration der Epoche ein historischer und kontingenter Zusammenhang bestand, ohne daß sie notwendig eine Einheit bildeten. Die zentrale Rolle, die das rationale Projekt in diesem Zusammenhang einnahm, verführt dazu, es als zentralen Bestandteil jeglicher Epochenfiguration anzusehen. Als Bell sich mit der Moderne auseinandersetzte, unterlief ihm genau dieser Irrtum hinsichtlich seines berühmten »axialen Prinzips«.

Laut Bell bestimmen axiale Prinzipien die Struktur einer Figuration. Der Begriff »axial« lädt zu den verschiedensten Assoziationen ein. Er spielt an auf die »Achse«, um die ein Körper rotiert. Er erinnert an Jaspers' »Achsenzeit« (1949), den Zeitraum zwischen 800 und 200 v. Chr., in dem sich alle großen Weltkulturen von ihren Ursprüngen lösten. Er erinnert auch an die »Axiologie«, die philosophische Lehre, die sich mit Werten befaßt. Eine der ersten soziologischen Untersuchungen Bells galt den kollektiven moralischen Werten der griechischen Gesellschaft (1980, 325).

Doch Bell ist sich nicht sicher, welche Art von Figuration sein axiales Prinzip beschreibt. Anfangs glaubte er, es sei die Gesellschaft, später sprach er davon, daß »verschiedene Bereiche jeweils einem anderen ›axialen‹ Prinzip unterliegen, das zum regulierenden oder normativen Standard, zum Rechtfertigungsprinzip für das Handeln in diesen Bereichen wird« (1980, XIV).

Auf diese Weise steht das Prinzip nicht mehr im Kern der Figuration, sondern formt lediglich die Faktoren, die diese charakterisieren. Da die Moderne inzwischen aus einer Vielzahl von Prinzipien besteht (»technische Rationalität« auf wirtschaftlichem, »Gleichheit« auf politischem und »Selbstverwirklichung« auf kulturellem Gebiet), weisen diese offensichtlich potentielle Widersprüche auf und behindern die Integration der Gesellschaft (Bell 1976). Doch daraus wird auch die Existenz unterschiedlicher Zeitebenen ersichtlich. Infolgedessen nimmt Bell seine frühere Formel der »postindustriellen Gesellschaft« (Bell 1973) zurück und erklärt, daß er besser von Postindustrialismus gesprochen hätte, da dieses Phänomen nur einen Bereich der Gesellschaft betreffe (1980,

XV). Weil aber jeder Bereich sich in einem anderen Rhythmus verändere, werde das Maß ihrer Integration in verschiedenen Zeitabschnitten variieren. Demnach sei weder eine historische Periodisierung ohne weiteres möglich, noch gebe es ein singuläres gesellschaftliches Ordnungsprinzip.

Ein Gelehrter, der so tiefgründig und produktiv ist wie Bell, wird seinen Standpunkt in einer für ihn grundlegenden Frage in einem fortgeschrittenen Stadium seiner Arbeit kaum wegen einer Kleinigkeit ändern. Wir sehen daran, wie leicht man bei der Untersuchung der Eigenschaften einer Figuration von der Betrachtung kultureller oder nationaler Einheiten zur Frage der zeitlichen Grenzen eines historischen Abschnitts gelangen kann.

Max Weber sah darin ebenfalls ein Kernproblem. Auch er wollte die fundamentalen Bereiche der modernen Gesellschaft mit den von ihm unterschiedenen Wertebereichen gleichsetzen und sprach davon, daß ihnen eine bestimmte Logik zugrunde liege, die er in transzendentalen Prinzipien zu verankern suchte. Doch er berücksichtigte zwei weitere Gesichtspunkte, die es ihm erlaubten, den Begriff des Prinzips weiter zu fassen. Erstens erkannte er ausdrücklich an, daß Prinzipien von Menschen in die Tat umgesetzt werden, die sich aufgrund irrationaler Glaubensüberzeugungen an sie gebunden fühlen. Zweitens ging er davon aus, daß solche Überzeugungen die Folge von praktischer Erfahrung und historischen Ereignissen (wie etwa der Reformation) sind, die dauerhafte Bande zwischen Menschen konstituieren.

Wir stoßen hier auf einen grundlegenden Widerspruch: die Logik der axialen Prinzipien, um die sich verschiedene Lebensbereiche herausbilden, im Gegensatz zur praktischen Erfahrung, die den Bereich schafft, in dem das Prinzip gilt. Gleichzeitig besteht die praktische Erfahrung aus mehr als nur Prinzipien, und unter diesem Aspekt ist Bells Argumentation (die sich kurz darauf der Postmoderne zuwendet) in ihrer Konzentration auf die zentrale Rolle von Prinzipien zutiefst modern und führt zu einer verzerrten Darstellung anderer Kulturen und neuer historischer Abschnitte.[8]

8 Krishan Kumar (1978, 237) hat auf die Unstimmigkeit hingewiesen, daß Bell eine neue Epoche gerade aus den Begriffen abzuleiten sucht, mit denen die moderne Gesellschaftstheorie die Moderne interpretiert.

Um die unveränderlichen Unterschiede zwischen Kulturen oder Zeitabschnitten darzustellen, sollten wir vielmehr auf Bells frühere Darstellung der Nationalcharaktere zurückgreifen, die auf konkreten Bildern aus der Geschichte einer Nation beruht und den Rückzug auf Prinzipien unmöglich macht. Es ist eine historische Tatsache, daß die Grenze des Wilden Westens eine ganze Reihe von Verhaltensweisen formte, die im amerikanischen Leben bis heute wirksam sind, daß Geist und Macht in Paris über Jahrhunderte hinweg eine einzigartige Allianz eingegangen sind, daß im islamischen Alltag Schriftgelehrte schon immer eine bestimmende Rolle spielten und daß selbst Mao und seine Roten Garden den Einfluß konfuzianischen Gedankenguts in der chinesischen Kultur nicht verringern konnten.

Wenn wir den formenden Einfluß der praktischen Erfahrung der Geschichte auf eine bestimmte Kultur anerkennen, können wir damit beginnen, das Wesen des epochalen Wandels zu erforschen. Dieser ist, worauf er auch basieren mag, immer auch ein kultureller Wandel. Denn wenn wir anerkennen, daß die historische praktische Erfahrung für die Unterschiede zwischen den Kulturen von Bedeutung ist, müssen wir ebenfalls zulassen, daß sie zur Erklärung von zeitlichen Brüchen, Lücken und Verschiebungen herangezogen werden kann, und folglich sind Epochenübergänge und kulturelle Grenzen äquivalente Phänomene.

Natürlich gibt es eine entscheidende Differenz. Wie wir oben gesagt haben, werden die Grenzen zwischen Kulturen aus pragmatischen Erwägungen errichtet und durch Macht aufrechterhalten. Die Unterteilungen zwischen Epochen dagegen beruhen auf einer Faktizität, die sogar noch mächtiger ist als die Politik. Sie beruhen auf der Tatsache der Sterblichkeit. Es ist eine ungeklärte Frage, ob die Nation oder die Generation stärkere strukturelle Barrieren zwischen Menschen darstellt. Die jüngere Generation ist in der globalisierten Welt vermutlich eher in der Lage, auf Fremde zuzugehen. Das allein ist vielleicht schon ein Anzeichen der neuen Epoche.

5.3 Faktizität statt Pessimismus

Wir müssen dem Pessimismus der Intellektuellen entkommen und eine Epoche für alle Menschen anschaulich machen

Die Verkündigung des Endes der Moderne ist an sich nichts Neues. Sie fand oft genug und auf verschiedene Weise statt (vgl. Nietzsche, Spengler, Toynbee, Bell, Lyotard, Vattimo).[9] Aber das herannahende Ende wurde in aller Regel unter den Vorzeichen des Niedergangs, des Nichts oder des Chaos betrachtet. »Nach uns die Sintflut«, aber nichts Klares, lediglich Ahnungen von Hoffnungslosigkeit und Zerstörung.

Wenn man bedenkt, was unter dem Zeitalter der Moderne verstanden wurde, ist das nicht weiter überraschend. Wenn ein Phänomen als das Neue, Expandierende, Rationale und Zukunftsweisende schlechthin verstanden wird und man diesem Phänomen dann jede Zukunft abspricht, nimmt es nicht wunder, wenn man sich als Alternativen bestenfalls Enttäuschung, schlimmstenfalls Katastrophen vorstellen kann. Lyotard meint in seinem Buch über das »postmoderne Wissen« (1986), daß es für die »Große Erzählung« der Moderne, ganz zu schweigen von der einer nachfolgenden Epoche, keinerlei theoretische Grundlage gebe.

Dieser endzeitliche Pessimismus hat komplexe Ursachen. Er rührt aber zum großen Teil daher, daß ausgerechnet eine der wichtigsten Repräsentantengruppen der Epoche deren Ende verkündet, die Intellektuellen nämlich, die sich auch dann noch in hohem Maße mit der Moderne identifizieren, wenn sie ihren Niedergang schildern.[10] Sie entwerfen ihr Bild von der Moderne nach ihrer Auffassung von Rationalität und nicht nach der praktischen Erfahrung der meisten Menschen.

Anders als beim Epochenende ist die Beschäftigung mit einem Epochenbeginn am ehesten von der empirischen Soziologie und der Geschichte zu erwarten, den am wenigsten intellektuell ausge-

---

9 Nietzsche 1878/1910, Spengler 1918-1922, Toynbee 1939-1961, Bell 1973, Lyotard 1979, Vattimo 1988. Einen exzellenten Überblick über Konzepte der Postmoderne und des Postindustrialismus gibt Margaret Rose (1991).

10 Vgl. etwa Benjamin Barber (1992), der sich auf typisch moderne Weise um die Zukunft der Demokratie sorgt, indem er »Tribalismus und Globalismus« als »axiale Prinzipien« der Gegenwart bezeichnet.

richteten akademischen Disziplinen, die ursprünglich nicht dazu prädestiniert waren, sich mit dergleichen zu befassen. Die besten Historiker gründen die Geschichtsschreibung nicht auf außerhalb der Geschichte liegende Konzepte, sondern auf die Faktizität der Ereignisse, die sich eben genau so abgespielt haben. Die daraus resultierende Erzählung ist eine »große« lediglich insofern, als sie den weiten Horizont, die Tiefe und die menschlichen Aspekte des geschilderten Zeitraums reflektiert. Eine Epoche ist die sich mit der Zeit verändernde Landschaft einer Kultur, in der sich grundlegende Merkmale herausbilden, überdauern und untergehen. Und eine gute empirische Soziologie erfaßt auch das Lebensgefühl der Menschen.[11]

Der Wandel im persönlichen Umfeld eines Individuums irgendwo in der Welt von heute kann auf weltweite Prozesse zurückgeführt werden. Der Globus ist als Bezugspunkt für diese Prozesse von derart zentraler Bedeutung, daß wir sie in der Regel unter dem Begriff Globalisierung zusammenfassen können. Die Erkenntnis der Interdependenz dieser Entwicklungen ist der letzte Schritt im Übergang zum Globalen Zeitalter.

Die Globalisierung eröffnet nicht deshalb eine neue Epoche, weil sie die axialen Ideen der Moderne in Frage stellt. Eher schon bedeutet sie die Auflösung all jener Umstände, unter denen axiale Ideen überhaupt eine zentrale Rolle spielen konnten. Die Globalisierung untergräbt die Annahme, daß der Nationalstaat einen dominanten Bedeutungsrahmen für seine Bürger schaffen könne, daß fortschreitende Rationalisierung fortschreitende Herrschaft über die Natur bedeute und daß die westliche Rationalität eine immanente Überlegenheit besitze. Sie verweist auf die materielle Begrenztheit des Globus und der globalen Ressourcen und erzeugt gleichzeitig eine neue Vielfalt sozialer Beziehungen. Sie ersetzt universalistische Ideen durch materielle Globalität. Mit anderen Worten: Der globale Wandel stellt eine neue Figuration menschlicher Aktivitäten und Lebensbedingungen her.

Eine Schilderung des Übergangs ins Globale Zeitalter basiert auf der Wirklichkeit, die selbstverständlich eine gesellschaftlich kon-

---

11 C. Wright Mills vereinte Soziologie und Geschichte, indem er darauf hinwies, daß jede Soziologie, die diesen Namen verdiene, immer auch historische Soziologie sei (1956, 146).

struierte Wirklichkeit ist, deren unzählbare soziale Transaktionen in ihrer kollektiven Auswirkung jedoch ebenso real und gegenwärtig wie die Opfer des Atombombenabwurfs auf Hiroshima sind. Die Globalisierung ist ein empirischer Prozeß. Als solcher ist sie eine Transformation, der man nicht dadurch entkommen kann, daß man sie einfach als eine weitere Erzählung abtut. Die Grundlage für die Geschichtsschreibung des Globalen Zeitalters liegt in seiner sozialen Faktizität.

5.4 Nach der Globalisierung

Wie wir anhand unseres Sinns für Geschichte feststellen, daß der globale Wandel nicht das Ende der Entwicklung ist

Eine Klärung unserer Terminologie, also der Begriffe global, Globalität, Globalismus und Globalisierung, ist nicht mehr als intellektuelle Routine. Mit ihrer Hilfe können wir jedoch den historizistischen Irrtum vermeiden, die Gegenwart stets als Kulminationspunkt der Vergangenheit zu betrachten. Jede Gegenwart basiert vielmehr auf einer kollektiven praktischen Erfahrung, die wir nur ungenau verstehen, und ist das jederzeit offene Produkt der Auseinandersetzung des Menschen mit einer Welt, die er nur teilweise verändern kann. Eine solche gemäßigte, begrenzte Einstellung, die mancher vielleicht sogar als eine negative bezeichnen würde, ist notwendig für die Darstellung der Gegenwart und der Vergangenheit. Denn sie ermöglicht uns, sowohl Brüche, Veränderungen und Neuanfänge als auch Kontinuitäten und Wiederholungen zu verzeichnen.

Eine überaus positive Folge dieser Einstellung ist es, daß wir auf die Möglichkeit des Anbruchs einer neuen Epoche in der Gegenwart vorbereitet sind, ohne diesen jedoch vorauszusetzen. Diese Haltung führt mich zu der Behauptung, daß das Globale Zeitalter begonnen hat.

Wir können jetzt noch nicht im Detail aufzählen, welcher umfassende Wandel mit ihm verbunden ist. Dazu müßten wir jeden einzelnen Lebensbereich, jede Institution und sämtliche Kulturen untersuchen. Am besten wählen wir einige spezielle Bereiche aus, in denen das »Globale« anstelle des Modernen die Epoche charakterisieren könnte.

Wir bekommen eine Vorstellung davon, wenn wir das Wort »modern« durch das Wort »global« ersetzen. Der Begriff »globale Wissenschaft« läßt an das undeterminierte Universum der Chaostheorie und an das weltweit betriebene Projekt der Erforschung des menschlichen Genoms denken. In der »globalen Ökonomie« wird das wirtschaftliche Wachstum nicht mehr an nationalen Bruttosozialprodukten und Zahlungsbilanzen, sondern am weltweiten Vergleich des Lebensstandards in realen Kategorien gemessen. Die »globale Kunst« konzentriert sich nicht mehr auf die Erforschung der Grenzen des künstlerischen Ausdrucks, sondern auf Archetypen und universell verständliche Bilder.

In jedem dieser Bereiche bedeutet, wie wir alle wissen, der Begriff »modern« lediglich noch »gegenwärtig« und ist daher paradoxerweise überhaupt nicht in der Lage, den Wandel zu erfassen, der in diesen Bereichen stattfindet. Gleichzeitig wird, indem wir das »Globale« in den Mittelpunkt unserer Schilderung rücken, eine Lücke gefüllt, die seit langem zwischen unseren Darstellungen und unserer praktischen Erfahrung der Moderne klafft. Etwas Materielles tritt an die Stelle einer Abstraktion. Das Gefühl, in einer abstrakten Gesellschaft zu leben, hat ein Ende. Zudem handelt es sich nicht um irgendeine Materialität, sondern um eine bestimmte, konkrete Materialität.

Wenn wir von einem Globalen Zeitalter sprechen, werfen wir drei Jahrhunderte geltende Annahmen über den Verlauf der Geschichte über Bord. Wir betrachten die Globalisierung dann nicht mehr als ein neues Stadium der Moderne, als eine »-isierung«, die einen Höhepunkt gewisser moderner Entwicklungen darstellt, sondern als eine Phase, in der das Globale allmählich in unser Leben tritt und ein konstitutiver Faktor potentiell jedes Bereichs, jeder Sphäre und Institution wird. Paradoxerweise beginnt deshalb die »Globalisierung« als umfassender historischer Prozeß im Globalen Zeitalter bereits an Bedeutung zu verlieren. Der Globus ist ein alltäglicher Bezugspunkt geworden. Die Umwälzungen haben die Globalität ins tägliche Leben getragen, ohne daß sie deshalb den künftigen Verlauf der Ereignisse determinieren. Es können sich die unterschiedlichsten Trends ausbreiten, die vielleicht überhaupt nicht auf die Globalisierung zurückführbar sind. Es besteht sogar die Möglichkeit einer Entglobalisierung.

Wer früher zu dem Begriff Globalisierung Zuflucht nahm, versuchte damit in der Regel, die Veränderungen der Gegenwart in den vertrauten Rahmen moderner Konzepte einzufügen. Die Verfechter der Postmoderne hegten zu Recht diesen Verdacht. Aber sie selbst haben gar nicht erst den Versuch unternommen, eine neue Epoche anders als mit modernen Begriffen zu schildern. Mit anderen Worten: Die diffuse Ahnung des kommenden neuen Zeitalters existiert, doch die Überzeugung fehlt, daß irgend etwas an die Stelle des alten treten könnte. Ein Wechsel ist nötig, den man ohne Übertreibung mit einem Glaubenswechsel vergleichen kann.

Wenn Propheten und Visionäre von einem neuen Zeitalter sprechen, berufen sie sich auf etwas, das außerhalb der normalen praktischen Erfahrung liegt, und beziehen sich auf über- oder unterirdische Mächte. Historiker und Sozialwissenschaftler, die über ein neues Zeitalter nachdenken, sprechen ebenfalls von einem Bruch mit dem Weltlichen und Alltäglichen. Wissenschaftler und Prophet unterscheiden sich folglich nicht in dem, was sie sehen oder erleben. Sie sind Zeitgenossen und haben dieselben Intuitionen. Nur gehen sie mit diesen vollkommen unterschiedlich um. Der Prophet versucht, sich zum Sprachrohr der die Zeit dominierenden Kräfte zu machen. Der Wissenschaftler sucht nach einem distanzierteren Standpunkt, um diese mächtigen Kräfte zu beherrschen oder wenigstens die Menschen vor ihnen zu schützen. Doch die neue Epoche stellt alle alten Annahmen der Moderne in Frage. Sogar die Grenze zwischen Wissenschaftler und Prophet verschwimmt. Das wiederauflebende Interesse an Nietzsche ist symptomatisch dafür. Er erkannte die Krise der Moderne und zeichnete die Postmoderne vor. Aber weder er noch sonstjemand konnte die Gestalt des Globalen Zeitalters voraussehen, bevor es angebrochen war. Selbst jetzt fällt uns das noch schwer. Ein alles überwölbender Baldachin entgeht der Aufmerksamkeit nur allzu leicht. Wenn wir ihn doch sehen, ordnen die überkommenen Wahrnehmungsmuster, die in unserem Fall aus der Moderne stammen, die neue praktische Erfahrung dem Bekannten unter. Die Begrenzungen eines Textes wie des vorliegenden, der sich bewußt an einer konventionellen Darstellungsform orientiert, reduzieren bereits die Möglichkeit, dem Leser etwas radikal Neues vorzustellen.

Die originellsten Denker haben sich entschlossen, solche Begrenzungen zu durchbrechen. McLuhan überwand die Kluft zwischen Wissenschaft und Prophezeiung, indem er ein halb seherisches, halb wissenschaftliches Genre wählte und folglich mit den akademischen Konventionen brach. Er wollte zeigen, daß die neue Epoche sowohl das Medium als auch die Darstellungsweise relativiere.[12] Wir können daher nicht ausschließen, daß das Schreiben über die neue Epoche in einem Stil, der einer älteren entstammt, rückwärtsgerichtet ist und dadurch notwendigerweise den Kontakt mit den gegenwärtigen Veränderungen verliert.

Daraus ergeben sich zwei Folgerungen. Die erste hat mit den Prämissen zu tun, die über die zu Ende gegangene Epoche hinaus zu gelten scheinen. Dieses Buch untersucht die Möglichkeiten einer Geschichte des neuen Zeitalters, indem es gleichermaßen auf vormoderne, nichtwestliche und moderne Vorstellungen zurückgreift. Es kommt nicht so sehr darauf an, ob sie universell sind – dafür ändern sie sich zu sehr –, doch ihr Anspruch auf universelle Geltung bedeutet praktisch, daß jede Epoche irgendwie mit ihnen zu tun bekommt. Darum die Auseinandersetzung mit Staat und Gesellschaft im vorletzten Kapitel.

Der zweite Punkt ist, daß eine aufmerksame, konkrete und tiefgreifende Darstellung der neuen Epoche ein vortheoretisches wie theoretische Aussagen überschreitendes, intuitives Erfassen ihres Kerns ermöglichen kann. In den Werken Montaignes und Ibn Chalduns stoßen wir auf ein solches vortheoretisches Erfassen von Zeit und Ort, das über die Epochen hinweg zu uns spricht. Beide beschäftigten sich mit den grundlegenden Bedingungen menschlichen Lebens, den Gewohnheiten, dem Lebenslauf, dem Sinn von Leben und Tod. Wir können sie uns als Leitfiguren vor Augen halten, auch wenn wir nicht hoffen dürfen, es ihnen gleichzutun.

Jedenfalls haben wir nicht vor, die neue Epoche in das Säurebad der modernen Theorie mit ihrem Funktionalismus, ihren Systemen, rationalen Erwartungen und sozialen Handlungstheorien zu

---

12 McLuhan berief sich auf William Blakes Gedicht *Jerusalem*, um zu rechtfertigen, daß er sich in seinem Buch *Die Gutenberg-Galaxis* an einem »mosaikartigen Wahrnehmungs- und Beobachtungsmuster« orientierte (1995, 327).

tauchen und darauf zu warten, daß ihre Eigenschaften in klarem und scharfem Relief hervortreten. Wir können sie uns eher als Muster von Einzelheiten und Deutungsmustern vergegenwärtigen, das uns angesichts der weiten Verbreitung dieser Erfahrungen verdeutlicht, daß wir vor etwas Neuem in der Geschichte stehen.

5.5 Das Ende des totalisierenden Diskurses

Wie die Globalität die unvermeidliche Unvollständigkeit von Weltdeutungen aufzeigt

Unser Ziel ist es, den Charakter einer Epoche darzustellen, ohne ihn aus einem einzelnen Prinzip oder auch einem Bündel von Prinzipien abzuleiten. Wir wollen untersuchen, welche Verbindungen zwischen den Eigenschaften einer Epoche bestehen, ohne deren Zusammenhang von vornherein zu unterstellen.

Zuweilen geht man in der Globalisierungsdiskussion von einer größeren Verflechtung der Welt aus, ohne diese näher zu beschreiben. Es gibt jedoch viele Arten von Verflechtungen:
– die biologische Verwandtschaft der Menschen,
– die Fähigkeit aller Menschen, sich durch Symbole zu verständigen,
– die Wasserstraßen der Welt, die von jeher potentielle Verkehrswege darstellen,
– das weltweite Netzwerk wirtschaftlichen Austauschs, das seit mehreren hundert Jahren existiert, und
– das aus Netzwerken bestehende Netzwerk der zwischenmenschlichen Kontakte, an dem die ganze Menschheit teilnimmt.

Aufgrund dieser Faktoren war es stets möglich, von Menschheit und menschlicher Gesellschaft zu sprechen. Verbindungen innerhalb dieser bestanden immer, doch Globalität bedeutet mehr. Sie beinhaltet eine neue Art von Verflechtung, als deren Folge ein Ereignis ähnliche Auswirkungen überall auf der Erde hat, Nachrichten unabhängig von Entfernungen empfangen und beantwortet werden können, überall auf der Welt die gleichen Produkte und Dienstleistungen erhältlich sind und Bilder und Zeichen weltweit verstanden werden.

Diese Verflechtungen umspannen die Gesamtheit des Globus. Folglich wird der Globus zentral in die Überlegungen von öffentlichen Bediensteten, Managern multinationaler Konzerne, Analysten, Propheten, Gurus und Basisaktivisten einbezogen. Aber auch viele gewöhnliche Menschen versuchen, sich in der sich verändernden Welt zu orientieren, globalistische Wertvorstellungen umzusetzen und die von der Globalität freigesetzten Kräfte auszunutzen und zu kontrollieren.

Andererseits haben sich bisher existierende Verbindungen vielerorts aufgelöst. Wo einst Felder und Straßen waren, trennen nun Highways die Nachbarn voneinander. Diese wiederum stammen nicht mehr aus derselben Gesellschaftsschicht, oft nicht einmal aus demselben Land. Die eine Generation kann die Musik der anderen nicht ausstehen. Die Nacht wird vom Tag getrennt, weil es nachts auf der Straße zu gefährlich ist. All dies charakterisiert den Alltag von Gemeinschaften an einem Ort.

Nichtsdestotrotz bedeutet eine deutliche Zunahme globaler Verflechtungen nicht notwendigerweise einen entsprechenden Niedergang des lokalen Zusammenhangs. Dafür sind zwei Dinge ausschlaggebend. Erstens kann die Globalität auf viele verschiedene Weisen eine lokale Komponente erhalten, etwa in Gemeinschaften mit globalistischen Wertvorstellungen oder in Fabriken, die für transnationale Firmen produzieren, oder in speziellen Zweigen der globalen Arbeitsteilung. Zweitens kann sich lokales Handeln auch am Widerstand gegen die Globalität entzünden. Es ist voreilig, Trends wie den »Niedergang der Gemeinschaft« zu postulieren oder die Existenz von Entitäten wie der Gemeinschaft zu unterstellen. Die Globalität läßt die Untersuchungskategorien fragwürdig werden, die lange Zeit eine zentrale Stellung in der wissenschaftlichen Sozialforschung eingenommen haben.

Eines der Hauptmerkmale der überkommenen modernen Theorie war ihre Absicht, umfassende begriffliche Schemata zu entwikkeln, die die Totalität eines Phänomens erfassen und jede Ambiguität oder Inkongruenz verhindern sollten. Totalisierende Theorien waren das Gegenstück zur behaupteten Notwendigkeit strenger sozialer Kontrolle. Das gilt gleichermaßen für ihre funktionalistischen wie marxistischen Spielarten.

Der auf Totalität ausgerichtete Diskurs ordnete die Nation, die

Gemeinschaft, den Staat, die Kultur, die Familie und vor allem die Gesellschaft diesem Zweck unter. So wurde die nationalstaatliche Gesellschaft der Rahmen, in dem der Mensch aufzuwachsen, seine Identität, seine Ziele und seinen Lebenssinn zu finden hatte. Andere institutionelle Bereiche wie die Wirtschaft, die Politik und die Religion sollten die Kontinuität der Gesellschaft wahren und individuelle Bedürfnisse formen und befriedigen.

Der Totalisierungsdiskurs arbeitete vor allem mit dem Begriff des Systems, mit dessen Hilfe die nationalstaatliche Gesellschaft mit anderen Systemen verglichen und oft sogar gleichgesetzt werden konnte. Berühmt wurde vor allem Parsons' »soziales System« (1951), das gut zum Allmachtstreben des Staates paßte. Als Habermas (1981a) dann den Systembegriff über den Rahmen des Nationalstaats hinaus erweiterte und dem System die Lebenswelt gegenüberstellte, sprach er von einem System, das sich der menschlichen Kontrolle entzog. Auf diese Weise minimierte er den Unterschied zwischen einem Wirtschaftssystem, das unpersönlichen Marktkräften gehorcht, und einem Umwelt- oder Biosystem. Aber er stellte zugleich die Autonomie des Sozialen teilweise wieder her, auch wenn er dessen Reichweite zu stark eingrenzte.

Der Versuch, die menschliche Gesellschaft jetzt wieder in ein System zu pressen, um der Realität des Globalen Zeitalters Rechnung zu tragen, ist zweifellos der falsche Weg. Jede Systemtheorie setzt voraus, daß bekannt ist, woraus sich das System konstituiert und wie seine Umwelt aussieht. Um die nationalstaatliche Gesellschaft als Untersuchungskategorie beibehalten zu können, mußte Parsons die Gesellschaften anderer Staaten und die materielle Welt in die Kategorie Umwelt einordnen. Das war schon in den fünfziger Jahren eine willkürliche Trennung. Nationalstaatliche Gesellschaften existieren im Umfeld anderer Gesellschaften, mit denen sie interagieren und in ständigem Austausch stehen. Dies wird in der Theorie der internationalen Beziehungen als selbstverständlich vorausgesetzt, doch es gilt auch für Phänomene, die sich staatlicher Kontrolle entziehen: das Geld, die Information, die Wissenschaft, das Verkehrswesen, die Technik und die Justiz. Der Zusammenbruch des sowjetischen Systems macht unmißverständlich deutlich, was passiert, wenn der Machtanspruch des Staates ohne Rücksicht auf die damit verbundenen Risiken durchgesetzt wird.

Mit anderen Worten: Der totalisierende Diskurs war ein Symptom des übertriebenen Machtanspruchs des Nationalstaats.

5.6 Die befreiten Vergesellschaftungsformen

*Wie die Globalität die Grenzen geschlossener sozialer Systeme
aufbricht und die unbehinderten Vergesellschaftungsformen
der Weltgesellschaft schafft*

Außer der Vernachlässigung des Transnationalen wies die Systemtheorie einen weiteren gravierenden Fehler auf. Trotz aller Bemühungen, das System nicht in Menschen, sondern in Rollen und Institutionen zu verorten, hat das Soziale seine Basis per se in den Menschen. In ihrer Eigenschaft als soziale Wesen ließen sie sich durch die physischen und geistigen, inneren und äußeren Grenzen des Staates nicht einschränken.

Selbst wenn man, um den Systembegriff zu retten, den Nationalstaat als ein mit einem globalen System von Institutionen verbundenes Subsystem darstellt, muß dieses aufgrund der Unbeständigkeit und Kreativität der menschlichen Vergesellschaftungsformen notwendig instabil sein. Dies gilt für jedes Subsystem und jedes globale System, an dem Menschen teilhaben. Diese können die Rahmenbedingungen und die Trennung von System und Umwelt jederzeit aufheben, besonders dann, wenn diese Umwelt auch andere soziale Einheiten umfaßt.

Wenn wir zwei Gesellschaften oder miteinander verbundene Gruppen in einer aus solchen Einheiten bestehenden Welt betrachten, wird deutlich, daß das Resultat ihrer Interaktion vollkommen offen ist:

1) Austausch über die bestehenden Grenzen hinweg
2) Spezialisierung in gegenseitiger Abstimmung
3) Gegenseitige Schwächung durch Konflikte
4) Absorption
5) Fusion
6) Zunehmende Angleichung
7) Herausbildung neuer Gruppen

Die Aufzählung ist nicht erschöpfend und könnte das auch

kaum sein, weil wir diese Möglichkeiten nicht aus der Logik eines Systems, sondern aus den bekannten Eigenschaften von Menschen und ihrer Fähigkeit ableiten, soziale Beziehungen zu gestalten und umzuformen. Der globale Wandel sorgt lediglich für neue Freiheiten und Anwendungsgebiete für die Ausübung dieser Fähigkeiten.

Sicherlich beruhen die Interaktionen der Gegenwart auf globalen Medien wie Geld, Verkehr, Telekommunikation, Wissenschaft, Informationstechnologie und Gesetzen, die allesamt von der transnationalen Realität profitieren. Es ist daher verlockend, sie als Teile eines globalen Systems zu betrachten. Aber die klassische Darstellung der Gesamtentwicklung dieser Institutionen ist nach wie vor Max Webers Rationalisierungsprozeß, und Weber stand sowohl einer Vergegenständlichung des Gesellschaftsbegriffs als auch funktionalistischen Erklärungsmustern eher ablehnend gegenüber. Nach Weber sind die institutionellen Bereiche nicht in ein System integriert, und ihre Rationalität entwickelt sich durch neue Praktiken sowie aufgrund historischer Krisen. Zudem wird der Rationalisierungsprozeß von einer entsprechend umfassenden Irrationalisierung begleitet, eine Tatsache, die Kritiker oft vergessen. Auch Wallerstein (1974-1989) kann in seiner Schilderung der historischen Expansion des Kapitalismus, der durch den ständigen Austausch zwischen Zentrum, Peripherie und Semiperipherie allmählich ein weltumspannendes System wird, historische Entwicklungen mit der Hilfe des Systembegriffs paradoxerweise lediglich bis zu dem Punkt adäquat verfolgen, an dem der Kapitalismus die ganze Welt durchdrungen hat. Von diesem Punkt an verliert das System jeden Zusammenhalt. Der Kapitalismus kann sich nun nicht mehr durch die Aufnahme neuer Länder und Erwerbszweige selbst reproduzieren und zerbricht statt dessen in eine Vielfalt unterschiedlicher Strategien von Produktion, Kapitalakkumulation und Schaffung neuer Bedürfnisse. Das Resultat haben Lash und Urry (1987) als »desorganisierten Kapitalismus« bezeichnet.

Wenn wir nun von »Weltgesellschaft« oder »globaler Gesellschaft« sprechen, so nicht deshalb, weil diese Begriffe ein weltweites oder globales System bezeichnen würden.[13] Gesellschaft und

13 Dem Leser wird kaum entgangen sein, daß die Begriffe »menschliche Gesellschaft«, »Weltgesellschaft« und »globale Gesellschaft« abwechselnd im Text auftauchen. Sie

System widersprachen einander noch nie so heftig wie heute.[14] Es gibt gewiß Institutionen und Systeme, die auf globaler Ebene operieren (Sklair 1991).[15] Wir könnten solche Institutionen, transnationale Firmen, globale Finanzinstitutionen oder die Vereinten Nationen, einem globalen System zuordnen. Sie sind aber aus einem langen Prozeß grenzüberschreitender und internationaler Transaktionen hervorgegangen, in dem oft erst die sich entfaltende Globalität dem eine feste Form gegeben hat, was sich ohne sie womöglich als äußerst vergängliche Konstellation erwiesen hätte, oder sie hat eine Krisensituation einer Tendenz herbeigeführt und beschleunigt, die sich andernfalls ungehindert ausgebreitet hätte. Daher reflektiert auch die Mitgliederliste des Sicherheitsrates der Vereinten Nationen eine historisch gewordene Ansammlung militärischer Macht. Das Ende des Kalten Krieges beraubt sie ihrer geschichtlichen Grundlage, der Aufteilung der Welt unter die Weltmächte, wie sie 1945 beschlossen wurde.

bedeuten nicht dasselbe. Der Begriff »menschliche Gesellschaft« ist ein Abstraktum für Formen zwischenmenschlicher Beziehung. »Weltgesellschaft« meint die Gesamtheit solcher Beziehungen auf der Erde. Die »globale Gesellschaft« wiederum ist eine spezielle Figuration der menschlichen Gesellschaft, in der der globale Horizont ein Aspekt der sozialen Kontrolle und der Schichtenbildung ist. Die nationalstaatliche Gesellschaft befindet sich in einem je unterschiedlichen Spannungsverhältnis mit jeder dieser Gesellschaften.

14 Barrie Axford (1995) hat versucht, die Idee des Systems in einer interdisziplinären Annäherung an die Globalisierung beizubehalten; doch das ist nur möglich, indem er sie gleichzeitig »den interpretierenden Praktiken von Handelnden« des Systems unterwirft, die so die Bedingungen für ihre Existenz neu schaffen (S. 219). Vorausgesetzt, daß er zu Recht auf die immanente Offenheit globaler Zukünfte verweist, bleibt nicht mehr viel Raum für die Systemidee. Der Begriff »System« ist dann lediglich ein Etikett, unter dem man mehrere verschiedene Dinge zusammenfassen kann. Insoweit scheint es möglich, daß seine Funktion in der Praxis der meines Begriffes »Figuration« ähneln könnte. Das Problem ist, daß es nahezu unmöglich ist, den Begriff »System« in dieser verwässerten Bedeutung zu verwenden, um so mehr, wenn man seine überkommene theoretische Befrachtung berücksichtigt, sowohl die marxistische als auch die nichtmarxistische.

15 Leslie Sklairs »globales System« ist ein globaler Kapitalismus, und insoweit seine Untersuchung dessen systemische Elemente offenbart, ist seine Terminologie berechtigt. Doch die in den globalen Kapitalismus einbezogenen Klassen sind, wie er zu Recht sagt, »nicht einfach Eigentum des Systems, denn sie verkörpern ihre jeweils eigene Geschichte, Kultur und Praxis, und sie können die Entwicklungsstrategien des globalen Kapitalismus für ihre eigenen Zwecke nutzen und sogar gelegentlich diejenigen herausfordern, die innerhalb des Systems die zentrale Macht ausüben« (1991, 238 f.). Also folgert er, die Geschichte »habe kaum begonnen«. Der Verweis auf die Geschichte und die offenen Vergesellschaftungsformen illustrieren exakt die Begrenzungen des Systembegriffs.

In dem Augenblick, in dem der Kapitalismus schließlich global wurde und von keiner einzelnen Nation mehr kontrolliert werden konnte, befand sich das mächtigste Bankenzentrum der Welt in Tokio, die wichtigste Aktienbörse in New York und der bedeutendste Devisenmarkt in London. Durch eine einzigartige historische Entwicklung sind diese drei Zentren nun globale Städte (Sassen 1991) geworden, deren Zukunft nicht mehr in erster Linie auf der Logik des kapitalistischen Systems beruht, sondern von einer ganzen Reihe von Kräften, einschließlich des Nationalismus, abhängt.

Wenn wir das Globale Zeitalter beschreiben, müssen wir Institutionen berücksichtigen, deren Reichweite und Wirkung global ist, die aber in ihrer Form und Zielsetzung auf keine Weise integriert sind. Sie beruhen auf Figurationen aus Menschen, Praktiken und Kräften, die im globalen Rahmen zusammenkommen und wieder auseinandergehen. Auch sind diese Menschen weder durch ihre Geschichte noch durch ihre Praktiken auf die Globalität vorbereitet, denn ihre praktische Erfahrung stammt aus dem inhärent expansiven Projekt des modernen Nationalstaats.

In dem Maße, in dem sie die nationalen Fesseln abstreifen, verlieren diese Institutionen die vorantreibende und zentralisierende Kraft des Nationalstaats. Entkoppelung ist das Schlagwort, das nun die Beziehungen zwischen den sich verändernden Bereichen Staat und Religion, Staat und Wirtschaft, Wirtschaft und Politik charakterisiert. Auf der anderen Seite sind diese grenzenlosen institutionellen Kolosse mit einer nicht mehr an nationale Grenzen gebundenen Form der Vergesellschaftung konfrontiert. Der Diskurs des Globalen Zeitalters kann nicht mehr von einem Gesellschaftsbegriff ausgehen, der einen allumfassenden Rahmen für Theorie und Praxis liefert. Die Weltgesellschaft, die Summe menschlicher Interaktionen, hat gegenwärtig eine solche Form angenommen, daß sie sich in der Zukunft mit unsicheren und unklaren Organisationsformen abfinden muß, während ihre Theorie immer noch in den Beschränkungen der Moderne befangen ist. Es ist unklar, inwiefern die Weltgesellschaft von einer sich herausbildenden globalen Gesellschaft geprägt wird oder wie weit eine solche Gesellschaft ihren Einfluß auf die Welt ausdehnen könnte. Das soll nicht heißen, daß wir die Begriffe Staat und Gesellschaft über Bord werfen, sondern eher, daß wir ihre Empirie noch extensiver und ihre Theorie noch grundlegender erforschen müssen.

Die Weltgesellschaft ist heute sowohl weniger als auch mehr als die nationalstaatlichen Gesellschaften. Sie hat weder die Zielgerichtetheit noch die Macht, die diesen in ihrer Blüte eignete. Aber sie besitzt die Dynamik uneingeschränkter Vergesellschaftungsformen. Aus genau diesem Grund ist die Globalisierung zum Schreckgespenst der nationalen Regierungen geworden.[16]

5.7 Intellektuelle Arbeit für das Globale Zeitalter

*Warum sich jede Theorie in der Zeit »bewähren« muß
und wir die Patina der modernen ebenso wie die Relevanz
der nichtmodernen Theorie anerkennen müssen*

Niemand hat größere Schwierigkeiten damit, das Wesen des Globalen Zeitalters zu erfassen, als westliche Intellektuelle, und sei es auch nur, weil sie sowohl die Neuzeit als auch deren Auflösung als ein Resultat ihrer Ideen definiert haben. Doch geschichtliche Epochen sind ebensowenig Produkte des Denkens, wie Kriege ein Produkt von Waffen sind. Sie halten sich genausowenig an die Logik wie Jahreszeiten und Lebensläufe.

Aber die Logik, wonach Ideen umgesetzt werden müssen, hält ihre Anhänger in ihrem Bann, auch nachdem sie den Einfluß auf den Lauf der Welt verloren haben. Ihre übliche Reaktion darauf besteht in dem Versuch, das neue Zeitalter zu einem Anhängsel des alten zu machen und die Eigenschaften der alten Ordnung in die Zukunft zu projizieren. Auch das ist keine gänzlich unfruchtbare

---

16 Üblicherweise nennt man Immigration und gleichzeitige Arbeitslosigkeit, wenn von den sozialen Konsequenzen der Globalisierung die Rede ist, die auf diese Weise als ein soziales Problem des Nationalstaats erscheint. Aber sie hätte nicht eine solche psychologische Wirkung im amerikanischen Präsidentschaftswahlkampf haben können (vgl. oben 3.7), ohne an tiefe Ängste zu rühren, nämlich die Angst vor dem Eindringen des Fremden und dem Niedergang der nationalen Identität. Die Globalisierung lockt mit neuen attraktiven Möglichkeiten sozialer Beziehung, die die älteren Formen des sozialen Zusammenhalts zu verdrängen drohen. Sie repräsentiert daher die innovativen Kräfte der Vergesellschaftung. Wie ich an anderer Stelle formuliert habe: »Auf diese Weise generalisiert die Globalisierung das Problem, das Marx und das internationale Proletariat aufgeworfen haben. Sie ist die allgemeinste Bedrohung der herrschenden Formen sozialer Organisation, die je existiert hat.« (Albrow 1994, 5)

Beschäftigung, weil gewisse Bestandteile der älteren Periode noch über Generationen weiterexistieren werden. Max Weber meinte, die doppelte Buchführung sei für den Aufstieg des Kapitalismus von großer Bedeutung gewesen. Sie ist im Globalen Zeitalter genauso wichtig.

Doch das Globale Zeitalter setzt die alten Elemente der Moderne in neue Beziehungen zueinander und führt neue Elemente ein, die die Gesamtfiguration wesentlich verändern. Wir stehen erst am Anfang der neuen Epoche, und es ist riskant, jetzt schon ihre Haupteigenschaften bestimmen zu wollen. Trotzdem: Es gibt vier Faktoren, die aufgrund ihrer Verbreitung besonders prägend wirken. Jeder von ihnen steht in einem anderen Verhältnis zur Vergangenheit. Nur einer ist ein direkter Nachkomme der Moderne.

Der erste dieser Faktoren ist vormodern, sogar vorhistorisch. Es ist die seit jeher stattfindende Entwicklung grenzüberschreitender Beziehungen, die im wesentlichen auf dem Versuch beruht, den Sinn des Lebens in zwischenmenschlichen Begegnungen zu finden. Dieser jahrhundertealte Prozeß gewinnt an Bedeutung, da er nicht mehr an das veränderliche und zufällige Territorium des Nationalstaats gebunden ist. Doch wir sollten uns nicht darüber täuschen, daß das Problem der Interkulturalität in jeder Hinsicht grundlegend ist und in enger Relation zu den allgemeinsten Eigenschaften menschlicher Vergesellschaftungsformen steht.

Der zweite Faktor ist die Ausbreitung der Kommunikationsmittel, vor allem in Form von Computern und neuer Informationstechnologie. Sie war die Hauptursache der Auflösung traditioneller sozialer Bindungen in der Moderne und ist auch im Globalen Zeitalter die Triebfeder der Entterritorialisierung. Obwohl sie die Form sozialer Beziehungen nur in geringem Umfang determiniert, ist die Informationstechnologie das Medium der neuen Globalität.

Drittens wäre die Verwandlung zu nennen, die aus der Kultur eine Ware gemacht hat. Sie geht auf ältere Stadien der kapitalistischen Entwicklung zurück und beinhaltet die Verfeinerung des Geschmacks, die konkurrierende Zurschaustellung von Neuerwerbungen, die Erforschung der eigenen Identität durch Reisen, die Suche nach einem Lebensstil und den Erwerb einer privilegierten Bildung. In diesem Bereich erscheint die Postmoderne als offensichtliche Kulmination der Moderne.

Der vierte Faktor ist die Globalität selbst, durch die menschliche Bestrebungen mit den Ausmaßen und der Materialität des ganzen Globus ins Verhältnis gesetzt werden. Politik und Ökonomie planen ihre Aktivitäten im globalen Maßstab, während die globalen Kräfte, die aufgrund der Beeinflussung der Umwelt durch den Menschen freigesetzt wurden, unmittelbare Reaktionen auf diese Aktivitäten darstellen. Der Globalismus wird zu einem zentralen Aspekt des menschlichen Lebens.

Lösungen für persönliche und staatliche Probleme können im Globalen Zeitalter nur im Kontext dieser Kräfte und oftmals in unmittelbarer Auseinandersetzung mit ihnen gefunden werden. Das gilt für Gelehrte, Wissenschaftler und alle anderen gleichermaßen. Die gegenwärtige Situation stellt einen Schock für die gesamte Menschheit dar. Niemand hat diese Entwicklung vorhergesehen. Allenfalls Nietzsche hatte eine Art Vorahnung, als er vom »Zeitalter der Vergleichung« sprach, in dem verschiedene Weltanschauungen, Sitten und Kulturen verglichen und nebeneinander durchlebt werden könnten (1878/1980, 44). Er meinte außerdem, es bestehe keinerlei Notwendigkeit, daß alle Menschen das gleiche denken und sich an Kants universeller Moralität orientieren sollten. Er schien andeuten zu wollen, daß sowohl der Nationalstaat als auch die Weltordnung, sozusagen Himmel und Erde der Moderne, überwunden werden würden.

Nach der Moderne steht den Bereichen der Kunst, der Moral, des Staates und sogar der Wissenschaft eine zeitlich und räumlich unbeschränkte Neuorganisation bevor. Für keinen dieser Bereiche gibt es eine Bestandsgarantie. Die Wissenschaft stellt fest, daß die Religion in ihre Reviere vordringt. Der Staat wird zu einem Medium individuellen Ausdrucks, die Kunst zu einem Kollektivunternehmen.

Sämtliche vergangenen und gegenwärtigen praktischen Erfahrungen von Menschen existieren nun nebeneinander als Elemente der Gesamtsituation der Menschheit, ohne irgendeine fixe Lösung für deren Probleme anzubieten. Das Individuum muß mit der Ungewißheit der globalen Welt leben und sucht das Universelle in der vorübergehenden Begegnung mit anderen.

Eine jüngere Vorahnung einer solchen Veränderung lieferte Thomas Kuhn mit dem Begriff des Paradigmenwechsels (1962), wonach eine Veränderung innerhalb der Wissenschaften nur stattfindet, wenn nicht nur deren Theorien, sondern auch ihre Praxis und ihre soziale Organisation umgestaltet werden. Für Erkenntnistheoretiker und Ideengeschichtler ist dies ein vertrautes Phänomen. Der Begriff hat zudem den Vorzug, die Wissenschaft innerhalb des Nichtwissenschaftlichen anzusiedeln. Aber der Wandel bleibt bei Kuhn noch immer auf den Bereich der Wissenschaften beschränkt. Man stelle sich vor, was es bedeutet, wenn er sich in der ganzen Welt vollzieht.

Die unmittelbare Reaktion darauf ist der Rückzug auf sicheres Gebiet. Intellektuelle haben Interessen wie jeder andere auch. In ihrem Fall liegen sie in der Bewahrung der Relevanz von Ideen, an denen sie ihr Leben lang gearbeitet haben. Wenn sich die Welt ändert, könnten sie versucht sein, Sicherheit zu finden, indem sie auf alten Ideen beharren. Aber es ist ein umfassenderer und allgemeiner Wandel zweiter Ordnung notwendig, ein Wandel der Wissenschaft in einer sich wandelnden Welt.[17]

Wenn wir uns von den Begriffen der Moderne lösen, können wir das Globale Zeitalter vielleicht eher beurteilen. Gleichzeitig müssen wir uns davor hüten, um jeden Preis Neuheiten entdecken zu wollen. Wir können bei den relevanten Ideen auch auf das vormoderne Denken und auf nichtwestliche ebenso wie auf westliche Ideen zurückgreifen. Und wenn wir uns schon bei der Übernahme unseres modernen Erbes mäßigen müssen, so gilt das noch mehr für unsere Einschätzung intellektueller Arbeit im allgemeinen.

Die sich ändernde Theorie begleitet zwar den epochalen Wandel, ist aber nicht dessen Triebfeder. Eine der Kernthesen dieses Buches ist die Behauptung, daß die Geschichte bei weitem nicht nur von Ideen bewegt wird. Dies gilt besonders für jene Theorien, die versuchen, Einfluß auf die jeweilige Gegenwart zu nehmen.[18] Erst die

17 Andrew Janos (1986, 149 f.) postulierte als erster, daß die »Globalisierung des Systemkonzepts« mit Kuhns Paradigmenwechsel verwandt sei und eine neue Theorie des sozialen Wandels nötig mache. Er behauptete auch, daß wir wieder auf die dem Historiker liebgewordenen Begriffe wie Zeitgeist zurückgreifen müßten, um die neue Transnationalität des Wissens und der Annahmen zu erfassen. Man könnte sagen, daß die Diskrepanz zwischen den Begriffen Zeitgeist und System die Schwierigkeiten deutlich macht, mit denen die Pioniere des Übergangs von einem Paradigma (der Moderne) zu einem anderen (der Globalität) zu kämpfen hatten.

18 Keynes irrte sich, als er die Macht der Interessengruppen eloquent unterstrieb: »Praktiker, die sich ganz frei von intellektuellen Einflüssen glauben, sind gewöhnlich die

Auseinandersetzung um historischen Materialismus und Idealismus, die den großen innermodernen Kampf von Kapitalismus und Sozialismus begleitete, machte die Dichotomie Idee/Interesse zu einem zentralen theoretischen Problem. Sie gab zu Aussagen wie der von Max Weber Anlaß, daß »nicht Ideen, sondern materielle und ideelle Interessen das menschliche Verhalten unmittelbar bestimmen« (1948, 280). Diese Formulierung traf allerdings selbst auf Webers Theorie kaum zu.

Wenigstens zwei weitere Elemente, die zur Schilderung einer sich verändernden Welt gehören, sollten wir noch anführen, nämlich die Einstellungen der Menschen und umweltbedingte sowie soziale Kräfte. Wir akzeptieren die Bedeutung dieser Elemente in historischen Darstellungen, die auf Begriffe wie »das Klima der Zeit«, »das Erbe der Vergangenheit«, »die Macht der Umstände«, »die kollektive praktische Erfahrung« oder »den Bevölkerungsdruck« zurückgreifen und folglich den intellektualistischen Fehler vermeiden, die Ereignisse als das Resultat von bewußten Entscheidungen zu betrachten. Denn die Dichotomie Ideen/Interessen übt deshalb große Anziehungskraft auf Theoretiker aus, weil sie ihnen ein Potential für rationale Analyse bietet.

Für die Praxis ist eine andere Art von Theorie relevant. Sie gründet in der Geschichte. Sie klärt Begriffe im Licht der kontingenten Umstände, unter denen sie entstanden und zu denen sie in Beziehung stehen. Das gilt sowohl für die Wirtschaft als auch für die Politik, für Ratsuchende wie für Berater. Sie beschneidet die Horizonte der Entscheidungsfindung nicht, sondern erweitert sie. Denn vieles von dem, was sich heutzutage als Theorie ausgibt, ignoriert die Vergangenheit und zieht es vor, neue Fachbegriffe aus dem Hut zu zaubern. Solche Theorien bieten kaum ein rechtes Verständnis der Gegenwart, weil sie außer acht lassen, in welchem Maße die Vergangenheit in den dominierenden Begriffen und Praktiken unserer Zeit weiterlebt.

Wenn wir in unserem Diskurs Begriffe wie »Staat«, »Gesell-

Sklaven irgendeines verblichenen Ökonomen. Wahnsinnige in hoher Stellung, die Stimmen in der Luft hören, zapfen ihren wilden Irrsinn aus dem, was irgendein akademischer Schreiber ein paar Jahre vorher verfaßte. Ich bin überzeugt, daß die Macht erworbener Rechte im Vergleich zum allmählichen Durchdringen von Ideen stark übertrieben wird.« (1994, 323) Die Alternative lautet nicht einfach Ideen oder Interessen.

schaft«, »Regierung«, »Nation«, »Technologie« und auch »das Volk« verwenden, beziehen wir uns auf komplexe Bedeutungsstränge, die unter spezifischen Umständen entstehen und im Verlauf der Zeit immer verwickelter und verworrener oder auch dünner und kürzer werden.[19] Wir können nicht im voraus wissen, welche dieser Entwicklungen sie einschlagen werden, und die Zeitspanne, in der dies geschieht, kann 25, 250 oder gar 2500 Jahre umfassen (vgl. Foucault 1974).[20] Diese Begriffe können modern, vormodern oder auch, soweit wir das zu beurteilen vermögen, universell sein. Sie können natürlich auch neueren Datums sein wie der Begriff der Globalisierung.

Der Vorschlag, daß sich Theorien in der Zeit »bewähren« müssen, war durchaus ernst gemeint. Wenn man Ideen in ihrem historischen Kontext betrachtet und sie durch wechselvolle Zeiten verfolgt, bekommt man ein deutliches Bild sowohl ihrer Reichweite als auch ihrer Tauglichkeit. Als ich zum Beispiel über die Bürokratie arbeitete (Albrow 1970), hielt man diese noch immer für die notwendige Form jeder rationalen Organisation. Meine »Bewährungsprobe« bestand darin, ihre Verwurzelung in den Diskursen des 18. und 19. Jahrhunderts aufzuzeigen. Auf diese Weise trug ich zu der inzwischen verbreiteten Erkenntnis bei, daß die Bürokratie, wie so viele andere Bestandteile der Moderne auch, eine vorübergehende Erscheinung war. Eine derartige Probe muß nicht unbedingt radikal relativistisch sein wie bei Michel Foucault, dem ohne Zweifel einflußreichsten Exponenten der Überzeugung, daß die Geschichte für die Theorie relevant sei. Durch seine »Diskursanalyse« zeigte er, daß Ideen, Sprache und soziale Realität in historische Zusammenhänge verwoben und durch Macht und Sexualität beeinflußt sind. Im Diskurs gelangen wir demnach lediglich zu durch temporäre Konstellationen bedingten Behauptungen, keinesfalls zu zeitlosen Wahrheiten.

19 Dies entspricht MacIntyres Auffassung (zum Beispiel 1971, IX), der durchweg behauptet hat, daß die philosophische Betonung der »Analyse« die historische Natur von Konzepten verschleiere.

20 Dies ist eine der Implikationen von Foucaults Darstellung der Ideengeschichte, in der er den Versuch einer »totalitären Periodisierung« ablehnt, der bedeuten würde, daß »von einem bestimmten Augenblick an und für eine bestimmte Zeit« jedermann gleich dächte (1981, 211). Die Gegenposition ist, daß es zu jeder Zeit Gedanken unterschiedlichen Alters und unterschiedlicher Dauer gibt, deren Haltbarkeit einen Augenblick oder Jahrtausende umfassen kann (vgl. auch Sheridan 1980, 109).

Bei Foucault stoßen wir auf das Problem aller radikalen Relativisten. Wenn nämlich alle Theorien gleichermaßen historisch bedingt sind, bleibt uns eigentlich nichts anderes übrig, als uns ihrer zu entledigen. Jede neue Generation müßte die Vergangenheit paradoxerweise abschütteln, auch wenn sie deren Macht entdeckt. Die Affinität zwischen diesem Denken und dem moderner Bilderstürmer, die an eine hundertprozentige Rationalität glauben, ist evident.

Die Haltung, die ich vertrete, liegt irgendwo zwischen Universalismus und Relativismus. Ich muß zugeben, daß dies keine prinzipientreue Position ist. Sie beruft sich auf praktische Erfahrung. Einige Ideen »bewähren« sich in der Zeit besser als andere, manche sind mehr an eine Zeit gebunden, andere weniger.[21] Nach dem, was in diesem Buch dargestellt wurde, ist es uns nicht mehr möglich, eine Idee allein deshalb anzunehmen oder zu verwerfen, weil sie vormodern oder modern ist, oder zuzugestehen, daß eine Epoche eine Idee für sich beansprucht oder glaubt, ihre eigene Deutung sei zutreffender als die anderer (vgl. Lyon 1994).[22]

21 Kritiker werden wahrscheinlich bemerken, daß der Begriff »praktische Erfahrung« als Bezeichnung für die umfassende Grundlage allen Handelns bei mir weitgehend dieselbe Funktion hat wie der Begriff »Habitus« bei Pierre Bourdieu (1979). Auch Foucault rang mit dem Problem, einen wissenschaftlichen Begriff für die vorbegriffliche und nichtideelle Grundlage des Diskurses zu finden, der zugleich kulturelle und historische Vielfalt zuließ (1974, 56-63). Doch er lehnte die traditionellen humanistischen Methoden ab und bevorzugte den Begriff des »gelebten Körpers« (vgl. Dreyfus und Rabinow 1994, 140, 191-198). Die Vorgehensweise dieses Buches ist eine andere. Die Praktiken sind zu unterschiedlichen Zeiten und an unterschiedlichen Orten unterschiedlich situiert. Daß Menschen ihr Handeln in der Regel nicht gut erklären können, liegt nicht an ihren Körpern, sondern an den weit zurückreichenden und unbekannten Ursprüngen ihrer gewohnten Praktiken. Doch diese Praktiken sind unterschiedlich alt. Wenn wir sie der Bewährungsprobe der Zeit unterwerfen, stellen wir fest, daß einige Praktiken Epochen und Kulturen überspannen, z.B. das Eigentum und das Inzesttabu, während andere örtlich begrenzt sind, z.B. das »Eton Wall Game« (nur am Eton College gepflegte Form des Fußballspiels auf einem schmalen Spielfeld entlang einer Mauer. Ein Tor fiel zuletzt 1911; A.d.Ü.) oder die Zerstörung transsilvanischer Dörfer durch Ceausescu. Doch einige Praktiken sind transhistorischer und transkultureller als andere, und die Theorie hält sich in der Regel an die mit der größten Transitivität. Folglich werden vor allem solche Ideen mit »Gesellschaft« und dem »Sozialen« assoziiert, die (zumindest als Hypothese oder Forschungsgegenstand) überall, jederzeit und in allen Sprachen entwickelt wurden, und zwar nicht aufgrund von Gesetzlichkeiten des Denkens, sondern aufgrund der Situation der Menschheit.

22 David Lyon beschließt seine Darstellung der Postmoderne, indem er die Möglichkeit einer Relativierung sowohl der Moderne als auch der Postmoderne eröffnet und wie

Wir sollten alle Theorien der »Bewährungsprobe« unterziehen und die Gültigkeit einer Idee im Verhältnis zu den Umständen beurteilen. Dies ist eine Übung im historischen Zweifel, die einer pragmatischen Vorgehensweise bei der Auseinandersetzung mit fremden Kulturen entspricht. Wir erproben unsere Vorstellungen von anderen, uns fremden Menschen aufgrund der Annahme, daß sie uns wenigstens in einigen Bereichen ähnlich sind.

Ein solcher Test dekonstruiert die moderne Theorie von Staat und Gesellschaft. Wir entdecken dabei, daß es in der Tat die Theorie der nationalstaatlichen Gesellschaft ist, die die Ideen Staat, Volk, Gesellschaft, Regierung, Nation und Kultur verschmilzt, von denen jede aus einem anderen Kontext hervorgegangen ist und eine andere Genealogie hat. Die Bande, die diese Ideen in der spätmodernen Periode angeblich miteinander verknüpften, und besonders ihre Bindung an ein bestimmtes Territorium sind zufälliger Natur, Produkte der vorübergehenden Dominanz des Projekts der Moderne.

Gray (1995) Hinweise auf einen künftigen Mystizismus (»das Wassermannzeitalter«) gibt. Diese Relativierung versetzt ihn allerdings auch in die Lage, das prämoderne, jüdisch-christliche Erbe anzuerkennen (Lyon 1994, 86).

6. Figurationen des Globalen Zeitalters: Systeme

6.1 Von transnationalen zu globalen Institutionen

Wie die dezentrierten und entkoppelten Institutionen des alten Nationalstaats in den Diskurs der Globalität münden

Die Orientierungslosigkeit, die am Ende des 20. Jahrhunderts zahlreiche praktische und intellektuelle Vorhaben beeinträchtigt, resultiert aus der mangelnden Erkenntnis, daß die Globalität Teil eines neuen Zeitalters ist, das seine eigene Form und eigene zentrale Charakteristika hat. Der Versuch, globale Phänomene in den Begriffsrahmen der Moderne zu zwängen, verstärkt lediglich das Gefühl der Unstimmigkeit und Fragmentierung. Die Globalität bringt ihre eigenen Organisationsformen und ihre eigenen individuellen Reaktionen und Einstellungen hervor.

Gleichzeitig wird die Welt von technischen und sozialen Systemen umspannt, die aus der Moderne stammen. Das Geld- und Kreditwesen, die Telekommunikation, das Verkehrswesen, die Diplomatie und der Wettkampfsport sind weltweit dimensioniert und verfügen über identifizierbare systemische Qualitäten in Form von vorhersagbaren Prozessen und Abläufen, die auf der ganzen Welt reproduziert werden können. Es gibt also weltweite Systeme, und doch bildet die Gesamtheit dieser Systeme nicht wieder ein eigenes System. Die Versuche der Sozialwissenschaften, den Übergang von der Moderne zur globalisierten Welt als notwendige Entwicklung zu beschreiben, mußten scheitern, weil sie von der Existenz eines solchen Gesamtsystems ausgingen. Wir haben es mit den Auswirkungen der Globalität auf ältere Systeme zu tun, nicht mit einer zunehmenden Systematisierung älterer Praktiken.

Mit anderen Worten: Wir müssen das moderne Paradigma der Sozialwissenschaften hinter uns lassen. In diesem Kapitel werden wir die typischen Auswirkungen der Globalität auf Systeme und die daraus resultierenden Anpassungen untersuchen. Im nächsten Kapitel beschäftigen wir uns dann mit den Menschen, die diesen Systemen angehören und sie steuern.

Der Wandel vom Transnationalen zum Globalen in den internationalen Beziehungen ist ein typisches Beispiel dafür, wie die Globalität zur Herausbildung neuer Erklärungsebenen führt. Er vollzieht sich übergangslos. Und da das Globale mehr als die Summe transnationaler Beziehungen ist, gleicht er einer Erschütterung oder einer Reihe kleinerer Erschütterungen. Denkbar wäre immerhin auch, daß sich die bi- und multilateralen Beziehungen zwischen Regierungen und anderen Institutionen immer weiter verdichten, ohne globale Qualität zu erreichen, ohne also die Grundfesten des transnationalen Systems zu erschüttern. Doch es hat solche Erschütterungen bereits gegeben: Der Abwurf der Atombombe, der Anstieg der Ölpreise, die Erkenntnis der globalen Erwärmung und das Ende des Kalten Kriegs sind Beispiele dafür. Sie haben die Welt aus dem Traum gerissen, daß ihre Zukunft in einer durch transnationale Beziehungen bestimmten Weltordnung liege.

Das Transnationale ist lange Zeit eine Standardkategorie für die Beurteilung der Weltpolitik gewesen. Keohane und Nye (1971), die sich unter anderem auf Aron (1967) und Rosenau (1969) beriefen, demonstrierten den Wert des Begriffs eindrucksvoll in ihrem Buch, das sich mit Nicht-Regierungsorganisationen, multinationalen Konzernen, dem internationalen Finanzwesen, Revolutionsbewegungen etc. befaßt. Der Text stammt aus einer Zeit, in der das Vokabular der Politik noch nicht »globalisiert« war. Keohane und Nye sprachen daher von »globalen Interaktionen«, »der Bewegung von Information, Geld, Objekten, Menschen und anderen materiellen oder immateriellen Gegenständen über Staatsgrenzen hinweg« (1971, XII). Sie verwendeten diese Bezeichnung als Oberbegriff für »zwischenstaatliche« und »transnationale Interaktionen«, wobei an letzteren regierungsunabhängige Akteure beteiligt sein mußten.

Auch in den siebziger Jahren wußte man solche Unterscheidungen bereits zu schätzen, weil sie einen wichtigen Beitrag zur Analyse der Zukunft des Nationalstaats leisteten. Die Geister schieden sich an der Frage, ob der Transnationalismus die Macht des Nationalstaats beschränken oder durch regionale Allianzen vergrößern würde (Gilpin 1971). Dies war eine substantielle Meinungsverschiedenheit, die dadurch verschleiert wurde, daß das Wort »global« als Synonym sowohl für »zwischenstaatlich« als auch für

»transnational« verwendet wurde. Danach kann »global« alles mögliche bedeuten, die grenzüberschreitenden Beziehungen zwischen zwei Staaten oder Akteuren, aber auch die Gesamtsumme aller solchen Beziehungen. Diese beiden Extreme bezeichneten die entgegengesetzten Pole eines breiten Spektrums. Damals hatte der Begriff »global« noch nicht die feste Bedeutung, die ihm durch die Globalisierung zuteil wurde und die wir oben als Verweis auf die Welt als Gesamtheit definiert haben.

Eine ähnliche Schwierigkeit ergab sich bei der Einschätzung multinationaler Konzerne, die zwar in mehreren Ländern operierten, deren Hauptsitz und Management sich aber in einem einzigen Land – meistens den Vereinigten Staaten – befanden. Um solche Unternehmen zu beschreiben, die sich von der besonderen Bindung an einen einzelnen Staat gelöst hatten, benutzten Keohane und Nye den Begriff »geozentrisch«. Ist also die Globalisierung nichts anderes als die Ausweitung der transnationalen Beziehungen?

Tatsächlich kommt sie dem sehr nahe. Doch enthält der Begriff des Transnationalen eine weitere Unklarheit. Denn es gibt Organisationen, die nicht auf einen Nationalstaat beschränkt sind, aber weder geozentrisch noch überhaupt an ein Territorium gebunden sind. Gruppierungen, die universalistisch sind oder sein wollen, werden jede territoriale Eingrenzung von sich weisen. Dies gilt etwa für die Wissenschaft mit ihren intellektualistischen Idealen und die Religion.

Wir sind nun an einem Punkt angelangt, an dem wir von der Theorie des Transnationalen zur Theorie des Globalen übergehen können, denn das Globale bedeutet nicht einfach eine Kumulation transnationaler Beziehungen, sondern das Hervortreten einer neuen Organisationsebene. Ungeachtet der Tatsache, daß jede Gruppierung eine andere Beziehung zum Globus hat, bleibt dieser doch ein materieller Bezugspunkt und kein universelles Ideal. Wir müssen also zwischen Globalismus – dem Globus als Negation nationaler Grenzen –, Transnationalismus und Universalismus unterscheiden. Die Globalität stellt eine neue Organisationsebene bereit, die von allen Akteuren genutzt werden kann, aber von keinem Akteur geleitet wird. Deshalb müssen wir das Globale Zeitalter auch als Zeitalter der Globalität und nicht als eines der Globalisierung bezeichnen, da dieser Begriff den falschen Eindruck einer zielgerichteten Bewegung vermittelt.[1] In diesem Zusammenhang begreifen wir auch, warum die Idee der Postmoderne so anziehend ist. Aber das Fehlen einer zentralen Organisationsinstanz ist keineswegs gleichbedeutend mit Desintegration.

Es gibt praktisch keinen institutionellen Bereich, der nur dem Nationalstaat eigen wäre. In historischer und analytischer Hinsicht sind die meisten Institutionen transnational, ob sie nun zur Wirtschaft, zur Wissenschaft oder zur Religion gehören. Indem man aber die Theorie der Institutionen mit dem Begriff des Nationalstaats und seinen Organisationen verband, konnte man die Notwendigkeit ihrer sozialen Hierarchisierung behaupten und postulieren, daß je nach Gesellschaftsschicht höhere und niedrigere Bedürfnisse existierten. Auf diese Weise war es auch möglich, Institutionen nicht als historische Entwicklungsstufen zwischenmenschlicher Transaktionen, sondern als selbstentworfene Projekte einer souveränen Körperschaft zu betrachten. Zudem waren sie tatsächlich so gestaltet, daß sie den Bedürfnissen der nationalen Regierungen und der herrschenden Eliten entsprachen.

Im Gegensatz dazu gibt es keinerlei souveräne Macht, die die rechtmäßige Autorität über transnationale Institutionen für sich beanspruchen könnte. Auch die Vereinten Nationen sind nur ein Akteur unter vielen: sie haben kein eigenes Heer, die militärische Macht liegt bei Institutionen wie der NATO. Auf ähnliche Weise beaufsichtigen Körperschaften wie der Internationale Währungsfonds und die GATT, jetzt WTO (*World Trade Organisation*), wirtschaftliche Institutionen. Zudem gibt es keine gesetzgebende Körperschaft für das internationale Recht.

Das Ziel der aus institutionellen Praktiken entstandenen weltumspannenden Organisationen ist es, diese Praktiken nun, da sie der Kontrolle irgendeines Nationalstaats entglitten sind, zu regeln. Das bedeutet aber, daß solche Organisationen aus nationalstaatlichen Zusammenhängen entbunden sind. Denn die Staatsräson bestand darauf, daß die Wirtschaft dem Staat, die Erziehung der Wirtschaft und die Medien der Erziehung zu dienen hätten. Wenn

1 Hier folgen wir Robertsons Hinweis (1994, 35), daß es wichtig sei, zwischen Globalität und Globalisierung zu unterscheiden, um die Konnotation, es handle sich um einen Prozeß, zu vermeiden.

man diese institutionellen Bereiche als das Resultat zwischenmenschlicher Transaktionen betrachtet, besteht keinerlei Notwendigkeit, Hierarchien zwischen ihnen herzustellen oder Prioritäten zu setzen, und in ihnen selbst findet sich nichts, was einen freien Wettstreit zwischen ihren einzelnen Akteuren verhindern könnte.[2]

Die dezentrierten und entkoppelten Institutionen, die aus zwischenstaatlichen und transnationalen Beziehungen entstehen, stehen in sehr spezifischen, aber bisher noch kaum untersuchten Relationen zur Globalität:

– Erstens umspannen zwischenstaatliche Beziehungen seit dem Ende des Kalten Kriegs und der Einbeziehung Chinas tatsächlich die ganze Welt und sind folglich globaler Natur.

– Zweitens rückt der Globus an die Stelle, die im nationalen Diskurs der souveräne Staat einnahm. Da der neue Diskurs seine Ursprünge im alten Nationalstaat hat, ist eine sprachliche Leerstelle entstanden. Im transnationalen Diskurs beziehen sich die Menschen auf den Globus, wie sie sich einst auf die Nation bezogen haben. Daher der Begriff des Globalismus.

– Drittens macht der Verlust einer zentralen Autorität die Institutionen für Menschen auf allen Ebenen ohne Unterschiede zugänglich. Die Menschheit verfügt über einen ständigen, wenn auch ungleichen Zugang zu im globalen Maßstab organisierten Gütern wie Information, Meinungsbildung, Unterhaltung, Tauschmittel, Waren, Verkehr und Technologie.

– Viertens wird in dem Moment, in dem nationale Grenzen eher bedingte als absolute Hindernisse darstellen, der Globus selbst zum praktischen Maßstab, zur Grenze und zum Bezugspunkt für Aktivitäten von institutionellen und individuellen Akteuren.

Die alte Theorie der Institutionen ordnete den Staat ganz oben, das Individuum ganz unten ein. Durch Institutionen formte und bündelte der Staat die Bedürfnisse der Individuen und schuf sich

2 Im Nationalstaat ist der Wettstreit zwischen institutionellen Bereichen in der Vergangenheit manchmal zugunsten des einen oder anderen entschieden worden, daher die häufig erwähnte Tatsache, daß deutsche Institutionen von Rechtsanwälten und britische von Wirtschaftsprüfern dominiert werden. In umstrittenen Fragen entscheiden die gewählten Politiker. Entsprechende Mechanismen fehlen auf transnationaler Ebene. Jeder Einrichtung steht es weitgehend frei, ihr eigenes Konzept von kollektiver Wohlfahrt zu entwickeln und sich an den Interessen und Werten zu orientieren, die sie für angemessen hält.

ein Volk, das seinen Zwecken entsprach. Der Staat drang in jeden Winkel des Alltagslebens vor. Die dezentrierten und entkoppelten Institutionen mit globaler Reichweite sind nun anfällig für die Gegenbewegung. Der vom modernen Staat kolonialisierte Staatsbürger, der sich innerhalb der neuen Globalität bewegt, nutzt die Offenheit globaler Institutionen aus, verleiht dem neuentdeckten Globalismus Ausdruck und bezieht seine Stärke aus einer durch gefühlsmäßige Gemeinsamkeiten entstehenden Gemeinschaft, die der Nationalstaat weder kontrollieren noch auch nur definieren kann. Auf diese Weise steht die Globalität mit einer Wiederbelebung ungehinderter Vergesellschaftung in Zusammenhang, der Bekundung einer globalen öffentlichen Meinung und dem Erstarken globaler Bewegungen. Zur gleichen Zeit entfaltet sich eine neue Klasse von Managern oder Menschen in gehobenen Berufen, die die Globalität als Ressource betrachten und fördern.

6.2 Die Manager der globalen Unbestimmtheit

Warum der Globalismus durch das Fehlen globaler Organisationsstrukturen zum Aufstieg einer globalen Managerklasse führt

Wenn es auch keine Weltregierung gibt, so doch Institutionen mit globalem Aufgabengebiet. Diese Institutionen sind auf verschiedene Weisen aus internationaler und transnationaler Zusammenarbeit entstanden. Manche sind regierungsabhängig, andere nicht. Auch gibt es gewinnorientierte und nichtgewinnorientierte Organisationen, die sich auf einen globalen Markt konzentrieren oder global operieren müssen und wollen. Es wäre nicht überraschend, wenn die Menschen, die für diese Körperschaften arbeiten, gemeinsame Perspektiven und praktische Erfahrungen herausbilden würden, die sie von anderen Menschen unterscheiden. Wenn sie Mittel und Wege fänden, die Vorteile ihrer Position auf ihre Kinder zu übertragen, könnte man vom Entstehen einer globalen Managerklasse sprechen.[3]

3 Internationale praktische Erfahrung wird zum Rangabzeichen (als Unterscheidungsmerkmal und hinsichtlich höheren Ansehens) für nationale Eliten, und normalerweise

Diese Vorstellung erzeugt unmittelbar eine gewisse Abneigung. Die praktische Erfahrung des Projekts der Moderne ist die eines vom Nationalstaat getragenen Klassensystems. Wie wir gesehen haben, bestand die Aufgabe des Wohlfahrtsstaats darin, die verschiedenen Klassen in den staatlichen Rahmen zu integrieren. Doch die historischen Klassen etwa der Kleinbauern oder Kaufleute entstanden auf der Grundlage gleicher Lebensumstände. Die Entwicklung einer globalen Managerklasse folgt einem weit älteren Muster. Sie hängt nicht vom Erfolg globaler Organisationen und ganz sicher nicht von der Existenz einer zentralen Machtinstanz ab. Tatsächlich ist es wahrscheinlich, daß ihr Einfluß sogar trotz und zum Teil wegen deren Fehlen wachsen wird.

Gemeinsame praktische Erfahrung und gemeinsame Macht können sich auf sehr unterschiedliche Grundlagen stützen. Von den zahlreichen Beispielen für die Herausbildung von Klassen ist eines hier besonders relevant, nämlich die Entstehung der freien Expertenberufe. In diesem Bereich ist die praktische Erfahrung der Moderne gut erforscht und zeigt, daß ein wesentliches Kennzeichen dieser Berufe der erfolgreich durchgesetzte Anspruch auf die Entscheidungsgewalt in ungewissen Situationen ist. Ob es um medizinische Behandlung geht, um Rechtsfragen oder Risikoabschätzung, in kritischen Momenten verläßt sich der Laie auf professionellen Beistand, selbst wenn man ihm sagt, daß dessen Erfolg ungewiß ist. Sobald in einem Lebensbereich überdurchschnittliche Kenntnisse vonnöten sind, die Ausbildung und praktische Erfahrung voraussetzen, erlangen diejenigen, die über diese Kenntnisse verfügen, eine privilegierte Position im Markt und in der sozialen Hierarchie.

Mit der Globalität entsteht eine neue Ungewißheit vor allem in drei Gebieten. Erstens im Bereich der internationalen Organisationen. Wenn wir uns beispielsweise ansehen, welche Institutionen sich mit der Weltwirtschaft befassen, stoßen wir auf ein ganzes Ensemble von Einrichtungen wie den Internationalen Währungsfonds, die Weltbank, die WTO und die OECD. Die Direktoren

wird sichergestellt, daß dies an die Kinder weitergegeben wird. Roger Goodman (1990) hat gezeigt, daß dies in Form der Herausbildung einer »internationalen Jugend« auch auf die japanische Managerelite zutrifft. Die große Frage hinsichtlich der Bildung einer globalen Managerklasse ist, ob deren nationale Internationalismen einer übergeordneten Bindung an globalistische Werte weichen werden.

dieser Institutionen kennen sich und wechseln häufig von einer zur anderen. Daneben haben sie mit den Leitern nationaler Einrichtungen zu tun, aus deren Personal sie selbst in der Regel stammen und zu deren Aufgaben auch der regelmäßige Kontakt mit globalen Institutionen gehört.

Die sich auf dieser Ebene unablässig wiederholenden Prozesse, in denen zum Beispiel nationale und internationale Agenturen Untersuchungsberichte, Veränderungen und aktuelle Informationen austauschen, sorgen dafür, daß sich gemeinsame Kommunikationscodes, Begriffsrahmen und Diskurse entwickeln, die, ungeachtet nationaler und regionaler Nuancen, das globale Umfeld des Wirtschaftsmanagements repräsentieren. Ähnliches geschieht in anderen globalen Institutionen, die sich mit der Bevölkerung, der Landwirtschaft, dem Seerecht oder Atomwaffen befassen.

Im Vergleich zur Moderne zieht die Globalität allerdings eine Vielzahl neuer Probleme für die Spezialisten in solchen Institutionen nach sich. Das Idealbild eines Expertenteams, das zum Wohle der Menschheit arbeitet, gibt lediglich einen Teilaspekt der Realität wieder. Jene Fachleute, die es mit Nationalstaaten zu tun haben, müssen davon ausgehen, daß der Staat ein Interesse an der Ausrichtung ihrer Arbeit hat und diese politisch bestimmen will. Dies kann leicht zu den bekannten internen Konflikten etwa zwischen Expertenmeinung und bürokratischen Regeln führen. Im Nationalstaat rangiert jedoch der Zweck der Arbeit grundsätzlich vor professionellen Überzeugungen. Die Regierung gibt die Ziele vor.

Unter den Bedingungen der Globalität sind die Experten dagegen ständig mit den von Zivilisation zu Zivilisation unterschiedlichen Definitionen ihrer Arbeit konfrontiert. Die rein technischen Aspekte konzentrieren sich in einem Diskurs, in dessen Mittelpunkt die Entwicklung von gemeinsamen, länderübergreifenden Standards steht. Als die amerikanischen, europäischen und japanischen Repräsentanten der Rechtsberufe im Oktober 1993 zum ersten Mal zusammenkamen, waren sie sich einig, daß ein weltweit gültiger Katalog von Standesregeln sowohl für sie selbst als auch für ihre Klienten von Nutzen wäre (Toulmin 1994, 49).[4] In der Politik

---

4 Ich danke John Toulmin dafür, daß er mir ein Manuskript seiner Bishop Memorial-Vorlesung an der University of Michigan (1994) überließ, das ich allerdings erst erhielt, nachdem ich diesen Abschnitt geschrieben hatte. Vor dem Hintergrund eines »neuen

der Globalität sind es die Fachleute selbst, die ganz pragmatisch und im ständigen Dialog miteinander die gemeinsamen Ziele ihrer Arbeit festlegen und darüber befinden, ob das, was sie tun, im Interesse der Menschheit liegt oder nicht.

Die Manager globaler Institutionen sind in der Lage, globalistische Werte im gleichen Maße wie die Anforderungen ihres Spezialgebiets zu berücksichtigen. Jeder globale institutionelle Sektor macht sich ein eigenes Bild von der Welt und versucht, sie nach diesem Bilde zu formen, was im Endeffekt heißt, daß jeder Sektor eine Hierarchie von Werten, Bedürfnissen und praktischen Notwendigkeiten erstellt, die weit über sein Fachgebiet hinausreicht. Bevölkerungsplaner geben landwirtschaftliche Erträge vor, Ökonomen legen Arbeitsbedingungen fest, Gesundheitsexperten entwickeln Programme zur individuellen Ethik, und Rechtsanwälte bauen Handelsschranken ab.

Das Management der Globalität befindet sich in einem multikulturellen Wertediskurs, einer ständigen Debatte zwischen den Sektoren, die ihre jeweilige Vorherrschaft behaupten wollen, ohne daß es eine Autorität gäbe, die den Streit zu schlichten vermöchte. Es gibt also kein axiales Prinzip, das den globalen Institutionen zugrunde läge, und der Globalismus verhilft ihnen auch nicht zu einer bestimmten Struktur. Ihr Pluralismus reflektiert keinerlei Theorie des weltweiten Gemeinwohls, sondern lediglich das historische Wachstum und Wechselspiel nationaler Erfahrungen und nationalen Expertenwissens, die sich miteinander arrangieren müssen.

Die Beziehungen zwischen Aufgabenbereichen wie dem Erziehungs-, dem Gesundheitswesen, dem Arbeitsmarkt und der Justiz beruhen im Nationalstaat überwiegend auf althergebrachten, tiefverwurzelten kulturellen Prioritäten, die die jeweiligen Behörden von sich aus kaum beeinflussen können. In der globalisierten Welt stehen diese Aufgabenbereiche in ständigem Wettstreit miteinander. Die Grenzen zwischen ihnen verschwimmen. Die Globalität führt nicht zu einer Lösung von Wertkonflikten, sondern bringt dort, wo man sich einst nur mit technischen Fragen befaßte, eine

weltweiten juristischen Berufsstands«, den es in dieser Form 1965 noch nicht gegeben habe, verlangt Toulmin eine »energische Bekräftigung jener Werte, die für das Funktionieren des Rechtssystems unerläßlich sind«. Dies veranschaulicht exakt das, was ich an dieser Stelle behaupte.

Debatte über Werte überhaupt erst in Gang, die dann auch die höchsten Etagen der Institutionen erreicht. Auch aus diesem Grund sind Werte im Globalen Zeitalter ein unabhängiger kultureller Rohstoff. Durch den Diskurs der Globalität erhöht sich seinerseits die Wichtigkeit des Spezialwissens der leitenden Mitarbeiter der entsprechenden Aufgabenbereiche.

Der zweite Bereich, den die Ungewißheit der Globalität beherrscht, ist der der Unternehmensführung. Wirtschaftsunternehmen gleichen schon seit einiger Zeit nicht mehr den hierarchischen Monolithen, die von der wissenschaftlichen Betriebsführung als Modelle rationaler Organisation propagiert wurden. Die Tendenz zu know-how-gestützen Dienstleistungsunternehmen hat zu flachen Hierarchien geführt, die in hohem Maße auf kooperativem Wissensaustausch und Teamarbeit beruhen.

Gleichzeitig haben der weltweite Abbau von Devisenbeschränkungen und die ungehinderten Kapitalbewegungen neue Möglichkeiten der länderübergreifenden Zusammenarbeit von Wirtschaftsunternehmen eröffnet. Joint Ventures, Franchising, Lizenznahme, Dienstleistungsabkommen und Unternehmensnetzwerke treten nun im Repertoire der Firmenstrategien neben die älteren Formen vertikaler Integration durch Tochterfirmen und Fusionen. Das Ergebnis ist eine verwirrende Zunahme der Optionen des Managements.

In dieser Situation galt die Globalisierung für die Wirtschaft zuweilen als Ausweg aus dem Chaos. Wahrscheinlich wurde sie durch Theodore Levitts Aufsatz über die Globalisierung der Märkte (1983) beeinflußt, in dem die weltweite Homogenisierung der Konsumentenwünsche aufgezeigt und behauptet wurde, daß sich ein erfolgreiches Marketing an diesem Trend orientieren müsse. Kenichi Ohmae (1985) schätzte, daß etwa 600 Millionen Konsumenten in der Triade Vereinigte Staaten, Europa und Japan vergleichbare Präferenzen hätten. Während die Möglichkeiten der Strukturierung und Finanzierung von Wirtschaftsunternehmen zunehmend unüberschaubarer wurden, versprach eine globale Strategie wenigstens ein klares Ziel.

Es dauerte allerdings nicht lange, bis klar wurde, daß der Globus nicht zur Richtungsbestimmung taugt. Wenn einerseits die Firma Toyota ein Auto für den Weltmarkt zentral in Toyota City fertigen und andererseits die Firma Fiat durch Lizenzvergabe und Joint Ventures ein landesspezifisches Produkt herstellen kann, dann ist offensichtlich, daß es mehr als eine erfolgreiche Strategie auf dem globalen Markt gibt (Bartlett 1986, 371).

Michael Porter hat gezeigt, daß veränderte historische Bedingungen neue Alternativen für die internationale Wirtschaft eröffnen. Noch in den sechziger Jahren operierten amerikanische und europäische multinationale Konzerne mittels nationaler Tochtergesellschaften, die zwischen den beiden Weltkriegen entstanden und vergleichweise autonom waren. Die Japaner hingegen bevorzugten eine rigide zentrale Kontrolle und eine enge globale Koordinierung, was »den strategischen Anforderungen der Zeit« entsprach (Porter 1989, 50). Doch das *Going global* bedeutet für ein Unternehmen keine einheitliche Strategie. Es muß seine lokalen Aktivitäten in Abhängigkeit von seiner Stellung in der globalen Gesamtfiguration der Industrie gestalten. Porter unterscheidet anfänglich vier allgemeine Strategien, die für unterschiedlich segmentierte und landesspezifische Märkte gelten. Der globale Bezug führt zu einem Strategiewandel, aber er bringt keine bestimmte Lösung hervor.

Unter diesen Umständen ist es nicht überraschend, daß jeder Manager und Wissenschaftler etwas anderes unter Globalisierung versteht. Bei einem von der betriebswirtschaftlichen Fakultät der University of Michigan ausgerichteten Kongreß über »Globale Forschung und Lehre in den neunziger Jahren«, der sich an Wirtschaftsführer und Professoren richtete, gab es so viele Definitionen der Globalisierung wie Kongreßteilnehmer. Zudem waren die Unterschiede zwischen den Definitionen nicht nur verbaler Natur. »Grenzüberschreitende Integration« und »Weltmarkt« sind recht unterschiedliche Konzepte. Erstere kann auf rein transnationaler Ebene stattfinden und auf eine Region beschränkt bleiben, während letzterer völlig offen ist und nur von der Art des Marktes abhängt (Barnett 1992).

All dies bedeutet nicht, daß die Idee des *Going global* ihre Anziehungskraft verloren hätte. Sie steht in keiner zufälligen Verbindung zu der wachsenden Beschäftigung mit Unternehmensstrategien in den achtziger Jahren. Denn jede Strategie verlangt, daß man die Gesamtlage berücksichtigt, und das erforderte in zunehmendem Maße den Bezug auf den Globus. Gleichzeitig erhöht die

Beschäftigung mit Unternehmensstrategien das Selbstwertgefühl der Entscheidungsträger. Das Attribut »global« verspricht hohen Status und große Verantwortung, lockt den aufstrebenden Manager mit dem Versprechen, ihm gehöre »morgen die ganze Welt«, und erzeugt einen eigenen, sich rasch ausbreitenden Insider-Jargon.[5]

Der dritte Bereich der Ungewißheit ist ein Resultat der weltweiten Ausbreitung der Informations- und Kommunikationstechnologie. Sie eröffnet – zusätzlich zum Abbau von Handels- und Innovationshemmnissen – die Möglichkeit neuer Organisationsstrukturen und Arbeitsweisen. Viele Organisationen orientieren ihre Arbeitsweise neuerdings am Vorbild des Netzwerks und nicht mehr an dem der Hierarchie, auch wenn dies Statusprobleme mit sich bringt. Dadurch können sie vierundzwanzig Stunden am Tag auf einem integrierten globalen Finanzmarkt agieren, dessen Zentren Tokio, New York und London in unterschiedlichen Zeitzonen liegen, so daß die Arbeit dem Lauf der Sonne folgen kann. Der Manager eines globalen Unternehmens kann jederzeit mit Kollegen in aller Welt Verbindung aufnehmen – die bedeutungsschwere Frage lautet nun, wer mit wem reden soll. Im vernetzten Büro wackeln die kommunikativen Statusbarrieren, wenn sich jeder Zugang zur Festplatte jedes anderen verschaffen kann.[6]

Um der Klarheit willen ist es nützlich, die Auswirkungen der neuen Informationstechnologie von denen der Globalisierung zu unterscheiden. Ihre Beziehungen sind komplex und beidseitig. Die

5 Ein wohlbekanntes US-amerikanisches Unternehmen, das nur etwa zehn Prozent seines Umsatzes im Ausland macht, versucht nichtsdestotrotz, Hochschulabsolventen mit der Teilnahme an einem »Programm zur Entwicklung globaler Führungsqualitäten« zu werben. Die globalen Elemente dieses Programms sind dabei proportional auch nicht größer als der Auslandsabsatz des Unternehmens. Bemerkenswert ist aber, daß das Unternehmen glaubt, nicht auf das Reizwort »global« verzichten zu können. Offenbar erhöht es den Status und die Attraktivität des Programms, obwohl das Unternehmen nicht eben luxuriöse oder prestigeträchtige Gebrauchsgüter für den inländischen Markt produziert.

6 Ein mir persönlich bekannter Mitarbeiter eines globalen Unternehmens hat mir erzählt, daß das Unternehmen die neue Informationstechnologie dazu nutzt, die Arbeit des Managements zu überwachen. Für alle anfallenden Arbeiten sind zwei Personen zu gleichen Teilen verantwortlich. Mein Informant bleibt überall auf der Welt via Laptop und Modem mit dem jeweiligen zweiten Mann in Verbindung. – In einer Behörde müssen sich die Bediensteten noch immer daran gewöhnen, daß die jahrzehntealten Formulare und die Konventionen der internen Kommunikation über Nacht obsolet werden, da alle Mitarbeiter nun per interner *e-mail* kommunizieren können.

neue Technologie ist weltweit verfügbar. Sie ist zudem ein Medium für all jene, die den Globus als Bezugspunkt wählen. Sie ist zwar ein Produkt der Moderne, trägt aber gleichzeitig zur Auflösung derjenigen Organisationsstrukturen bei, die am engsten mit der Moderne verknüpft waren.

In der Hoch- und Spätmoderne bestimmten die Hierarchien von Staat und Wirtschaft die Informationskanäle und knüpften den Zugang zu ihnen an Status und Macht. Nun eröffnen sich neue strukturelle Optionen. Es ist möglich, als Einzelfirma oder aber aufgrund von Absprachen mit anderen Firmen in mehreren Ländern gleichzeitig zu operieren. Verschlankung und Fusionierung können gleichermaßen relevante Strategien sein. Es kann Vorteile haben, nicht als Arbeitgeber, sondern als Partner oder Lizenzgeber aufzutreten. Auch die Privatisierung großer Staatsbetriebe wird durch die fortgeschrittenen technischen Möglichkeiten zu einer leichter durchführbaren politischen Option.

Das Fehlen einer zentralen politischen Kontrollinstanz für globale Institutionen, die Situationsgebundenheit globaler Wirtschaftsstrategien und die flexiblen Organisationsstrukturen erzeugen neue Ungewißheiten im Arbeitsbereich der Manager. Aus der Bewältigung dieser Ungewißheiten resultiert ihr Expertenwissen. Es gibt keinen Königsweg auf den Weltmarkt, und es ist noch nicht einmal sicher, ob sich jedes Unternehmen in diese Richtung orientieren sollte. Andererseits übt der Globus noch immer eine außerordentliche Anziehungskraft auf Organisationen aus. Also unterstützen sie innerhalb einer globalen Gesamtstrategie Programme zur Personalfortbildung, um den Typ des globalen Managers zu schaffen.

Hintergrund dieser Programme ist offenbar die Überzeugung, daß der Erfolg auf globalen Märkten globale Manager voraussetze, wie der Erfolg auf nationalen Märkten nationale Manager voraussetze. Dieser Vergleich hinkt aber. Es gibt zwar nationale Unternehmenskulturen, doch es ist keineswegs bewiesen, daß der Erfolg eines Unternehmens von deren Übernahme abhängt. Sowohl die erfolgreiche als auch die ruinierte amerikanische Firma können typisch amerikanisch sein. Den Unterschied machen andere Qualitäten aus. Weiterhin muß auch der regelmäßig zu beobachtende Erfolg eines aus dem Ausland importierten Managements nichts mit dessen Besonderheit zu tun haben, sondern könnte ebensogut auf die Tatsache zurückzuführen sein, daß dieses Management erstens verschiedene Methoden vom Ort der Niederlassung übernimmt und daß zweitens eher die überdurchschnittlich unternehmerischen Manager ins Ausland gehen.

Der Antrieb zur Globalisierung eines Unternehmens speist sich gleichermaßen aus der Klassenbildung, kultureller Dynamik und immateriellen Hoffnungen wie den Erfordernissen der Profitmaximierung. Doch da dies mächtige Antriebe sind, die auch gewisse positive Nebeneffekte für das Unternehmen haben können, sollten wir nicht damit rechnen, daß diese Entwicklung aufgehalten wird. Die neue Ungewißheit der globalen Welt des Managements erzeugt das Bedürfnis, sich bei Gleichgesinnten rückzuversichern und ein Netzwerk gesellschaftlicher Unterstützung aufzubauen. Derselbe Prozeß, der in den fünfziger Jahren nach William H. Whyte (1956) den »Herren der Organisation« in der Unternehmenskultur der Vereinigten Staaten Kraft gab, findet nun weltweit statt. Und da die Unternehmensstrukturen heute flexibler sind als je zuvor, ist es immer wichtiger, sich des menschlichen Kapitals und gesellschaftlicher Unterstützung für die Bewältigung einer ungewissen Zukunft zu versichern (Pucik et al. 1992). *Going global* ist das Paßwort für den Zugang zur globalen Managerklasse.

Es gibt viele Anzeichen für das Entstehen einer globalen Managerklasse oder Elite.[7] Und deren Mitglieder sorgen auch dafür, daß ihnen und ihren Kindern eine angemessene Ausbildung zuteil wird. Dies verlangen sowohl die Klassenkultur als auch die Wirtschaft und der Nationalstaat. Wir sollten das nicht unterschätzen. Es zeichnet diesen Experten aus, daß er, wenn die Regeln nicht mehr weiterhelfen, mit der Ungewißheit umzugehen weiß. Die Fähigkeit, sich durch das Labyrinth globaler Unternehmen und Institutionen zu bewegen, wird weder leicht noch schnell oder billig zu

---

7 Kees Van der Pijl (1984) identifiziert eine »herrschende atlantische Elite«. Die globale Elite besteht tatsächlich noch immer überwiegend aus Nachkommen der herrschenden weißen imperialen Klasse, und diese überqueren den Atlantik oft genug. Aber die Entwicklungen der letzten zehn Jahre deuten darauf hin, daß weder der historische Ursprung noch die geographische Basis der Aktivität der Elite konstant bleiben. Hinsichtlich der Aktivität und des Einflusses gibt es eine Verschiebung hin zum Pazifik, wobei der milliardenschwere ungarische Finanzier George Soros nur das prominenteste Beispiel dafür ist, daß die Geldmärkte geschichtliche und geographische Grenzen überschreiten.

haben sein. Wir können das Paradox auf die Spitze treiben und sagen, daß die globale Managerklasse nicht deswegen entsteht, weil es eine globale Organisation gibt, sondern gerade deswegen, weil es keine gibt.[8]

6.3 Die Entnationalisierung der Wirtschaft

Wie die Globalität die nationale Ökonomie untergräbt und warum die Regierungen die Unternehmenskultur zu beeinflussen suchen

Der Beginn des Globalen Zeitalters in der Weltwirtschaft ist das deutlichste Beispiel einer neuen Herausforderung des Nationalstaats. Ein Jahrhundert lang waren sich die Wirtschaftswissenschaftler darüber einig gewesen, daß die nationale Ökonomie die zentrale Untersuchungskategorie sei. Innerhalb eines nationalwirtschaftlichen Rahmens konnte man durchschnittliche Kosten und Einkommen von Arbeit und Kapital in verschiedenen Teilen des Landes zugrunde legen und von der Existenz einer nationalen Währung und einer Zentralbank ausgehen. Der Außenhandel ließ sich anhand einer Bilanz der Transaktionen bemessen, die die nationalen Grenzen überquerten.

Weil es zwischenstaatliche Grenzen gab, galt die analytische Prämisse der freien Beweglichkeit von Arbeit und Kapital nur innerhalb eines Landes. Eine ausgewogene Handelsbilanz war daher wichtig, da ein Importüberschuß die Erträge von Kapital und Arbeit im Inland geschmälert hätte. In einer Welt, die aus Nationalstaaten bestand, kam es jedoch weniger auf die Handelsbilanz mit einer bestimmten Nation als auf die Gesamtbilanz an. Es gab, wie Alfred Marshall formulierte, einen »einheitlichen und hochspezialisierten« Weltfinanzmarkt, da »der internationale Handel ein zusammenhängendes Ganzes ist« (1923/1965, 151).

In einer sich aus Nationalstaaten zusammensetzenden Welt wa-

---

8 Dies hat interessante Konsequenzen für die Angleichung nationaler Kulturen. Hideichiro Nakano (1984) führt den Erfolg Japans in der globalen Wirtschaft nicht auf die Imperative der japanischen Moral, sondern auf einen Pragmatismus zurück, der sich an den Veränderungen und Kontingenzen der Weltmärkte orientiert.

ren die nationale und die internationale Wirtschaft zwei Seiten derselben Medaille. Deshalb stellten weder das Wachstum des Welthandels noch der Anstieg ausländischer Investitionen eine Bedrohung für die nationalstaatlich verfaßte Wirtschaft dar. Der von Keynes propagierte Internationalismus, der 1944 zum Bretton-Woods-Abkommen führte, in dem die Gründung des Internationalen Währungsfonds und der Weltbank beschlossen wurde, verstärkte den internen Zusammenhang nationaler Wirtschaftssysteme im Kontext der Welt als Gesamtheit. Der Internationale Währungsfonds sollte vor allem dafür sorgen, daß die Nationalstaaten Mindeststandards einhielten, die sie in die Lage versetzten, unabhängig zu bleiben und ihren Beitrag zur Weltwirtschaft zu leisten.

Der Freihandel, der auf dem Abbau staatlicher Kontrollen und Handelsschranken, dem freien Import und Export von Kapital und Devisen basiert, ist etwas ganz anderes. Er bedeutet eher Entnationalisierung als Internationalisierung. Konsequent durchgeführt, würde der Freihandel aus einer nationalen Wirtschaft eine geographische Region machen – mit allen Folgen, die sich daraus ergäben. Die Einführung des Freihandels ist Gegenstand zäher multilateraler Verhandlungen. Von seinen Vorteilen waren eher die Großmächte überzeugt, aber auch diese, wegen der mit ihm verbundenen innenpolitischen Schwierigkeiten, nie für lange Zeit. Keynes meinte, daß die englischen Nationalökonomen den Freihandel deswegen propagierten, weil sie »den tatsächlichen Erfolg der englischen Politik des Laissez-faire nicht den vergänglichen Besonderheiten seiner Lage [zuschrieben], sondern den überragenden Vorzügen des Laissez-faire an sich« (1983, 546). Es ist mit anderen Worten die *erfolgreiche Imperialmacht*, die im Freihandel Vorteile erblickt. Insofern rührt die fortgesetzte britische Propagierung der Doktrin des freien Marktes in Keynes' Augen von einer kontraproduktiven Sehnsucht nach dem Empire her.[9]

Trotzdem war der Freihandel nicht der Hauptantrieb der Globalisierung. Ein einziger weltweiter Markt und eine einzige Weltwäh-

9 Diese Interpretation schlägt Andrew Marr (1995) auch für den Enthusiasmus Margaret Thatchers und der Konservativen Partei für die Deregulierung des Marktes vor, die die nationale Unabhängigkeit seiner Ansicht nach stärker bedroht als alles, was aus Brüssel kommt.

rung wären sicher ideale Voraussetzungen für die ungehemmte Entwicklung einer globalen Wirtschaft. Doch die Globalisierung der Weltwirtschaft, die weder mit Freihandel noch mit der Zunahme des internationalen Handels identisch ist, hat auch ohne diese Voraussetzungen stattgefunden. Es gibt skeptische Stimmen, die eine vollständige Globalisierung bestreiten und behaupten, daß es eine Globalisierung ohne einen globalen, grenzenlosen Markt nicht geben könne (vgl. Hirst 1993, Hutton 1995). Andere halten dem entgegen, daß die Deregulierung der Finanzmärkte in den achtziger Jahren der nationalen Autonomie ein Ende gesetzt habe (vgl. Marr 1995). Doch beide Positionen schreiben dem Markt ein ungerechtfertigtes Übergewicht bei der Gestaltung von Ökonomien zu.[10]

Wenn wir die gegenwärtige Transformation der Wirtschaft verstehen wollen, sollten wir uns eher am Begriff der Organisation orientieren als an dem des Marktes. Dabei können wir einen Hinweis von Peter Dicken (1992, 1) aufgreifen, der den Unterschied zwischen Internationalisierung und der wesentlich jüngeren Globalisierung darin sieht, daß letztere eine funktionelle Integration weltweiter Aktivitäten herbeiführt. Wenn wir berücksichtigen, welch großen Wert zeitgenössische transnationale Unternehmen auf die Globalität legen, können wir sogar noch weiter gehen. Ein solches Unternehmen kann es sich nicht leisten, irgendwo auf dem Globus eine Quelle potentiellen Vorteils oder potentieller Bedrohung zu ignorieren.

Zur wirtschaftlichen Globalisierung gehört eine Zunahme der Zahl von Unternehmen, die die Grenzen einer nationalen Ökonomie überschreiten und sich global organisieren. Diese Unternehmen orientieren sich in ihren Entscheidungen nicht mehr an einer,

---

10 Hier wird in der Tat die alte politische Debatte der Moderne fortgeführt. Es gibt sowohl linke als auch rechte Anhänger und Gegner der Globalisierung. In Großbritannien finden wir rechte Befürworter des freien globalen Marktes wie John Redwood (1994), der sich um den Vorsitz der Konservativen Partei beworben hat, und linke Globalisierungsskeptiker wie Will Hutton (1995), den Wirtschaftsredakteur des *Guardian*. Auf der anderen Seite halten sowohl der Linke Martin Jacques (1993) als auch der *Economist* als Anwalt des freien Marktes die Globalisierung für eine Tatsache, vertreten aber grundsätzlich unterschiedliche Meinungen hinsichtlich der Frage, welche Konsequenzen die Globalisierung für nationale Regierungen hat (bezüglich der Auffassung des *Economist* vgl. »The Myth of the Powerless State« [Der Mythos vom machtlosen Staat], *Economist*, 7.-13. 10. 1995, 15 f.).

sondern an vielen Regierungen, stellen zugleich deren Zuständigkeit in Frage und richten ihre wirtschaftliche Theorie und Praxis an einem globalen Rahmen aus. Die nationalen Regierungen laufen daher Gefahr, jene Macht zu verlieren, die ihnen die Errichtung des internationalen Systems garantieren sollte. Erst dadurch wurde die Globalisierung zum zentralen Thema für Regierungen und Medien, jedenfalls eher als durch ihre Dominanz, die zwar behauptet wird, aber noch nicht bewiesen ist.

Grenzenlose Märkte sind weder eine notwendige Vorbedingung noch ein integraler Bestandteil der Globalisierung. Wenn man wirtschaftliche Organisationsformen und Prozesse nach ihrer Wichtigkeit für die Globalisierung einstufen wollte, müßte man an erster Stelle das transnationale Unternehmen nennen, an zweiter Stelle die neue Produktionstechnologie, Konsummuster, Lebensstile, die Mobilität des Kapitals und internationale Finanzinstitute, dann die Mobilität der Arbeit und zum Schluß den Abbau von Handelsschranken. Leslie Sklairs Untersuchung der Praktiken des transnationalen Kapitalismus (1991) macht deutlich, daß die globalen Märkte von Akteuren geschaffen und dominiert werden, für die nationale Grenzen von vornherein Verhandlungssache sind.

Nachdrückliche empirische Evidenz gewinnt die Globalisierung der Wirtschaft in einer Reihe von OECD-Studien über bestimmte Industriezweige (1993). Darin wird die Unternehmensentwicklung in fünf Stadien von der lokalen zur globalen Tätigkeit dargestellt und kulminiert im Modell des hochgradig globalisierten Unternehmens, in dem integriertes Management, Controlling, Forschung und Entwicklung, Produktion und Marketing Bestandteil internationaler Operationen sind. Diese Studien erhellen, daß Unternehmen einerseits Regionen mit einer großen Zahl qualifizierter Arbeitskräfte und guter Infrastruktur bevorzugen, die globale Wettbewerbsfähigkeit garantieren, andererseits aber auch versuchen, Produktionsstandorte in die Nähe der Konsumenten zu verlegen. Zu den vielfältigen Strategien, mit denen sich Unternehmen Vorteile sichern, gehören grenzüberschreitende Fusionen, die Gründung von Tochtergesellschaften im Ausland, Joint Ventures und voll integrierte länderübergreifende Produktionsprozesse inklusive Management, Controlling und Marketing.

Die ständig wachsende Komplexität von grenzüberschreitenden

Beziehungen verhindert die nationale Zuordnung der wirtschaftlichen Aktivitäten. Betrachten wir ein Beispiel aus der Welt der Schreibmaschinen: Die Firma Brother, die in den USA Schreibmaschinen herstellt, beschuldigte das in Singapur produzierende Unternehmen Smith Corona, seine Produkte in den Vereinigten Staaten zu Billigpreisen zu verschleudern; das Management von Brother saß in Japan, das von Smith Corona in den Vereinigten Staaten. Die Internationale Handelskommission der USA entschied zugunsten von Smith Corona. Wie Robert Brainard (1993) gezeigt hat, ist es jedoch zunehmend schwierig geworden, von der Nationalität eines Unternehmens zu sprechen. Diese wird normalerweise an drei Kriterien gemessen: dem Ort der Gründung, dem Sitz der Zentrale und der Nationalität der Unternehmensleiter. Diese Kriterien werden aber in verschiedenen Ländern unterschiedlich gewichtet, zudem wird eine klare nationale Zuordnung multinationaler Unternehmen durch deren Strategie der Besitzstreuung und Aufspaltung oft unmöglich gemacht. Wenn man diese Komplexität unterstellt und die Streuung der Besitzanteile untersucht, stellt man fest, daß der Anteil, den Ausländer an den auf den Weltaktienmärkten notierten Inlandsunternehmen besitzen, von 7,1 Prozent in den Jahren 1979-80 auf 19 Prozent im Jahr 1992 gewachsen ist (Brainard 1993, 171). Vor diesem Hintergrund entfernt sich eine traditionelle nationale Wirtschaftsrechnung in zunehmendem Maße von der Realität.

Das gilt auch für Produkte. Robert Reich (1991) belegte, daß von je 10.000 US-Dollar, die General Motors für ein »amerikanisches« Auto bekam, nur 4.000 Dollar an das Unternehmen gingen, während die restliche Summe für eine Vielzahl unterschiedlicher Leistungen in sechs andere Länder überwiesen wurde, unter anderem für die Montage nach Korea, für das Marketing nach Großbritannien und für die Datenverarbeitung nach Irland und Barbados. Das veranlaßte Reich dazu, sich zu fragen, wer »wir« ist. Er beantwortete diese Frage dann nicht aufgrund der Eigentumsverhältnisse, sondern aufgrund der Beschäftigten, ähnlich wie Michael Porter (1990), für den das Ursprungsland eine wichtige Quelle von Fertigkeiten und Technologien ist.

Die enorme Geschwindigkeit, mit der Kapital von einem Land in ein anderes strömen kann, steht scheinbar im Widerspruch zur Errichtung von Produktionszentren, vor allem dann, wenn diese mit einer hohen Spezialisierung verbunden ist. Die Möglichkeit, an einem Ort für einen globalen Markt zu produzieren, ist aber eine Folge der Globalisierung. In manchen Bereichen – Datenverarbeitung oder speziellen Finanzsektoren zum Beispiel – können einige wenige Zentren die ganze Welt versorgen. Dies führt, in Verbindung mit den Lebensansprüchen von Menschen mit gleichen Einstellungen, zu einer neuen Art lokaler Gemeinschaft, die nicht mehr auf den traditionellen Bindungen zwischen Angehörigen einer Klasse oder eines Berufes an einem Ort, sondern auf der Ähnlichkeit des Lebensstils, der Lebensumstände und auf Informationsaustausch basiert.

Eine verstärkte Bedeutung nationaler Ökonomien resultiert daraus nicht. Denn Regionen wie Silicon Valley oder die Londoner City, in denen die Wirtschaftstätigkeit für globale Märkte an einem Ort gebündelt ist, rekrutieren ihre Arbeitskräfte aus der ganzen Welt und schreiben den Kosmopolitismus auf ihre Fahnen. Diese Lokalisierung globaler Wirtschaftsaktivitäten belegt, daß die nationalen Kontrollmöglichkeiten nunmehr begrenzt sind, auch wenn sich das Gastgeberland der Anwesenheit eines globalen Zentrums rühmen mag. Die daraus hervorgehenden ökonomischen und sozialen Verhältnisse erinnern eher an die Beziehungen zwischen dem Vatikan und Italien als an den Wiederaufbau einer nationalen Wirtschaft, wie er in den dreißiger Jahren aufgrund der Integration von Politik und Industrie auf der Achse Berlin/Ruhrgebiet stattfand.

Obwohl die Mobilität der Arbeitskräfte weit hinter der des Kapitals zurückbleibt, sind die weltweit einsetzbaren Beschäftigten doch bedeutsam für den Nationalstaat, weil sie in der Regel die höherbezahlten Positionen einnehmen und sie und ihre Unternehmen die nationale Steuerpolitik beeinflussen.[11] Dies zeigt, warum man Globalisierung nicht mit Freihandel gleichsetzen kann. Multinationale Unternehmen erwarben die Fähigkeit, Grenzen zu überschreiten, gerade wegen des Vorhandenseins dieser Schranken. Um solche Unternehmen anzulocken, haben die Nationalstaaten dar-

11 Der Chef der Steuerberatungsabteilung von Coopers & Lybrand, Peter Wyman (1994), hat erklärt, daß die Steuerberatungsfirmen aufgrund der verschiedenen nationalen Steuersysteme gezwungen sind, in globalem Maßstab zu operieren, um ihre multinationalen Kunden adäquat beraten zu können. Folglich verfügen die sechs größten Firmen auch über 3.600 Niederlassungen in 130 Ländern.

aufhin ihre Grenzen durchlässiger gemacht. In dieser Hinsicht gingen die Globalisierung der Produktion und des Konsums dem Freihandel voraus, nicht umgekehrt. Aber die Grenzen fallen, und wenn bestimmte Regionen der Welt Erfolge bei der Ansiedlung von Unternehmen haben, liegt das immer weniger an der Wirtschaftspolitik der Regierungen und immer mehr an den komparativen Kostenvorteilen und immateriellen Gütern wie der Kultur und dem Lebensstil.

In diesem Zusammenhang hält man inzwischen besonders für den Fernen Osten die Nationalkultur für einen wichtigeren Faktor des Wirtschaftswachstums als die Regierungspolitik. Westliche Regierungen haben sich insofern ein Beispiel daran genommen, als sie ihre Politik nicht mehr auf makroökonomische Strategien, sondern auf die Verbesserung ihres Angebots ausrichten, indem sie sich bemühen, Ausbildung und Fertigkeiten der Ressource Mensch zu verbessern. Hier ist der wirtschaftliche Nationalismus ganz offenbar durch die Hintertür wiedergekehrt. Er dokumentiert sich nicht im Besitz oder der Beherrschung großer Industriezweige, sondern in der Konzentration auf das menschliche Kapital. Die Ausbildungsqualität ist im späten 20. Jahrhundert das Aushängeschild der Nation geworden, im gleichen Maße, wie es am Anfang des Jahrhunderts das Gesundheitswesen war. Daß nationale Regierungen nun die Kultur als Ressource betrachten, entspricht der Entwicklung in Unternehmen, die den Beitrag zu bestimmen versuchten, den ein dynamischer »Faktor X« zu ihrem Wachstum leistete, der vielleicht mit der Kultur in Zusammenhang stand. Die Verschmelzung dieser parallelen Trends führt zur Vermarktung nationaler Images, zum Bemühen, die nationale Kultur in Markennamen zu transportieren, und zur Betonung nationaler Faktoren im Konsumverhalten.[12]

Der weitgehende Verzicht der Regierungen auf makroökonomische Regulierungen macht die Interdependenz der Nationalökonomien und die ständig zunehmende Einschränkung des nationalen

---

12 Sanjaya Baru (1993), ein indischer Kolumnist, behauptet, daß die im Vergleich mit Südkorea wenig erfolgreichen Versuche indischer Unternehmen, Markenprodukte in ausländischen Märkten zu plazieren, auf das negative Image Indiens zurückzuführen seien. Das impliziert, daß die Gründung einer Nation und die globale Verbreitung eines nationalen Images Vorbedingung für den Erfolg von Unternehmens- und Markenimages ist.

wirtschaftspolitischen Handlungsspielraums deutlich. Gleichzeitig ist die Macht der Unternehmen wie der Konsumenten gegenüber den Regierungen gewachsen. Das liegt zum Teil am Untergang des Industriekapitalismus alten Stils, der von den Beziehungen zwischen Regierung und Produzentenkartellen dominiert wurde und dessen ultimative Logik die Kriegsvorbereitung war. Zum Teil liegt es auch an technologischen Fortschritten.

Jedenfalls orientiert sich die Produktion, da die Weltwirtschaft nicht mehr an nationalen Zielen ausgerichtet wird, inzwischen am Lebensstil des einzelnen Konsumenten. Die Kultur wird von der Gesamtheit der individuellen Konsumentscheidungen geprägt. Der zeitgenössische Kapitalismus ist nicht so sehr regierungs- als vielmehr kulturorientiert, und insofern steht auch eher die Nation als die Regierung in direkter Beziehung zur Wirtschaft. Für die nationalstaatlichen Regierungen besteht das Problem darin, daß die Kultur sich niemals so eingrenzen läßt, wie sie das gerne hätten. Die Ansprüche des Nationalstaats an den Wirtschaftssektor sind relativ eindeutig, die kulturelle Entwicklung ist dagegen in hohem Maße veränderlich, unkontrollierbar und unvorhersagbar. Der neue Nationalismus im Wirtschaftsleben beruht also eher auf der Schwäche als auf der Stärke der Regierungen, die vielerlei Anstrengungen auf sich nehmen müssen, weil es ihnen an der Fähigkeit mangelt, Ressourcen zu kontrollieren und zu lenken. Zudem haben die Regierungen mit einer Nationalkultur zu kämpfen, die schwerer faßbar ist als jemals zuvor und sich nicht mehr nach Staatsgrenzen richtet.

Obwohl die Globalisierung zunimmt, so gibt es doch zahlreiche Anzeichen dafür, daß sie niemals die gesamte Wirtschaftstätigkeit in der Welt dominieren wird. Das aber wird die nationale Wirtschaft nicht retten. Das Schwinden der Vormachtstellung des Nationalstaats wird eher Raum für subnationale Aktivitäten schaffen, die ihre Existenz dem grenzabbauenden Effekt der Globalisierung verdanken, aber nicht auf globaler Organisation beruhen. Der Nationalstaat ist damit konfrontiert, daß seine Wirtschaftspolitik unwichtig zu werden scheint, während es auf globaler Ebene keine ihm entsprechende Machtinstanz gibt. Ein »Ministerium für Weltwirtschaft« existiert nicht.

6.4 Umwelt, Reflexivität und Spätmoderne

*Warum die Globalität einen Bruch mit der Moderne bedeutet
und die Menschheit auf ihre frühere Beziehung
zur Natur zurückwirft*

Die modernen Sozialwissenschaften wollten sich lange Zeit nicht
ernsthaft mit dem Verhältnis von Gesellschaft und Natur beschäftigen. Dies war eines der Merkmale, die sie von vormodernem und
nichtwestlichem Denken unterschieden. In der frühen Moderne
waren die Sozialwissenschaften anthropozentrisch. Der Mensch
nahm in der Gesellschaftsordnung die Stelle Gottes ein. In der Ära
des Industriekapitalismus setzten sie die »soziale Frage« mit dem
Klassenkonflikt gleich, zu dem später die Probleme der ethnischen
Assimilation und der sozialen Integration hinzukamen. Vor allem
Émile Durkheims Behauptung, daß das Soziale nur durch das Soziale
erklärt werden könne, war ausschlaggebend dafür, daß der Mensch
als biologisches Wesen wie die Geographie in sozialwissenschaftlichen Theorien unberücksichtigt blieben (Durkheim 1895/1982).

Unter »Umwelt« verstanden etwa die Soziologen der Chicago
School am Anfang des 20. Jahrhunderts höchstens die räumliche
Verteilung von Populationen und Aktivitäten. In Theorien der internationalen Beziehungen und neuerdings in kontingenztheoreti-
schen Untersuchungen von Organisationsstrukturen besteht die
Umwelt im wesentlichen aus anderen sozialen Einheiten. Lediglich
in der Vorstellung des persönlichen Milieus, der vertrauten natürlichen und sozialen Umwelt des einzelnen, bewahrte sich die Gesellschaftswissenschaft einen schmalen Zugang zu einem tieferen
Verständnis des Menschen als Teil der Natur.

Doch in den letzten zwei Jahrzehnten hat ein Wandel stattgefunden, der die natürliche Umwelt wieder zum Thema der Sozialwissenschaften gemacht hat. Ein berühmtes Beispiel dafür ist Ulrich
Becks *Risikogesellschaft*. Unter Verweis auf die katastrophalen
Konsequenzen von Atomreaktorunfällen und Umweltzerstörung
zeigt Beck, daß auf globaler Ebene objektive Risiken bestehen, die
Grenzen irrelevant und die Weltgesellschaft zu einer notwendigen
Utopie machen. Die Modernisierungsrisiken »besitzen eine immanente Tendenz zur Globalisierung« (Beck 1986, 48).

Diese globalen Risiken sind für Beck das Ergebnis einer reflexiven Modernisierung. Darunter versteht er die Modernisierung der alten Industriegesellschaft, die die Standards einer an der Produktion von Reichtum ausgerichteten Gesellschaft überschreitet, indem sie die Prinzipien, auf denen diese gründet, ihrerseits kritisch reflektiert. Insbesondere die Folgen der industriellen Produktion für die Umwelt gehören zum reflexiven Aspekt der Risikogesellschaft. Der von Beck aufgezeigte Zusammenhang zwischen der Zunahme der Risiken und neuen Politikformen war ein wichtiger Beitrag zur Wahrnehmung globaler Kräfte, die die ältere Theorie übersehen hatte. Jedoch ist die Verbindung, die er zwischen Globalisierung und reflexiver Modernisierung herstellt, fragwürdig, weil sie die Veränderungen in Theorie und Praxis, die die Globalität mit sich bringt, nicht hinreichend berücksichtigt.

Schließlich wurde die Natur erst von der Moderne zur Umwelt erklärt. Die Globalität hat die Natur von ihrer Funktionalisierung als Umwelt befreit und die Verbindung von Mensch und Natur wiederentdeckt. In älteren und nichtwestlichen Zivilisationen wurde das Verhältnis von Mensch und Natur als dauerhafte Beziehung auf Gegenseitigkeit betrachtet. Der Moderne erschien die Natur als Bedrohung, als Rohstoff, den es sich nutzbar zu machen galt, als unerschöpfliche Energiequelle, als Kriegsschauplatz oder als Spielwiese. Dieser Instrumentalismus verurteilte emotionale und religiöse Bindungen an die Natur zur Bedeutungslosigkeit und verwandelte die Natur in eine bloße Ansammlung von Dingen, die die Menschen umgeben – eben eine Umwelt. Die »Umwelt« ist also eine Erfindung des Projekts der Moderne, denn der Begriff impliziert eine Barriere zwischen der Menschheit und der Natur und grenzt zudem den Menschen als natürliches Wesen von der Natur ab. Wie wir gesehen haben, wohnt der Moderne ein Zwang zur Expansion inne. Daher war es nur wahrscheinlich, daß sie eines Tages mit der Globalität konfrontiert würde: aufgrund der weltweiten Ausdehnung zwischenstaatlicher Systeme, der Vereinigung der Weltmärkte und des wissenschaftlichen Interesses an globalen Kräften. Beck betont zu Recht die Globalität des menschlichen Einflusses auf die Natur. Aber er unterschätzt den Bruch, den die Globalität verursacht. Denn er hätte genausogut von Entmodernisierung sprechen können. Daß er das nicht tat, lag daran, daß er

Reflexivität und Moderne verband und daher annahm, daß die neue, von der Globalisierung ausgelöste Reflexivität eine Folge der Weiterentwicklung der Moderne sein müsse. Daß die individuellen und kollektiven Akteure im 20. Jahrhundert über eine enorm gesteigerte Reflexivität verfügen, ist unbestreitbar. Dies ist zum großen Teil das Ergebnis der Entwicklung, die Max Weber als Rationalisierung bezeichnet hat. Aber Globalisierung und Rationalisierung sind nicht das gleiche, in mancher Hinsicht sind sie sogar Gegensätze. Die Reflexivität ist ebensowenig einförmig und homogen wie das Denken insgesamt. Diejenige Reflexivität, die auf globaler Ebene entsteht, unterscheidet sich von der Reflexivität, die sich zum Beispiel in Leistungsmessungen ausdrückt, wie das Denken eines Yoga-Heilers von dem des modernen Arztes. Mit anderen Worten: Jede Form der Reflexivität ist an eine Gesellschaftsordnung gebunden und verdankt ihren spezifischen Charakter der Art ihrer Verankerung in der Gesellschaft.

Die Globalität ist eher das Ende der Moderne als ihr Höhepunkt. Es fällt allerdings schwer, dies richtig zu würdigen, da viele moderne Bereiche, insbesondere Wissenschaft und Technik, auch weiterhin expandieren, wenn auch in verschiedenen Tempi. Vor allem damit rechtfertigen die Verfechter einer Spätmoderne ihre Auffassung, daß die Globalisierung nur ein Stadium des unbarmherzigen Fortschritts der Moderne sei, wobei sie Webers Vorstellung vom stählernen Gehäuse der Rationalisierung jedoch modifizieren, so daß sich dieses etwa bei Giddens in einen mobilen Dschagannath-Wagen[13] verwandelt.

Bezeichnenderweise werden Menschen in ein Gehäuse eingesperrt, während die Räder des Dschagannath-Wagens sie zerquetschen. Die Metaphorik ist klar und macht eine wichtige Veränderung der Position deutlich, die Wissenschaft und Technik in der neuen Figuration einnehmen. Das stählerne Gehäuse stand für eine Struktur gründlich durchrationalisierter Institutionen und Praktiken in Fabriken und Verwaltungen. Dem Dschagannath-Wagen der späten Moderne entspricht ein Komplex computerisierter Systeme,

13 »Dschagannath« oder »Jagannatha« (Sanskrit für »Herr der Welt«) heißt eine der Erscheinungsformen Krischnas. Bei einer jährlich in Puri stattfindenden Prozession wird ein Bild dieses Gottes auf einem riesigen, turmartigen Wagen durch die Straßen gefahren. Früher sollen sich Gläubige zuweilen unter die Wagen geworfen haben, um sich von dessen Rädern zermalmen zu lassen. (A. d. Ü., vgl. a. Giddens 1995, 173)

der sich der menschlichen Beherrschung zu entziehen droht und in dessen Zentrum das System steht, das den nuklearen Holocaust auslösen kann (Giddens 1990, 131-139).

Das Bild des Dschagannath-Wagens unterstreicht, daß sich die Rationalität inzwischen der menschlichen Kontrolle entzieht, und erhellt insofern, daß Reflexivität nicht nur eine menschliche Eigenschaft, sondern auch eine von Systemen sein kann. In diesem Sinne führt sie zu einer Erweiterung des Umweltbegriffs, der nun auch, explizit etwa bei Giddens, menschliche Eingriffe einschließt.

Allein das signalisiert den Bruch, den die Theorie der reflexiven Modernisierung zwar widerspiegelt, aber nicht hinreichend interpretiert. Denn die Moderne beruhte vor allem auf einem Projekt zur Ausdehnung der Herrschaft des Menschen. Dieses Projekt muß nun revidiert werden, da es sich einer durch menschliche Eingriffe verursachten Unvorhersehbarkeit von Umweltreaktionen gegenübersieht. Die hier geforderte Reflexivität ist nicht mehr die eines zielgerichteten Projekts, sondern die der Globalität, des Wissens um globale Zusammenhänge. In der neuen Figuration wird die Natur in der Umwelt wiederentdeckt, und die Globalität löst nicht nur Projekte, sondern auch Prinzipien als Ordnungsfaktoren der Epoche ab. Ob beim Trinkwasserverbrauch oder der Müllbeseitigung: Die Gesamtheit menschlicher Aktivitäten setzt in der Natur globale Kräfte frei, die auf die gesamte Menschheit zurückwirken.[14]

Diese Überlegungen erfordern subtile Differenzierungen, von denen jedoch viel abhängt, ähnlich wie für die Linke viel von der Frage der Bedeutung feudalistischer Relikte in der kapitalistischen Gesellschaft abhing, die ihr Stoff für endlose strategisch-taktische Grabenkämpfe gab. Auch in der globalen Gesellschaft setzt sich der Rationalisierungsprozeß fort, aber er wird zunehmend zu einem Umweltfaktor im sozialen Leben und verliert seine Funktion als dessen Strukturprinzip. In dem Augenblick, in dem die Natur wiederentdeckt wird und die Menschheit sie wieder zu einem Be-

14 Steve Coll (1994) berichtet, daß der Handel mit Abfall im Jahre 1991 einen Wert von 90 Milliarden US-Dollar hatte und lokal entstandene Schadstoffe zum Bestandteil eines globalen Müllbeseitigungsproblems machte. John Vidal (1995) berichtet über den sich alle einundzwanzig Jahre verdoppelnden weltweiten Trinkwasserverbrauch und den Teufelskreis aus Industrieansiedlung, Überlastung der Ackerböden, Auszehrung und Desertifikation.

standteil ihres Selbstverständnisses macht, ist es die Rationalität, die externalisiert und als Ressource, Bedrohung oder Spielwiese betrachtet wird.

Der Wandel wird also nicht von der reflexiven Modernisierung, sondern von der Globalisierung herbeigeführt, die die Globalität anstelle der Rationalität zum vorherrschenden Charakteristikum der Epoche macht. Da aber die Rationalität ein Bündel von Prinzipien ist und die Globalität ein materieller Bezugsrahmen, betrifft der Wandel die gesamte Figuration menschlicher Aktivitäten. Er läßt sich folglich nicht mit der Änderung eines Reiseplans vergleichen, bei der man vom einen auf den anderen Tag beschließt, unter Beibehaltung aller sonstigen Umstände wie Transportmittel usw. nicht nach Rom, sondern nach Mekka zu fliegen, sondern eher mit einer Konversion, bei der man als Katholik zu Bett geht und als Moslem erwacht, ohne in der Lage zu sein, einen allgemeingültigen Religionsbegriff zu finden. Insofern sind Rationalität und Globalität inkommensurabel.

6.5 Von abstrakten zu materiellen Systemen

Warum die abstrakte Gesellschaft ihren Höhepunkt womöglich bereits überschritten hat

Der globale Wandel bindet die Menschen fester an die Natur und betont die Materialität der von ihnen geschaffenen Welt. Der Globalismus ist keineswegs eine Ausweitung des modernen Universalismus, er repräsentiert vielmehr die Erkenntnis, daß universelle Ideen sich den Realitäten der globalen Umstände anpassen müssen. Wenn die Erde als weltumspannende Natur gilt, ist eine Generalisierung jener Prinzipien erforderlich, die dem bäuerlichen Produzenten vormoderner Zeiten wohlvertraut waren. Eine Familie, die ein Stück Land besitzt und bewirtschaftet, muß dieses Land nachhaltig bewirtschaften, wenn es ihr Überleben auf lange Sicht sichern soll. Der Expansionismus der Moderne schob in der Erwartung, fortwährend neues Land und neue Ressourcen zu erschließen, solche Bedenken beiseite. Nun hat die vollständige Erschließung der Welt die Bedingungen, die früher für individuellen Landbesitz galten, im globalen Maßstab wiederhergestellt. Globale Umweltprobleme resultieren folglich aus den kollektiven Praktiken der Menschen auf der ganzen Erde.

Schon das sollte mit dem Irrtum aufräumen, die Globalisierung sei der Triumph abstrakter universeller Ideen. Dieses Mißverständnis beruht ganz einfach darauf, daß man das Ausmaß des Wandels für ein Zeichen von Abstraktheit hielt. Die Globalität verdankt sich der Ausbreitung bestimmter kollektiver Produktionspraktiken und deren Gesamtwirkung. Diese Praktiken und Wirkungen sind keineswegs abstrakter Natur, auch wenn ihr Ausmaß und ihre Reichweite enorm sind. Die Globalität sorgt allerdings dafür, daß die Implikationen ihrer Stofflichkeit leichter erkennbar werden.

Die Außenwirkung der globalen Wirtschaftstätigkeit läßt sich also als Ausbeutung eines Gemeinguts wie des Regenwaldes oder als Beschädigung einer allgemeinen Lebensgrundlage wie der Ozonschicht beschreiben, selbst wenn diese Effekte auf der Ebene des einzelnen Unternehmens nicht meßbar sind. Der Treibhauseffekt wird auf der ganzen Welt Folgen haben, nicht nur in den Regionen, in denen Kohlenwasserstoffe freigesetzt werden. Sobald eine Institution globales Ausmaß erreicht, muß auch ihr Wirkungsbereich global definiert werden.

Auf den Weltmärkten findet eine ähnliche Transformation vom Abstrakten zum Konkreten statt. Alle Markttheorien haben Monopole abgelehnt, weil sie im Widerspruch zur Rationalität stünden, weswegen nationale Gesetze sie auch verbieten. Auf globaler Ebene ist eine Annäherung an das ultimative Monopol denkbar: die weltweite Kontrolle über einen seltenen und wertvollen Rohstoff. Die Ölkrise von 1973 wurde nicht durch abstrakte Vorgänge am Weltmarkt verursacht, sondern durch die weltweite materielle und strategische Bedeutung des Öls, seinen Stellenwert in der Wirtschaft und die Macht der Vereinigung erdölexportierender Länder (OPEC).

In allen wichtigen Beiträgen zur Debatte um die natürlichen Ressourcen, vom Bericht des *Club of Rome* (Meadows et al. 1972) über den amerikanischen *Global 2000 Report* (Council on Environmental Quality and the Department of State 1982) bis zum »Brundtland-Bericht« (1987), wird die Fähigkeit des freien Marktes, die Zukunft der Welt zu sichern, bezweifelt. All diese Berichte stellen materielle Realitäten über theoretische Abstraktionen, und so liegt eine gewisse Ironie darin, daß ausgerechnet die Umweltschützer so oft als realitätsfremd beschimpft wurden.

Dieser Vorrang des Materiellen im Globalen Zeitalter steht im Widerspruch zu einer Standardkritik an der Moderne, die von so verschiedenen Autoren wie Popper (1945/1962), Berger et al. (1973) und Giddens (1990, 1991) vorgetragen wurde. Sie alle meinen, daß Abstraktheit zum modernen Leben gehöre, und führen das auf die allgemeine Lebensferne und Sinnlosigkeit der modernen Interaktionen zurück. Popper beklagt explizit den Verlust einer Zeit, in der die Menschen »nicht bloß durch abstrakte soziale Beziehungen, wie Arbeitsteilung, Güteraustausch, sondern durch konkrete physische Beziehungen, wie Berührung, Geruch, Sicht, miteinander verbunden« waren (Popper 1992, 207).

Diese These erntete Widerspruch, schon bevor von Globalität die Rede war. Abstraktheit ist eher eine Qualität von Ideen als eine Eigenschaft des Lebens oder der Lebensführung, und nicht alle Ideen sind abstrakt. In der Moderne dehnte sich zwar die Reichweite abstrakter Ideen aus, doch wurden sie mitunter auf sehr konkrete Weise angewendet. Um die Elektrizität zu verstehen, benötigt man einiges an abstrakter Physik, und die Produktion einer Elektronenröhre setzt einen hohen Grad an Abstraktion und Fähigkeiten voraus, doch der alltägliche Gebrauch von Elektrizität ist eine höchst konkrete und praktische Erfahrung.

Die Idee einer abstrakten Gesellschaft geht mit der Vorstellung einher, daß Beziehungen über Distanz irgendwie weniger wichtig seien als Beziehungen, die sich aus der gleichzeitigen Anwesenheit im selben Raum ergeben, obwohl zu einer Beziehung, die mehr als eine bloße Begegnung ist, Anwesenheit wie Abwesenheit gehören. Wenn die gleichzeitige Anwesenheit am selben Ort eine konkrete Beziehung ergibt, können wir genausogut behaupten, daß die moderne Gesellschaft eine besonders konkrete sei, weil die meisten alltäglichen Kontakte Begegnungen zwischen Menschen sind, auch wenn sich die Betreffenden danach nie wiedersehen.

Der These von der abstrakten Gesellschaft liegt die Einstellung zugrunde, daß Abstraktion gleichbedeutend mit Entfernung sei und daher einen Verlust darstelle. Auch wenn wir dem bezüglich der Moderne zustimmen, müssen wir feststellen, daß die Globalität mit einer Wiederherstellung von Nähe einhergeht. Das drückte sich schon in McLuhans Metapher vom »globalen Dorf« (1962) aus, die sich noch hauptsächlich auf die elektronischen Medien bezog. Der Spielraum für weltweite konkrete Kontakte mit anderen ist seitdem durch das Telefon und die Luftfahrt enorm gewachsen.

Giddens' Darstellung der Abstraktheit gilt eher für Systeme oder für seinen Dschagannath-Wagen als für soziale Beziehungen. Niemand wird bestreiten, daß die nuklearen Verteidigungssysteme das Äußerste an zentralisierter Kontrolle und Entfernung vom einzelnen darstellen, aber diese Abstraktheit könnte sich auf verheerende Weise konkret auswirken. Auch benötigen abstrakte Systeme wie der Luftverkehr und das internationale Bankenwesen spezialisierte Experten und einen hohen Grad an Koordination und zentralisierter Kontrolle. Andere »abstrakte« Systeme aber sind durch die Weiterentwicklung der Informationstechnologie für den einzelnen immer konkreter und zugänglicher geworden. Kreditkarten mit weltweiter Gültigkeit verschaffen dem Reisenden konkreten Kredit, Flugbuchungssysteme können weltweit konkrete Informationen übermitteln und müssen nicht mit fiktiven Platzzuweisungen arbeiten.

Es gibt heute einen globalen institutionellen Rahmen, der auf Systemen basiert, die im Alltagsleben eine ähnliche Rolle spielen wie früher die natürliche Umgebung: Sie sind unerschöpflicher, grenzenloser Rohstoff, etwas potentiell Bedrohliches, aber auch eine Spielwiese. Diese künstliche Umwelt bietet, genau wie die natürliche auch, Raum für Kommunikationsmedien und ist selber als ein solches angelegt. Spezielle Anforderungen lokaler Kulturen sind dabei lediglich Varianten, die den Standard der weltweiten Operationsbasis nicht beeinträchtigen.

Telefon, Fax, Computer, Geldautomat – alle sind Teil eines weltweiten interaktiven Kommunikationssystems. Zusammen mit der weltweiten Ausstrahlung von Radio- und Fernsehprogrammen und den interkontinentalen Verkehrsverbindungen bilden sie die Medien der Globalisierung. Gleichzeitig werden die praktische Erfahrung und die Kompetenz des Umgangs mit ihnen – die Berücksichtigung anderer Benutzer eingeschlossen – notwendige Bestandteile der allgemeinen Fähigkeit des einzelnen, am sozialen Leben teilzunehmen. Insofern stellen diese Medien auch eine Infrastruktur für individuelle und kollektive innovative Reaktionen auf das Globale Zeitalter zur Verfügung. Das Spannungsverhältnis zwischen standardisierten Medien und individuellen Stilen wird die Kulturkritiker der Epoche beschäftigen. Die politischen Beobachter wiederum sehen in der neuen Möglichkeit der Vernetzung globaler Bewegungen ein potentielles Gegengewicht zur Macht der Manager des Systems.

Auf jedem dieser Gebiete hat die Globalität nicht dazu geführt, daß sich die Systeme weiter von den Menschen entfernt hätten. Es ist im Gegenteil sogar wahrscheinlich, daß die ausgehende Moderne den Höhepunkt der abstrakten Gesellschaft bezeichnet, den wir nun überschritten haben. Diese Möglichkeit werden wir im nächsten Kapitel genauer betrachten, indem wir untersuchen, wie einzelne Menschen auf die Globalität reagieren, sie gestalten und nutzen.

7. Figurationen des Globalen Zeitalters: Menschen

Für wen giebt es jetzt noch einen strengeren Zwang, an einen Ort sich und seine Nachkommen anzubinden? Für wen giebt es überhaupt noch etwas streng Bindendes? Wie alle Stilarten der Künste neben einander nachgebildet werden, so auch alle Stufen und Arten der Moralität, der Sitten, der Culturen. (…) Ein solches Zeitalter bekommt seine Bedeutung dadurch, dass in ihm die verschiedenen Weltbetrachtungen, Sitten, Culturen verglichen und neben einander durchlebt werden können; was früher, bei der immer localisirten Herrschaft jeder Cultur, nicht möglich war, entsprechend der Gebundenheit aller künstlerischen Stilarten an Ort und Zeit.

Friedrich Nietzsche,
Menschliches, Allzumenschliches

7.1 Globale Bewegungen

Warum zwischen Globalismus und Konsumkapitalismus ein heimliches Einvernehmen über Werte besteht, die die Grenzen des Nationalstaats überschreiten

Die das neue Zeitalter prägende politische Strategie ist nicht der Nationalismus, mit dem wir uns weiter unten befassen werden, sondern der Globalismus, das Engagement für die Werte der Globalität, weltweite Kampagnen und die Vereinigung von Gleichgesinnten im weltweiten Maßstab. Globale Bewegungen müssen nicht unbedingt globalistisch sein, obgleich die Globalität sie mehr oder weniger in diese Richtung drängt.

So liegt es zum Beispiel bei der Frauenbewegung auf der Hand, daß sie Ländergrenzen überschreitet, auch wenn sie sich auf landesspezifische Probleme konzentriert und sich national organisiert. Der daraus resultierende Internationalismus hat globalen Charakter. Das macht etwa Robin Morgans Bericht über ihre Arbeit an

Anthologien zur Frauenbewegung anschaulich. Zunächst stellte sie 1968 eine Anthologie für die Frauenbewegung in den Vereinigten Staaten zusammen. Damals existierte ihren Angaben zufolge noch kein länderübergreifendes Netzwerk. Noch während ihrer Arbeit stieß sie jedoch auf eine internationalistische Perspektive. Ihre Überlegungen zu einer zweiten Anthologie brachten sie dann zu der Überzeugung, daß die Frauen die Mehrheit jener Spezies bilden, die »die Fähigkeit zur Auslöschung jeglichen Lebens auf diesem Planeten« besitzt. Aufgrund dieser Feststellung forderte sie eine »Neubestimmung aller bestehenden sozialen Strukturen« (Morgan 1984, 3). Weder individuelle Biographien noch politische Bewegungen müssen zwingend einen solchen Verlauf nehmen. Er entspricht aber dem epochalen Wandel von der Moderne zur Globalität.

Die moderne Zielsetzung eines universalistischen Aufrufs an alle Frauen, sich aufgrund ihrer Geschlechtszugehörigkeit zu organisieren, vereint diese innerhalb eines Nationalstaats und führt auf zwei Ebenen zu Zusammenschlüssen: zu Netzwerken nationaler Organisationen und zu Netzwerken transnationaler persönlicher Beziehungen. Diese können sich ausdehnen, bis sie globalen Umfang haben, ohne daß die Globalität ihre Perspektive grundsätzlich verändern muß. In dem Moment aber, in dem sie erkennen, daß die Situation der Frauen in der ganzen Welt das Ausmaß und die Grenzen ihrer Aktivitäten bestimmt – das heißt, wenn sie die Globalität berücksichtigen und die Situation von Frauen an jedem Ort der Welt prinzipiell als einen Aspekt ihrer Arbeit betrachten –, werden sie globalistisch.

Wir müssen also zwischen verschiedenen Momenten unterscheiden, die bei der Formierung weltweiter Bewegungen im Globalen Zeitalter von Bedeutung sind. Ein Moment ist der abstrakte Universalismus der Moderne, der den Internationalismus hervorbringt. Das dafür prägnanteste Beispiel aus der Geschichte ist die Entwicklung der internationalen Arbeiterbewegung, die eine solche Macht errang, daß schon der Begriff »international« bei den Regierungen des 19. Jahrhunderts ungute Assoziationen weckte. Ein zweites Moment ist eine die Grenzen überschreitende Form der Vergesellschaftung, die Kennzeichen jeder sozialen Bewegung ist, in der sowohl Menschen als auch Ideen im steten Fluß sind.

Auch wenn die Moderne auf typische Weise darauf reagierte, ist dies nichts spezifisch Modernes. Norman Cohns Untersuchung (1957) zeigt, daß die chiliastischen Bewegungen und Sehnsüchte des Spätmittelalters keine Vorzeichen der Moderne waren, sondern ein Beispiel für die Verwobenheit von religiösen Erfahrungen und gesellschaftlichen Veränderungen, die in anderen Kulturen so häufig eine Rolle spielte.

In der Gefühlsbetontheit ekstatischer religiöser Erfahrungen steckte seit jeher das Potential, über Grenzen hinweg neue Bindungen und soziale Formen zu erzeugen. In der globalen Bewegung zeitigen solche rauschhaften Erfahrungen die gleichen Folgen wie ihr scheinbares Gegenteil, der kühle Rationalismus des Glaubens an eine universelle Ordnung. Beide werden jedoch durch ein drittes Moment noch verstärkt, nämlich die neuen Möglichkeiten weltweiter Kommunikation. So schafft sich etwa die alte Pfingstbewegung des 20. Jahrhunderts mit der »Toronto Blessing« eine neue Form. Daß die Teilnehmer einer religiösen Versammlung unkontrolliert in Gelächter oder Tränen ausbrechen, ist nichts Ungewöhnliches, doch wenn diese Zusammenkünfte wie in der »Airport-Vineyard«-Kirche in Toronto am Ende einer Rollbahn stattfinden, können innerhalb von neun Monaten viertausend Geistliche und andere Menschen aus aller Welt an einer religiösen Erfahrung teilhaben und diese in ihre verschiedenen Heimatländer tragen. Diese Art der Offenbarung stützt sich auf Fax, *e-mail* und das weltweite Telefonnetz (Richter 1996).[1]

Die »Toronto Blessing« ist also ein offensichtliches Beispiel für die Globalisierung, insofern sie die globale Verbreitung einer lokalen Praxis oder wenigstens des mit dieser Praxis verbundenen Ortsnamens meint, denn die Kirche am Flughafen wurde auch zu-

---

1 Diese technischen Hilfsmittel stehen auch den Religionen älterer Kulturen zur Verfügung. Die Kunde vom Wunder des milchtrinkenden Ganesha, das am Morgen des 21. September 1995, einem Donnerstag, in einem Tempel in Neu-Delhi stattfand, verbreitete sich in ganz Indien, und am nächsten Tag gab es sogar weltweit Berichte darüber. [Tempelbesucher hatten berichtet, die Marmorstatue des indischen Gottes Ganesha, dargestellt als dickbäuchiger Mann mit Elefantenkopf, »trinke« Milch aus ihr dargebotenen Löffeln. Wissenschaftler versuchten, das »Wunder« u.a. mit der Porosität des Marmors und der niedrigen Oberflächenspannung der Milch zu erklären. Im Internet finden sich mehrere kontroverse Meinungen von Leuten, die das »Wunder« bezeugen oder anzweifeln. A.d.Ü.] Der *Guardian* schrieb am 23. September, dies sei »wahrscheinlich das erste Beispiel für eine globale Verbreitung religiöser Leidenschaft durch die Massenmedien«.

vor schon von Rodney Howard-Brown, einem international bekannten Prediger, für Gottesdienste genutzt. Doch zu einer typischen Bewegung des Globalen Zeitalters gehört noch ein viertes Moment, nämlich die Reaktion auf die Globalität, das Eintreten für globalistische Werte. In dieser Hinsicht ist die »Vereinigungskirche« von Sun Myung Moon eine typische Erscheinung des Globalen Zeitalters, des globalen Chiliasmus. Sie wurde, wie es in ihren Schriften heißt, zur Bekämpfung des gottlosen Weltkommunismus gegründet, konzentriert sich auf die Schaffung einer neuen Form von Vergesellschaftung, in deren Mittelpunkt die Rettung der Welt steht, und bemüht sich dementsprechend um weltweite Organisation und Kommunikation.

Der Globalismus als allgemeiner Bezugspunkt ist vor allem in der Menschenrechts-, Friedens-, Umweltschutz- und Frauenbewegung anzutreffen. In René Dubos' Slogan »think globally, act locally« wurde er zum Synonym für ein politisches Handeln, bei dem politische Standpunkte außerhalb der etablierten politischen Kanäle des Nationalstaats vertreten und lokale Aktionen mit dem Verweis auf globale Notwendigkeiten begründet werden. Der Staat bleibt dabei effektiv ausgeschlossen. Aus diesem Grund fordert Alain Touraine (1981) seit langem, daß nicht der Nationalstaat, sondern die sozialen Bewegungen die grundlegende Kategorie für zeitgenössische soziologische Untersuchungen sein sollten.

Globalistische Bewegungen arbeiten mit symbolischen Protestaktionen, schaffen sich eher vernetzte als hierarchische Strukturen, weisen auf die politische Dimension des Alltags hin und opponieren gegen die herrschenden Machtstrukturen durch alternative Kleidung, alternative Ernährung oder alternative sexuelle Beziehungen. Die Zugehörigkeit zu einer globalen Bewegung bedeutet, daß man Gleichgesinnten das eigene Engagement durch eine Reihe symbolischer Akte signalisiert, die von der untersten Stufe, dem Tragen von Buttons und Abzeichen, bis zur Entscheidung für einen gänzlich anderen Lebensstil reichen.

Einige Elemente der globalistischen Einstellung gehen auf den Widerstand gegen die Moderne als solche zurück, auf gegenkulturelle Bewegungen des 19. Jahrhunderts, auf romantizistische oder anarchistische Versuche, alternative Gemeinschaften zu etablieren. Bei ihrem Widerstand gegen das vom Staat verordnete rationali-

sierte Leben überschritten sie automatisch Grenzen und suchten
jenseits dieser Grenzen Unterstützung. Doch erst in der zweiten
Hälfte des 20. Jahrhunderts begannen diese Bewegungen, auf die
Globalität zu reagieren.

Die Bedrohung der gesamten Menschheit durch einen möglichen nuklearen Holocaust wurde zum Paradigma der globalen
Situation, um das sich alle Gegner des nationalstaatlichen Systems
scharen konnten. Das Bestreben globaler Institutionen, über Um-
welt- und Bevölkerungsprobleme aufzuklären, versorgte eine länderübergreifende politische Opposition ständig mit neuen konkreten Argumenten.

Schließlich wurde die Globalität selbst zu einem Rohstoff und
einem Medium, mit dem diese Bewegungen arbeiten konnten. Die
Telekommunikation nützt der Opposition im gleichen Maße wie
den herrschenden Institutionen. Es wurde realistisch, in der ganzen
Welt Unterstützung zu mobilisieren, um in einer bestimmten Sache
Druck auszuüben oder, wie im Fall der Anti-Apartheid-Bewegung,
sogar ein ganzes System unter Druck zu setzen. Als Nelson Man-
dela im Jahre 1994 Präsident des neuen Südafrika wurde, war das
der bedeutendste Triumph alternativen politischen Handelns aller
Zeiten.

Die Stärke globalistischer Bewegungen beruht darauf, daß sich
weltweit ganz gewöhnliche Menschen mit ein wenig überschüssi-
ger Zeit und Energie aus freien Stücken für eine Sache einsetzen.
Diese Bewegungen verfügen weder über viel Geld noch über um-
fangreiches Equipment. Sie verfügen aber über menschliches, genauer gesagt kulturelles Kapital. Sie nutzen das Engagement für
bestimmte Werte und profitieren von Kenntnissen und Fähigkeiten, die weder vom Staat noch von Arbeitgebern oder religiösen
Zwängen gegängelt werden und auch nicht für den privaten Kon-
sum aufgewendet werden müssen.

Globale Bewegungen sind daher von gewissen Produktions-,
Konsum- und Arbeitsbedingungen des heutigen kapitalistischen
Systems abhängig, die die Verbreitung neuer kultureller Praktiken
fördern, die Zugehörigkeit zu alten Gruppen relativieren und neue
Formen der Identität ermutigen. Alles in allem spielt folglich der
Kapitalismus eine bedeutende Rolle bei der Verallgemeinerung und
Verbreitung eines Kulturbegriffs, der sich gegen staatliche Defini-

tionen und Kontrolle wendet. Es gehört zu den Widersprüchen des Kapitalismus, daß er innerhalb und mit Hilfe des Staates operiert, sich in Schlüsselfragen auf dessen Unterstützung verläßt, sich aber gleichzeitig gegen staatliche Regulierungen des Produktionsprozesses wehrt und ständig versucht, in neue Märkte zu expandieren. Das gilt für Kulturprodukte ebenso wie für alle anderen.

Das soll nicht heißen, daß der Kapitalismus die globalen Bewegungen unmittelbar fördert, sondern nur, daß sich infolge jener Prozesse, die die neuen Stilrichtungen und Images durchsetzen wollen, die sich den verfeinerten Geschmack von Fachkräften zunutze machen, die, anders ausgedrückt, auf die Konsumenten und Produzenten des Kulturkapitalismus zielen, der Gebrauch, den der einzelne von deren Möglichkeiten macht, nicht mehr kontrollieren läßt. Die Disziplinierung am Arbeitsplatz gilt nicht, wenn die Arbeitskräfte ihre Konsumentscheidungen treffen. Folglich muß sich der Kapitalismus der öffentlichen Meinung über großflächige Industrieansiedlungen, Schadstoffemission und andere allgemein abgelehnte Produktionstechniken beugen oder diese zumindest einkalkulieren, und zwar aufgrund der Wertvorstellungen der Konsumenten.

Globale Bewegungen entstehen daher da, wo ein vom Konsumverhalten gesteuerter Kapitalismus und politisches Engagement zusammentreffen. Sie widerlegen die schlichte Prämisse der Interessengleichheit von Staat und Kapital, weil sie ein keimendes Weltbürgertum repräsentieren, das die nationalen Regierungen nicht einfach ignorieren können. In den Diskussionen um die Ölbohrinsel »Brent Spar« im Juni 1995 und die französischen Atombombenversuche im Herbst 1995 trat die *Pressure-group* Greenpeace den Regierungen und multinationalen Konzernen als gleichgestellter Gesprächspartner gegenüber.[2]

---

2 Daher wird Greenpeace auch zu einem potentiellen Partner in der internationalen Politik. Die deutsche Regierung war bezüglich der Müllbeseitigung auf hoher See anderer Meinung als die britische und unterstützte den Widerstand von Greenpeace gegen die Versenkung der unbrauchbaren Bohrinsel »Brent Spar« im Atlantik. Als zusätzlicher Ansporn diente ihr die Tatsache, daß achtzig Prozent der Deutschen gegen die Versenkung waren (*Guardian*, 21. 6. 1995, 6).

7.2 Kultur und multiple Welten

*Die Globalität stellt die Grenzenlosigkeit der Kultur wieder
her und fördert die Erneuerung und Vielfalt kultureller
Ausdrucksformen*

Der Widerstand gegen die Interessen des globalen Kapitalismus
durch das Eintreten für globalistische Werte scheint ein unwider-
legliches Beispiel dafür zu sein, daß die Konflikte innerhalb nationalstaatlicher Gesellschaften im Globalen Zeitalter einfach auf den
ganzen Globus übertragen werden. Der überkommene Bezugsrahmen scheint noch zu gelten: globaler Kapitalismus gegen globale
Kultur.

Doch in diesem Punkt wird eine vereinfachende Interpretation
der Komplexität des Globalen Zeitalters nicht gerecht. Die Globalisierung hat sich weder eindimensional vollzogen, noch ist sie ein
Prozeß, der sämtliche Tendenzen in Kultur und Gesellschaft verändert hat. Wir müssen vielmehr zwischen unterschiedlichen Phänomenen differenzieren, die zwar alle mehr oder weniger unter den
Begriff Kultur fallen, aber doch sehr verschiedene Eigenschaften
aufweisen, je nachdem, in welches wirtschaftliche, technische oder
machtpolitische Umfeld sie eingebettet sind.

Wenn wir jetzt von Ideen, Werten, Themen, Bildern, imaginierten Welten, Stilen, Projekten, Ideologien, Diskursen und Logiken
sprechen, meinen wir zunächst nicht die Elemente eines Systems
namens Kultur, sondern verschiedene Eigenschaften, Ursachen
und Wirkungen einer Welt, die unendliche Entdeckungen bereit-
hält. Wir entdecken dabei Zusammenhänge zwischen einzelnen
Bausteinen, aber kein fertiges Gebäude.

Das Globale Zeitalter hat die Idee der Kultur vor allem dadurch
neu geprägt, daß es Grenzen abgebaut und die oben erwähnten Elemente von den Beschränkungen früherer Diskurse befreit hat. Das
heißt aber nur, daß wir nun eine genauere Vorstellung von der immanenten Unbestimmtheit der Kultur haben, die dieser auch schon
vor dem Globalen Zeitalter eigen war.

Alle Versuche, die Kultur zu definieren und in einen starren begrifflichen Rahmen zu passen, der sich an der Gesellschaftsstruktur
orientiert, erscheinen uns heute als von vornherein zum Scheitern

verurteilte Auswüchse akademisch-bürokratischen Denkens. Die Gesamtheit der Ideen einer Gruppierung kann nicht in einer bilanzierenden Bestandsliste zusammengefaßt werden. Auch werden diese Ideen nicht wie Besitztümer von einer Generation an die nächste weitergegeben. Solche Theorien beruhen auf einer verkümmerten Vorstellung des Wissenserwerbs und der kreativen Auseinandersetzung jeder neuen Generation mit der vorgefundenen Realität.

Zudem läßt die Vorstellung, daß unterschiedliche Kulturen – und die dazugehörigen Menschen – auf einer einzigen Ebene angesiedelt sind, so daß man sie mittels einer universell verwendbaren Begriffsschablone klassifizieren könnte, die Tatsache außer acht, daß einige Eigenschaften mehrerer Gruppen gemeinsam oder sogar universell sind, während andere in einigen Gruppierungen gänzlich fehlen, woraus folgt, daß die Phänomene im Endeffekt gar nicht vergleichbar sind. Chinesische Schriftzeichen und Kalligraphie stehen quer zu westlichen Bedeutungsebenen und führen Menschen zusammen, die nicht die gleiche Sprache sprechen. In der westlichen Welt gelten musikalische und mathematische Notationstechniken über die Grenzen gesprochener Sprache hinweg, während die Muttersprache in der Schrift verwurzelt ist.

Ein universelles Lexikon kultureller Phänomene, das uns in die Lage versetzen würde, verschiedene Kulturen miteinander zu vergleichen und voneinander abzugrenzen, existiert nicht; zudem schafft jede technologische Neuerung ein Potential für die Erzeugung neuer Wirklichkeitsebenen, die sich mit erstaunlicher Geschwindigkeit in der ganzen Welt verbreiten. Die Computertechnologie etwa stellt einen Komplex von Ideen, Praktiken, Logiken und Bildern zur Verfügung, der es ihren Benutzern ermöglicht, eine potentiell unendliche Anzahl virtueller Welten miteinander zu teilen, die die anderen Welten auf eine bislang kaum untersuchte Weise durchdringen. Und auch die Technologie gehört zur Kultur!

Wenn wir von der Kultur des Globalen Zeitalters sprechen, haben wir es also mit einer enorm komplexen Figuration zu tun und müssen zwischen vielen unterschiedlichen Phänomenen differenzieren, die auf ganz verschiedene, gelegentlich widersprüchliche Weise mit der Globalität im Zusammenhang stehen und zuweilen sogar ausgesprochen anti-global sein können. Die Figurationen differieren, je nachdem ob wir die Wissenschaft, den Sport, die Mode oder die Literatur betrachten. Doch es gibt einige Elemente, die allen Bereichen gemeinsam sind.

Margaret Archer (1988) hat Darstellungen, die die Kultur auf andere Bereiche zurückführen oder mit anderen Phänomenen verschmelzen, um sie an eine sogenannte soziale Struktur anzugleichen, einer vernichtenden Kritik unterzogen. Sie plädiert dafür, sich auf die irreduziblen Universalien zu beschränken, und auch ich bin der Auffassung, daß wir stets versuchen sollten, diese ausfindig zu machen. Aber jene Büchse der Pandora, die man gewöhnlich das menschliche Bewußtsein nennt, enthält unendlich viel mehr als diese Universalien und reproduziert und diversifiziert dieses Mehr in exponentiellem Maß.

Man könnte durchaus den Versuch unternehmen, diese divergierenden Tendenzen miteinander zu kombinieren. Von dieser Idee war das »Inter-Cultural Performing Arts Project« beflügelt, das vom Goldsmith College in London in den späten achtziger Jahren durchgeführt wurde und auf einer dialektischen Anthropologie basierte, die sowohl grundlegende Prinzipien entdecken als auch ein neues interdiszipläres und interkulturelles Theater schaffen wollte. Doch wie eine der Teilnehmerinnen, Andrée Grau, bemerkte, wäre es »naiv, den Interkulturalismus für ein globales Phänomen zu halten, das alle Unterschiede der Klasse, Rasse und/oder Geschichte aufheben« könne (1992, 17). Wenn wir den Karneval in Trinidad, der sich zu einer Kombination vieler Künste und kultureller Traditionen entwickelt hat und überall, wo Trinidader leben, eingeführt und transformiert wird, als historisches Beispiel volkstümlicher Interkulturalität betrachten, stellen wir fest, daß die Verwandlungsfähigkeit sowohl der Kunst als auch der Künstler eine herrschende Form der Ästhetik ist (vgl. Alleyne-Dettmers 1996). Die Globalität ist in diesem Fall der Faktor, der die Verwandlung beschleunigt.

Die Gleichsetzung von Kultur und Gesellschaft im Diskurs des Nationalstaats wird im Globalen Zeitalter aufgegeben, doch man muß betonen, daß dies keine Folge der Globalisierung an sich ist. Daß Ideen Grenzen überschreiten, Völker sich miteinander verständigen und neue Diskurse und Denkweisen sich ausbreiten, war schon lange vor der in der zweiten Hälfte des 20. Jahrhunderts aufkommenden Globalität der Fall. Solange der Nationalstaat jedoch glaubte, diese Phänomene mit einer pluralistischen, multikulturellen Politik eindämmen zu können, wurden sie lediglich als Stadien der Entwicklung zu einer stärkeren Integration betrachtet. Mit der Globalität setzt nun auch die Erkenntnis ein, daß diese Phänomene endlos erneuerbar sind und nicht von der Existenz nationalstaatlicher Grenzen abhängen. Die globale Kultur ist kein verwaltetes System.

Nehmen wir die darstellenden Künste: In der Moderne wurden in der ganzen Welt europäische Musik, europäischer Tanz und europäisches Theater aufgeführt, ohne daß dabei andere Formen der darstellenden Kunst unterdrückt oder ausgeschlossen worden wären. Gleichzeitig ist aus dem interkulturellen Kontakt und aufgrund des Wandels der Technologie und des Publikums eine Vielzahl neuer Formen wie Jazz, Rock und Reggae entstanden. Die starke Ausbreitung diverser Medien – des Kabel- und Satellitenfernsehens, der CD und des Radios – hat auf gewisse Weise ganz einfach die Möglichkeiten weltweiter Verbreitung erweitert, die Künstlern aller Kulturen offenstehen.

Aber es gibt eine neue Wendung. Die Medien, die diese globalen Möglichkeiten erschließen, rücken inzwischen selbst in den Brennpunkt der Ereignisse, die sie übertragen. Die Möglichkeit, künstlerische Darbietungen live und simultan in der ganzen Welt auszustrahlen, führt zu spektakulären Inszenierungen, die gleichzeitig Ekstase vermitteln und mit der Vorstellung, daß die ganze Welt sich selbst im Fernsehen betrachtet, Ehrfurcht erzeugen wollen. Das war die Absicht der Live-Aid-Konzerte, die unverhüllt als Verherrlichung globaler Werte geplant waren und einen *global village*-Effekt hervorrufen sollten. Diese globalen Bühnenspektakel trennen nicht mehr zwischen der Freude an musikalischen Darbietungen und dem Jubel über die Tatsache, daß diese aufgrund der Technologie ein weltweites Publikum erreichen. Aus diesem Grund sind solche Inszenierungen ganz bewußt dazu eingesetzt worden, die Menschen mit globalen Bildern der Armut und des Hungers zu konfrontieren, wie auch die Nachrichtenagenturen ständig nach Bildern suchen, die als universelle Symbole für die Situation der Menschheit dienen können.

Anscheinend setzt auch der Ruhm, der den Auftritt auf einer globalen Bühne eröffnet und dadurch gleichzeitig wächst, voraus, daß die Vorführung völlig auf den Künstler zugeschnitten ist und die betreffende Kunst in den Hintergrund tritt. Die Reaktion des Publikums wird zu einem ebenso wichtigen Bestandteil des »Events« wie der Künstler selbst, der eine Situation erzeugt, in der seine Einzigartigkeit zelebriert wird. Dies ist notwendig, damit der Star mit dem Publikum ein ekstatisch-sinnliches Gemeinschaftserlebnis inszenieren kann und damit das Publikum sich ebenfalls befreit fühlt und die globale Einigkeit jenseits der formellen Etikette feiern kann, die ästhetischer Genuß sonst verlangt. Der Künstler tritt während seines Auftritts bei jeder Gelegenheit in unmittelbaren Kontakt mit seinem Publikum und fordert zum Überschreiten von Grenzen heraus – jedoch nur insoweit, daß seine herausgehobene Position als Darsteller nicht verlorengeht. Aus diesen Gründen ist die Rockmusik zur globalen darstellenden Kunst geworden, obwohl es keinen Grund zu der Annahme gibt, daß ihr diese exklusive Position erhalten bleiben wird. Dies ist also die praktische Erfahrung der Transkulturalität, die allerdings stark an angloamerikanisches High-Tech-Entertainment erinnert.

Der Kontrast zu der Art und Weise, wie mit Hilfe der neuen Technologie andere, seltene Kulturgüter verbreitet werden, könnte nicht größer sein. Liebhaber können überall auf der Welt Opern oder klassische indische Musik hören, wenn sie das entsprechend spezialisierte Angebot kennen und wissen, wie sie sich seiner bedienen sollen. Die Globalität verlangt und ermöglicht das, sei es mittels lokaler Zentren, Tourneen oder anderer Organisationsformen, die je nach den Bedingungen des Genres variieren. Die technische Infrastruktur macht alles möglich.

Die Folge ist eine Koexistenz verschiedener Stile, Genres und kultureller Ausprägungen in den Künsten, in der sich die überall herrschende soziale Vielfalt abbildet. Dadurch werden jene globalistischen Werte in Frage gestellt, die die verschiedenen Gruppierungen miteinander verbinden sollen. So erhebt zum Beispiel die WOMAD-Stiftung das Nebeneinander von Stilrichtungen aus aller Welt in einer Präsentationsform, die die Vielfalt erfahrbar machen soll, zum Programm. Die Stiftung wurde 1983 gegründet, um »Kenntnisse über die Kulturen der Welt und die multikulturelle

Bildung zu fördern, zu erweitern und zu verbreiten« (WOMAD Festival 1994). Sie veranstaltet in zahlreichen Ländern Musikfestivals, bei denen mit westlichen Instrumenten erzeugte Klänge des kamerunischen Regenwaldes, mit Didgeridoos gespielte keltische Musik, arabische Gesänge und Rhythmen aus Bali um die Aufmerksamkeit der Zuhörer wetteifern, während neben der Bühne Ausstellungen zur sozialen Lage in der Dritten Welt zu sehen sind und die Besucher neue Tänze erlernen, Musik machen und Karnevalskostüme anprobieren können.

Multikulturelle Vielfalt war auf großen Ausstellungen und Messen seit der Londoner Weltausstellung von 1851 ein Thema. Die Globalität hat die gezielte Erkundung der Beziehungen zwischen den verschiedenen kulturellen Ausdrucksformen intensiviert. Klänge, Stile und Instrumente können nun nebeneinander bestehen, miteinander verschmelzen oder sich an ihrer Unterschiedlichkeit erfreuen. Sie sind Metaphern für das Leben in einer multikulturellen Welt und erproben stellvertretend, wie weit die Grenzen der praktischen Erfahrung ausgedehnt werden können, ohne einen Rahmen zu verlassen, in dem stets die Notwendigkeit des Friedens betont und die Bedingungen dafür geschaffen werden sollen.

Es ist aber genau dieser Rahmen, der unter den globalen Umständen zum Problem wird. Die Welt des westlichen Imperialismus stellte Hierarchien zur Verfügung und bot ästhetischen Codes Schutz unter dem Dach ihres Kulturbegriffs. Doch die Globalität äußert sich in den durch die neuen Technologien ermöglichten praktischen Erfahrungen genauso wie in globalistischen Werten. Die Interaktion von Publikum und Akteur, die gegenseitige Durchdringung von Kunstformen, das Überschreiten kultureller Grenzen und die Umkehrung der Funktionen von Form und Inhalt sind zu wesentlichen Bestandteilen einer postmodernen Imagination geworden. Die Frage, ob diese neuen Formen eine epochenspezifische Bedeutung haben, ist noch ungeklärt. Hat sich die Kultur endlich von der Bindung an Zeit, Ort und die praktische soziale Erfahrung befreit? Die Antwort lautet einstweilen nein, wenn wir Deena Weinstein folgen, die die Konzerttournee von Amnesty International im Jahre 1988 als »ein paradigmatisch postmodernes Ereignis« (1989, 61) bezeichnete. Dieses Ereignis war vielleicht nicht derart angloamerikanisch dominiert wie die Live-Aid-Konzerte und nicht so sehr auf internationalen Wettbewerb ausgerichtet wie die Olympischen Spiele, und die zwanzig Konzerte der Tournee vermittelten vielleicht sogar das Erlebnis einer Weltgemeinschaft. Aber jedes Konzert war auf das jeweilige Land zugeschnitten, in dem es stattfand, und die Tournee verherrlichte den liberalen Kapitalismus, insofern sie so viele Bedeutungen anbot, wie die Kunden konsumieren konnten.

Dies ist eine heilsame Erinnerung daran, daß die Kultur ebenso stark durch die Globalität wie durch den Konsumkapitalismus geformt wird und daß die weltweite Kommunikationstechnologie mit beidem in Zusammenhang steht. Besonders Frederic Jameson (1991) hat hervorgehoben, welche Konsequenzen der Spätkapitalismus für die Kultur hat. Doch sie ist auch ganz anderen Einflüssen gegenüber weit offener, als sein Begriff der »kulturellen Notwendigkeit« glauben machen will.[3] Die Kehrseite der globalen Konkurrenzfähigkeit ist der globale Wettbewerb, der Individuen oder Gruppen heraushebt, die nach Maßgabe bestimmter Standards über besondere Fähigkeiten verfügen. Hierbei erscheint die globale Standardisierung als ein Rahmen, an dem die einzelnen Länder ihre Trainingsmethoden ausrichten und Leistungsvergleiche vornehmen können. Das ist eine unmittelbar der Moderne zugehörige Vorstellung, deren Überzeugungskraft auf dem nationalen Engagement in transnationalen Organisationen beruht. Doch es deutet alles darauf hin, daß die Globalität sowohl zu einer Vermehrung als auch zum Bedeutungsverlust solcher Rahmen führen wird, da ihre Verbindlichkeit auf exklusiver Macht beruht. Man kann weder die Globalität noch die Kultur aus dem Kapitalismus ableiten. Jeder der drei Bereiche beeinflußt die anderen.

Gleichzeitig erzeugt die Standardisierung sowohl der Produkte als auch der Konsumentenwünsche zusammen mit dem techni-

3 Jameson hält entschieden an der klassischen marxistischen Methode fest, die historischen Veränderungen aus der inhumanen Logik des Kapitalismus abzuleiten, bezüglich der Gegenwart also aus der des »Spätkapitalismus«. Der mächtigste Akteur ist demzufolge das »multinationale Kapital« (1991, 408). Jameson gesteht freimütig ein, daß er hier das alte Bild von Basis und Überbau verwendet. Besonders paradox ist seine Behauptung, daß die Postmoderne »notwendig« sei. Es gab wahrscheinlich noch nie eine Zeit, in der der Einfluß der Kultur auf den Kapitalismus größer war, und darin liegt herzlich wenig Notwendigkeit.

schen Fortschritt einen Karaoke-Effekt. Durch die Möglichkeit, einen Soundtrack als Begleitmusik zu isolieren, den Text herauszulösen und Stimmen zu verstärken und diese Elemente gleichzeitig zur Verfügung zu stellen, um einen Sangeswilligen seine persönliche Interpretation eines Welthits vorführen zu lassen, wird diese individuelle Darbietung zum globalen Akt. Jeder kann überall auf der Welt die Bedingungen vorfinden, die es ihm ermöglichen, einen Weltstar nachzuahmen. Der gewöhnliche Mensch wird zur Ikone, sei es auch nur in der inszenierten Illusion, die er für kurze Zeit mit dem Publikum einer Bar teilt.

In diesem kurzen Überblick über die kulturellen Veränderungen sind wir auf folgende Phänomene gestoßen: die Verherrlichung der Technologie der Globalität und die globale Produktion von Ruhm, die weltweite Verbreitung und Pflege spezialisierter und verfeinerter Geschmacksvorlieben, die Förderung des Globalismus durch die praktische Erfahrung des Multikulturellen, die Allianz von Kapitalismus und Transnationalismus, die Standardisierung zugunsten des Wettbewerbs und die globale Selbstinszenierung.

Diese Vielfalt reicht allein schon aus, um klarzumachen, warum es unmöglich ist, sich die Globalisierung als eindimensionalen, zielgerichteten Prozeß vorzustellen, und woher es kommt, daß der Begriff oft auf eine Art und Weise gebraucht wird, die die Vielfalt der Richtungen und Konsequenzen der Globalität verzerrt und verschleiert. In der Diskussion über die Globalisierung wird oft gestritten, ob sie eine Homogenisierung oder eine Hybridisierung bedeute. Doch beide Begriffe sind unglücklich gewählt und verraten, daß sie ihren Ursprung in einer spezifisch modernen Kritik haben. Der Homogenisierungsvorwurf sieht die Globalisierung im wesentlichen unter dem Aspekt der Standardisierung und hält sie daher für eine Ausweitung der hochgradig industrialisierten Massenproduktion, des Massengeschmacks und der Einebnung von Unterschieden. Die These der Hybridisierung stammt aus der Theorie ethnischer Beziehungen vom Beginn dieses Jahrhunderts und wurde auf andere Sektoren übertragen, um die Folgen der Vermischung zweier Gruppen zu beschreiben. Aber der biologische Ursprung des Begriffs, mit dem die Konnotation stabiler Wurzeln verbunden ist, schlägt auf das gesellschaftswissenschaftliche Denken durch. Das Problematische an dem Bild der Vermischung ist, daß es die Vorstellung einer unvergänglichen Quelle voraussetzt, in der alles seinen Ursprung hat, anstatt ein Panorama ständiger Veränderung und Erneuerung zu entwerfen, das dem Wesen und der Geschichte menschlicher Gruppenbildung eher entspricht.

Keiner der beiden Begriffe vermag wiederzugeben, wie vielfältig das Verhältnis der Kultur zur Globalität ist. Die Standardisierung bestimmter technischer Voraussetzungen – die Normierung von Aufzeichnungsgeräten oder die des globalen Wettbewerbs zum Beispiel –, die die weltweite Teilnahme an kulturellen Ereignissen überhaupt erst ermöglicht, sorgt gleichzeitig für eine maximale Vielfalt der Anwendung dieser Technologien. Obwohl also durch das Aufeinandertreffen künstlerischer Ausdrucksweisen verschiedener ethnischer Traditionen neue Formen wie zum Beispiel der Jazz entstehen, ist es durchaus denkbar, daß sich die traditionellen Formen besser denn je behaupten werden, da ihre Interpreten nun viel leichter miteinander in Verbindung treten können. Die schwindende Bedeutung räumlicher Distanz führt dazu, daß man die eigene Kultur genauso effektiv in der Diaspora wie an ihrem angestammten Ort erhalten kann.

Infolgedessen sind die dominierenden Formen kultureller Beziehungen im Globalen Zeitalter eher mit den Begriffen Multiplikation und Diversifikation von Welten zu erfassen als mit den Begriffen Homogenisierung und Hybridisierung. Eine ähnliche Schlußfolgerung zog Mike Featherstone, als er von der globalen Kultur als einem gesellschaftsüberschreitenden Prozeß sprach, der zur Entstehung von »Drittkulturen« führe (1990, 1).

7.3 Die Relativierung der Identität

Warum man zwischen Identität und Gruppenzugehörigkeiten trennen muß und in welcher Hinsicht beides eine Frage der Entscheidung ist

Infolge der Vervielfältigung von Welten kann der einzelne gleichzeitig in mehreren Welten leben. Er ist aber auch gezwungen, eine Auswahl aus der Vielfalt koexistierender Welten zu treffen. Wenn viele Individuen ihre je eigene Auswahl zusammenstellen, lebt jedes

234

in einem anderen Repertoire von Welten, dessen Gesamtheit jedem außer ihm verborgen bleibt.

Dies hat in allen Bereichen des sozialen Lebens Konsequenzen, insbesondere für den Staat, der sich mit den konkurrierenden und einander überschneidenden Loyalitätsbindungen seiner Bürger arrangieren muß, zu denen sogar das Engagement für andere Staaten gehören kann. Es hat aber auch unmittelbare Konsequenzen für das Individuum und seine Beziehung zur Gesellschaft.

Das Verhältnis von Individuum und Gesellschaft kreist nicht mehr um das Paradigma Handlung und Struktur, sondern um das Problem der Identität. Dieses ist in dem Maße, in dem die althergebrachte Klassenfrage von der sogenannten Identitätsfrage abgelöst wird, in den Mittelpunkt der gegenwärtigen Diskussion gerückt. Die Identitätsfrage bezieht sich auf die Position solcher Gruppen, deren Bestand durch Prozesse des globalen gesellschaftlichen Wandels in Frage gestellt ist. Wenn die Identität der Gruppe bedroht wird, wird es auch schwierig, Individuen dieser Gruppe zuzuordnen. Infolgedessen bezieht sich die Identitätsfrage sowohl auf die Identität von Gruppen als auch auf die von Individuen.

Die alten Theorien der Moderne haben Schwierigkeiten, auf diese Entwicklung zu reagieren. Vor allem die Politologie, die in der Staatszugehörigkeit den Königsweg zu sozialer Anerkennung sieht, und die Soziologie, für die sich individuelle Identität aufgrund von sozialer Interaktion herausbildet, halten die Existenz von begrenzten und nicht-ambivalenten gesellschaftlichen Gruppen für eine notwendige Voraussetzung einer eindeutigen individuellen Identität. Diese Auffassung wird durch eine immanente psychologische Theorie noch bestärkt, der zufolge eine ambivalente und konfliktgeladene soziale Umgebung die Persönlichkeitsentwicklung gefährdet.

Die Schwierigkeiten dieser Theorien zeigen sich deutlich angesichts von Nationalismus und Fundamentalismus. Die gängige Interpretation des Nationalismus betrachtet diesen als eine Rückkehr zu den Wurzeln, nachdem der Nationalstaat durch das Ende des Kalten Kriegs und das Schwinden nationaler Grenzen aufgrund der Globalisierung bedroht sei. Der Fundamentalismus wird ebenfalls als eine verzweifelte Sehnsucht nach Gewißheiten in einer zunehmend unsicher werdenden Welt dargestellt. Beide Auffassungen sind folglich Versionen einer totalisierenden Theorie, die die zeitgenössischen Strömungen damit erklärt, daß der Mensch nach der Wiederherstellung fester Strukturen strebe, nachdem sich die alten aufgelöst haben. Beide Theorien passen zu einem Verständnis der Globalisierung, nach der diese sowohl einen Auflösungsprozeß als auch die Verbreitung westlicher Werte und Ideologien bewirkt. Im Endeffekt bieten beide Theorien eine Erklärung an, die auf dem alten sozialwissenschaftlichen Diskurs der Moderne basiert. Beide wenden sich von den Opfern des Nationalismus und des Fundamentalismus ab, ohne ihnen auch nur intellektuellen Trost zu spenden.

Beide Erklärungsversuche werden der Dynamik der Phänomene unter den Bedingungen des Globalen Zeitalters nicht gerecht. Sie vernachlässigen insbesondere die strukturellen Veränderungen, die aus der Vervielfältigung der Welten hervorgehen. Zunächst müssen wir solche Identitäten, die Individuen aufgrund ihrer Zugehörigkeit zu einer Vielzahl von Gruppen erlangen, von ihrer Selbstdarstellung und ihrer Fähigkeit unterscheiden, ihre eigene Geschichte zu erfinden. Die Selbst-Identität wird nicht durch Anpassung an irgendeine spezifische Gruppe bestimmt, sondern von der praktischen Erfahrung des sozialen Lebens wie der Gruppenzugehörigkeit geformt. Die personale Identität wird aufgrund der individuellen praktischen Erfahrung des komplexen Gesellschaftslebens geschaffen. Ihre öffentliche Entsprechung ist nicht die Zugehörigkeit zu einer bestimmten Gruppe oder einer Reihe von Gruppen, sondern die einzigartige Persönlichkeit, auf die jeder Mensch ein Recht hat. Identität bedeutet Unverwechselbarkeit, die durch das universelle Recht garantiert wird, daß jeder ein besonderer Mensch ist. Unter den Bedingungen der Globalisierung wird es für Individuen immer schwieriger, ihre Identität innerhalb exakter Kategorien wie Nationalität, Geschlecht oder Alter zu bestimmen. Zudem will die große Mehrheit der Individuen das auch gar nicht mehr.

Das Überhandnehmen und die Beachtung, die extreme nationalistische und fundamentalistische Ausbrüche wie die Massaker in Bosnien oder die Hetzjagd auf Salman Rushdie in den Medien erhalten, sollten uns nicht den Blick darauf verstellen, daß es sich bei den skandierenden Massen und den gewehrschwingenden Jugendlichen um eine Minderheit innerhalb einer größeren Minderheit handelt, die erstere zu repräsentieren behauptet. Doch letztendlich repräsentieren sie sie nicht, sondern betreiben durch Gewalt und Drohungen eine Politik der Einschüchterung, die sich gegen ihre eigenen Leute richtet. Auch stimmen ihre Motive nicht ohne weiteres mit dem überein, was auf ihren Transparenten steht. Die Fanatiker sind die Enteigneten. Sie haben die Loyalität ihrer Landsleute verloren, auf die sich ihre Vorfahren noch verlassen konnten. Daß sie Zuflucht zur Gewalt nehmen, ist kein Beleg für die Benachteiligung ihrer Landsleute, sondern ein Anzeichen dafür, daß ihr Einfluß auf diese unter den Bedingungen der Globalisierung schwindet und daß der Zusammenbruch der etablierten staatlichen Macht ein Machtvakuum hinterlassen hat.

Aus dieser Beurteilung der Rolle des Extremismus in der globalen Welt ergeben sich zwei Fragen. Die erste Frage ist, ob der Staat, den wir aus der Moderne kennen, fähig ist, auf diese Situation zu reagieren. Wir werden sie im nächsten Kapitel erörtern. Die zweite Frage ist, was es mit den sozialen Figurationen auf sich hat, die die alte nationalstaatliche Gesellschaft ersetzen und in denen meiner Auffassung nach die Individuen heutzutage ihre Identität finden. Damit werden wir uns im folgenden Abschnitt befassen.

7.4 Die Reproduktion der Gesellschaft

Wie Menschen durch bewußt gewählte Beziehungen soziale Realität schaffen und warum Kinder Metaphern für diesen prosaischen Vorgang sind

Nirgendwo sind die Folgen der Relativierung alter Identitäten so umstritten wie im Bereich der Sexualität und der persönlichen Beziehungen. Auch hier lassen sich zwei Phänomene bestimmen, die in der Ära der Moderne zur Transzendierung und Destabilisierung traditioneller sozialer Beziehungsmuster beigetragen haben. Erstens die Zunahme kulturübergreifender Kontakte und die daraus folgenden Kompromißbildungen interkultureller Einstellungen, die die Relativität der Beziehungen zwischen den Geschlechtern allgemein bewußtgemacht haben. Zweitens die Zwänge des Kapitalismus, der kulturell vorgegebene Formen des Geschlechterverhältnisses für Absatzzwecke stets genutzt, sie aber für Zwecke des Produktionsprozesses auch bereitwillig aufgeweicht hat.

In der Spätmoderne konnte sich der Feminismus auf diese Destabilisierung und Verallgemeinerung der Menschenrechte bei seiner weltweiten Kampagne für die Rechte der Frau stützen. In dieser Situation gerieten die Versuche von Nationalstaaten, das traditionelle Geschlechterverhältnis aufrechtzuerhalten, in Widerspruch zu ihrer eigenen Gesetzgebung, die allen gleiche Rechte zusicherte. Aus diesen widersprüchlichen Strömungen entsteht ein impliziter Kodex, der beide Strömungen hinter sich läßt.

Durch die Gleichberechtigung der Geschlechter wird auch die Sexualität ein entscheidungsabhängiger Bestandteil von Beziehungen. Sie beruht nunmehr auf den Wünschen der beiden Partner, und seit sie sich von der juristischen Beschränkung auf eine bestimmte, autoritär definierte Beziehung namens Ehe gelöst hat, unterliegen hetero- und homosexuelle Kontakte der Entscheidungsfreiheit der Beteiligten. Insofern hat sich die Sexualität von geschlechtsspezifischen Rollenzuweisungen gelöst und ist zum Gegenstand individuellen Experimentierens geworden.

Dieser Verhaltenskodex befreit die Sexualität keineswegs von allen Belastungen. Ganz im Gegenteil: Sie ist umstritten, konfliktbeladen und gibt Anlaß zu Kontroversen, da ältere Verhaltensmaßregeln miteinander und mit dem neuen Ethos konkurrieren. Der Vorzug des neuen Kodexes besteht jedoch darin, daß er kulturübergreifend ist und den Individuen dort, wo ältere Verhaltensmuster Zurückhaltung verlangen, die Freiheit läßt, eigene Erfahrungen zu machen. Eventuelle Nachteile muß allerdings jeder für sich erkunden, denn sie lassen sich nicht als mögliche Gefahren verallgemeinern. Doch die mit Wissen, Verständnis und der Fähigkeit, aus praktischer Erfahrung zu lernen, verbundene Anerkennung ist folglich größer, zumal die Fehlschläge auch andere Personen betreffen.

Sexualität wird ein Bestandteil der Erforschung von Beziehungen. Das heißt aber auch, daß die kontingente Natur jedes einzelnen im Verhältnis zum anderen ebenso wie ihre separate Existenz zu einem zentralen Problem wird. Konkret lenkt dies die Aufmerksamkeit auf das Geschlecht als universelles Hauptunterscheidungsmerkmal für die Organisation von Sexualität in sozialen Beziehungen und als eine der Hauptquellen sozialer Identität.

Neben die Suche nach der reinen Beziehung, die zweifellos ein beständiges Element heutiger sozialer Beziehungen ist, tritt der Versuch, einen gesellschaftlichen Rahmen für die persönliche Selbst-Identität zu finden. In prämodernen Gesellschaften sollten Mann und Frau einander ergänzen. Die meisten täglichen Aktivitäten der Erwachsenen fanden im Rahmen einer dauerhaften heterosexuellen Paarbeziehung statt, die in umfassendere Verwandtschaftsverhältnisse eingebettet war. In den modernen Gesellschaften blieb die geschlechtsspezifische Trennung bei den aushäusigen Aktivitäten erhalten, die Paarbeziehung wurde aber in den häuslichen Bereich und die Sexualität zurückgedrängt. Öffentliches und privates Leben wurden getrennt. Doch die folgenden Wandlungen der Rollenverteilung in der Öffentlichkeit zeitigen Konsequenzen auch für den privaten Bereich der Paarbeziehung. Die Beziehungen zwischen den Geschlechtern sind nicht nur am Arbeitsplatz relevant, sondern auch daheim.

Gleichzeitig hat der Warencharakter des privaten Konsums mittels Produkten, die sexuelle Zeichen und Symbole benutzen oder sexuellen Genuß versprechen, die Sexualität einbezogen. Während einerseits die kommerzielle Ausnutzung von Sexualität in der Regel auf traditionelle Rollenmuster zurückgreift, erzeugt der normale ökonomische Konkurrenzdruck andererseits Verschiedenheit und ermutigt die Konsumenten, neue Produkte auszuprobieren. Die Vorstellung, daß der Kapitalismus die traditionellen Formen sexueller Bindung stabilisiere, beruht auf einer erheblichen Unterschätzung der Art und Weise, in der er die etablierte soziale Ordnung fortwährend aufweicht und neue soziale Praktiken fördert.

Sowohl die stetige Ablösung des Geschlechts als strukturierendes Prinzip des öffentlichen Lebens als auch die Entwicklung der Sexualität zum Konsumgut haben zur Destabilisierung überkommener, auf dem Unterschied zwischen den Geschlechtern basierender Identitäten beigetragen und dazu geführt, daß die Paarbeziehung nun das Umfeld bildet, in dem die Erforschung des Selbst und des anderen stattfindet.

Dabei geht es allerdings nicht nur um die Entdeckung der reinen Beziehung, weil das allgemeine Umfeld der Beziehungen zwischen den Geschlechtern die Bedingungen diktiert, unter denen die Partner versuchen, sich selbst und den anderen zu finden. Sie müssen nicht nur untereinander aushandeln, was es bedeutet, ein Mann oder eine Frau, schwul oder lesbisch zu sein, sondern nach wie vor auch mit denen verhandeln, die ihre Beziehung anerkennen sollen. Insofern sind Menschen in Beziehungen stets damit beschäftigt, neue soziale Umfelder herzustellen. Die Bedeutung von schwulen und lesbischen *Communities* für Selbsterforschung und Identitätsfindung ist weitgehend unbestritten. Die gleichen Prozesse finden in heterosexuellen Beziehungen statt, nur sind die Probleme hier sogar noch komplexer, weil die Frauenbewegung hinsichtlich der Sexualität gespalten ist.

Die Definitionen, die im Globalen Zeitalter die Verhältnisse zwischen den Geschlechtern regulieren, ändern sich ständig, weil sie stets zeitlich und räumlich eingeschränkt sind und Versuchscharakter haben. Das kann so weit gehen, daß die Partner einer Beziehung aus beruflichen Gründen in unterschiedlichen Kontinenten leben und arbeiten. Das andere Extrem sind kurzfristige Beziehungen, die allein darauf abzielen, einem der Partner ein Kind zu verschaffen.

Beziehungen sind inzwischen Bestandteil der Suche nach der persönlichen Identität, in deren Verlauf etwas geschaffen wird, das über den persönlichen Bereich hinausgeht und konstituierender Bestandteil einer umfassenderen sozialen Realität wird. Im Globalen Zeitalter besteht folglich die grundlegende Bedeutung des Sozialen in seiner Fähigkeit, sich selbst hervorzubringen, weil das, was zwischen einzelnen Menschen geschieht, nicht auf bestimmte Zeitpunkte und Räume beschränkt ist und sie zu Schöpfern eines kollektiven Produkts macht, das die gesamte Welt einbezieht.

Diese Konzeption von Gesellschaft wird Folgen haben – zum Teil sind sie bereits eingetreten –, die vor allem die Rolle der Kinder in der Gesellschaft betreffen. Sobald der Gesellschaft erzeugende Charakter sozialer Beziehungen anerkannt ist, wird der Kinderwunsch in einer Beziehung zur Metapher dieses Charakters, und das Kind ist dann nicht mehr einfach die Konsequenz eines sexuellen Verhältnisses, sondern das Produkt und der Repräsentant dieser bestimmten sozialen Beziehung.

In der nationalstaatlichen Gesellschaft wurde das Kind »sozialisiert«. Dieser Begriff ist bezeichnend, denn die elterliche Erziehung des Kindes unterlag dem Zwang, das Kind in eine autoritär definierte Sozialordnung einzufügen. Im Globalen Zeitalter ist das Kind der Repräsentant des Verhältnisses, das seine Eltern zur übrigen Welt haben. Das kann so weit gehen, daß es ihre Angst vor der Überbevölkerung widerspiegelt, indem es Einzelkind bleibt oder erst geboren wird, wenn seine Mutter bereits ein fortgeschrittenes Alter erreicht hat.

Man könnte dies für eine idealisierende Skizze halten. In der Realität aber verlangen die Probleme, die aus der neuen gesellschaftlichen Stellung der Kinder erwachsen, komplexere kollektive Lösungen, als sie der Sozialstaat in seinen besten Tagen je konzipieren mußte. Denn die Bemühungen von Eltern können ebensogut scheitern wie gelingen, und Beziehungen können zerbrechen, bevor die Kinder erwachsen sind. Diejenigen Kinder aber, die unter ungünstigen Bedingungen aufwachsen, leiden einen ebenso relativen wie absoluten Mangel, der sie in eine weitaus schlechtere Lage versetzt als ihre Vorgänger im Wohlfahrtsstaat. In dieser Kluft zwischen Ideal und Realität liegen die Keime möglicher Katastrophen des Globalen Zeitalters.

Die Zukunft der Gesellschaft wird in mancher Hinsicht eng mit der Erkenntnis verknüpft sein, daß sie durch die Handlungen jedes einzelnen Menschen entsteht. Wo dieses Bewußtsein fehlt, besteht die Gefahr eines Rückfalls in Relativismus und Nihilismus. Die Konsequenzen eines solchen Rückfalls wären derart schrecklich, daß niemand den Verlust der Unschuld fürchten sollte, zu dem soziale Theorie führt. Allerdings ist ein Bewußtsein, das nicht die zur Abwendung der Katastrophe nötigen Handlungen nach sich zieht, kaum mehr als müßige Spekulation.

7.5 Gemeinschaft, soziale Landschaft und persönliches Milieu

Warum diejenigen, die den Verlust der Gemeinschaft beklagen, die neuen, unbeständigen Vergesellschaftungsformen übersehen, die den Menschen vielleicht dieselben Werte vermitteln

Der Niedergang und das Überleben von Gemeinschaften waren ein Standardthema der Moderne, sowohl bei der Veränderung traditioneller Lebensmuster durch die Industrialisierung als auch bei der Erhaltung der Gemeinschaften unter den diesen angeblich abträglichen Bedingungen in den Großstädten oder den Slums. Diese Phänomene wurden mit den Konzepten der Lokalität, der Nachbarschaft und Nähe erforscht. Insofern folgte die Wissenschaft, obwohl sich die Forscher um Distanz zu staatlichen Definitionen bemühten, einer Verwaltungslogik. Die Unterteilung des Territoriums in regionale und subregionale Einheiten war im Zusammenhang mit zentral definierten und koordinierten Aufgaben ein unumstößliches Organisationsprinzip des modernen Staates. Eine Forschung, die die lokalen Bindungen untersucht, ordnet sich dieser Logik unter, solange sie die Bindungen mißachtet, die Menschen zu anderen sozialen Einheiten haben.[4]

Die Begrenzung auf ein Territorium unterscheidet den Staat von den Kirchen, bei denen die Glaubensgemeinschaft ausschlaggebend ist, selbst wenn im Fall von Staatskirchen wie der Church of England der kirchlichen Gemeinde eine Doppelfunktion als staatliche und religiöse Einheit zukommt. T.S. Eliot (1939, 29) sah in der Pfarrgemeinde eine ideale, einheitliche, religiös-soziale Gemeinschaft, in der alle Klassen vertreten sind. Organisationen wie private Haushal-

---

4 Das kann aus den besten Vorsätzen heraus passieren. Das »Institut für Gemeinschaftsstudien« von Young und Willmott versuchte seit den fünfziger Jahren (z.B. 1957), die Regierungspolitik zu beeinflussen, und legte seiner Arbeit deshalb die Hypothese vom Verlust der Gemeinschaft zugrunde. Dadurch wurden jedoch Bindungen jenseits der örtlichen Strukturen systematisch vernachlässigt. Selbst Elias und Scotson (1965), die die britischen Gemeindeforscher auf Probleme der Migration aufmerksam machten, produzierten im Endeffekt ein Modell, in dem »Außenseiter« an die strukturellen Eigenschaften der Gemeinde angepaßt wurden. Erst als Rex und Moore (1967) Fragen des Kolonialismus und der Immigration in die Diskussion einführten, wurde das Nichtlokale als wesentlicher Aspekt lokaler Strukturen erkannt. Zu diesem Problem vgl. auch Albrow (1996). Die Untersuchung des Roehampton Institute Wandsworth (Albrow et al. 1994a) bezieht globale Bindungen in die Untersuchung lokaler Strukturen ein.

te, Schulen, Bauernhöfe oder Sportzentren, die eine territoriale Basis benötigten, seien dagegen auf den Schutz des Staates angewiesen. Der Kapitalismus hat den Ort als Prinzip der sozialen Organisation des Wirtschaftslebens jedoch seit langem aufgegeben. Die Trennung von Heim und Arbeitsplatz trat bereits am Anfang der Moderne auf. Der Staat sah sich daher ständig mit Widersprüchen zwischen seinen eigenen Organisationsprinzipien und denen des Kapitalismus konfrontiert, ohne diese je auflösen zu können. Jede Administration, die die Forderung nach Stabilität der lokalen Lebensbedingungen mit dem gegenwärtig durch Produktions- und Konsumerfordernisse ständig wachsenden Verlangen zur räumlichen Ungebundenheit in Einklang bringen möchte, ist von solchen Umorganisierungswellen überfordert.

Es bleibt den Menschen aller Gesellschaftsschichten überlassen, auf diese Situation zu reagieren, der der Staat niemals Herr werden kann. Sie tun dies bereits, indem sie die Möglichkeiten neuer Technologien nutzen. Tatsächlich hat sich das soziale Leben auf zahlreiche unterschiedliche Weisen von territorialen Strukturen gelöst, so daß es in vielen Teilen der Welt unsinnig geworden ist, die Kohärenz und Integration sozialer Aktivitäten auf den lokalen Bereich zurückzuführen, in dem sie stattfinden. Die Lokalität verliert immer mehr jede eindeutige Wichtigkeit für gesellschaftliches Verhalten, da sie sich in ein Nebeneinander mehrerer getrennter Welten verwandelt.

Die sozialen Aktivitäten an einem bestimmten Ort finden zwar voneinander getrennt statt, sind aber wiederum Teil sozialer Welten, die örtliche und staatliche Grenzen überschreiten und sich sogar über den gesamten Globus erstrecken können. Dies gilt nicht nur für die offensichtlicheren Fälle wirtschaftlicher Verbindungen – die Arbeit in einer multinationalen Firma oder in der Filiale einer nationalen Firma –, sondern auch für Verwandtschaftsbeziehungen, Freundschaften und Interessengemeinschaften. Sie alle lassen sich mit Hilfe von Telefongesprächen, Briefen und billigen Reisemöglichkeiten auch über große Entfernungen aufrechterhalten. David Harvey hat diese Entwicklung unter dem Begriff Raum-Zeit-Kompression zusammengefaßt (1989, 241).[5]

5 Harvey datiert den Beginn dieser neuen Erfahrungsweisen von Raum und Zeit auf das Jahr 1972 und sieht in ihnen einen zentralen Bestandteil postmoderner Kultur. Er

Die Vorstellung einer Gemeinschaft städtischer Arbeiter, die ihre Freizeit gemeinsam verbringen, ihre Ehen untereinander schließen und ihre praktische Erfahrung von Arbeitswelt und Elternschaft an ihre Kinder weitergeben, ist nun ebenso in die Mythologie der Moderne eingegangen, wie die Dorfgemeinschaft mit einheitlichem Brauchtum und der praktischen Erfahrung der Bodenständigkeit zur Mythologie prämoderner Zeiten gehörte. In beiden Fällen gibt das Bild die Wirklichkeit nicht wieder, übt aber auf die dominanten Tendenzen immer noch so viel Anziehungskraft aus, daß es vergleichenden Analysen zugrunde gelegt wird. Doch selbst wenn sich die Gesellschaftskritiker an der Realität orientiert hätten, hätten sie sich auf Gemeinschaften innerhalb der Staatsgrenzen beschränkt. So sprach etwa Eliot von der »Gemeinschaft der Christen« in England (1949, 51).

Das Globale Zeitalter besitzt bis jetzt noch kein entsprechend paradigmatisches Bild einer Gemeinschaft, hauptsächlich deshalb, weil das Bild der dörflichen und das der städtischen Gemeinschaft sich durch einen allumfassenden Charakter auszeichneten. Die Gemeinschaften des Globalen Zeitalters sind im allgemeinen nicht an einem Ort konzentriert. Sie betreffen jeweils nur einen Teil des Lebens der beteiligten Individuen, eine Beschäftigung, den Beruf, die Ausbildung oder selbstgewählte Interessen. Der Begriff der »Enklave«, wie ihn Robert Bellah in seiner Wortprägung »Lebensstilenklave« (Bellah et al. 1987, 98-102) gebraucht, eignet sich gut, um zu verdeutlichen, daß eine Gemeinschaft ihren Anhängern als wichtiger Bezugspunkt dienen kann, auch ohne umfassend, funktional oder lokal figuriert zu sein.

Gemeinschaften, die ortsgebunden sind, wenden sich häufig an eine bestimmte Kategorie von Menschen, Rentner oder Senioren oder Menschen mit Lernschwierigkeiten, spezifische Gruppen also, die dem allumfassenden Anspruch des alten Gemeinschaftsbegriffs nicht entsprechen. Auch können Kultgemeinden oder Sekten auf die globalisierte Welt reagieren, indem sie ihren Anhängern eine allumfassende Gemeinschaft anbieten, ohne freilich damit den Lauf der Welt aufzuhalten, auch wenn sie genau das zu tun versprechen.

lehnt aber die Idee eines epochalen Wandels ab, da er diese Veränderungen für eine Begleiterscheinung der Akkumulation des Kapitals hält.

Die Utopie der auf einen Ort begrenzten Gemeinschaft ist der Gegenpol der von räumlichen Kontexten losgelösten Aktivitäten, die an immer mehr Orten der globalisierten Welt stattfinden. Dort sind die Zusammenhänge, in denen die alltäglichen Handlungen stehen, selbst den nächsten Nachbarn unbekannt. An solchen Orten lebende Menschen sind jeweils Teil einer einzigartigen Vielfalt sozialer Beziehungen und Interaktionen, von denen nur einige ihren Mittelpunkt im lokalen Umfeld haben. Diese Menschen, die in derselben Straße wohnen, flüchtig miteinander bekannt sind, verschiedene Lebensstile haben und ihre Haushalte unterschiedlich führen, haben ein gemeinsames Interesse lediglich an der Erhaltung bestimmter Gemeinschaftseinrichtungen, die sie für selbstverständlich halten. Angesichts der losen Bindungen, die diese Menschen zueinander und zu ihrer örtlichen Umgebung haben, wird die Erhaltung dieser Einrichtungen in der Tat schwieriger.

Die Beziehungen von Menschen, die unter globalisierten Bedingungen an einem Ort leben, lassen sich wohl am ehesten als unzusammenhängendes Nebeneinander bezeichnen. Unter dem Blickwinkel der alten Theorie müßte man diesen Zustand als Desorganisation oder Anomie interpretieren. Doch diese Begriffe sind wenig angemessen, da sie sich mehr auf einen Ort als auf einen Raum beziehen. Das Leben von Menschen in solchen Umgebungen ist weder desorganisiert noch sinnlos. Im Gegenteil: Sie sind Teil eines intensiven Sozialgefüges, das zusammenhängende Aktivitäten hervorbringt, die den gesamten Globus einbeziehen (Budd und Whimster 1992). Sie bewohnen verschiedene Sphären des sozialen Lebens, die sich an ihrem momentanen Aufenthaltsort überschneiden, ohne sich gegenseitig zu beeinträchtigen. Aus diesem Grund ist auch das Bild der Sphäre angemessen: Soziosphären bewegen sich auf einander überschneidenden Bahnen, ohne sich je zu berühren. Sie sind das genaue Gegenteil einer funktional integrierten Gemeinschaft. Die einzige übergreifende soziale Einheit, die zwischen ihnen vermittelt, ist die Weltgesellschaft selbst. Die Spuren, die sie an einem bestimmten Ort hinterlassen, können praktisch unsichtbar sein.

Eine Asiatin aus Ostafrika lebt in London, fährt jedes Jahr nach Indien und hält Kontakt zu ihrer Schwester in den USA. Ein weißer Geschäftsmann aus der Londoner City telefoniert vormittags vier- oder fünfmal mit dem Fernen Osten und besucht eine Hochzeit in Madras. Eine Rentnerin, die ihr ganzes Leben in einem Ort in England verbracht hat, schreibt Briefe nach Frankreich und in die Vereinigten Staaten. Sie schrieb auch an Terry Waite, der in Beirut als Geisel festgehalten wurde. Ein schwarzer Gemeindearbeiter, der in England lebt, telefoniert jede Woche nach Jamaika und fährt einmal im Jahr dorthin. Ein junger arbeitsloser Schwarzer, der in London geboren wurde, hat nur mit seinen eigenen Leuten und ein paar Krawallbrüdern von außerhalb Kontakt. Sie alle könnten in einer Straße im London der neunziger Jahre leben.[6]

Indem wir einen Begriff von Appadurai (1990) aufgreifen, können wir das soziale Leben an einem Ort als soziale Landschaft beschreiben: Wie bei einer natürlichen Landschaft gehören die Teile zusammen, werden je nach Standpunkt und Interesse anders wahrgenommen und ermöglichen auch eine ästhetische Betrachtung, während sich ihr Zusammenhang dem Blick des Betrachters entzieht.[7] Genau wie gewisse Kompositionsregeln den Abstand und die Zusammengehörigkeit der Elemente einer Landschaft festlegen, wird in sozialen Landschaften das Tun und Lassen der Bewohner von Regeln des Alltagslebens bestimmt, vor allem von jenen, für die Goffman die treffende Formel »höfliche Nichtbeachtung« (1974) fand. Für den Fortbestand sozialer Landschaften ist das Vermeiden jeglicher Beeinträchtigung der Lebensbedingungen anderer von ebenso großer Wichtigkeit wie etwaige

6 Die Beispiele stammen aus der Untersuchung des Roehampton Institute Wandsworth (Albrow et al. 1994a, Albrow 1996). Alle diese Menschen wohnen tatsächlich in London, wenn auch nicht in einer Straße. Die in großen Teilen South Londons anzutreffende lokale Mannigfaltigkeit von Menschen aus verschiedenen Klassen und Ethnien, die verschiedene Formen der Ansässigkeit bevorzugen, läßt so etwas jedoch durchaus möglich erscheinen.

7 Appadurai argumentiert, daß die »neue globale Kulturökonomie« mit den alten Modellen der Volkswirtschaft nur unzureichend zu beschreiben sei (1990, 296 f.). Er plädiert für eine Begrifflichkeit des Fließens und schlägt das Suffix »-scape« vor, das sowohl den perspektivischen Charakter unserer »imaginierten Welten« als auch ihre sich ständig verändernde, unregelmäßige Form ausdrücke. Mit diesem Suffix bildet er die Begriffe ethnische Landschaft, Medienlandschaft, technische Landschaft, Finanzlandschaft und Ideenlandschaft. Aber seine ethnischen Landschaften bestehen aus Gruppen von Menschen, die er in Kontrast zu »relativ stabilen Gemeinschaften und Netzwerken« setzt. Ich würde eher die relative Fluidität dieser »stabilen Einheiten« im Vergleich mit früheren Epochen wie mit älteren theoretischen Darstellungen betonen und spreche daher lieber von »sozialen Landschaften«. Der Begriff der »sozialen Landschaft« wurde unabhängig davon auch von Axford (1995, 213) gebraucht.

positive Beiträge zum gegenseitigen Wohl. »Sich um den eigenen Kram kümmern« und »sich in nichts hineinziehen lassen« sind Normen sozialer Landschaften, die jedermann die Freiheit verschaffen, an weit entfernten Soziosphären teilzunehmen.

Die Entterritorialisierung führt zum Abbau unangebrachter Konkretionen in soziologischen und administrativen Konzepten. Die Entkoppelung von Gemeinschaft und konkretem Ort ermöglicht eine neue theoretische Begrifflichkeit, die den Anteil der Imagination an der sozialen Realität betont. Diese Begrifflichkeit trägt zu einer radikalen Phänomenologie bei, die sich der steten Transformation des sozialen Lebens ebenso ausgiebig widmet wie dessen unveränderbarer Essenz.

Es läßt sich nicht vorhersehen, welche Ergebnisse eine solche Wendung der Theorie bringt. Eine Theorie wird jedoch stets hinter den realen Veränderungen zurückbleiben müssen, die Menschen in ihrem Leben vollziehen. So müssen wir uns, wenn die Gemeinschaft vom konkreten Ort unabhängig geworden ist, zunächst fragen, ob die Menschen heute wirklich ortsunabhängige Gemeinschaften bilden wollen oder ob es in ihrem Leben nicht auch andere Tendenzen gibt.

Es ist durchaus möglich, daß sie versuchen werden, eine vertraute Umgebung und stabile Lebensbedingungen herzustellen, wenn sie entdecken, in welchem Ausmaß sie bestimmte Werte mit anderen teilen können. Diese Tendenz drückt sich im Kontrast zwischen »persönlichem Milieu« und »gesellschaftlicher Struktur« aus, einer Unterscheidung, die C. Wright Mills einst als »eine der wichtigsten, die es in der Soziologie überhaupt gibt«, bezeichnete (1962, 364).

Wenn man unter persönlichem Milieu nur die Verbindung des Individuums mit seiner unmittelbaren Umgebung versteht, geht der Begriff allzuleicht in einer positivistischen Betrachtung sozialer Strukturen auf. Wenn man das Milieu aber nicht darauf reduziert, wird deutlich, daß das Zutrauen, das der einzelne zu sich selbst und der Welt hat, von der Aufrechterhaltung vertrauter Bedingungen abhängt, zu denen er einen wichtigen Beitrag leistet (Grathoff 1989, 432).

Der Begriff des persönlichen Milieus ist im Gegensatz zum Bild der Gemeinschaft gut geeignet, die Bedeutung zu vermitteln, die das Abstrakte und weit Entfernte im Alltag hat. Eine amerikanische Wissenschaftlerin, die in Toronto arbeitet, könnte etwa durch den Zugriff auf die Kongreßbibliothek der Vereinigten Staaten ihr persönliches Milieu sichern. Entsprechend kann der vertrauliche e-mail-Kontakt mit einem Broker in Hongkong für einen Wertpapierhändler in London Bestandteil seines Arbeitstages sein. Persönliche Milieus können sich so weit ausdehnen, wie es der Globus zuläßt. Einige haben auch allgemeinen Charakter wie die Lounges internationaler Flughäfen, deren Vertrautheit man schon vor der Landung ahnt. Das persönliche Milieu ist daher unabhängig vom Standort.[8]

Es ist auch unabhängig von der emotionalen Übereinstimmung, die zu Gemeinschaften gehört. Selbst wenn zum persönlichen Milieu Menschen gehören, ist die Art der Beziehungen zwischen ihnen doch völlig offen. Und Risse oder Brüche im Milieu können sowohl durch weit entfernte als auch lokale Ereignisse hervorgerufen werden, durch einen Krieg in Kuwait oder Straßenarbeiten vor der Tür. Nach Erving Goffman haben die Atomwaffen die Welt »in eine einzige Umwelt verwandelt, die uns alle einschließt« (1974, 337).[9] Eine globale Bedrohung macht daher die Unterscheidung zwischen persönlicher und internationaler Sicherheit überflüssig. Politiker, die die Strömungen der Zeit für Wahlkampagnen nutzen möchten, wären daher besser beraten, über die zunehmende Zufriedenheit mit den persönlichen Milieus nachzudenken, als den Verlust der Gemeinschaft zu beklagen. Letzteren können sie nicht aufhalten, während sie durchaus einen erkennbaren Beitrag zur Förderung ersterer leisten können.

---

8 Zur Einführung in das Konzept erweiterter und allgemeiner Milieus vgl. Albrow et al. (1994b). Ich bin Jörg Dürrschmidt für seine intensive Arbeit an diesen Ideen zu Dank verpflichtet.
9 Die Umwelt ist die Umgebung eines Individuums, in der Alarmsignale, die eine Bedrohung der Sicherheit darstellen, wahrgenommen werden können.

7.6 Ungleichheit und soziale Schichtung

Warum soziale Schichtung ein globales Phänomen ist und die
Menschen immer größere lokale Ungleichheiten tolerieren

Zusammen mit der Entkoppelung der Institutionen von ihrer nationalstaatlichen Basis sorgt die Entterritorialisierung des sozialen
Lebens dafür, daß die sozialen Figurationen des Globalen Zeitalters
als multiple Welten in den Köpfen der Menschen koexistieren. In
sozioökonomischer Hinsicht bilden sie einen Komplex geschichte-
ter Sphären von unterschiedlichem Ausmaß und unterschiedlicher
Verfügungsgewalt über Ressourcen. Die Behauptung eines Zusammenhangs zwischen der Globalisierung und dem oft konstatierten
Schwinden der Klassenstruktur nationalstaatlicher Gesellschaften
führt daher zu der unzutreffenden Interpretation, daß die Klassenunterschiede im allgemeinen zurückgegangen seien. Es gibt im
Gegenteil gute Gründe anzunehmen, daß die ungleiche Verteilung
von Reichtum und Lebenschancen zwischen Individuen und
Gruppen weiter zunehmen wird, doch das Verteilungssystem, zu
dem diese gehören, ist nun die Weltwirtschaft als Gesamtheit.

Vor dreißig Jahren schienen Marxisten und Anhänger der Konflikttheorie diametral entgegengesetzte Ansichten über das Verhältnis der Klassen in modernen Gesellschaften zu vertreten. Marx
wollte zeigen, daß die politischen Krisen des modernen Staates auf
den antagonistischen Interessen von Kapitalisten und Arbeitern
beruhen. Konflikttheoretiker wie Dahrendorf (1959) folgten Weber und betonten, daß die Struktur politischer Konflikte wie Ar-
beitskämpfe von Macht- und Autoritätsverhältnissen bestimmt
würde. Im Rückblick können wir erkennen, daß weniger die Deu-
tungsunterschiede als die Gemeinsamkeiten der Problemstellung,
die das Verhältnis von Klasse und Nationalstaat in den Mittelpunkt
rückte, von Belang waren.

Beide Bestandteile dieser Problemstellung haben sich verändert.
Ob die Klassenbildung nun auf einer gemeinsamen Position im
Produktionsprozeß, einer ähnlichen Stellung am Markt oder den
Autoritätsverhältnissen am Arbeitsplatz basiert – die Entwicklung
des Kapitalismus hat es sowohl für den Theoretiker als auch und
vor allem für die Betroffenen selbst unmöglich gemacht, im lokalen

oder nationalen Umfeld Solidaritätsgemeinschaften zu bilden, die politisches Gewicht hätten.

Die Kämpfe gehen weiter, während die Prozesse, die die Konflikte zwischen den Gruppen hervorrufen, sich über die ganze Welt ausbreiten. Den Reichen in den reichen Ländern stehen allerdings verschiedene Strategien offen. Sie können sich mit den inländischen Armen gegen die Armen in anderen Ländern verbünden, aber auch mit den Reichen in armen Ländern gegen die inländischen Armen. Solche transnationalen Optionen sind eine potentielle Quelle der Spaltung politischer Parteien, die versuchen, Rückhalt bei verschiedenen Wählergruppen zu finden.

Das Problem wird dort noch komplexer, wo die Parteien nicht mehr darauf hoffen können, die Wähler in den politischen Prozeß einzubinden. Es ist nicht damit zu rechnen, daß solidarische Interessenvertretungen auf Klassenbasis dort entstehen, wo die Lebenschancen weniger von der nationalen Politik als von transnationalen Zusammenhängen aller Art abhängig sind.

Das Schwinden einer auf Lokalität und Nationalität beruhenden Klassensolidarität geht andererseits einher mit dem Entstehen neuer Ausdrucksformen gemeinsamer wirtschaftlicher und politischer Interessen von Frauen, Alten, ethnischen Minderheiten, Homosexuellen und ungelernten Arbeitskräften. Der Niedergang der Klasse als politischer Faktor entpuppt sich daher als Niedergang der Klassengesellschaft und als daraus folgendes Aufdecken des segmentierten Arbeitsmarkts. Denn die Klassenzugehörigkeit resultiert nicht aus der Position des einzelnen im Arbeitsprozeß, sondern betrifft strukturell definierte Personenkategorien, wodurch jedes Individuum in seinen Lebenschancen durch tief in der nationalen Tradition verwurzelte rechtliche und soziale Diskriminierungen beeinträchtigt wird. Diese Kategorien sind in keiner Hinsicht lokal.

Insofern der Nationalstaat nach wie vor den rechtlichen Status der meisten Minderheiten festlegt, ist die nationale Politik noch immer eine wichtige Arena für sie. Da aber die alten politischen Parteien auf den Klassenstrukturen der Moderne beruhen, sind ihre Angebote für Minderheiten von widersprüchlicher Attraktivität. Und deren Mobilisierung beruht zudem auf einem transnationalen Meinungsbildungsprozeß. Es geht nicht nur um die Einhaltung der Menschenrechte, obwohl auch diese eine Quelle ihres gestiegenen Selbstbewußtseins sind. Es geht vor allem darum zu erkennen, daß Identität sich nicht in einem nationalen Rahmen definiert und daß das Schicksal jedes einzelnen an globale Bedingungen geknüpft ist.

Entgegen anderslautenden Interpretationen der Globalisierung bedeutet der schwindende Einfluß des Nationalstaats auf die Organisation des sozialen Lebens weder das Ende der sozialen Schichtung noch der Klassen – diese lassen sich lediglich nicht mehr anhand der sozialen Struktur einer nationalen Entität ablesen. Wir sagten von den Bewohnern unserer hypothetischen Straße in London, daß sie verschiedene Soziosphären bewohnen.[10] Insofern ist dieser Ort für Beteiligte und Beobachter eine soziale Landschaft (Albrow 1996). Diese stellt eine zeitlich und räumlich eng begrenzte, von der Gesamtgesellschaft abgetrennte Sektion dar, die ein schillerndes Nebeneinander von Kontrasten und Unterschieden, eine Darbietung kultureller Vielfalt und unterschiedlicher historischer Zeitrahmen präsentiert. All dies spielt sich an einem Ort ab, an dem die soziale Interaktion auf alltägliche Routine zusammenschrumpft und die allen gemeinsame Kultur nicht über die Parkplatzsuche und den Laden an der Ecke hinausreicht.

Doch diese Lokalität ist der Ort, an dem sich äußerst unterschiedliche Soziosphären überschneiden. Die Menschen gehen aneinander vorbei, ohne sich miteinander abzugeben, und verrichten ihr Tagwerk innerhalb von Netzwerken, die sich in Größe und Verbreitung immens voneinander unterscheiden. Sie sind Mitglieder von Familien, Firmen, Verbänden, Vereinigungen, Gewerkschaften, Kirchen, Kulten, Parteien, Bewegungen und Verschwörungen.

Die Bewohner gehören also zu verschiedenen sozialen Formationen, die in unterschiedlichem Maße Zugang zu Macht und Ressourcen haben und unterschiedliche Arten persönlichen Engagements einschließlich Reisen und Telekommunikation erfordern. Durch die enorme Ausbreitung der Verkehrs- und Kommunikationstechnologie ist es sehr viel leichter geworden, ausgedehnte

10 Der Begriff »Sozio-Sphäre« bezieht sich bei Alvin Toffler (1980, 39) auf die soziale Organisation. Ich spreche hier von »Soziosphären« im spezifischeren Sinne einer Ausweitung und Trennung von Soziosphären durch Menschen.

Netzwerke aufrechtzuerhalten. Folglich spielt es nun für die soziale Schichtung eine entscheidende Rolle, in welchem Ausmaß der einzelne in seiner jeweiligen Sphäre kommunizieren und sich bewegen kann. Im großen und ganzen hängen die räumlichen Einschränkungen einer Person von den Ressourcen ab, über die sie in ihrer Sphäre verfügt. Soziale Schichtung ist also ein allgemeines Phänomen der Weltgesellschaft, das auf bestimmte Orte ausstrahlt, und kein lokales Phänomen wie etwa das Kleinbauerntum, das zu einer Klasse zusammengefaßt wird, wenn die äußeren Umstände entsprechend beschaffen sind.

Die soziale Schichtung, die hierarchische Einordnung von Menschen nach Kriterien wie Macht, Geld und Prestige, wird nun nicht mehr direkt durch die Klassenzugehörigkeit, sondern durch die Mitgliedschaft in Gruppen bestimmt, die über diese Güter verfügen und selbst anhand ihrer Verfügung über Raum und Zeit eingestuft werden. Diese Gruppen sind an die Stelle der Klassen getreten. Die heutige Machtelite reist und kommuniziert mit Hilfe der Informationstechnologie, des Flugzeugs und mehrerer Wohnsitze buchstäblich transkontinental. Sie kann ihre Vergangenheit durch das Sammeln von Artefakten bewahren und ihre Zukunft durch Investitionen sichern. Nationalität ist nur noch einer von vielen Faktoren, und Staatsgrenzen stellen kalkulierbare Chancen oder Risiken dar.

Das soll nicht heißen, daß es nirgendwo auf der Welt mehr traditionelle Arbeitergemeinschaften gäbe. Es gibt sie noch, genauso wie Dorfgemeinschaften und vorsprachliche Urwaldvölker. Sie sind aber nicht charakteristisch für das soziale Leben im Globalen Zeitalter. Die Koexistenz dieser Gemeinwesen mit ihren grundverschiedenen historischen Hintergründen wirft ganz eigene theoretische und praktische Fragen auf. Das Problem der Sozialwissenschaftler besteht darin, daß wir unsere Theorien noch nicht an die Realitäten des neuen Zeitalters angepaßt haben. Die daraus entstehende Verunsicherung hat zu intellektuellen Reaktionen geführt, die auf Nihilismus anstatt auf die sorgfältige Beobachtung der von Menschen geschaffenen neuen sozialen Realitäten setzen. Die gegenwärtige Lage ist daher für die Intellektuellen ebenso kritisch wie für andere Menschen.

8. Die Zukunft von Staat und Gesellschaft

Nach der metaphysischen Auffassung ist er [der Staat] der einzige Hüter der sittlichen Werte. Nach der demokratischen Auffassung ist der souveräne Staat schon jetzt verurteilt und dazu bestimmt, in der Weltgemeinschaft unterzugehen. Nach der metaphysischen Auffassung ist er die höchste Errungenschaft menschlicher Organisation. Blickt auf das gegenwärtige Europa, und ihr habt die Wahrheit.

Leonard Hobhouse, *Die metaphysische Staatstheorie*

8.1 Die Wiederentdeckung des Sozialen

Warum die Globalisierung das Soziale wieder in den Mittelpunkt der Politik rückt

Mit dem Globalen Zeitalter hat sich auch eine neue politische Ordnung herauskristallisiert. Die Politik hinkt allerdings der Entwicklung in den oben erwähnten Bereichen hinterher. Darin spiegelt sich die zentrale Funktion des demokratischen Nationalstaats in der Moderne wider. Seine größte Errungenschaft war die Sicherung der Einheit von Staat und Gesellschaft, und da die Politiker am meisten davon profitiert haben, tun sie sich ebenso schwer wie die Intellektuellen, die Transformation der Umstände zu akzeptieren, auf denen diese Einheit beruhte.

Die Entkoppelung von Kultur, Gemeinschaft und Beziehungen und ihr Ausbrechen aus dem Gefüge des Nationalstaats sind für Politiker und Kommentatoren eine stete Quelle der Besorgnis. Es fällt ihnen schwer, darin etwas anderes als eine allgemeine Fragmentierung des modernen Lebens zu sehen. Dieser versuchen sie mit der Rhetorik und den Lösungsmustern der Vergangenheit zu begegnen. Wie veraltet ihr Rüstzeug ist, zeigt sich schon daran, daß sie im selben Atemzug die Rückkehr zur Gemeinschaft, die alten Werte und die Modernisierung beschwören.

Die tiefere historische Ursache dieser Entwicklung, nämlich das Auseinanderdriften von Staat und Gesellschaft, entgeht ihnen. In der Diskussion über die Wiederentdeckung der bürgerlichen Gesellschaft finden sich allerdings einige Hinweise darauf; dennoch ist es wichtig, nicht mit historischen Parallelen zu argumentieren, denn an den gegenwärtigen Umständen ist vieles neu. Unsere Geschichtsbetrachtung beruht auf einer anderen Methode. Sie verlangt von uns, die kulturübergreifende historische Tiefe und räumliche Ausdehnung der Idee des Sozialen zu verstehen und dann die neuen Bedingungen für ihre Realisierung zu bestimmen.

Wir können unsere bisherige Darstellung der Figurationen des Globalen Zeitalters zusammenfassen, indem wir sagen, daß das Soziale im Gefolge der Auswirkungen der Globalisierung auf die immanenten Widersprüche der Moderne entfesselt worden ist. Ein kurzer Rückblick auf die Organisationsprinzipien der national-staatlichen Gesellschaft verdeutlicht, wie dies geschehen konnte. In jener Gesellschaft unterlagen soziale Beziehungen einer funktionalen Definition, die das Soziale ausklammerte. Solche Beziehungen wurden durch Geschäfte, Verträge, politische Macht, Vollmachten, Ehen und so weiter geregelt. Sie beruhten auf institutionellen und vor allem rechtlichen Definitionen, während ihre übrigen Bestandteile als zufällige individuelle Beigaben galten, die einen begrenzten Freiraum für Vorlieben und Emotionen zuließen.

Ihren deutlichsten Ausdruck fand diese Auffassung in einer funktionalistischen Rollentheorie, die davon ausging, daß sich die Gesellschaft vor allem in Rollenverhältnissen konstituiere. Jede Aktivität, die nicht unter diese Definition fiel, wurde als abweichend betrachtet und der Bereich des Sozialen an sich bagatellisiert – er schien nur aus Menschenmengen und Zufallsbegegnungen zu bestehen. Paradoxerweise unterdrückte dann dieser Gesellschaftsbegriff, der wirtschaftliche, politische und kulturelle Sektoren voneinander abgrenzte, die soziale Natur der Menschen. Seit den sechziger Jahren haben weder die zahlreichen Kritiker des Funktionalismus (mit seltenen Ausnahmen wie z. B. Touraine 1981) noch dessen Befürworter die Idee des Sozialen wiederentdeckt.[1] Erst die

---

1 Als Touraine (1984, 37) darüber schrieb, daß der »Zerfall« derjenigen Ideen, die die sogenannte moderne Gesellschaft untermauerten, nämlich Modernität und National-

Globalisierung hat jene verborgenen Seiten der Moderne zum Vorschein gebracht, das Transnationale und die Suche nach neuen Horizonten praktischer Erfahrung nämlich, die schon immer in einem Spannungsverhältnis zum Nationalstaat standen. Als realer Prozeß, nicht als Theorie, hat die Globalisierung der Idee des Sozialen neues Leben eingehaucht.

Dafür sprechen die Tatsachen und theoretische Überlegungen gleichermaßen. Es ist ganz einfach unbestreitbar, daß der Nationalstaat nicht vermocht hat, die menschlichen Vergesellschaftungsformen auf seine territorialen und kategorialen Grenzen zu beschränken. Die bloße Zunahme länderübergreifender Bindungen, die neue Vielfalt persönlicher Beziehungen und sozialer Organisation verweisen auf die Selbsterzeugungsfähigkeit des Sozialen und entlarven den Nationalstaat als ein vergängliches Gebilde. Der Bezug auf das Globale krönt und bekräftigt die Ablösung von staatlichen Definitionen.

In theoretischer Hinsicht ist die Globalisierung deswegen bemerkenswert, weil sie für so unterschiedliche Disziplinen wie Kommunikationstheorie, Geographie, Marketing und Sozialwissenschaften einen Schnitt bedeutet. Sie wirft die Frage auf, wer eigentlich der Träger von Prozessen ist. Den wissenschaftlichen Disziplinen, die sich zugunsten klarer Ergebnisse auf rationalistische und strukturalistische Methoden verlassen, ist gemeinsam, daß sie den Menschen ins Abseits stellen. Oder daß sie in ihrem Diskurs einen abstrakten Begriff des Sozialen verwenden, was zum gleichen Ergebnis führt. Die Globalisierung greift nun als eine von außen kommende Veränderung ein, als eine zeitgenössische historische Realität, die diese Diziplinen mit den Menschen konfrontiert. Das Soziale ist weitaus vielfältiger, als diese glauben wollen. Wir müssen wieder die Idee des Sozialen aufgreifen, weil die zwischenmenschlichen Beziehungen des Globalen Zeitalters nicht mehr in die alten Schemata passen und dennoch sowohl sinnvoll als auch dauerhaft genug sind, um ernst genommen zu werden. Wenn die Bindung eines Mannes und einer Frau nicht mehr einfach als ehelich oder nichtehelich beschrieben werden kann oder wenn zwei Erwachsene gleichen Geschlechts nicht unbedingt als unverheiratet

staat, den Begriff des sozialen Lebens schwäche, lenkte er die Aufmerksamkeit darauf, daß diese Ideen das Bild der Gesellschaft monopolisiert hatten.

zu gelten haben, dann ist die Frage, was solche Beziehungen auszeichnet, keine Nebensache mehr, sondern das zentrale Problem. Das verleiht ihnen auch eine schwer faßbare politische Bedeutung. Man denke nur an die plumpen und erfolglosen Versuche der Politiker, sich etwa für die Belange »alleinerziehender Mütter« einzusetzen, also aus Kategorien Kapital zu schlagen, die längst nicht mehr das gleiche bedeuten wie im Diskurs des Nationalstaats.

In der Tat haben die alten Kategorien die soziale Realität nie angemessen widergespiegelt; doch es bedurfte eines starken intellektuellen Willensaktes, sich bei der Forschung nicht am Selbstbild eines Zeitalters oder einer Kultur zu orientieren, insbesondere wenn letzteres quasi amtlich verfügt war. Inzwischen sind die Selbstbilder einem solch raschen Wandel und einer solchen Reflexivität unterworfen, daß sie zum ständigen Gegenstand empirischer und theoretischer Untersuchungen werden. Die Regierungen, die die zwischenmenschlichen Beziehungen nicht mehr definieren können, greifen entweder auf alte Stereotype zurück oder, wenn sie klüger sind, unterstützen die Forschung, um mit den Veränderungen der sozialen Realität Schritt zu halten. Aber nicht jede Art von Forschung macht eine Regierung klüger.

8.2 Von sozialen Bindungen zur Weltgesellschaft

Wie soziale Beziehungen unabhängig von der Anwesenheit oder Abwesenheit der Beteiligten die ganze Welt umfassen

Wenn die empirische Forschung nicht theoriegeleitet ist, verläuft sie in der Regel im Sande. Wir haben der sozialwissenschaftlichen Globalisierungstheorie einige wichtige Fingerzeige zu verdanken. Indem Robertson (1992) auf die rückläufige Bedeutung sozialer Bindungen und Großgemeinschaften hinweist und Giddens (1991) die Idee der reinen Beziehung theoretisch faßt, stellen sie die über die Moderne hinausweisende Frage nach den universellen Eigenschaften gesellschaftlicher Beziehungen. Auch die globale Kommunikation zeigt, daß Beziehungen auf Distanz durchaus real sind, und wirft erneut die Frage auf, welchen Einfluß Anwesenheit, Abwesenheit und Kontakthäufigkeit auf die Intensität und die gesellschaftliche Rolle zwischenmenschlicher Bindungen haben.

In der Spätmoderne wurde die Bedeutung der Anwesenheit, des unmittelbaren physischen Kontakts, für die Konstitution sozialer Beziehungen überbetont. Dies ging auf den Mythos der ursprünglichen Dorfgemeinschaft zurück und bildete einen Gegenpol zu den gefühlsfremden Strukturen der Moderne. Auf ihr beruhte die herrschende interne Kritik der modernen Gesellschaft. Doch die zeitliche und räumliche Entfernung, die Unterbrechungen der Anwesenheit und des Kontakts sind für eine Beziehung ebenso konstitutiv, denn erst durch sie erhält die Beziehung die abstrakte Qualität einer Bewußtseinstatsache.[2] Wie wir oben sagten (vgl. Kapitel 6.5), sorgt die fortgeschrittene globale Kommunikationstechnologie paradoxerweise eher für eine Konkretion von Beziehungen, aber auch sie erhöht die Bedeutung des Problems« von Anwesenheit und Abwesenheit.

Der notwendig abstrakte Aspekt von Beziehungen wird in sozialen Formationen, die über die Paarbeziehung hinausgehen, noch offensichtlicher. Dennoch muß man in übertriebener Weise auf konkreter Anwesenheit als Beziehungsvoraussetzung beharren, um zu bestreiten, daß es soziale Organisationen im größeren Rahmen gibt, die von der Krabbelgruppe bis zum transnationalen Unternehmen den gesamten Bereich der Gesellschaft umfassen. Eine solche Skepsis gegenüber umgreifenden sozialen Organisationen wird allerdings durch die aktuelle Zunahme der sozialen Fluktuation bestärkt.

2 Ein modernes Verständnis dieser universellen Phänomene findet sich etwa in Montaignes Essay *Von der Eitelkeit*, der ausführliche Betrachtungen über das Zusammenspiel von Anwesenheit und Abwesenheit enthält (1580/1992, 95 ff.). (Der *Oxford Dictionary of Quotations* datiert das Sprichwort »*Absence makes the heart grow fonder*« – »die Liebe wächst mit der Entfernung« – auf das Jahr 1602.) Max Weber erkannte den jeder Beziehung innewohnenden abstrakten Aspekt an, indem er erklärte, daß eine Beziehung immer dann »existiere«, wenn die *Chance* einer bestimmten Art von Handlung bestehe, unabhängig davon, ob diese Handlung tatsächlich eintrete (1922/1985, 13). Wir können das humorvoll sehen und uns fragen, ob zwischen zwei Liebenden überhaupt eine Beziehung besteht: Wahrscheinlich wären wir davon erst überzeugt, wenn sie einander *nach einer Trennung* in die Arme schließen. Wenn sie sich gar nicht erst trennen, können weder sie selbst noch wir sicher sein, daß die Beziehung wirklich existiert. Andererseits können lange Perioden ständiger Nähe eine Beziehung enorm belasten, weil der Aspekt der Trennung fehlt. Daß die moderne Gesellschaftstheorie das intensive Bedürfnis Jugendlicher nach körperlicher Nähe aufs Erwachsenenleben oder sogar auf Gemeinschaft und Gesellschaft projiziert, spricht für die Unreife ihres Diskurses.

Auf den ersten Blick liefert der Bedeutungsverlust der sozialen Organisation denen Argumente, die dafür plädieren, die alten Strukturen der Moderne beizubehalten und von einer Theologie ohne Gläubige, einer Spieltheorie ohne Spieler, der Schaffung von Wohlstand ohne Arbeiter zu sprechen. Aber das Verschwinden der alten Strukturen bedeutet ja nicht, daß sich die Menschen in Luft auflösen. Ihre Fähigkeit, sich zusammenzuschließen, Bewegungen zu gründen und individuell und kollektiv auf die sie umgebende Welt zu reagieren, ist vielmehr enorm gewachsen. Es ist heute unwahrscheinlicher denn je, daß sich mit Hilfe von auf Grundprinzipien rückführbaren, abstrakt rationalen Verhaltensmodellen konkrete Ereignisse in der Wirklichkeit bestimmen lassen. Es gibt ganz einfach immer weniger standardisierte Verhaltensformen, die als Arbeitshypothesen für solche Modelle in Frage kämen.

Angesichts der allgemeinen Unbestimmtheit genießen Redlichkeit und Engagement größeres Ansehen als früher, und mit der Globalität ist eine Neuorientierung entstanden – nicht an metaphysischen Werten, sondern an der Zukunft der Menschheit auf der Erde. Der Globalismus, die Gesamtheit der Werte, die auf den Zustand des Erdballs und das damit zusammenhängende Wohlergehen der Menschen abstellen, eröffnet den universellen Werten, die in der Neuzeit mit abstrakten Begriffen wie Gerechtigkeit, Gleichheit und Freiheit ausgedrückt wurden, eine signifikant neue Dimension.

Vor diesem Hintergrund müssen wir nun die Idee der Gesellschaft erneut prüfen. Weder im nachantiken Europa noch in anderen Zivilisationen war es je problematisch, zwischenmenschliche Beziehungen auf eine allgemeine Formel zu bringen, die im Deutschen »menschliche Gesellschaft« lautet. Diese »menschliche Gesellschaft« hat aber keinerlei territorialen Bezug. Die begriffliche Festsetzung von Schranken zwischen uns und anderen war immer eine große Schwierigkeit. Sobald der Nationalstaat bestimmte, daß sein Volk eine nationale Gesellschaft bildete, die andere ausschloß, wurde die Idee einer möglichen Weltgesellschaft zum Problem. In der Tat ist ja das Wissen um das Potential grenzüberschreitender Bindungen eine Voraussetzung für die Anerkennung dieser Idee.

Obwohl die Idee einer Weltgesellschaft so alt ist wie die politische Theorie, wurde sie doch nie ernsthaft als reale Aufgabe, sondern immer nur als immanente Tendenz politischen Handelns betrachtet. Wenn man sich die menschliche Gesellschaft als in Nationalstaaten zerfallen vorstellt, wird die Weltgesellschaft zum Objekt politischer Entscheidungen und politischen Handelns. Eine zufällige Vereinigung der Welt erschien ebenso unwahrscheinlich wie die Eroberung eines Imperiums im Halbschlaf.

Tatsächlich führt die Zunahme nicht-staatlicher transnationaler Bindungen dazu, daß die Gesamtmenge weltumspannender Beziehungen größer ist als die Summe nationalstaatlicher Gesellschaften. Wenn wir zwei weitere Elemente berücksichtigen, nämlich die Wiederentdeckung des Sozialen und den positiven Beitrag der Abwesenheit zu sozialen Beziehungen, können wir ohne weiteres das Konzept einer Weltgesellschaft der Gegenwart entwerfen.

Für die älteren Gesellschaftskonzepte hat die Vereinigung der Welt radikale Konsequenzen. Immer mehr Menschen empfinden die Kategorien, Strukturen und Grenzen des alten Staates der Moderne als Fremdkörper, die ihnen die Organisation ihres Alltagslebens erschweren. Wie wir gesehen haben, sind soziale Bindungen inzwischen eher Schauplatz individueller Experimente als Objekte bürokratischer Definitionen. Auch die Institutionen des Wohlfahrtsstaates können, seit sie ihrer Funktion im Machtwettbewerb der Nationen enthoben sind, nicht mehr für nationale Solidarität sorgen, da sie zunehmend in Verteilungskämpfe um den Staat hineingezogen werden. Die Tatsache, daß die Menschen außerhalb der Begrenzungen des Nationalstaats zueinanderfinden, rückt die universellen und die persönlichen Aspekte der Konstruktion des sozialen Lebens gleichermaßen in den Mittelpunkt. Mit anderen Worten: Die Weltgesellschaft beruht nicht auf einem Pakt zwischen Nationalstaaten, sondern auf grenzüberschreitenden Bindungen.

Es ist eine Schlüsselfrage der Gesellschaftstheorie, ob diese Weltgesellschaft eine globale Gesellschaft ist oder werden kann. Noch bildet sie kein Gegengewicht zum Nationalstaat. Sie ist aus nationalstaatlichen Gesellschaften hervorgegangen, und man könnte sagen, daß sie in gewissem Sinne Parallele und soziales Analogon zum internationalen Handel ist.[3] Zu ihren Operationsmechanis-

3 Das Konzept der Weltgesellschaft steckt ebenso wie das des Weltmarkts noch in den Kinderschuhen. Wir können uns viele Weltgesellschaften vorstellen und tun das auch, wenn wir von der »islamischen Welt« oder der »christlichen Welt« sprechen. Diese

men gehört das Überbrücken von Grenzen durch die Kooperation von Familienbetrieben, durch den grenzüberschreitenden Einkommenstransfer unter Mitgliedern einer Familie und durch die Migration von Arbeitssuchenden.

Doch wie wir bereits herausgefunden haben, stellt die Globalität eine größere Herausforderung für die alte Ordnung dar als Internationalität oder Transnationalität. Sie bietet eine Alternative zu einer auf nationalstaatlichen Grenzen und Kategorien basierenden Organisation von Gesellschaft. So gesehen müßte eine Weltgesellschaft eine Strukturierung von sozialen Beziehungen sein, die nationalstaatliche Definitionen in Frage stellt. Insofern bedeutet sie die größte Herausforderung für die Theorie des Nationalstaats.

8.3 Jenseits der Theorie des Nationalstaats

Warum die spätmoderne Theorie des Staates auf der Klassenbildung beruhte und warum die Globalisierung als soziale Transformation eine neue Theorie des Staates erforderlich macht

Die Erneuerung der Idee der Gesellschaft erzwingt eine Neuformulierung der Theorie des Staates. Der Nationalstaat der Moderne ist weder die einzige mögliche Staatsform noch die größte politische Errungenschaft der menschlichen Geschichte. Der begriffliche Rahmen, der Ideen wie Volk, Nation, Gesellschaft, Staat und Regierung auf ein zufälliges Territorium eingrenzte, entsprach einer spezifischen geschichtlichen Periode. Viele Gesellschaftstheoretiker haben die Unterscheidung zwischen diesen Begriffen für eine moderne Errungenschaft gehalten, da sie im Denken der Moderne befangen waren. Von außen betrachtet wirken die willkürlichen Auslassungen und Verschmelzungen, mit denen der moderne Nationalstaat diese Begriffe unauflöslich aneinanderketten wollte, inzwischen veraltet. Die Ketten sind gefallen.

unterliegen keiner territorialen Beschränkung, sondern bilden mit ihren Gläubigen eine eigene Welt. Auch wenn man die Existenz multipler Welten abstreitet oder für unerheblich hält, ist eine »Weltgesellschaft« noch nicht dasselbe wie eine globale Gesellschaft. Sie ist lediglich ein Gesamt transnationaler Beziehungen ohne globalen Bezug, genauso wie der Weltmarkt nur ein Gesamt aller Märkte ist.

Allerdings war die gesamte Moderne ein einziger Versuch, Realität und Konzepte zur Deckung zu bringen. Seit Tocqueville (1854) und dem Aufkommen der empirischen Sozialforschung im 20. Jahrhundert reflektierte die Demokratietheorie die auffälligen Machtverschiebungen. Das ging so weit, daß sich die einst so genannte Staattheorie, die sich mit Regierungsinstitutionen und der Trennung von Legislative, Exekutive und Judikative befaßt hatte, zu einer Theorie der legitimen Kontrolle dieser Institutionen wandelte. Die Konzepte wurden den realen Machtverhältnissen angepaßt.

In der Spätmoderne mußte sich die Staatstheorie vor allem mit zwei Problemen auseinandersetzen, die diese Machtverhältnisse mit sich brachten. Zum einen befaßte sie sich mit der Konsensbildung und der Frage, wie man ein ganzes Volk dazu bringen könne, seine ursprüngliche Freiheit einer kollektiven Institution zu übertragen. Zum anderen versuchte sie zu bestimmen, auf welche Weise eine einheitliche Körperschaft Freiheit und Wohlfahrt garantieren könne. Das erste Problem betraf die Theorie der Demokratie, das zweite die Theorie der Rechte.

In Entsprechung zu den sich verändernden historischen Grundlagen der Modernität ist das erste Problem vornehmlich mit der angelsächsischen Welt, das letztere mit Kontinentaleuropa in Verbindung gebracht worden. In England und später in Nordamerika schien die Freiheit bis ins 20. Jahrhundert aus lokalen Rechten zu entspringen, die entweder seit Menschengedenken bestanden wie in England oder auch selbst geschaffen waren wie in den Vereinigten Staaten. In Europa schienen Macht und Rechte dagegen öfter dem Kopf des Fürsten entsprungen zu sein, der seinen Untergebenen einen bestimmten Rang verlieh.[4] Bald jedoch verschärfte sich das Problem auf beiden Seiten aufgrund der Position der Eliten. Grundsätzlich betrachtete die ame-

---

4 Man sollte diese Unterscheidung aber nicht übertreiben. Innerhalb der beiden Traditionen zeigen sich auch Ansätze der jeweils anderen. So wurde das Werk des Engländers Thomas Hobbes von den konservativen Denkern des europäischen Kontinents rezipiert, während sich die Radikalen im ganzen westlichen Welt von Rousseau inspirieren ließen. Entscheidend ist, daß der Kontrast zwischen einer von oben nach unten und einer von unten nach oben verlaufenden Macht eine ungelöste Spannung in der Moderne repräsentiert, die für diese typisch ist und daher im Mittelpunkt der Theorie des Staates steht.

rikanische Theorie den Nationalstaat als Ergebnis einer Vereinbarung zwischen Gemeinschaften; sie zeichnete das Bild einer Vielzahl kleiner (meist ländlicher) Gemeinschaften, deren Vertreter sich darauf einigten, eine gemeinsame Identität als Bürger der Vereinigten Staaten zu schaffen. Wo aber blieb da der föderale Staat? Wirklich verstörend war dann die Feststellung, daß in Washington eine Elite ohne regionale Wurzeln regierte – mächtige, finanzkräftige und einflußreiche Leute, die den regionalen Gemeinschaften nicht im mindesten verpflichtet waren, sondern ihre Macht aus einer anderen Schicht der Gesellschaft bezogen, die der Theorie zufolge überhaupt nicht legitimiert war.

Auch die europäische Theorie sah sich mit dem Problem von Eliten konfrontiert, die niemanden repräsentieren. Sie ging davon aus, daß der Inhaber der zentralen Macht diese nach bestem Wissen und Gewissen durch die etablierten Institutionen und aufgrund rationaler Prinzipien ausüben würde. Das Recht war nicht im Volk verwurzelt, sondern entsprang aus einer Quelle der Weisheit. Für diese Vision bestand das Problem darin, daß der Herrscher Helfer brauchte, die oft auch ihre eigenen Interessen verfolgten. Das war wieder ein Problem der Eliten, in diesem Fall der bürokratischen Elite.

Das zentrale Problem waren also für beide Theorien, die einander angesichts des kollektiven Staates der Spätmoderne ohnehin zunehmend ähnlicher wurden, die menschlichen Akteure, die nicht in jenen theoretischen Rahmen paßten, wie ihn das Idealbild des Staates vorgab. Man verfiel auf die Idee, die uneinsichtige Realität mittels des Begriffs der Nation an die Theorie anzupassen. In Europa wurde seit Hegel die Bürokratie als der eigentliche Träger der Nation angesehen.[5] In den Vereinigten Staaten gab eine Machtelite aus Prominenz, Wirtschaft und Militär ihren eigenen Erfolg als Ideal der Nation aus.

Auf diese Weise wurde die Herausbildung von Klassen in der

---

5 Die Bürokratie war eine Klasse, die ihr Eigeninteresse mit dem allgemeinen Staatsinteresse vermischte. Sie allein entsprach der Idee des Staates, da sie aus Individuen bestand, die »nur nach ihren allgemeinen und objektiven Qualitäten« handelten (Hegel 1821/1970, 442), also ohne Rücksicht auf ihre Zugehörigkeit zu einer bestimmten Gesellschaftsgruppe. Diese Individuen bildeten die Gesamtheit des Volkes. »Das Volk als Staat ist der Geist in seiner substantiellen Vernünftigkeit und unmittelbaren Wirklichkeit, daher die absolute Macht auf Erden.« (S. 498)

spätmodernen Gesellschaft, die aus dem Entstehen der Arbeiterklasse und des Sozialstaats folgte, mit den Idealen der Rechtsgleichheit, des Bürgerrechts und der Demokratie in Einklang gebracht. Die Verkündung gleicher Rechte und Pflichten gegenüber dem Gemeinwesen legitimierte die ungleiche Verteilung von Reichtum, sozialem Status und die Konzentration der Macht in den Händen einer Elite. Der moderne Nationalstaat konnte sich sogar auf die bis auf Aristoteles zurückgehende Tradition berufen, wonach sozial ungleiche Arbeitsteilung ein Merkmal des begrenzten nationalen Gemeinwesens darstellt.

Kaum hatte aber die Staatstheorie die Herausforderung durch die Klassenbildung mit Hilfe des allgemeinen Wahlrechts und eines demokratischen Elitismus und Korporatismus bestanden, da taten sich auch schon neue Spaltungen in der Gesellschaft auf. In den siebziger Jahren wurde deutlich, daß historische Unterschiede aufgrund des Geschlechts, der Sprache, der Religion und kolonialistischer Ausbeutung mit einer Theorie des Nationalstaats nicht legitimiert werden konnten, die sich der Erklärung der Klassenunterschiede verschrieben hatte. Das Patriarchat und die biologische Begründung einer Diskriminierung der Frau standen im Widerspruch zur Entwicklung des Arbeitsmarkts, durch die die Mitwirkung der Frau im Arbeitsleben wichtiger wurde als die Erziehung der Kinder. Nicht der Kapitalismus, sondern ein geschichtlich verwurzelter Rassismus operierte gegen ethnische Minderheiten. Es standen keinerlei staatliche Mechanismen zur Entschärfung von Konflikten zwischen den Religionen zur Verfügung.

Dies bedeutete nicht, daß die Veränderungen des Kapitalismus für die nationalstaatliche Gesellschaft unwichtig waren, sondern nur, daß seine neuen Strukturen und Technologien sowie die internationale Arbeitsteilung den männlichen Industriearbeiter und Büroangestellten von seiner zentralen Position verdrängten, auf der die alte Sozialstaatslösung beruht hatte. Die Globalisierung der Wirtschaft verstärkte diese Verschiebung, intensivierte den Kapitalfluß und die Veränderung der Auswahlkriterien von Produktionsstandorten, während die globale Kommunikation das Selbstbewußtsein der Gruppen erhöhte, die dem Würgegriff nationalstaatlicher Konzepte entronnen waren.

In zunehmendem Maße erkannte man, daß die konzeptuellen

und territorialen Grenzen der nationalstaatlichen Gesellschaft das Ergebnis historischer Auseinandersetzungen waren, die sich in jeder neuen Generation wiederholten und fortsetzten. Die administrative Form des Staates spiegelt wider, wie diese Kämpfe in den Praktiken des Alltags institutionalisiert wurden. Doch wenn sich die Grenzen ändern, ändern sich auch die alltäglichen Kämpfe. Am Ende richten sich weder die Hoffnungen noch die Anstrengungen jener, die auf seinem Gebiet leben, auf den Nationalstaat. Die Trennung von Nationalstaat und sozialen Beziehungen der Bürger ist noch längst nicht vollzogen, aber sie ist doch schon weit fortgeschritten.

Die Krise des Nationalstaats im Globalen Zeitalter bedeutet eine enorme Herausforderung für seine Ideologie, die die neuen Tatsachen in alte Konzepte einarbeiten oder neue Konzepte zur Unterstützung der alten Machtverhältnisse erstellen muß.[6] Auch jene, die die Globalisierung als empirisch nachweisbaren Trend akzeptieren, neigen dazu, sie einzig unter dem Aspekt ihrer Auswirkungen auf die zukünftige Wirtschaftspolitik der Regierungen zu betrachten.[7] Allen diesen Argumentationen mangelt die Einsicht, daß die Globalisierung keine simple wirtschaftliche, sondern eine umfassende gesellschaftliche Transformation ist, die eine Veränderung des gesamten konzeptuellen Bezugsrahmens nach sich zieht. Die Diskussion wird hauptsächlich mit alten Begriffen geführt, die die Einheit von Nation, Staat und Regierung voraussetzen und die Lage so darstellen, als stärke der Internationalismus die Existenzgrundlage des Nationalstaats.[8]

6 John Gray (1994) beklagte sich in einer Besprechung von John Redwoods Buch (1994) darüber, daß die Rhetorik der Globalisierung Großbritannien davon abhalte, gewisse politische Optionen zu nutzen, wie es etwa die Franzosen mit dem Schutz ihrer Filmindustrie oder die Japaner mit ihrer lebenslangen Arbeitsgarantie tun. Auch Will Hutton (1995) hält die Globalisierung für einen Mythos, mit dem die Konservativen die Passivität der Regierung angesichts der Internationalisierung rechtfertigen.

7 Geoff Mulgan (1994) vertritt die Auffassung, daß die wirtschaftliche Globalisierung ein bleibendes Phänomen sei, das jedoch unter keinen Umständen das Ende der nationalen Souveränität bedeute, sondern eher eine Herausforderung für diese sei. Paul Hirst (1993) argumentiert, daß die wirtschaftliche Globalisierung ein idealtypisches Konzept sei, dessen Realisierung unwahrscheinlich sei.

8 Schon ein einziger Satz aus dem Leitartikel *The Myth of the Powerless State* (Der Mythos des machtlosen Staates) im *Economist* belegt das Überdauern des alten nationalstaatlichen Diskurses (7.-13. 10. 1995, 15 f.): »Beginnen wir mit dem einfachsten Maßstab für die Einmischung des Staates in die Wirtschaft – mit jenem Bruchteil des Landeseinkommens, das die Regierung ausgibt.« Diese Gleichsetzung von Staat und

Es ist heute aber nicht mehr möglich, von der zunehmenden Aktivität des Staates auf dessen Machtzuwachs zu schließen oder die Identifikation des Volkes mit der Nation aus dem entschlossenen Vorgehen nationaler Regierungen abzuleiten. Die »Nationalisierung Großbritanniens«, als die ein politischer Beobachter (Jenkins 1995) die durch die konservativen Regierungen betriebene Übertragung lokaler Macht auf zentrale Körperschaften bezeichnet hat, spielt sich in einer Situation ab, in der die Bürger mit der Regierung, den Politikern und der zunehmenden Regulierung durch nichtnationale, insbesondere europäische Institutionen immer unzufriedener sind.

Wenn der Staat ein polyzentrisches weltweites Netz von Praktiken ist (vgl. Kapitel 3.4), in dem die Individuen als unabhängige Weltbürger agieren und nationale Hoffnungen regelmäßig außerhalb der etablierten Nationalstaaten liegen, dann hat die Regierung die Macht über das Schicksal der Bevölkerung verloren. Wo die Globalisierung als soziale und kulturelle Transformation anerkannt wird, wird auch die grundlegende Notwendigkeit einer Neukonzeptualisierung der Politik unter den neuen Bedingungen sichtbar.[9] Dies wird letztendlich zu einer grundsätzlichen Neubewertung der repräsentativen Demokratie und der nationalstaatlichen Regierung führen.

Regierung mag der Traum der nationalen Regierungen sein, aber sie hat mit den realen Machtverhältnissen nicht viel zu tun. Regierungen sind hinsichtlich ihrer Ausgabenpolitik starken Beschränkungen unterworfen. Der Staat aber ist die Macht, ein »machtloser Staat« daher ein Widerspruch in sich. Folglich ist die Gleichsetzung von Regierung und Staat ein rhetorischer Willkürakt, der mit einer realistischen Analyse der Macht der Regierung nichts zu tun hat. Auf der Basis dieser Gleichsetzung ist es unmöglich, von der Koexistenz eines mächtigen Staates und einer schwachen Regierung zu sprechen – folglich muß Italien eine starke Regierung haben! Der Begriff »Staat« wird hier natürlich nicht im Sinne von »Nationalstaat« verwendet.

9 Wie bei Jacques (1993), der von einer Krise der Politik und der Demokratie spricht.

8.4 Der Weltstaat

Die Idee des Staates beruht auf dem erzwungenen Handeln
für das Gemeinwohl. Aber wessen Handeln und
wessen Wohl sind gemeint?

Die alten pluralistischen Theorien des modernen Staates waren abhängig von der Schlichtung des Klassenkonflikts innerhalb des Nationalstaats. Doch die soziale Schichtung wird nicht von nationalstaatlichen Faktoren beeinflußt, und der Klassenkonflikt ist nicht mehr das zentrale Thema nationaler Politik. Gleichzeitig taucht mit der Entstehung einer globalen Managerklasse die Frage der Klassengesellschaft auf globaler Ebene erneut auf. Wie die spätmoderne Staatstheorie durch die Herausbildung von Klassen in der nationalstaatlichen Gesellschaft stimuliert wurde, so setzt die neue globale Klasse den globalen Staat auf die Tagesordnung der Theorie. Und wie die nationalen Eliten die Schaffung der nationalstaatlichen Gesellschaft betrieben, so steht von der globalen Managerklasse zu erwarten, daß sie entsprechend eine globale Gesellschaft anstrebt. Aber kann die Idee eines globalen Staats das Vorrecht einer global herrschenden Klasse sein? Diese Frage muß von der Demokratietheorie des Globalen Zeitalters beantwortet werden. Dies kann nur geschehen, wenn sie die Vorteile erkennt, die das Entkommen aus dem stählernen Gehäuse moderner Begrifflichkeit mit sich bringt.

Die von der Globalisierung hervorgerufenen Entkoppelungen ermutigen dazu, die Begriffe zu rekonstruieren, die in der Moderne verschüttet waren. Die postmoderne Welt bedeutet nicht nur Fragmentierung, sie bietet auch die Gelegenheit zur Wiederherstellung und Rekonstruktion. Wenn Nationalstaaten, durch die eigene Administrationslogik gezwungen, ausländische Gesetze, die staatliche Identität unabhängig von Regierungen und die Verbindlichkeit zwischenstaatlicher Aktivitäten anerkennen, läßt sich darin eine Ausweitung des Staatsbegriffs erkennen. Staatliche Aktivitäten sind daher teilweise entnationalisiert, polyzentrisch und in gewissem Maße dezentriert.

Die globalen Veränderungen führen zwangsläufig zu einer Neuformulierung des Staatsbegriffs. Sie kappen die Verknüpfung von

Staat und Nation, die die nationalen Eliten hergestellt haben, und rücken die Entwicklung institutionalisierter Praktiken auf transnationaler Ebene und den Einfluß globaler Bedeutungen auf die alltäglichen Aktivitäten ganz gewöhnlicher Menschen in den Mittelpunkt. Die Entkoppelung von Staat und Nation ist der wichtigste Aspekt des Übergangs von der Moderne zum Globalen Zeitalter. Seine Kehrseite ist sicherlich die Entfesselung eines zuvor unterdrückten Nationalismus, doch andererseits sorgt er dafür, daß wieder zwischen der Idee des Staates einerseits und den Kaprizen der aktuellen Regierungen andererseits unterschieden werden kann.

Die Idee des Staates ist weniger universell als die Idee der Gesellschaft, aber auch ihre Wurzeln reichen über den Beginn der Moderne hinaus. In der späteren Moderne dominierte der Staatsbegriff von Max Weber, dem zufolge der Staat eine Einrichtung war, die in einem begrenzten Territorium ein legitimes Gewaltmonopol ausübte. Dieser Staatsbegriff entspricht zwar einem Aspekt des modernen Nationalstaats, spielt aber den von Hegel betonten Aspekt des Staates als Repräsentanten der menschlichen Vernunft, insbesondere im Sinne rationaler Verwaltung, herunter. Gleichzeitig verschleiert er, in welchem Ausmaß ein Rest legitimer Gewaltmittel in den Händen des einzelnen verbleibt, auch wenn es sich dabei nur um Selbstverteidigung oder passiven Widerstand handelt.

Das prämoderne Denken entwarf den Staat in einem viel allgemeineren Sinn als eine dauerhafte kollektive Aktivität für das Gemeinwohl, bei der die Ausübung von Zwang nur ein Mittel unter vielen war, und diese Bedeutung behält der Staat meines Erachtens über die Moderne hinaus bei. Die Herrscher der großen indischen und chinesischen Weltreiche konnten vor über zweitausend Jahren auf den Rat von Kautilya und Konfuzius bauen, die uns über die Epochen hinweg noch immer viel zu sagen haben. Ihre Vision des Staates war die einer friedlichen Administration, in der der Herrscher dem Wohle aller diente und mit viel Fingerspitzengefühl für die Grenzen der Gewaltanwendung regierte.

Die allgemeinsten Fragen, die die Idee des Staates von Anfang an zu beantworten hatte, lauteten: Wessen Gemeinwohl ist gemeint? Wie weit reicht es? Wer stellt es sicher? Und wie? In der frühen Moderne beruhte die Entwicklung des Staates vor allem auf der

Einverleibung feudaler Gruppen in staatliche Strukturen. Der hochmoderne Staat schlichtete den Klassenkonflikt, und in der Spätmoderne drang der Staat tief in das Alltagsleben der Menschen vor. In dieser historischen Perspektive zeigt sich, daß sich der Staat in den und durch die Aktivitäten aller seiner Bürger ebenso manifestiert wie in den und durch die Aktivitäten eines nominellen Kopfes oder regierenden Zentralorgans.

Im Globalen Zeitalter ist der Staat dezentriert, überschreitet nationale Grenzen und durchdringt die Alltagsroutinen der Menschen, in denen er sich realisiert. Auf diese Weise entwickelt sich parallel zum Wachstum der Weltgesellschaft ein Weltstaat. Da es sinnvoll ist, unter der Weltgesellschaft die Gesamtsumme aller sozialen Beziehungen in der Welt zu verstehen, brauchen wir auch einen äquivalenten Begriff für die Aktivitäten des Staates. In seiner heutigen minimalen Form stellt der Weltstaat jedoch noch keine organisierte Form der Administration dar und wird auch mit Sicherheit nicht von den Vereinten Nationen oder einem anderen Akteur gelenkt.

Wie die weltweite Organisation der Menschheit ist auch der Weltstaat momentan eher eine Möglichkeit als eine Wirklichkeit. Wenn wir uns zum Beispiel fragen, wie er sich von anderen Staatsformen abgrenzt, müssen wir feststellen, daß er durch all jene Aktivitäten definiert wird, die das Wohl der Menschheit zu ihrem Ziel machen. Der Weltstaat existiert also bereits dort, wo Nationalstaaten und nationalstaatliche Institutionen ihre bi- und multilateralen Beziehungen anhand dieses Kriteriums regulieren. Es wäre aber blauäugig und idealistisch, wenn wir davon ausgingen, daß solche Kriterien die nationalstaatlichen Bestrebungen dominierten. Es wäre genauso blauäugig, wenn wir glaubten, daß jedes persönliche Engagement in Friedens- und Umweltbewegungen auf den edelsten Motiven beruhte. Andererseits würden wir die neue Rolle des Nationalstaats falsch verstehen, wenn wir unsere Augen davor verschließen, daß sich staatliches Handeln weltweit implizit auf diese Kriterien bezieht. Nur weil wir das genaue Datum des Übergangs von der Welt der Nationalstaaten zur fertigen Neuen Weltordnung der Zukunft nicht kennen, muß die Welt noch nicht im Chaos versinken. Der Weltstaat zeigt sich bereits in der Ordnung der Dinge.

Der Weltstaat funktioniert jedoch keineswegs wie ein auf globale Dimensionen ausgeweiteter Nationalstaat. Er geht aus ganz anderen Bedingungen hervor – nicht aus territorialer Rivalität oder den Ängsten der herrschenden Klasse, sondern aus der vereinten Anstrengung, die Umweltfolgen des technischen Fortschritts zu kontrollieren, aus dem gemeinsamen Interesse an der Durchsetzung der Menschenrechte und aus der allgemeinen Angst vor einer nuklearen Katastrophe. Er repräsentiert eine neue Entwicklungsstufe des Staatsbegriffs und führt ihn über jene Figuration hinaus, die aus legitimem Gewaltmonopol, Nationalität und Territorialität bestand. Deren Assoziation mit Rationalität und Bürgerrechten erweist sich als eine historische, der Moderne zugehörige und keineswegs notwendige.

Der Weltstaat ordnet diese Elemente neu und ist selbst doch etwas anderes als der Nationalstaat. Er ist nicht so entstanden, wie man sich das früher vorgestellt hat. Die Transformation der Kommunikation, die Praktiken multinationaler Firmen und die Belange der Nationalstaaten waren für seine Entstehung wichtiger als eine aufgezwungene zentrale Weltordnung. Zudem gewinnen die konkurrierenden Nationalismen zunehmend Einfluß, sind inzwischen womöglich stärker als je zuvor und können sogar zur Bedrohung staatlicher Ordnung werden. In den Zukunftsvisionen der Vergangenheit, die von der Verknüpfung von Staat und Gesellschaft ausgingen, bedeutete eine Weltordnung einfach die Existenz eines Weltstaates, der engstens mit den entsprechenden sozialen Einrichtungen verbunden sein würde: mit universellen Werten, Harmonie, den Grundfreiheiten der Menschen und sogar mit Demokratie.[10]

Die heutige Idee eines Weltstaates beruht auf der Entkoppelung von Nation und Staat. Sobald sich diese Entkoppelung vollzieht, folgt binnen kurzem eine ganze Reihe weiterer: Der Staat verliert das Gewaltmonopol, die Menschenrechte greifen in die Beziehungen von Individuum und Gemeinschaft ein, die Wohlfahrt beginnt im Haushalt. Jede dieser Konsequenzen erzeugt eine eigene Rheto-

---

10 Der in die USA ausgewanderte polnische Historiker Halecki formuliert es so: »Erst dann, wenn die Ideen demokratischer Regierungsform und nationaler Selbstbestimmung [...] in allen Zivilisationen verwirklicht werden sollten, wird die Welt, trotz ihrer kulturellen Verschiedenheiten, wirklich eine Einheit sein, zusammengeschlossen in einer wirksamen Weltorganisation, welche einen dauernden Frieden in Freiheit, Gerechtigkeit und Sicherheit garantieren würde.« (Halecki 1957, 173)

rik, eine Horde von Interpreten und ganze Bibliotheken von Büchern und Materialien.

In einem solchen Babel könnte nur allzuleicht die Idee des Staates ganz in Vergessenheit geraten. In der Tat ist dies eine allgegenwärtige Gefahr. Denn der Verlust des staatlichen Gewaltmonopols kann dazu führen, daß dieses in die Hände von Cliquen, Mafiaorganisationen, Söldnern und Mördern fällt. Und wenn der Staat keine Sozialleistungen mehr erbringt, sind Wellblechstädte für Mittellose eine mögliche Folge. Es steht zu befürchten, daß die Idee des Staates, wenn sie vom Begriff der Nation abgelöst wird, für die politisch Interessierten jeden Reiz verliert. In der ganzen westlichen Welt fürchtet das politische Establishment das Abebben des Interesses an der Politik.

Vom Niedergang des Nationalstaats bleibt allerdings dessen größte Errungenschaft unberührt, die als Staatsbürger geschulte Bevölkerung nämlich, die nicht nur die menschliche Ressource des Konsumkapitalismus, sondern auch die Bürger des Weltstaates bilden. Das nachlassende Interesse an nationalstaatlicher Politik wird vom zunehmenden Engagement in Bewegungen ausgeglichen, die die Menschen auf weltweiter Basis mobilisieren und Probleme thematisieren wollen, die in der Tagesordnung des Nationalstaats nur eine marginale Rolle spielen.

Diese Bewegungen orientieren sich hauptsächlich an der Globalität und beziehen ihre Werte aus dem Globalismus. Auf dieser Grundlage setzen sie sich mit der globalen Managerklasse auseinander und sind oft deren Gegenspieler. Sie versuchen, Einfluß auf jeden zu nehmen, der mit globalen Veränderungen zu tun hat oder in dessen Verantwortungsbereich ein möglicher Aspekt des globalen Schicksals der Menschheit liegt. Paul Ekins (1992) setzt seine Hoffnungen für eine wahrhaft demokratische neue Weltordnung auf die Basisbewegungen, die Falk (1992) eine »Globalisierung von unten« genannt hat. Wir können darüber hinaus davon ausgehen, daß sich der globale Staat gerade dort herauszukristallisieren beginnt, wo man sich besonders intensiv mit Problemen der Globalität beschäftigt und gemeinsam an ihnen arbeitet. Denn der globale Staat ist zwar in den existierenden internationalen Institutionen noch nicht realisiert, aber dennoch eine Spielart des Weltstaats. Nebenbei sehen wir daran, wie wichtig die Entwicklung klarer Unterscheidungen zwischen den Begriffen »global«, »Welt« und »international« ist.[11]

Die Vereinten Nationen und ihre Agenturen sind Organisationen von und für Nationalstaaten und keine globalen Organisationen. Auch können sie sich auf globaler Ebene nicht so durchsetzen wie der Nationalstaat im Inland. Das liegt daran, daß die innere Organisation von Nationalstaaten auf der Konstruktion des »anderen«, des Nichtbürgers oder des Ausländers beruht, wohingegen es für den globalen Staat, der nur eine einzige Nationalität kennt, keine »anderen« mehr gäbe, es sei denn in Form von entrechteten, ihm entfremdeten Subgruppen, die seine Ordnung ständig von innen her in Frage stellten.

Gleichzeitig haben innerhalb der Vereinten Nationen globale Werte aufgrund des Umgangs mit Globalität, der Beurteilung von globalen Kräften sowie Umwelt-, Gesundheits- und Bevölkerungsproblemen große Verbreitung gefunden. UN-Körperschaften wie die Weltgesundheitsorganisation, die Ernährungs- und Landwirtschaftsorganisation und die *International Planned Parenthood Federation* haben sich die Durchsetzung globaler Kriterien der Zukunftssicherung zur Hauptaufgabe gemacht und bieten ein öffentliches Forum für die Begegnung von Staaten, kapitalistischen Organisationen und Bewegungen. Der im Entstehen begriffene globale Staat hat sich den Definitionen der globalen Managerklasse noch nicht gebeugt, und noch gibt es keine autoritäre globale Gesellschaftsordnung. Noch kann der globale Staat eine Form annehmen, die sich von allen bisher bekannten Staatsformen unterscheidet. Doch dabei ist er auf die Mithilfe seiner Bürger angewiesen.

---

11 Dies ist eine Aufgabe, die mit Goethes Vorstellung der Weltliteratur verwandt ist. Er schrieb 1827, daß die Nationalliteraturen wenig bedeutsam seien und eine Epoche der Weltliteratur bevorstehe (Strich 1949, 349). Für ihn ging die Weltliteratur über nationale Literatur hinaus, absorbierte diese aber nicht, sondern stellte einen universellen Rahmen zur Verfügung, der es den Nationen ermöglichte, sich miteinander zu verständigen. Das entspricht im weitesten Sinne dem Unterschied von Weltstaat und Nationalstaat. Doch unsere Unterscheidung zwischen dem globalen Staat und dem Weltstaat ist ebenso wichtig. Zu dieser gab es zu Goethes Zeiten keine Parallele.

8.5 Performative Staatsbürgerschaft

Wie die staatliche Kolonialisierung des Alltagslebens in der globalen Welt zur Erneuerung des Staates durch die Bevölkerung führt

Den Aktivitäten einer Vielzahl von Menschen auf der ganzen Welt liegt bereits ein neues Verständnis der Idee des Staates zugrunde. Um dies zu entdecken, müssen wir lediglich herausstellen, was dem Bewußtsein von normalen Menschen und Staatsbediensteten gleichermaßen entgeht. Der Staat ist die universellste Form einer am Gemeinwohl orientierten sozialen Organisation. Sein Entstehen verdankt er sowohl der Erkenntnis als auch der Fähigkeit zur Erfüllung der grundlegendsten praktischen Bedürfnisse des Lebens in einer menschlichen Gemeinschaft. Diese »Erkenntnis« und diese »Fähigkeit zur Erfüllung« finden sich aber im gleichen Maße bei normalen Menschen im Alltagsleben wie bei Beamten internationaler Institutionen. Wir vertreten also die These, daß die Idee der Staatsbürgerschaft auch jenseits der repräsentativen Demokratie und des Nationalstaats gültig ist.

Auch in diesem Punkt ist es wieder wichtig, die Leistung der Moderne zu relativieren, die Idee der Staatsbürgerschaft aus ihrem Diskurs herauszulösen und sie in einer historischen Perspektive zu betrachten. Innerhalb der Geschichte der westlichen Welt ist das nicht weiter schwer, da die Staatsbürgerschaft ein zentrales Konzept der griechischen und römischen Politik war, deren Diskurse für die Moderne von fundamentaler Bedeutung waren. Vor dem Hintergrund dieser historischen Perspektive behaupte ich, daß wir die Herausbildung einer neuen Form von Staatsbürgerschaft erleben, die sich sowohl von der antiken als auch von der modernen unterscheidet.

Wenn wir abermals Aristoteles als Beispiel für die antike Diskussion nehmen, stellen wir fest, daß er die Kontinuität staatlicher Strukturen von der Aktivität des Bürgers abhängig macht, den er als einen Menschen definiert, der »durch nichts so gekennzeichnet [ist] wie durch die Beteiligung an der Entscheidung und den Ämtern« (Aristoteles 1959, 112). In seiner Argumentation ist der Staat den Bürgern anvertraut, die folglich dessen Herrscher sind – eine nicht völlig unrealistische Auffassung, da die Polis klein war und nicht alle Menschen Bürgerrechte hatten. Diese Überlegung trifft auf die eingeschränkte Demokratie der Polis zu, viel weniger aber auf Staaten, die von einer Person oder einer Oligarchie regiert werden. Die Staatsbürgerschaft besteht also bei Aristoteles im wesentlichen in der Teilnahme am Staat, auch wenn diese nur einer privilegierten Gruppe möglich ist.

Die moderne Idee der Staatsbürgerschaft ging von einer ganz anderen Voraussetzung aus, nämlich der Ausweitung zentralisierter Staatsgewalt über Bevölkerungen, die am Anfang über wesentlich weniger Rechte verfügten als die Bürger bei Aristoteles.[12] Insofern leitet sich die moderne Staatsbürgerschaft nicht von der Demokratie, sondern von einer zentralisierten und souveränen Staatsgewalt ab, und daher war ihre Bedeutung von dem Ausmaß abhängig, in dem größere Teile der Bevölkerung in den Genuß ihrer Privilegien kamen. Bürger eines Nationalstaats zu sein war mit anderen Worten eine zentrale Eigenschaft des Projekts der Moderne. Dementsprechend konnte die maßgebliche Auseinandersetzung mit diesem Thema in der Mitte des 20. Jahrhunderts unverhüllt und ausschließlich von einer Staatsbürgerschaft ausgehen, die »per definitionem national« war (Marshall 1964, 72).[13]

Die Theorie der modernen Staatsbürgerschaft beruhte also auf der Beziehung zwischen der Zentralgewalt und dem Staatsbürger als einem Nutznießer und Mitwirkenden, der über Rechte und Pflichten verfügt. Der Aspekt der Teilnahme am Staat, von dem Aristoteles ausging, stand wegen der Dominanz des zentralisierten Staates innerhalb des Projekts der Moderne stets im Hintergrund. Die Demokratie konnte nur eine repräsentative Demokratie sein, also das beste aller schlechten Systeme, dem die Theorie des modernen Staates beisprang, indem sie erklärte, warum es nicht besser-

---

12 Carl Brinkmanns kurzer Artikel über Staatsbürgerschaft (1930, 471) macht deutlich, daß das personale Konzept der Staatsbürgerschaft dem territorialen jederzeit und überall vorausging. Es handelt sich also nicht einfach um einen Kontrast von Antike und Moderne. Die römische Civis basierte auf der Persönlichkeit, nicht auf dem Wohnsitz. Vor allem gilt es zu erkennen, daß eine historisch vergleichende Auffassung der Staatsbürgerschaft eine in der Moderne unterdrückte Substanz dieser Idee ans Licht bringt. Brinkmann kann sich daher viel tiefergehende Konzeptionen von Staatsbürgerschaft vorstellen.

13 Marshalls Text entstand 1949 im Rahmen einer (Alfred) Marshall-Vorlesung in Cambridge.

ging. Die aristotelische Vorstellung des Bürgers als Machthaber inspirierte in der Moderne das utopische und revolutionäre Denken, hat sich aber als im Nationalstaat nicht durchführbar erwiesen.

Nun haben diese antiken und modernen Vorstellungen der Staatsbürgerschaft deren theoretische Möglichkeiten nie vollständig ausgeschöpft, auch dann nicht, wenn man die jeweiligen historischen Bedingungen berücksichtigt. In aller Regel werden nur die vorherrschenden Varianten betrachtet. Es hat aber immer auch die Idee einer Art Weltbürgerschaft oder, wenn man so will, einer Herrschaft des Volkes gegeben, die eigentlich darauf beruhte, daß sich der einzelne im Alltag für das Wohl der Menschheit einsetzt. Sie beginnt bei Sokrates und taucht auch im mittelalterlichen, frühmodernen und heutigen Denken immer wieder auf. Sie ist der Gegenentwurf zu der Vorstellung, daß die Aktivität für ein Gemeinwohl eine staatliche sein müsse.[14] Sie ist heute in Organisationen wie »World Government for World Citizens« (Weltregierung für Weltbürger) lebendig.[15]

Wenn jedoch die Idee des Staats verwirklicht wird, so geschieht das stets unter bestimmten Umständen, die zu einer Abwandlung der Grundidee führen. Eine Weltbürgerschaft entspricht einem

14 J. G. Fichte suchte diese universelle Idee der Staatsbürgerschaft jenseits des Nationalstaats in seiner Rechtslehre auszuarbeiten. In einer vergleichenden Darstellung des internationalen Rechts leitet er die Entstehung des Staates aus dem Recht des Individuums ab, ein anderes Individuum dazu zu nötigen, mit ihm eine rechtliche Bindung einzugehen: »Ist einer von beiden schon im Staate und der andere nicht, so zwingt der erstere den andern, daß er mit seinem Staate sich vereinige. Wäre keiner von beiden im Staate, so vereinigen sie sich wenigstens zum Anfange eines Staates.« Dies beweist für ihn, daß der Staat »nicht eine willkürliche Erfindung, sondern durch die Natur und Vernunft geboten sei« (Fichte 1869/1980, 157f.). Dieses Recht des Individuums liegt nicht jenseits der Gemeinschaft, sondern es wird durch die Interaktion mit anderen etabliert (Fichte 1869, 160); aber der Staat als solcher erscheint wieder als Folge der aktiven Tätigkeit von Menschen und nicht als feststehende Entität, die die Menschen umgibt oder ihnen aufgezwungen wird. Gleichzeitig wird auch das Recht zur Ausübung von Macht und Zwang auf Individuen übertragen.

15 Der Nestor der Weltbürger, Garry Davis, fordert in einer Einspeisung vom 19. August 1995 (http://www.together-org/orgs/wcw/wcninter/ntml) die Benutzer des Internets dazu auf, sich wie folgt zu äußern: »Hallo, ihr anderen ›Netzbürger‹. Ich bin ein souveräner ›Weltbürger‹.« Er behauptet, daß die Möglichkeit der weltweiten Kommunikation Weltbürgern den Abschluß eines globalen Sozialvertrages erlaube. Für ihn beruht die Staatsbürgerschaft auf Selbstverwaltung, nicht auf der Existenz einer Regierung. Im Grunde ist das Fichte für das Globale Zeitalter. (Ich danke Neil Washbourne für seine Suche im Internet.)

Weltstaat ohne Zentrum, von dem möglicherweise jeder Bürger eine andere Auffassung hat. Zudem ist das Verhältnis zwischen Weltstaat und Weltbürger völlig offen und unspezifiziert. Das mag für eine postmoderne Welt eine vollkommen negative Nachricht sein. Aber es ist noch nicht das letzte Wort der Geschichte.

In zunehmendem Maße, und dies ist ein Kennzeichen des Globalen Zeitalters, nutzen Individuen in ihrer Eigenschaft als Weltbürger kollektive Organisationen für globale Ziele. Das beginnt in ihrem Umfeld, wird in alltäglichen Praktiken umgesetzt und resultiert in kollektivem Handeln, das die ganze Welt einbezieht. Das wichtigste historische Vorbild für die globalen Aktivitäten der Weltbürger von heute ist die internationale Arbeiterbewegung des 19. Jahrhunderts. Diese wurde jedoch auf verschiedene Weisen in die kapitalistischen und sozialistischen Nationalstaaten eingebunden. Die globalen Bewegungen von heute haben sich ihre Unabhängigkeit von Nationalstaaten bewahrt und beginnen sogar, als beinahe gleichberechtigte Partner mit diesen zu verhandeln. Sie führen eine Debatte mit globalen Institutionen und bedienen sich des Expertenwissens der globalen Managerklasse.

Die globale Staatsbürgerschaft ist eine Weltbürgerschaft, in deren Mittelpunkt die Zukunft unseres Planeten steht. Zudem bringt sie charakteristische Aktionsformen hervor, darunter die weltweite Koordination auf der Basis offener Netzwerke. Anders als Aristoteles' Staatsbürger sind die Weltbürger nicht die Herrscher des globalen Staates, auch stehen sie in keinem Vertragsverhältnis mit ihm wie die Bürger des modernen Nationalstaats. Vielmehr *schaffen sie den Staat* durch ihre Praktiken, die sie als kolonialisierte und kenntnisreiche Bürger des Nationalstaats erlernt haben. So hat das Eindringen des modernen Staates ins Alltagsleben seine Bürger darauf vorbereitet, eine neue, aktive Rolle zu übernehmen.

Habermas' These der Kolonialisierung der Lebenswelt postuliert, daß die Systeme des modernen Staates und des Kapitalismus die Menschen mit Erfolg dazu bringen, ihren Wünschen gemäß zu handeln. Dem stellt er die kommunikative Rationalität gegenüber, die sich gegen die Übergriffe eines auf seine Hegemonie bedachten Staates wendet. Er kombiniert den marxistischen Entfremdungsbegriff und Webers stählernes Gehäuse der Rationalität mit einer Phänomenologie des Alltagslebens. Er zieht jedoch nicht die Möglichkeit in Betracht, daß die Übergriffe des modernen Staates auf das Alltagsleben zu einer größeren Befähigung der Menschen beigetragen haben könnten, nämlich durch ihre Ausbildung und den Zwang zur Teilnahme an Formen alltäglicher Bürokratie.[16]

Die Rationalität des einzelnen war nie ausschließlich vom Staat definiert, und in dem Maße, in dem sich der Staat bei einer ganzen Reihe alltäglicher Fragen der Gesundheit, des Straßenverkehrs, der Verbrechensvorbeugung und der Sorge um die Umwelt auf das kritische Urteilsvermögen seiner Bürger verließ, beruhte er immer schon auf deren Aktivitäten. Die Kolonialisierung der Lebenswelt bringt eine Erweiterung der individuellen Kompetenz mit sich, ohne die der moderne Staat den Alltag nicht durchdringen könnte. Daher führt sie schließlich zum gleichen Ergebnis wie eine territoriale Kolonialisierung: zum Erlangen einer Unabhängigkeit, die sich jedoch mittels Anpassung an die Kultur des Kolonialherrn vollzieht. Im Globalen Zeitalter widmen sich die Weltbürger dem Aufbau eines globalen Staates, der in ihren und durch ihre Aktivitäten entsteht.

8.6 Der globale Staat

Wie der globale Staat zum Schauplatz der Auseinandersetzung zwischen Weltbürgern und Managern der Globalität wird

Der globale Staat manifestiert sich schon heute in den Aktivitäten von Millionen Menschen, die bei globalen Themen vom Walfang über die Beschneidung von Mädchen bis zur Wasserqualität des Ganges Druck auf nationale Regierungen ausüben. Diese Menschen versuchen, die bestehenden globalen und nationalen staatlichen Institutionen zu beeinflussen, wobei sie die Vertreter dieser

---

16 Sogar ein Theoretiker wie John Dryzek (1990, 21, 220), der die kommunikative Rationalität von den Beschränkungen, die ihr Habermas' System/Lebenswelt-Dichotomie auferlegt, befreien und die Idee der diskursiven Demokratie auf das »feindliche Lager« ausweiten wollte, schreckt davor zurück, Staat und Bürokratie einzubeziehen. Wenn wir aber im Staat und der Bürokratie diskursive Gebilde sehen, müssen wir auch anerkennen, daß die diskursive Demokratie der sozialen Bewegungen der Versuch ist, eine alternative Staatsform zu schaffen. Probleme der Organisationsform lösen sich auch in der diskursiven Demokratie nicht von selbst.

Einrichtungen sowohl unterrichten als auch mit ihnen zusammenarbeiten wollen. Die in die staatliche Verwaltungsroutine eingebundenen Beamten wiederum sind auf regelmäßige Information angewiesen, wenn sie den Kontakt mit den wirklichen praktischen Problemen des Staates nicht verlieren wollen.

Dieses individuelle Staatsbewußtsein wurde von der Globalität als der Auseinandersetzung mit den weltweiten Problemen des Alltagslebens auf globaler Ebene ausgelöst. Zunächst bedeutet es noch keine Schmälerung des Interesses für den Nationalstaat, sondern ergänzt dessen Bemühungen. Erst später, wenn die Menschen erkennen, daß der Nationalstaat Teil des Problems ist, werden ihre globalen Aktivitäten den Nationalstaat grundsätzlich in Frage stellen.

Der globale Staat tritt also immer dann ins Leben, wenn das Individuum in seinem Handeln die Interessen eines weltumspannenden Gemeinwohls berücksichtigt und sich entsprechend verhält. Dies darf nicht als moralische Beurteilung des individuellen sozialen Verhaltens mißverstanden werden. Der globale Staat setzt vielmehr institutionelle Abkommen über Recht und Ordnung, die Durchsetzung der Menschenrechte und den weltweiten Schutz der Umwelt voraus und operiert im Bewußtsein dieser Vereinbarungen. Er ist zielgerichtet und kein Ausdruck von Wertvorstellungen. Wie der Nationalstaat, sosehr man ihn auch mit dem Regierungsapparat gleichzusetzen versucht, vom guten Willen, der Loyalität und dem kritischen Urteilsvermögen seiner Bürger abhängt, die die treibende Kraft des Staates sind, so basiert auch der globale Staat auf dem globalen Bewußtsein zahlloser Individuen. Nur entsteht er quasi von unten her. Der performative Weltbürger handelt nicht aufgrund einer ihm gesetzlich auferlegten Pflicht, sondern aufgrund seiner persönlichen Einstellung und freiwilligen Engagements. Daher bestimmen auch freiwillige Aktivitäten und nicht aufgezwungene Strukturen die Form des globalen Staates.

Der neue globale Staat verdankt seine Existenz nicht in erster Linie den Vereinten Nationen, die ursprünglich genau das waren: eine Vereinigung von Nationen, sondern den Aktivitäten all jener, deren Reaktion auf die Globalität darin besteht, den Globus zum Maßstab ihres aktiven Engagements für Gemeingüter zu machen. Insofern gilt für den globalen Staat nicht, was T.S. Eliot am Vorabend des Zweiten Weltkriegs über den Völkerbund sagte, als er die Idee, daß sich irgend jemand diesem gegenüber zur Loyalität verpflichtet fühlen könnte, als Hirngespinst bezeichnete (1939, 54).

Die Idee von Gemeingütern hatte es nie leicht, da der moderne Staat auf einer Gewaltenteilung beruhte. Hegels Staat war die Verkörperung rationaler Zwecke, aber er bedurfte der Bürokratie als einer Klasse, die ihn mit sozialem Leben beseelte. Ortega y Gasset war der Auffassung, daß der moderne Staat jeden spontanen sozialen Antrieb absorbiere (1997, 118). So wie er sich im Nationalstaat konstituierte, hinderte der Staat die Menschen tatsächlich daran, sich für das Wohl der gesamten Gemeinschaft einzusetzen. Überdies verwandelt sich der als Verwaltungsmaschinerie organisierte moderne Staat regelmäßig in einen totalitären Alptraum, sobald man ihn einem allgemeinen sozialen Zweck unterordnet. Daher müssen wir im Gläubigen, der eine universelle Kirche jenseits nationaler Grenzen anerkennt, das instruktivste Beispiel und den Vorläufer eines nicht nationalen Engagements für das Gemeinwohl erblicken. Eliot meinte, daß die Ansprüche der »universellen Kirche«, unter der er nicht etwa eine bestimmte Hierarchie verstand, stets Vorrang vor den Ansprüchen der nationalen Kirche hätten. Darin unterscheiden sich religiöse von staatlichen Strukturen, die eine solche Priorität des Völkerbundes nie anerkannt haben. Das Prinzip aber hat seit den siebziger Jahren den verschiedensten transnationalen Bewegungen als Richtschnur gedient.

Seitdem hat die Globalität jenen Sinn für an Gemeingütern orientierte Aktivitäten tatsächlich hervorgebracht und diesen in Form der Sorge um die Globalität auf den Staat selbst bezogen, nicht den nationalen Staat, aber auf die Idee des Staates im allgemeinen. Die Globalität bringt zum Ausdruck, was frühere Theorien des Nationalstaats entweder ignoriert, unterdrückt oder verschleiert haben, nämlich die Tatsache, daß die Grundlage staatlichen Handelns die Ausübung von Macht zugunsten von Gemeingütern ist und daß jeder einzelne Mensch dies auch für sein Handeln geltend machen kann. Die Universalität dieser Idee hat sich schließlich am globalen Bezug individuellen und kollektiven Handelns erwiesen und setzt sich in Regierungen und Wirtschaftsunternehmen zunehmend durch.

Die Idee des globalen Staates stellt die Bedeutung von Macht und

Gewalt nicht in Abrede. Aber sie bricht mit der auf Weber zurückgehenden Tradition, nach der erst das Gewaltmonopol und die Unterstützung der Regierung durch das Volk den Staat hervorbringen. Diese Legitimationstheorie hat allen möglichen Nationalstaaten unabhängig von ideologischen Voraussetzungen dabei geholfen, eine Theorie zu formulieren, die ihre jeweiligen Ansprüche an den einzelnen rechtfertigt. Diese Legitimationstheorie wirkt inzwischen ziemlich veraltet.

Sie beruht zunächst darauf, der Gewaltanwendung als einer von mehreren Formen des Zwangs besondere Wichtigkeit zuzuschreiben. In einer Welt, in der für die Administration und die öffentliche Ordnung die Kontrolle von Informationen und materiellen Ressourcen wichtiger geworden ist als die Kontrolle über Waffen, verliert diese Einschätzung an Gültigkeit. Die traditionelle Theorie minimierte zudem die Bedeutung jener (entweder öffentlich, rechtlich oder moralisch) legitimierten Gewalt, die nicht in der Hand des Nationalstaats liegt (Selbstschutz, Verteidigung von Minderjährigen und Eigentum, Freiheitsbewegungen).

Vor allem aber vernachlässigt sie jene Art von Macht, die der besitzt, der durch Handeln Fakten schafft, und die überall von den Exponenten des gewaltfreien Protests ausgeübt wird. Denn dieses Handeln zeigt auf, welche Grenzen der Gewalt als Mittel staatlichen Handelns gesetzt sind. Auf dieser Art Macht beruhen zum Beispiel die Aktionen von Greenpeace, die die Extremform des faktenschaffenden Handelns umweltbewußter Bürger darstellen. Es soll niemand sagen, daß dies nicht eine Ausübung von Zwang, eine Form von Macht sei! Sie gewinnt zusehends an Legitimität, und zwar auf Kosten des Nationalstaats. Zwar kann auch er sich diese Mobilisierung von Macht für kollektive Ziele zunutze machen (»Bitte lassen Sie Ihr Auto an heißen Sommertagen stehen!«), doch wenn nationale Regierungen gerichtlich gegen diese Art der Demonstration vorgehen wollen, sind die Urteile oft ausgewogen und fallen nicht unbedingt zum Nachteil der Protestierenden aus. Die Regierungen müssen zunehmend anerkennen, daß die Gemeingüter im öffentlichen Diskurs definiert werden und nicht von ihnen allein.

Im Unterschied zum Nationalstaat belastet sich der globale Staat nicht mit Gebietsansprüchen, Nationalitätsfragen und Militär. Er ist heute mehr als nur ein Potential, obwohl sein Potential bei weitem noch nicht realisiert ist. Gleichzeitig sind seine institutionellen Bestandteile vielfältig und unstrukturiert. Er ist für jede Form organisatorischer Intervention von allen möglichen Gruppierungen offen, die neue Techniken und Technologien nutzen, um die Gemeingüter zu fördern.

8.7 Die Demokratie und die Zukunft des Nationalstaats

Warum die nationalen Regierungen sich zukünftig mit einer Nebenrolle begnügen müssen

Bleiben noch zwei Elemente der Struktur und Funktionsweise des alten Staates der Moderne, die zwar nicht ausschließlich, aber doch weitgehend mit ihm assoziiert werden, nämlich das territorial begrenzte Gewaltmonopol und die Organisation der kollektiven Willensbekundung. Sie korrespondieren mit der Aufrechterhaltung von Recht und Ordnung, der politischen Gemeinschaft und der Staatsbürgerschaft.

Keines dieser Elemente ist dem Nationalstaat in seiner heutigen Form notwendig immanent. Tatsächlich widerlegen schon die enormen Unterschiede zwischen den verschiedenen Staaten die Vorstellung, irgendeine bestimmte Staatsform stelle die ideale Umgebung für die Ausübung dieser Machtformen dar. Jede Staatsstruktur muß folglich durch andere Gründe gerechtfertigt sein, und das sind im weitesten Sinne kulturelle Gründe wie historische und ethnische Identität, Religions- und Sprachgemeinschaft.

Da die gemeinsamen Ziele des modernen Staates wegfallen, werden die gemeinsamen Wurzeln wichtiger. Das stetig sinkende Interesse an der nationalen Politik und das Engagement für nichtnationale Werte bescheren den älteren politischen Institutionen des Nationalstaats ein Legitimationsdefizit, das die Politiker zu beheben versuchen, indem sie Symbole nationaler Identität beschwören oder das staatliche Gewaltmonopol betonen.

Beides ist gefährlich. Der Nationalismus läßt sich als kulturelles Phänomen nicht durch nationalstaatliche Grenzen einschränken und erfaßt, neben den Dazugehörigen, genau jene Gruppen, die von der Geschichte ausgeschlossen waren, besonders seit die Globalisierung die Aufrechterhaltung grenzüberschreitender Bindungen einfacher macht. Außerdem ruft der Verweis auf das staatliche Gewaltmonopol die naheliegende Vorstellung eines gewaltbereiten Nationalismus hervor.

In jedem Fall wird die Erhaltung von Elementen des Staates ihren Preis haben. Den Nationalismus in den Vordergrund zu stellen heißt, das Thema Recht und Ordnung überzustrapazieren und eine Politik zu betreiben, die in Vergeltungsmaßnahmen resultiert. Das Legitimationsdefizit mindert auch die Möglichkeiten des Staates, seine Einnahmen zu erhöhen, denn während die Masse keine höheren Steuern zahlen will, stehen den Eliten Steuerparadiese und Investitionsmöglichkeiten in aller Welt offen. Sie haben in jedem einzelnen Land weniger zu verlieren und profitieren auch weniger von dessen Staatsausgaben.

Die politische Indienstnahme der Kultur kann das Vakuum nicht füllen, das das Ende des Projekts des modernen Staates hinterläßt. Auf nationaler Ebene gibt es in westlichen Staaten kein Projekt mehr, das den Bürger und Wähler unwiderstehlich in die staatsbürgerliche Pflicht nehmen könnte. Der kollektive Wille kann auf dieser Ebene kein individuelles Verantwortungsgefühl hervorbringen, das sich zudem gegen die Erosion der lokalen Macht wendet und vom Niedergang des Nationalstaats unberührt ist. Darin liegen das Schlüsselproblem und eine Quelle der Schwäche der sogenannten kommunitaristischen Bewegung. Etzioni und andere haben den Kommunitarismus als Neubelebung des Nationalstaats entworfen, als »Wiederentdeckung der amerikanischen Gesellschaft«, wie es im Untertitel von Etzionis Buch heißt. Im Kommunitarismus ist der alte Glaube der Moderne noch lebendig, daß es eine Hierarchie der Wichtigkeit gebe, die bei der Sorge um »uns selbst und unsere Familien« beginnt und über die Nation »letztlich auf die Gemeinschaft aller Menschen« zielt (Etzioni 1995, 298). Im Globalen Zeitalter spricht nichts dafür, daß Aktionen auf lokaler Ebene das Nationalbewußtsein stärken könnten, aber viel spricht dafür, daß diese Aktionen den Erfordernissen des Nationalstaats zuwiderlaufen wie einander durchkreuzen werden.

Tatsächlich drückt sich die Staatsbürgerschaft, das Verantwortungsgefühl für die Vorgänge in der Welt, inzwischen genauso in der Unterstützung globaler Bewegungen und ihrer lokalen Initiativen aus wie in der Teilnahme an der repräsentativen Demokratie. Das Problem besteht darin, daß die repräsentative Demokratie prinzipiell in Bereichen stattfindet, die für den einzelnen von geringer Bedeutung sind, während sie wenig Einfluß auf die von äußeren Kräften bestimmten Bereiche hat, die das Leben der Menschen tatsächlich betreffen. Die parlamentarische Regierung entscheidet noch immer über eine enorme Vielzahl administrativer Details, doch der Raum für Veränderungen wird durch die technische Komplexität und den internationalen und transnationalen institutionellen Rahmen zunehmend eingeschränkt. Wenn die nationale Regierung nicht gerade mit rhetorischen Gesten beschäftigt ist, verfällt sie daher in administrative Routine.

Das heißt nicht, daß Staatsbürgerschaft und Demokratie im Nationalstaat keine Bedeutung mehr hätten, sondern daß ihre Reichweite und ihre Ausgestaltung gründlich neu bewertet werden müssen. Rechte und Pflichten gehen im heutigen Staat weit über die Teilnahme an der Wahl einer territorialen Legislative hinaus, weil die zunehmende Technisierung der Verfahrensweise des Staates die Bewohner und Besucher in jedem Gebiet betrifft. Die Komplexität der Verfahren zur Genehmigung, Lizensierung, Besteuerung, Regulierung und amtlichen Prüfung macht eine naive Akzeptanz der Lebensumstände unmöglich. Die staatsbürgerliche Kompetenz des einzelnen muß anerkannt werden unabhängig von der Teilnahme an den repräsentativen Institutionen der lokalen oder nationalen Politik.

In der politischen Theorie findet ein Umdenken statt, das die neue transnationale Machtebene sowie die nicht mehr auf den Nationalstaat fixierte Beteiligung von Bürgern berücksichtigt. David Held zum Beispiel schlägt als Reaktion auf diese grundlegenden Veränderungen die Weiterentwicklung der Demokratie nach dem Vorbild des Kosmopolitismus vor (Archibugi und Held 1995, 112) und entwirft ein ganzes Bündel von Maßnahmen, die zu diesem Ziel hinführen sollen. Die globale Ordnung sei den handelnden Individuen durchaus offen, die neue gegenseitige Durchdringung des Globalen und des Lokalen setze eine Demokratie mit aktiver Bürgerbeteiligung wieder auf die Tagesordnung (Held 1995, 278-283). Im neuen Staat wird die Demokratie auf globaler, nationaler und lokaler Ebene dann am besten funktionieren, wenn die Entscheidungen von Einrichtungen von jenen beeinflußt werden, die sie in Anspruch nehmen und aufgrund ihrer praktischen Erfahrung ein gewichtiges Wort mitreden können. Während die alte, am Produzenten orientierte Demokratie der Gewerkschaften untergeht, wird die neue, verbraucherorientierte Demokratie sich ausbreiten: in Form von Gremien, in denen jene vertreten sind, die Dienstleistungen wie Schule, Straßen, Wasserversorgung oder medizinische Versorgung in Anspruch nehmen. Das aktive und passive Wahlrecht für Institutionen, die diese öffentlichen Dienstleistungen regeln, wird nicht aufgrund des Geburts- oder Wohnortes vergeben werden, sondern aufgrund der Benutzung dieser Dienstleistungen und der Beteiligung an ihnen.

Die Keime für diese Entwicklung existieren bereits, obwohl der territoriale Staat sie zu unterdrücken versucht, da er sich durch sie in seiner Existenz bedroht fühlt. In Großbritannien äußert sich der Widerstand gegen die Verbraucherdemokratie in Form einer Übertragung von Macht an Gefolgsleute der herrschenden politischen Partei. Daraus entsteht ein Verteilungssystem, das im geheimen arbeitet und sich nicht verantworten muß. Seine Demokratisierung würde jedoch die nationale Parteipolitik weit effektiver legitimieren und könnte dazu dienen, die Achtung vor der zentralen Staatsregierung wiederherzustellen. Gleichzeitig stellt es eine implizite Anerkennung des Wachstums der performativen Staatsbürgerschaft dar. Die repräsentative Verbraucherdemokratie wird nicht auf das Territorium des Nationalstaats beschränkt bleiben. Sobald das nationale Monopol auf die demokratische Praxis erlischt, verschwinden auch die räumlichen Beschränkungen. Auch ihre weltweite Ausdehnung zur Ergänzung oder Unterstützung der Legitimität der Vereinten Nationen ist denkbar. Nichts spricht dagegen, die repräsentative Demokratie auf die Weltgesundheitsorganisation, die internationalen Telekommunikationsunternehmen und die Kommissionen zur Regulierung des Seerechts und der Grenzwerte für Kohlenstoffemission auszudehnen. Die Globalität verlangt neue demokratische Mechanismen, und die soziale Technologie des Globalen Zeitalters stellt die Möglichkeiten dafür ebenso zur Verfügung wie die zur Buchung von Flugtickets, zum Geldtransfer mit Kreditkarten oder dem Handel mit fremden Währungen.

Wo aber bleibt der Nationalstaat? Vor dem Hintergrund der Globalität und der Entwicklung des globalen Staates ist es gut möglich, daß sich der Nationalstaat auf eine subsidiäre Rolle bescheiden wird. Die wichtigen institutionellen Entwicklungen werden über seine Grenzen hinweg stattfinden, während das alltägliche Leben immer weniger von rein nationalen Definitionen bestimmt sein wird. Die politischen Führer des Nationalstaats werden sich entscheiden müssen, ob sie die alten Identitäten heraufbeschwören und die damit verbundenen Gefahren eingehen oder die Kompetenz erwerben wollen, die zur Verwaltung sozialer Technologien nötig ist.

Der globale Bürger wird schon zufrieden sein, wenn sie die Einhaltung des Zugfahrplans garantieren können, ohne als Gegenleistung patriotische Bekenntnisse zu verlangen. Eine Nationalkultur werden dann vielleicht die staatenlosen Völker pflegen, nach dem Beispiel jener Nationen, die ihre Identität über Jahrhunderte ohne eigenen Staat bewahrt haben. Die Alternative hierzu, eine Vermehrung neuer souveräner Nationalstaaten, wäre angesichts der jüngsten Vergangenheit eine wenig erfreuliche Aussicht.

9. Die These vom Globalen Zeitalter

> Gibt es wohl einen Menschen, o Meletos, welcher, daß
> es menschliche Dinge gebe, zwar glaubt, Menschen
> aber, nicht glaubt?
>
> Plato, *Des Sokrates Apologie*

9.1 Erzählung und Wissenschaft

*Warum die Geschichtsschreibung der Gegenwart auf
Theorie und Forschung angewiesen bleibt*

Wenn die Thesen dieses Buches richtig sind, muß es bereits eine
weitverbreitete Vorstellung davon geben, daß die Moderne ihren
Einfluß auf das zeitgenössische Denken verloren hat. Noch immer
aber bestimmt die Moderne unsere Begrifflichkeit und verhindert
so, daß wir dieser Vorstellung Ausdruck verleihen. Folglich taucht
der Begriff des »Globalen Zeitalters« im allgemeinen Sprachgebrauch noch nicht auf. Auch das deutlichste Anzeichen des schwindenden Einflusses der Moderne, die Idee einer Postmoderne, ist ein
Beleg dafür, wie erfolgreich die Moderne die Menschen davon
überzeugt hat, daß sie das Fundament der Gesellschaft bilde. Die
»Postmodernität« erweckt die Vorstellung vom Ende der Geschichte oder der Gesellschaft und gibt diese als einzige Alternative
zur Moderne aus, woraufhin sich die Zaghaften noch inbrünstiger
an die Vergangenheit klammern.

Ich habe in diesem Buch den Versuch unternommen, unsere Begrifflichkeit in Kontakt mit unseren praktischen Erfahrungen der
Gegenwart zu bringen. Es war meine Absicht, das Dogma zu erschüttern, dem zufolge Desintegration die einzige Alternative zur
Moderne sei, und die historischen Grenzen der Verknüpfung von
Moderne und Rationalität zu erhellen. Ich habe dargelegt, daß uns
das beginnende Globale Zeitalter zahlreiche Belege für die Entstehung neuer sozialer Formen und Kräfte liefert, die uns in die Lage
versetzen, die Moderne als eine vergangene Epoche und die Moder-

nität als keineswegs ewig währendes, sich selbst erneuerndes Element der Geschichte zu betrachten.

Meine Argumentation beruhte stärker auf Kritik und Empirie als auf Experimenten und war eher argumentativ als apodiktisch. Das liegt in der Natur des gegenwärtigen Wandels begründet. Er findet nicht im Labor statt und läßt sich auch nicht durch eine Reihe von Gleichungen fassen. Doch die praktische Erfahrung dessen, was gerade geschieht, ist eine primäre Quelle der Erkenntnis, auch wenn die Bedeutung des Geschehens von verschiedenen Menschen zu verschiedenen Zeiten anders beurteilt wird.

Infolgedessen wird nicht jedermann, zunächst vielleicht nicht einmal eine Mehrheit, meine Sicht der Dinge teilen. Damit setze ich mich natürlich über die allgemeine Ansicht hinweg, daß die Mehrheit jederzeit im Recht sei und die Minderheit sich irren müsse. Im Falle eines Wandels der uns umgebenden Welt ist es aber in der Tat so, daß dessen Erkenntnis anfangs notwendig einer Minderheit vorbehalten ist. Auf der anderen Seite kann man natürlich auch nicht behaupten, daß sich jede Minderheitsmeinung auf die Dauer als richtig erweist. Wäre das so, dann hätte die Welt in diesem Jahrhundert schon mehrfach untergehen müssen. Also bedürfen die Thesen dieses Buchs eines beweiskräftigeren Belegs als der Zustimmung durch andere.

Gleichzeitig geht der Anspruch meiner Argumentation darüber hinaus, lediglich meine Sicht der Dinge darzustellen. Wenn ich von Mehrheits- und Minderheitsmeinungen spreche, will ich damit nicht andeuten, daß die Erkenntnis des Wandels nur eine Frage der Perspektive sei. Vielmehr wird sich die eine oder andere Sicht der Dinge mit der Zeit als richtig erweisen. Das ist als kognitives Phänomen auch gar nicht verwunderlich. Kein Mensch kann mit Sicherheit vorhersagen, welchen Verlauf die Ereignisse nehmen werden. Die ersten Spekulationen über die globale Klimaerwärmung fanden sich zunächst nur in vereinzelten Berichten. Mit der Zeit wächst die Evidenz, und irgendwann werden wir wissen, wer recht hat. Wenn wir aber abwarten wollen, bis es soweit ist, wird es mit Sicherheit zu spät sein.

Die Wahrnehmung der globalen Erwärmung ist an sich schon eine signifikante Eigenschaft des Übergangs zum Globalen Zeitalter und gleichzeitig ein Beleg dafür, daß sowohl der einzelne als auch Institutionen aller Art inzwischen mit globalen Kräften kalkulieren müssen. Aus diesem Grund ist es verlockend, einfach abzuwarten, bis die Zeit ihr Urteil über die These vom Globalen Zeitalter fällt. Sie wird sich innerhalb einer angemessenen Zeitspanne von beispielsweise zwanzig Jahren als richtig oder falsch erweisen. Das wäre ein Test auf Herz und Nieren. Wenn das Globale Zeitalter in zwanzig Jahren sowohl im Volksmund als auch unter Experten anerkannt ist, wäre dies ein ausreichender Beweis für die Thesen dieses Buches.

Es ist jedoch nur vernünftig, schon jetzt ein paar Belege zu verlangen. Anhand des Beispiels der globalen Erwärmung sehen wir, daß eine bloße Prophezeiung ohne wissenschaftliche Evidenz die Mehrzahl der Menschen kaum zu überzeugen vermag. Selbst wenn es Beweise gibt, ist das schon schwer genug, aber eine weit größere Zahl von Menschen wird sich dann überzeugen lassen, wenn die globale Erwärmung als Hypothese im Rahmen einer Theorie präsentiert wird, die sich anhand von Belegen evaluieren läßt.

Wir wollen daher das Globale Zeitalter als Hypothese betrachten. Auf diese Weise können wir zunächst die bisherigen Argumente und Belege zusammenfassen und sie dann mit weiteren Argumenten und Beweisen festigen. Wir haben nacheinander drei Aspekte des Globalen Zeitalters untersucht, wobei wir allerdings, da sie voneinander abhängig sind, auch in einer anderen Reihenfolge hätten vorgehen können.

Nachdem wir im ersten Kapitel für eine Rückkehr zur Epochentheorie plädierten, haben wir in den beiden folgenden Kapiteln die Moderne aus größerer Distanz neu bewertet. Dazu haben wir behauptet, daß die Geschichtsschreibung, die historische Erzählung, ein eigenständiges Genre und nicht auf eine andere Wissenschaft reduzierbar sei, um auf diese Weise Abstand von den Selbstdarstellungen der Epoche, ihrem Vernunftbegriff und vor allem von den Definitionen des Nationalstaats zu gewinnen. Diese Dekonstruktion wurde durch zweierlei möglich, zum einen durch die Verwendung epochenübergreifend gültiger Begriffe, zum anderen durch die gegenwärtige Auflösung der Verbindungen, die die Moderne charakterisierten.

Im vierten und fünften Kapitel haben wir im Diskurs der Spätmoderne nach den Spuren einer allgemeinen Epochentheorie gesucht. In der Literatur über die Globalisierung entdeckten wir eine immanente Wahrnehmung des Epochenwandels, die sich selbst im Wege stand, weil sie an der modernistischen Hybris festhielt, daß alles Neue notwendig modern sei und alles andere nicht von Dauer. Im Grunde hängt die Beurteilung der Globalisierung von der Erzählform und der Methode ab, mit der man den historischen Wandel der Gegenwart beschreibt.

In den drei folgenden Kapiteln haben wir einige der Figurationen betrachtet, die das Globale Zeitalter konstituieren. Ich habe zu zeigen versucht, warum das, was im Diskurs der Moderne als desorganisiert, abstrakt und anomisch erscheint, im Diskurs der Globalität entweder die praktische Erfahrung einer neuen sozialen Identitätsbildung aufgrund von Beziehungen auf Distanz, die Wiedergewinnung der Umwelt als Bestandteil der menschlichen Existenz oder die Wiederherstellung des Sozialen signalisiert.

Die Verknüpfung dieser drei Aspekte meiner Hypothese ist vor allem von der Absicht bestimmt, die Möglichkeit der Verständigung über Epochen und Kulturen hinweg zu betonen, was dem Leser sicher nicht entgangen ist. Die historische und kulturübergreifende Imagination muß das Besondere und Einzigartige verschiedener Kulturen und Epochen zu bestimmen suchen und gleichzeitig Mittel und Wege finden, diese allen anderen verständlich zu machen. Ich habe diesen »pragmatischen« Universalismus vom logischen, wissenschaftlichen und religiösen Universalismus abgegrenzt, da die Idee universeller Kommunikation, auf der er beruht, nur eine Arbeitshypothese ist und keine deduzierte, entdeckte oder aufgedeckte Wahrheit. Aufgrund dieser Arbeitshypothese wird auch die Gemeinsamkeit der Menschen behauptet, aber das Ausmaß und die Grenzen dieser Gemeinsamkeit müssen im Licht der praktischen Erfahrung ständig neu überprüft werden. Als Beispiel für die Funktionsweise dieser Arbeitshypothese haben wir das Soziale als eine potentiell universelle Idee identifiziert und gleichzeitig gezeigt, daß es Transformationen unterworfen war, die seine grundlegende Kontinuität wie seine ungebrochene Relevanz für die Situation der Menschheit beinahe vollständig verschleiert haben. Tatsächlich ist es eine der Leitideen dieses Buches, daß eine bewußte Verschleierung des Sozialen verhindert, daß sich eine Epoche oder Kultur in einer anderen wiedererkennt. Können wir aber sicher sein, daß hinter dem Schleier wirklich etwas steckt? Diese Frage beschäftigt jeden, der versucht, andere Menschen zu verstehen, und regt gleichzeitig immer neu dazu an. Die drei Aspekte dieser Erzählung sind also so miteinander verwoben, daß nach der Auflösung des Modernen dessen Kontinuitäten und Ähnlichkeiten mit dem Vormodernen und Nichtmodernen ans Licht kommen, während der Beginn der Globalität die Möglichkeit einer zwar neuen, aber eben nicht modernen Form von Gesellschaft andeutet. Die Epochentheorie versetzt uns also in die Lage, dem umfassenden Einfluß zu entkommen, den eine Epoche, und wahrscheinlich jede Epoche, auf ihre Zeitgenossen ausübt. Sie ermöglicht uns, den Übergang von einer Epoche zur anderen nicht als Zusammenbruch, sondern als eine Erweiterung der praktischen Erfahrung zu betrachten. Sie ermöglicht uns daher auch, die Gegenwart als Globales Zeitalter zu bezeichnen und gleichzeitig ihre Verwandtschaft mit allen anderen Epochen zu bekräftigen.

Kritiker könnten einwenden, daß das Ineinandergreifen meiner Argumente nicht *per se* eine Stärke sein muß, solange es nicht für jedes unabhängige Belege gibt. Wenn lediglich der Verfechter der Hypothese vom Globalen Zeitalter die Neuzeit mit dem Projekt der Moderne identifiziert, den Niedergang des Nationalstaats diagnostiziert, die Globalisierung für etwas qualitativ anderes als die Vereinigung der Welt hält und davon ausgeht, daß sich beide gegenseitig bedingen, dann handelt es sich wahrscheinlich um eine hochgradig idiosynkratische Deutung gegenwärtiger Tendenzen.

Was mir Mut macht, diese Entwicklungen in der These vom Globalen Zeitalter zusammenzufassen, ist die Vielzahl von Meinungen und Beweisen, die jede dieser Entwicklungen *unabhängig voneinander* bestätigen. Auch gibt es unbestreitbar eine enorme Menge von Argumenten und Belegen, die noch überprüft werden müssen. Die Größe dieser Aufgabe wird deutlich, wenn wir an die Vielfalt und den Umfang des Diskurses denken, in dem sich der Begriff »modern« schließlich als unangefochtene Bezeichnung für Einstellungen, Stile, Methoden, Vorgehensweisen, Auffassungen und Paradigmen durchgesetzt hat. Zu Beginn des 20. Jahrhunderts wurden sämtliche Bereiche des Lebens, von der Theologie, der Musik, der Architektur, der Philosophie und der persönlichen Identität bis zur Politik, als »modern« qualifiziert, wobei jeder seine eigenen subtilen Unterscheidungen hinsichtlich der Frage vornahm, was willkommen oder auch nur annehmbar war.

Erst das Umfassende des modernen Diskurses rechtfertigt den Begriff der Moderne, und sein Zusammenbruch rechtfertigt unsere Behauptung vom Anbruch eines neuen Zeitalters. Das bedeutet aber auch, daß wir potentiell in jedem Lebensbereich nach Beweisen für die These vom Globalen Zeitalter suchen können (und jeder ungläubige Thomas wird das auch von uns verlangen). Dies ist eine Aufgabe, die über die Fähigkeiten eines einzelnen oder selbst einer ganzen Universität weit hinausgeht. Ich werde mich daher nicht dafür entschuldigen, daß ich es den Theologen, Rechtsanwälten, Designern und Kunstkritikern überlasse, zu entscheiden, ob die Idee der Globalität der Schlüssel zum Verständnis des umfassenden Wandels ist, in dessen Verlauf der Begriff »modern« seinen zentralen Platz in ihren Diskursen verloren hat.

Doch wir können auch den alles überspannenden Wandel selbst als totale soziale Transformation bewerten, die sich auf jeden Lebensbereich auswirkt. In den folgenden drei Abschnitten dieses Kapitels werden wir Belege für diesen Wandel aus der analytischen Gesellschaftstheorie, der empirischen Untersuchung des Wertewandels und den veränderten Formen von Ethnizität und Nationalismus untersuchen. Die meisten Belege (abgesehen von denen meiner Londoner Kollegen und von mir) stammen aus Arbeiten, die der Spätmoderne verhaftet sind. Die Neubewertung ermöglicht uns, das Globale Zeitalter in Daten zu entdecken, die bis dato als Anzeichen einer Spät- oder Postmoderne galten.

Wir sollten aber die Leistung der Moderne nicht geringschätzen. Die These vom Globalen Zeitalter tut die Auffassungen anderer Epochen nicht einfach ab. Ganz im Gegenteil versucht sie, allen anderen Sichtweisen gerecht zu werden – und mit den Errungenschaften der Moderne sind wir noch immer eng vertraut, während wir ihre übertriebenen Ansprüche zurückweisen können. Epochen sind ja nicht hermetisch voneinander getrennt. Eine typisch moderne Methode der Sozialforschung wie die Umfrage kann auch im Globalen Zeitalter ein guter Ansatzpunkt sein.

Ältere Arbeiten über die Periodisierung waren sich des Problems der Überlappung, der Anleihe und der kulturellen Verzögerung bewußt. Marxisten betrachteten beispielsweise genau die mittelalterlichen und feudalen Überreste und ihr Gewicht in modernen kapitalistischen Gesellschaften. Im Globalen Zeitalter sind aber die Gleichzeitigkeit des Vergangenen und die Koexistenz verschiedener Kulturen Stilprinzip. Es ist eine Epoche koexistierender Epochen, die Foucault mit seiner Ablehnung einer »totalitären Periodisierung« (1981, 211) vorwegnahm, bei der alle zur gleichen Zeit das gleiche denken müßten.

9.2 Analytische Theorie und epochaler Wandel

Wie sich der Übergang von einer Epoche zur anderen in konzeptuellen Veränderungen ausdrückt und wie das Projekt seine Funktion als Organisationsprinzip verliert

Ein Bestandteil des Projekts der Moderne war die theoretische Erforschung des menschlichen Handelns mit dem Ziel, dessen Grundelemente und deren Kombinationspotential zu bestimmen. An diesem Unternehmen haben sich Juristen, Wirtschaftsfachleute, Philosophen, Psychologen und Soziologen beteiligt. Seine Ergebnisse wurden in so unterschiedlichen Lebensbereichen wie Erziehung, Betriebswirtschaft, Politik und Sozialpolitik angewendet.

Vor allem hinsichtlich der Erklärung dessen, was die Moderne von anderen Epochen unterscheidet, haben sich so gewonnene analytische Schemata als fruchtbar erwiesen. Max Webers (1921) Denken beruhte auf der Idee der Ausbreitung der Vernunft im sozialen Leben. Talcott Parsons (1951) versuchte ein Schema zu entwickeln, mit dem man moderne von traditionellen Gesellschaften unterscheiden konnte. Andererseits diente diese Schematisierung auch der Förderung der Modernität. So entwickelte etwa Herbert Simon (1947) Konzepte zur Rationalisierung von Entscheidungsprozessen in Organisationen.

Diese Dualität sowohl der diagnostischen als auch der propädeutischen analytischen Konzepte, die Teil der doppelten Hermeneutik der Sozialwissenschaft ist, wird allgemein anerkannt. Ihre Beschränktheit und historische Bedingtheit werden jedoch, obwohl zentrales Thema bei Foucault, nur selten berücksichtigt. Indem wir sie anerkennen, können wir analytische Konzepte als historische Phänomene und Ideen als Faktizitäten behandeln.

Darauf zielten unsere obigen Ausführungen über das Projekt der Moderne, denen zufolge dessen Macht davon abhing, daß das individuelle Leben mit Hilfe der Rationalität in den übergeordneten Rahmen des Nationalstaats eingepaßt wurde. Das Projekt oder Projekte im allgemeinen beruhen darauf, daß Ziele gesetzt, Mittel und Wege bestimmt und neue Ressourcen entdeckt werden, daß zur Teilnahme angestiftet wird, bestimmte Fertigkeiten entwickelt und instrumentalisiert werden, daß die Beziehungen zu anderen Projekten definiert, die Teilnehmer eines Projekts bestimmt und gewisse Routinen und Mechanismen zur Beilegung von Streitigkeiten etabliert wurden etc. So klingt es im »Neusprech« der Moderne, und die Identifikation dieser Elemente und die Theorie ihrer Beziehungen waren ein wesentlicher Bestandteil des modernen Denkens.

Dem Diskurs der Moderne lag die Annahme zugrunde, daß sich mit Hilfe der Rationalität ein optimales Arrangement dieser Elemente bestimmen ließe, das notwendig alle Formen sozialer Aktivität des Individuums, des Staates, der Familie, des Wirtschaftsunternehmens und der Gemeinschaft integrieren würde. Das Hierarchieprinzip strukturierte viele Bereiche in Form von Organigrammen, Autoritätsverhältnissen, Abstraktionsgraden oder auf den verschiedenen Ebenen der Rechtsprechung.

Wenn wir das »Projekt« als den charakteristischen Rahmen des Lebens in der Neuzeit hervorheben, meinen wir damit nicht ein bestimmtes modernes Projekt, das sich von mittelalterlichen oder antiken Projekten abhebt. Denn das Bestreben, jeden Aspekt des Lebens in einen determinierenden Zusammenhang mit einem menschlichen Projekt zu bringen und all diese Projekte einem übergeordneten Projekt unterzuordnen, ist ein Kennzeichen der Moderne. Es gab weder ein »Projekt der Antike« noch ein chinesisches oder hinduistisches Projekt. Zwar mag der Vorgänger des Projekts der Moderne das erhabene Projekt des christlichen Gottes gewesen sein, aber der Übergang vom göttlichen zum menschlichen Plan war selbst eine große epochale Veränderung. Das Projekt wurde als Begriff und als soziale Realität zum grundlegenden

Aspekt der Moderne, und der Höhepunkt seiner Anerkennung läßt sich auf das 18. Jahrhundert datieren (vgl. Kapitel 2.1).

Zum Übergang von der Moderne zum Globalen Zeitalter gehört in analytischer Hinsicht zweifellos eine Verschiebung der Zusammenhänge zwischen den alten Elementen. So bricht etwa die als »Karriere« bezeichnete Handlungskette zusammen, die Normen, die Sexualität mit Ehe verknüpfen, lockern sich, Werte wie Loyalität sind nicht mehr an Hierarchien gebunden, und so weiter. Diese Verlagerungen nähren die postmoderne Imagination und rechtfertigen die Theorie der Postmoderne. Tatsächlich geschieht aber etwas Grundlegenderes. Es geht nicht einfach um Verlagerung und Ablösung. Eine neue Figuration entsteht. Einige Begriffe verlieren ihre unbezweifelte analytische Verwendbarkeit und werden überflüssig, obwohl es möglich ist, daß man ihnen zwischenzeitlich gerade wegen ihres bevorstehenden Endes eine besondere Signifikanz zuschreibt.

Als Beispiel dafür läßt sich die Geschichte des Wertbegriffs im Diskurs der Moderne von seinem Ursprung in den sechziger Jahren des 19. Jahrhunderts bis zu seinem übermäßigen Gebrauch in den achtzigern unseres Jahrhunderts interpretieren. Man beruft sich im allgemeinen immer dann auf Werte zur Rechtfertigung von Handlungen, wenn zielorientierte Projekte fehlschlagen oder miteinander in Konflikt geraten. Es ist praktisch unmöglich, aus abstrakten Wertvorstellungen Handlungsverläufe abzuleiten. Genau das aber ist ein Beleg für ihre rhetorische Funktion, denn ihr rhetorischer Gebrauch ermöglicht eine vorgebliche und oft vordergründig bestechende Harmonisierung der Disparität und Widersprüchlichkeit von Handlungsverläufen und individuellen Positionen. Auch wenn unser Projekt fehlschlägt oder wir uns auf keine Vorgehensweise einigen können, liegt noch immer ein Trost darin, daß wir Werte gemeinsam haben.

Politiker beziehen sich daher oft auf Werte, um angesichts einer gespaltenen Wählerschaft und einer fehlgeschlagenen Politik die bestmögliche Wirkung zu erzielen. Die kontrafaktische Natur von Werten, die ja immer von imaginären Zuständen sprechen, macht sie zur idealen Durchhalteparole, wenn die realen Werte knapp werden. Vermutlich ist die Disparität zwischen Werten und der Realität sogar notwendig, damit diese Strategie funktionieren kann.

So führt der Anstieg der Kriminalität, der auf den Fehlschlag politischer Projekte deutet, zu einer verstärkten Beschwörung von Recht und Ordnung durch eben diejenigen, die für diese Projekte verantwortlich zeichnen. Wie ich an anderer Stelle ausgeführt habe (Albrow 1990b), ist es möglich, daß die Wertrhetorik von Politikern der achtziger Jahre mehr vom Scheitern des Wohlfahrtsstaats als von seiner Wiederbelebung zeugt. Gleichzeitig ist der Aufruf zum Glauben an die »Modernisierung« charakteristisch für den spätmodernen Führer einer westlichen Partei.

Wenn sich die alten Verhältnisse auflösen, liefert die analytische Sozialtheorie in ihrer modernen Verkleidung das Sprungbrett für die postmoderne Theorie. Sie ist auch eine Quelle für die Abstraktionen des nationalen Politikers der Gegenwart, der angesichts der Auflösung die alten Ausdrucksformen politischer Macht zu erhalten versucht. Für viele besteht die wahre Geschichte der Gegenwart im Kampf dieser beiden Aspekte der Spätmoderne. Dieses Buch vertritt hingegen die Auffassung, daß sie vor allem Symptom eines neuen Zeitalters sind. Ihr Streit gewinnt mit der Zeit an Schärfe und verliert an Überzeugungskraft, weil es beiden Streitparteien an einer Diagnose der neuen Figuration mangelt, in der sie sich bewegen.

Anstatt von Auflösung zu reden oder Flickwerk zu betreiben, wollen wir lieber annehmen, daß die Lebenswelt und die Systeme unter den Bedingungen der Globalität gemeinsam neue Lebensweisen hervorbringen und mit diesen auch neue analytische Konzepte. Was wäre, wenn das Wort »Projekt« inzwischen weder Bewunderung hervorruft noch Massen mobilisiert und der Begriff »Werte« hohl klingt? Wenn sich die Welt verändert hat, dann werden viele derartige Begriffe ihre herausragende Bedeutung verlieren, neue entstehen und ältere wieder zu neuer Geltung gelangen. Dabei handelt es sich um eine Transformation und keine Rückkehr zu überholten Positionen, und in der Übergangszeit müssen wir mit dem verstärkten Gebrauch von hochgradigen Abstraktionen rechnen, die die Inkompatibilität der beiden epochalen Diskurse überbrücken sollen.

Der Begriff der Kultur war eine der gebräuchlichsten hochgradigen Abstraktionen, die den Wandel von der Moderne zum Globalen Zeitalter überbrückt (oder verdeckt) hat. Inzwischen steht er für die grenzenlose Vielfalt menschlicher Ausdrucksweisen. Die Abstraktheit des Kulturbegriffs kennzeichnet den Versuch der Spätmoderne, mit dieser Vielfalt zu Rande zu kommen. Dieser erweiterte Begriff ließ aber auch konzeptuelle Veränderungen und alternative Lebensformen zu. Denn die Idee der Kultur relativiert die Idee des vernünftigen Handelns, weiß um deren irrationale Verankerung und gesteht gleichzeitig dem Nichtrationalen einen Platz zu. Dies läßt sich an verschiedenen Formen gesellschaftlicher Organisation zeigen.

Wenn wir das individuelle Verhalten betrachten, dann können wir mit Dick Hebdige (1979) feststellen, daß Stile prägende Lebensäußerungen der Subkultur sind. Die Orientierung an einem Stil ist ein anderes Lebensmuster als die Orientierung an einer Karriere. Zur Karriere gehören Begriffe wie Investition, Freizeit, Qualifikation und Ausbildung. Wenn der Alltag hingegen durch einen Lebensstil strukturiert wird, dann lauten die Schlüsselbegriffe Performance, Vorbereitung, Initiation und Glaubwürdigkeit. Dies ist weder ein Ausdruck von Rebellion gegen das Konzept der Karriere noch eine Form von Gegenkultur, die sich im Konflikt mit dem Etablierten erschöpft. Es handelt sich eher um einen Wandel, der die Karriere ihrer dominanten Rolle beraubt. Dies kennzeichnet Bellahs »Lebensstilenklaven« (Bellah et al. 1987), in denen Menschen nach gegenseitiger Unterstützung suchen und Ähnlichkeiten mit anderen entdecken, die denselben Lebensstil haben. Auch dabei handelt es sich nicht um eine »Opposition«, sondern um eine »Transformation«.[1]

Unter dem Schutz des Begriffs »Kultur« haben sich auch die profunden Veränderungen der organisatorischen Praxis in den letzten zwanzig Jahren abgespielt. Er bezog sich auf die Ausgestal-

---

1 Wie wichtig es ist, zwischen Opposition und Transformation zu unterscheiden, wird in Hebdiges brillanter Darstellung jugendlicher Subkulturen deutlich. Als er diesen Bericht schrieb, neigte Hebdige noch zu der Ansicht, Subkulturen seien letztendlich Ausdruck der »grundlegenden Spannung zwischen den Mächtigen und den zu untergeordnetem Leben zweiter Klasse Verdammten« (1983, 117). Der Althussersche Strukturalismus, die praktisch letzte reine Ausdrucksform moderner Gesellschaftstheorie, diente dabei als Basis, hinterließ beim Autor aber ein ungutes Gefühl, weil er, wie er selbst eingestand, die Transformation bevorzugte (1979, 138). Inzwischen ist klar, daß kulturelle Transformationen von der Rave-Kultur bis zur »Stammesversammlung« und dem »Supermarkt der Stile« (Polhemus 1995) weit über einen Kampf zwischen dominanter und Subkultur hinausgehen. Sie entstehen heute aus dem Problem, sich einen Weg durch vielfältige kulturelle Kontakte zu bahnen.

tung der organisatorischen Rationalität in Übereinstimmung mit den besonderen Zielen von Institutionen und hat somit die Suche nach Alternativen zu überkommenen Hierarchien vorangetrieben. Das komplexe Netzwerk der nicht-hierarchischen Organisation mit ihren vielfältigen, in alle Richtungen verlaufenden Kommunikationskanälen erzeugt zusammen mit den ständig sich verändernden Grenzen individuelle Einstellungen zur Arbeit, die genauso dem Lifestyle wie der Karriere verpflichtet sind. Organisatorische Zielsetzungen sind von der Struktur abgelöst und werden nun von den Beteiligten an Transaktionen, die Kompetenz reproduzieren, ständig neu festgelegt. Man könnte dies als »postmoderne Organisationsform« bezeichnen (Clegg 1990, 180; Parker 1992; Bergquist 1993), würde damit aber die viel weiter reichende Veränderung unterschätzen, die das Globale Zeitalter bewirkt.

Denn das Eindringen der Globalität in die Weltgesellschaft und den Staat verdrängt die Modernität als dominantes Ordnungsprinzip des heutigen Lebens. Wie ich oben ausführlich erläutert habe, bedeutet die Vereinigung der Welt, die eine Folge des Projekts der Moderne ist, auch das Ende des Projekts. Zudem ist die entstandene Vereinigung nicht die, die das Projekt entworfen hatte, sondern eine, die im gleichen Maße auf den Kontingenzen der das Projekt umgebenden Welt beruht. Die Untersuchung dieser Paradoxa ist von großer Wichtigkeit, um Illusionen über die Bedeutung der neuen Weltordnung abzubauen.[2]

Angenommen, das Projekt der Moderne hätte die an ihm Beteiligten dazu eingeladen, von einer vereinten Welt zu träumen (was es ja tatsächlich tat), dann müssen diese nun feststellen, daß sich das Resultat dieser Einladung von dem Traum unterscheidet. Man könnte das Projekt mit einem Gastgeber vergleichen, der an einen

---

2 John Naisbitt (1994) versuchte, die Globalität als »globales Paradox« zu interpretieren, und dies ist für Führungskräfte sicher sinnvoll. Wir sollten uns jedoch nicht dazu verleiten lassen, das Globale Zeitalter für besonders paradox zu halten. Das Verhältnis zwischen Widersprüchlichkeit und Struktur ist ein befrachtetes und schwieriges Gebiet der Gesellschaftstheorie, das gründlicher diskutiert werden müßte, als das hier möglich ist. Ich bin der Auffassung, daß jede Epoche ihre charakteristischen Widersprüche hat, die eine Zeitlang stabil bleiben, bis ihre Koexistenz von einem neuen Faktor erschüttert wird. Auf diese Weise vermeide ich das rationalistische Vorurteil, daß sich eine Epoche von einem übergeordneten axialen Prinzip ableiten ließe (vgl. Kapitel 5.2). Entscheidend ist, daß die Paradoxa des Globalen Zeitalters sich von denen der Moderne unterscheiden und uns deshalb besonders ins Auge fallen.

weit entfernten Ort einlädt und dann feststellen muß, daß die Gäste sich gezwungenermaßen schon lange vor dem Treffpunkt zusammengefunden haben, weil die zu diesem führenden Straßen allesamt vor dem angegebenen Treffpunkt in eine enge Gasse münden. Dort findet nun eine soziale Zusammenkunft statt, die sich ganz anders entwickelt, als der Gastgeber sich das vorgestellt hatte. Es hat also eine Vereinigung stattgefunden, und ohne die Einladung hätte sie nicht stattgefunden, aber die Art dieser Vereinigung entsprach weder dem Plan noch überhaupt irgend jemandes Absicht.

Die Globalität fördert die Erkenntnis der Grenzen dieser Erde, unterscheidet sich aber insofern grundsätzlich von der Moderne, als ihr die Idee einer zentralen Kontrollinstanz abgeht. Die Vereinigung der Welt, die eine Folge des Projekts der Moderne war, macht jedermann einsichtig, daß das Projekt zu Ende ist. Niemand muß darüber noch viele Worte machen. Denn mit dem Ende des Projekts haben die Machthaber ihre Macht verloren. Die Globalität steht Reaktionen und Beurteilungen von allen und jedem offen. Eine der seltsamen Erfindungen der Spätmoderne war der Begriff »Geozentrizität«. Der Globus hat aber kein Zentrum und die Globalität keine steuernde Institution.

Dies rechtfertigt den Zusammenhang, den Ulrich Beck (1986) zwischen Globalisierung und Risiko hergestellt hat. In der Moderne wurde die Mehrung des Wohlstands als expansives Projekt verfolgt, das im Zentrum der Gesellschaft stand. Die dabei auftretenden Risiken konnten stets durch weitere Expansion entschärft werden, bis sie ein globales Ausmaß erreichten. Man könnte die Expansion von Staaten und kapitalistischen Unternehmen in der Moderne auch als fortschreitende Anpassung an Risiken betrachten. Aber jede Expansion erzeugt einen neuen Risikobereich, bis dieser den gesamten Globus umfaßt.

Die Globalität von Risiken zwingt zur Einsicht, daß eine angemessene Reaktion auf sie möglicherweise nicht durch weitere Expansion erreicht werden kann, sondern einer neuen Lebensweise bedarf. Der Einfluß, den die Globalität auf das Projekt der Moderne als umfassenden Ausdruck einer bestimmten Lebensweise und Zielsetzung ausübt, macht die Verdrängung der Modernität aus dem Nationalstaat, den Organisationen und dem Privatleben unumkehrbar.

Diese Überlegung will nicht nur rhetorisch überzeugen. Sie will auf reale Veränderungen aufmerksam machen, die wissenschaftlich erforscht werden müssen. Sie deutet auf die Optionen hin, mit denen jene konfrontiert sind, die mit Globalität umgehen oder die Welt zu ordnen versuchen. Es ist durchaus vorstellbar, daß das Globale Zeitalter ein eigenes Projekt konzipiert, etwa die Erkundung des Weltalls (deren Folgen allerdings so weitreichend sein könnten, daß mit ihr ein neues Zeitalter anbrechen würde[3]) oder die Bekämpfung der weltweiten Klimaerwärmung. Beides könnte ein dominierendes Ziel sein. Es ist aber nicht plausibel, daß eines dieser Projekte die Form des Projekts der Moderne annehmen könnte, das auf der Expansion des Nationalstaats beruhte. Denn beide Projekte würden von der Vernetzung von Material, Informationen und sozialen Technologien abhängig sein und so eine ganz andere Figuration bilden.

9.3 Die Empirie des Wandels

Wir benötigen empirische Belege für den epochalen Wandel
im Alltag der Menschen

Eine auf der Veränderung analytischer Begriffe und der Faktizität ihrer Anwendung beruhende Argumentation ist insoweit überzeugend, als sie theoretische Möglichkeiten aufdeckt, die im Widerspruch zur Realität stehen. Sie verweist mit anderen Worten darauf, daß Alternativen zur Lebensweise der Moderne denkbar sind, die zu neuen Begriffen führen. Tatsächlich sind diese Möglichkeiten bereits Realität. Daß ein Begriffswandel und Veränderungen der Lebensweise miteinander korrelieren, wurde schon oft bemerkt, nicht im Widerspruch zur Realität, sondern hinsichtlich der westlichen Geschichte (MacIntyre 1967)[4] und nichtwestlicher Kulturen (Winch 1958).

Das Problem bei der Anwendung dieses Arguments auf die heu-

---

3 Diesen Hinweis verdanke ich Neil Washbourne.

4 »Es ist natürlich eine schlichte Tatsache, daß sich die moralischen Begriffe wie auch das gesellschaftliche Leben verändern. (...) Moralische Begriffe werden in gesellschaftlichen Lebensformen verkörpert und sind zum Teil auch konstitutiv für sie.« (MacIntyre 1984, 9)

tige Zeit liegt darin, daß es jenen, die von der Modernität durchdrungen sind, als der Realität widersprechend *erscheinen* kann. Mit anderen Worten: Man darf gerne behaupten, daß ein Ende der Moderne theoretisch möglich sei, und es ist wird vielleicht auch akzeptiert, daß es alternative Lebensweisen gab, die sogar anderswo auf der Welt bis zum heutigen Tag überdauern – doch all das überzeugt den Skeptiker nicht davon, daß die Moderne endet. Auch die Behauptung, daß die Globalität die Moderne verdränge, ist sinnlos, solange der Modernist die Globalität für deren Kulmination hält.

Welche empirischen Beweise könnten dann die Hypothese untermauern? Am eindrucksvollsten wären vielleicht weltweite Erhebungen über Lebensweisen, repräsentative Umfragen bei Inhabern von Machtpositionen sowie Studien über organisatorische Vorgänge und Entscheidungsprozesse in nationalen und internationalen Organisationen, Staaten und Körperschaften. Ich zweifle nicht daran, daß es solche Forschungen in absehbarer Zeit geben wird. Immerhin haben sie solide Vorbilder, wenn man auch einräumen muß, daß der Nationalstaat solche Forschungen aus eigenem Interesse finanziell unterstützt hat. Abgesehen von den Interessen des Nationalstaats war jedoch die Modernisierungsforschung oft ein Modell für eine offene Soziologie. In ihr finden wir sowohl empirische als auch theoretische Hinweise dafür, wie sich die Hypothese vom Globalen Zeitalter verifizieren ließe. Der wichtigste Exponent der Erforschung moderner Individualität, Alex Inkeles, verwendete einen Modernitätsbegriff, der es ihm ermöglichte, durch empirische Untersuchungen zu bestimmen, inwieweit man einen Menschen als modern bezeichnen konnte, wie viele moderne Menschen es gab[5] und wie wahrscheinlich ein Andauern der Moderne war. Er ging übrigens keineswegs davon aus, daß jeder oder auch nur die Mehrzahl der Menschen auf der Welt modern werden würde. Er wies sogar darauf hin, daß angesichts des Bevölkerungwachstums die absolute Zahl der modernen Menschen voraussichtlich wachsen, ihr Anteil an der Gesamtbevölkerung aber proportional sinken würde (1983, 319).

---

5 Die Anzahl hängt natürlich davon ab, wie eng der Forscher die ursprüngliche Definition auslegt. In einer Befragung pakistanischer Männer etwa konnte Inkeles je nach Auslegung zwischen null und vierzehn Prozent als »modern« klassifizieren (1983, 333).

Dies allein belegt, daß die Moderne nie davon abhing, ob die Mehrheit der Weltbevölkerung moderne Ansichten vertrat und sich modern benahm oder nicht. Die Dominanz der Moderne im Zeitalter der Moderne beruhte nie auf Mehrheiten. Außerdem zeigt es, daß sogenannte »traditionale« Verhaltensmuster überlebt haben und daß für jedermann die Möglichkeit bestand, sich weder traditional noch modern zu verhalten. Wie Inkeles meint, könnte das heutige moderne Individuum zu einem »historischen Anachronismus werden, der den strukturellen Eigenschaften einer heute noch nicht vorstellbaren zukünftigen Gesellschaft nicht mehr angemessen« sei (S. 321).

In der Tat konstatierte auch Inkeles das Auftauchen eines »postmodernen Menschen«, obschon in Begriffen, die das Fortwirken moderner Konzepte suggerierten. Laut Inkeles interessiert sich der postmoderne Mensch im Gegensatz zum radfahrenden Besitzer eines biodynamischen Kleingartens, der der Moderne verhaftet bleibe, für Mystik, Drogen und Gewalt. Allein an der Flüchtigkeit, mit der er hier über das Thema Umweltbewegung hinweggeht, ist ablesbar, daß es für die Frage nach der Zukunft der Moderne ein Problem darstellte. Inkeles geht darüber hinweg, ohne sich mit den interessantesten empirischen Arbeiten über den Wandel westlicher Wertvorstellungen zu beschäftigen, nämlich den Umfragen der Europäischen Gemeinschaft und Ronald Ingleharts Buch über die »lautlose Revolution« (1977), in dem dieser die Ökologie als Teil einer kulturellen Umwälzung größeren Ausmaßes darstellt. In seiner in den siebziger Jahren begonnenen Arbeit stellte Inglehart die Hypothese auf, daß eine fundamentale Verschiebung westlicher Wertbegriffe vom, wie er es nannte, Materialismus zum Postmaterialismus im Gange sei. Seine regelmäßigen Erhebungen belegten, daß bis weit in die achtziger Jahre die Zahl der Menschen, die sich nach postmaterialistischen Werten richteten, stetig stieg, so daß das Verhältnis von Materialisten und Postmaterialisten, das 1970 in sechs europäischen Ländern 4:1 betragen hatte, 1988 nur noch 4:3 betrug (Inglehart 1990b, 105).

Anfänglich waren seine Fragebögen vor allem vom Interesse an der politischen Orientierung und von ökonomischen und psychologischen Hypothesen über die Auswirkung des Wohlstands auf die Wertvorstellungen geprägt. So diente der Slogan »für Recht und

Ordnung im Land sorgen« als Indikator für Materialismus, während der Slogan »die Redefreiheit verteidigen« für eine postmaterialistische Einstellung stand. Auch wenn der Begriff Postmaterialismus als Reflex des gestiegenen Reichtums die Existenz einer postindustriellen Gesellschaft nahelegte, gehörte er noch zum »Post-ismus« der Moderne. Je länger die Erhebungen durchgeführt werden, um so größer wird die Vermutung, daß ein grundlegenderer Wandel stattfindet.

Obwohl bei kulturübergreifenden und kulturinternen Vergleichen das Meßinstrument (eine Reihe von Aussagen zur persönlichen Einstellung) notwendigerweise gleichbleiben muß und damit zeitgebunden ist, hat Inglehart seine Daten mit solchen aus anderen Bereichen korreliert und eine Verbindung zwischen dem Wertewandel und einer weiter reichenden Transformation aufgezeigt. Infolgedessen begann er 1990, von »globalen Veränderungen« in »hochindustrialisierten Gesellschaften« und von postindustriellen Gesellschaften zu sprechen. Im Endeffekt unterstützen die von ihm ermittelten Daten die Hypothese vom Globalen Zeitalter.

In den achtziger Jahren erlangte die Umweltbewegung bei einer Mehrheit in zwölf Ländern der Europäischen Gemeinschaft Gehör und Zustimmung. Unter Postmaterialisten war die Zahl aktiver Unterstützer der Umweltbewegung sechsmal höher als im Durchschnitt. Zudem waren nur halb so viele Postmaterialisten wie Materialisten »stolz auf ihre Nationalität«, und in den sechs Ländern, in denen zwischen 1970 und 1983 Daten erhoben worden waren, gab es insgesamt einen auffallenden Rückgang im Nationalstolz der Bürger.

Inglehart verwendet seine Daten über die Wertvorstellungen von Menschen, um die Signifikanz des kulturellen Wandels zu zeigen. Gleichzeitig ist er gezwungen, den Rahmen seiner Erklärungen im Laufe der Zeit zu erweitern. In unserem Zusammenhang ist vor allem sein Vorschlag interessant, daß die Abnahme des Nationalstolzes einen direkten Bezug zur schwindenden ökonomischen Bedeutung des Imperialismus habe (Inglehart 1990b, 121). Es macht sich für Nationalstaaten nicht mehr bezahlt, Kriege zu führen. Auch John Mueller (1989) hat darauf hingewiesen, daß große Kriege aufgrund der neuen Normen inakzeptabel werden. Beide

Autoren vertreten also unabhängig voneinander die Auffassung, daß die veränderte Position der Nationalstaaten mit dem Wertewandel der Bevölkerungen in engem Zusammenhang steht.

Wir können dem hinzufügen, daß auch der Verzicht auf die Kriegführung als ein Element des nationalen Projekts dessen Einfluß auf individuelle Interessen und Werte schwächt. Gleichzeitig werden die Feldzüge der Bürger in zunehmendem Maße von nichtnationalen Werten wie der Umwelt bestimmt. Es ist nur wahrscheinlich, daß dies mit der Zeit zu veränderten Interessen und Werten führt. Die Umweltbewegung kultiviert ihre eigenen Ressourcen an menschlichem und intellektuellem Kapital, die ihr geringfügiges physisches und finanzielles Kapital bei weitem übersteigen.

Die Hinweise mehren sich, daß der Wandel unserer Zeit über einen Wertewandel, eine neue Technologie oder die Schaffung eines einheitlichen Weltmarktes hinausgeht und eine Transformation aller Bereiche bedeutet, der Systeme und der Lebenswelt. Wir haben es also mit einer historischen Veränderung zu tun, die wir im Bezug auf die Vergangenheit ohne weiteres als Epochenwechsel zu bezeichnen gewohnt sind, die wir aber in der Gegenwart noch nicht als solche zu erkennen gelernt haben.

Die Daten der Erhebungen sind dennoch nicht zwingend. Immerhin sind sie auf der Basis moderner Konzepte gewonnen worden. Noch hat niemand systematisch untersucht, welche Art von Fragen geeignet wäre, das Entstehen neuer Lebensmuster, individueller Einstellungsprofile und Wertvorstellungen aufzuspüren. Auch gibt es bezüglich der Transformation nur wenig Material aus Fallstudien, auch wenn Robert Bellah und seine Kollegen (1985) einige Hinweise dafür liefern, wie neue Wertvorstellungen das Alltagsleben in den USA verändert haben.

Diese Forschungsarbeit kann und sollte getan werden. Dennoch können wir schon jetzt davon ausgehen, daß sie kein haarscharfes Kontrastprofil zu den Charakteristika moderner Individualität liefern wird, die Inkeles entwickelt hat. Daß es überhaupt möglich war, einen dominanten Typus des modernen Individuums zu skizzieren, lag an der konzertierten Bemühung aller Institutionen des modernen Staates, solche Menschen zu produzieren. Im Globalen Zeitalter gibt es ein vergleichbares Bestreben nicht, und die Hauptanstrengung des Nationalstaats besteht noch immer darin, die Moderne wiederherzustellen. Wir sollten daher nicht damit rechnen, daß die Globalität einen Typus des »globalen Menschen« hervorbringen wird. Aufgrund der Offenheit und Unbestimmtheit der Globalität (siehe oben) können wir eher eine große Vielfalt von Reaktionen auf diesen die Lebensweise verändernden Faktor erwarten.

Die Untersuchung, die meine Kollegen und ich in einem Londoner Bezirk durchgeführt haben, bestätigt diese Erwartung (Albrow et al. 1994a). Ins Leben der Bewohner dieses Bezirks dringt die Globalität auf ganz verschiedene Arten ein, die wiederum von verschiedenen Faktoren abhängen, insbesondere aber von der Aufrechterhaltung des Kontakts zu Menschen außerhalb des Bezirks und davon, wie lange die Menschen in diesem Bezirk wohnen. In unserer Studie bestimmten wir beispielsweise zwei Typen von »Kosmopoliten«. Ein Geschäftsmann hatte täglich beruflichen Kontakt mit Menschen in aller Herren Länder und unterhielt, wie er es formulierte, ein »ganzes internationales soziales Netzwerk«. Der Begriff »lokal« bezeichnete für ihn das Gebiet Großbritanniens. Gleichzeitig beharrte er aber darauf, daß es nie eine weltweite Gemeinschaft geben könne, da »die Unterschiede zwischen den verschiedenen Rassen so groß« seien.

Im Gegensatz dazu ist ein »lokaler Kosmopolit« bemüht, an einem Ort in der globalisierten Welt heimisch zu werden, während er weltweit Kontakte unterhält und sich an der Erinnerung vergangener Reisen freut. Einen anderen Typus haben wir den »Bewohner von Enklaven westlicher Eliten« getauft, weil er und seine Nachbarn der Auffassung sind, daß sich ihr soziales Umfeld von Europa bis in die Vereinigten Staaten erstreckt und es durch regelmäßige Besuche aufrechterhalten werden kann. Etwa die Hälfte der Zeit leben durchreisende Mitglieder der westlichen Elite in der Enklave. Doch diese transnationalen Netzwerke sind nicht der weißen Elite vorbehalten. Wir identifizierten auch den Typus des »Familienmenschen in der Diaspora«, der Mitglied einer Gruppe ist, die ihre ethnische Identität über die Grenzen hinweg aufrechterhält und sich auf lange Sicht um die Wiederherstellung transozeanischer Familienbande bemüht.

Keinen dieser Menschen bezeichneten wir als »Globalisten«, also

303

als jemanden, der sein tägliches Leben nach globalistischen Werten einrichtet. Dennoch waren sie alle auf ihre Art stark von der Globalität beeinflußt, und ihre verschiedenen Reaktionen auf diese widersprachen häufig den Annahmen der Moderne. Zum Beispiel trafen wir einen jungen Menschen, der nicht wegen einer pluralistischen Sozialordnung, sondern zur Bereicherung seiner persönlichen praktischen Erfahrung großen Wert auf multikulturelle Kontakte legte und einfach in Bewegung bleiben wollte. In einem anderen Fall führte eine ältere Anwohnerin, die schon lange ansässig war und sich ganz offensichtlich lokal orientierte, einen Briefwechsel mit einer Geisel, die zur globalen Berühmtheit geworden war (vgl. auch Kapitel 7.5).

9.4 Ethnien im Globalen Zeitalter

Der historische Vergleich zeigt, daß der Nationalismus heute kein Zeichen der Moderne mehr ist

Wir können mit guten Gründen behaupten, daß heute die »Globalität« und nicht die »Modernität« den Menschen die meisten Lebensmöglichkeiten eröffnet und anbietet, und selbst wenn man berücksichtigt, daß die alte Dichotomie modern/traditional stets eine grobe Vereinfachung war, übertrifft die neue Vielfalt von Orientierungsmöglichkeiten und Lebensweisen die der Moderne bei weitem. Genau dies ermöglicht aber den Kritikern von Globalisierungstheorien zu leugnen, daß irgendein signifikanter Wandel stattgefunden habe, da sich kein dominanter Typus bestimmen lasse, der dem des modernen Menschen äquivalent sei.

Man kann die Signifikanz der Globalisierung auch bestreiten aufgrund der Koexistenz von abweichenden und widersprüchlichen Tendenzen. Wie wir gesehen haben, ist diese Skepsis in dem Maße berechtigt, in dem in der Literatur der Anschein erweckt wird, daß die Globalisierung eine klar erkennbare Richtung habe und lediglich eine Fortsetzung der Moderne sei. Bislang mußten die Kritiker lediglich auf die Formlosigkeit der Postmoderne verweisen oder auf der grundlegenden Einheit der Moderne beharren. Beide Argumente beruhen indes auf einer Unterschätzung der

Umgestaltungskräfte der Globalität sowie der Art und Weise, in der sie eine neue Vielfalt erzeugt. In dieser Hinsicht vollzieht die Globalität einen Bruch mit dem totalisierenden Diskurs der Moderne.

Diejenigen, die an der Moderne oder einer Postmoderne festhalten, argumentieren häufig mit dem Nationalismus. Einige Theoretiker halten diesen für eine Erscheinung der Moderne, andere für eine postmoderne Rückkehr zu den Ursprüngen. Das Argument, daß der Nationalismus ein Bestandteil der Moderne sei, läßt sich untermauern, wenn man seine Verbindung mit nationalstaatlichen Gesellschaften betrachtet. Zweifellos versuchte der Nationalstaat, den Nationalismus zu fördern und zu nutzen, insofern dies seinen Zwecken diente. In dieser Hinsicht kann auch das Entstehen neuer Nationalstaaten nach dem Zusammenbruch der Sowjetunion als ein weiterer Schritt in der Ausbreitung der Moderne erscheinen. Denn scheinbar handelt es sich um die Schaffung neuer Staaten durch aufstrebende, vorher staatenlose Nationen und damit um eine Fortführung der Idee des Nationalstaats.

Wenn man aber die Dynamik des Verhältnisses von Staat und Nation verstehen will, muß man eine historische Perspektive wählen, die über die Ereignisse der letzten fünf Jahre und das relativ kleine Gebiet der früheren Sowjetunion hinausreicht. Schwierigkeiten ergeben sich dabei nur dann, wenn wir den Staat ausschließlich national und die Nation ausschließlich staatlich fassen wollen, wenn wir also jene eigentümliche historische Begriffsverbindung übernehmen, die der moderne Nationalstaat vorschlägt. In einer historischen Perspektive zeigt sich jedoch, daß die griechischen, römischen, mittelalterlichen und nicht-westlich geprägten Staatsformen gar keine Nation erforderten. Auch lassen sich, so weit die Geschichtsschreibung zurückreicht, in jeder Zeit menschliche Gemeinschaften identifizieren, die größer als die Großfamilie sind und die durch eine kollektive praktische Erfahrung und Kultur zusammengehalten und von anderen unterschieden werden. Ob wir sie als »Volk«, »a people« oder »ethnie« bezeichnen, ist unerheblich, der Begriff ist in allen Sprachen zu finden.

Anthony Smith zufolge sind die ersten Nationen »auf der Basis prämoderner ethnischer Kerngemeinschaften« entstanden, die er mit dem französischen Wort »ethnie« bezeichnet (1991, 21). Diese

Formel ebnet den Weg für eine historisch begründete Definition des Begriffs »Nation«, die den Zusammenhang mit der auf dem Territorium lebenden Bevölkerung von Bürgern eines Nationalstaats herstellt. Diese Formel läßt es sowohl zu, daß der Staat durch den Appell an die ethnischen Gemeinsamkeiten eine »Nation« begründet, als auch, daß ethnische Gruppen versuchen, zu einer Nation zu werden. Gleichzeitig anerkennt diese Formel die Art und Weise, in der die Moderne das Janusgesicht des Nationalismus produziert hat, die staatliche Einimpfung von nationalem Enthusiasmus einerseits und die Souveränitätsbestrebungen staatenloser Nationen andererseits.

Anhand dieser korrelierenden Definitionen von Staat und Nation können wir erkennen, daß sowohl die kolonialistische Durchsetzung von willkürlichen, über alle ethnischen Unterschiede hinweggehenden Staatsgrenzen in Afrika als auch die Teilung Europas nach ethnischen Kriterien gleichermaßen modern sind. In beiden Fällen gibt es weit mehr ethnische Gruppen und sogar Nationen ohne staatlichen Status als solche, die diesen Status genießen. Es ist auch kaum anzunehmen, daß die 300 oder mehr Stammesgruppen in Nigeria oder die fünfzehn offiziellen Sprachgemeinschaften Indiens, von den Sprechern der 1.500 Sprachen ganz zu schweigen, jemals eine eigene nationale Souveränität erreichen werden (Oommen 1986, 64).

Diese Beobachtung lenkt unsere Aufmerksamkeit auf prämoderne und nichtmoderne Ethnizität – nicht als eine Vorstufe des Nationalstaats, sondern als eine andere Form von Gemeinschaft, die zu der Idee des Nationalstaats im Widerspruch steht und oft eine Alternative zu diesem darstellt. Es sind in der Tat gerade die Studien über nichtwestliche ethnische und religiöse Bewegungen, die uns zu der Einsicht zwingen, daß andere Gruppenidentitäten nicht unbedingt Vorläufer oder gescheiterte Versionen nationaler Souveränität sind.[6] Ein Nationalstaat, der eine multikulturelle Politik verfolgt und die ethnischen Identitäten nebeneinander erblühen läßt, akzeptiert damit die Autonomie des Sozialen und eine Entwicklung, bei der die Ethnien aus dem Boden des Staates im

6 Zum Beispiel hebt T. K. Oommen (1990, 13) die Historizität von Bewegungen in Indien hervor und weist darauf hin, daß sie uns an die soziale Kreativität der Menschheit gemahnen.

Sinne einer Entwurzelung (aber mit dem treffenden Anklang einer »Ent-rassung«[7]) herausgerissen werden.

Das gelegentliche Entstehen neuer Nationalstaaten und die Zunahme ihrer Anzahl bedeuten nicht, daß dies eine zentrale Entwicklungsrichtung des Globalen Zeitalters ist. Eric Hobsbawm argumentiert, daß der Nationalismus heute weniger wichtig sei als in der Epoche der Entstehung der Nationen und daß die Nation durch die globale infra- und supranationale Restrukturierung an Bedeutung verliere. Er weist darauf hin, daß der Streit um die Zukunft Quebecs in Kanada eine endlose Debatte über die Bedeutung der Begriffe »Nation«, »Staat«, »Bevölkerung« und »Gesellschaft« angestoßen hat (1990, 190). Nach dem, was wir oben gesagt haben, ist das eine notwendige Debatte und eine logische Folge des Auseinanderbröckelns und der Dezentrierung des Staates am Ende der Moderne. »Nationen« müssen nicht mehr nach einer Staatlichkeit schielen. Das ist weniger eine Frage der Unterordnung der Nation unter den Staat als eine Frage der Entkoppelung beider Begriffe.

Wir können also über Hobsbawms Argumentation hinausgehen. Im Globalen Zeitalter kann eine Nation zugleich weniger und mehr als ein Nationalstaat sein. Die Rede von der »schwarzen Nation« oder der »islamischen Nation« bekräftigt je eine Gruppenidentität, die die nationalstaatlichen Grenzen nicht im alten modernen Sinn eines imperialen Gebietsanspruchs, sondern im Sinne einer dauerhaften Unabhängigkeit von nationalstaatlichen Begrenzungen überschreitet. Darin drückt sich ein von territorialen Bezügen unabhängiges Selbstbewußtsein aus, für das Paul Gilroy (1993a) die ungeheuer treffende Bezeichnung »Schwarzer Atlantik« prägte.

Dieses Selbstbewußtsein ist in kleinen Nationen ebenso anzutreffen wie in großen. In einer Welt nationenübergreifender staatlicher Organisationen können sie leichter einen Platz finden und ihre kulturelle Identität behaupten als in der modernen Welt, in der die Alternative allzuoft Staatlichkeit oder Auslöschung hieß. Teilweise hat man versucht, den Nationalismus durch die Berücksichtigung anderer Völker zu legitimieren – in Mazzinis Worten: »Wir streben nicht nur nach der Emanzipation des Volkes, sondern nach

---

7 Unübersetzbares Wortspiel aus engl. *deracination* (Ausrottung, Entwurzelung) und dem Neologismus *de-racing* (etwa: »ent-rassen«). (A. d. Ü.)

der Emanzipation der Völker« (1835/o. J., 42). Aber im Globalen Zeitalter stellt sich der Nationalismus unter einem neuen Aspekt dar.[8] Er entzieht sich den nationalstaatlichen Strukturen und etabliert sich in einem kulturellen Raum, der eher durch Globalität als durch Territorialität definiert ist.

Daraus folgt, daß konfessionelle und nationale Minderheiten nicht mehr der Ausdruck eines gescheiterten Nationalismus der Neuzeit sind. Es ist im Gegenteil wahrscheinlich, daß die Diaspora zum dominanten Modus ethnischer Gemeinschaftsbildung im Globalen Zeitalter werden wird. Die globale Kommunikationstechnologie erleichtert die Aufrechterhaltung von Bindungen auf Distanz wie die Behauptung kultureller Identität im globalen kulturellen Raum. Tatsächlich könnte auf der Stärke dieser Identität die Freiheit beruhen, in einen beliebigen Teil der Welt zu reisen, anstatt sich nach der Rückkehr ins Heimatland zu sehnen. Die neuen politischen Bedingungen in Polen haben nicht zur massenhaften Rückkehr von im Ausland lebenden Polen geführt, und auch irische, walisische und schottische Emigranten kehren nicht in Scharen in das Land ihrer Herkunft zurück, obwohl sie stolz darauf sind und sich für die Ereignisse in diesem Land interessieren.

9.5 Schlußbemerkung: Gegen die Nostalgie

Die neuen politischen Bewegungen müssen Toleranz
und individuelle Freiheit jenseits der Imagination
der Moderne erproben

Die von staatlichen Definitionen befreite ethnische Identität wird – ebenso wie geschlechtsspezifische, religiöse, sprachliche oder stilistische Antriebe zur Gruppenbildung – also zu einem weiteren Mittelpunkt des sozialen Lebens im Globalen Zeitalter. Das wird aber eine Reaktion derer, die nach einer Rückkehr zu modernen Strukturen verlangen, nicht verhindern, sondern sie in mancher

---

8 Jordi Pujol ruft dazu auf, die Eigenständigkeit Kataloniens durch eine Kombination aus »globalem Lebensstil und der Stärkung seiner kulturellen Identität« zu bewahren (Guibernau 1995, 15)

Hinsicht sogar provozieren. Damit ist die Gefahr eines »nostalgischen Anachronismus« verbunden.⁹ Neben Begriffen wie »Werte«, »Gemeinschaft« und »Nation« konstituiert dieser das charakteristische politische Programm der Modernität. Daß dessen Verfechter das Wort »neu« ständig wiederholen, beweist schon den traditionellen Charakter dieses Programms.

Ein Politiker, der die alten Strukturen und Institutionen der nationalstaatlichen Gesellschaften neu beleben will, steht vor dem Problem, daß die Beschwörung des Neuen in einem Kontext, in dem diese Strukturen langsam, aber sicher ihren Einfluß auf die Menschen verlieren, wie ein alter Hut wirkt. Der Verfall der politischen Beteiligung und des Vertrauens in politische Institutionen ist sowohl in den Vereinigten Staaten als auch in Europa seit über fünfzig Jahren praktisch ununterbrochen fortgeschritten.

Das bedeutendste politische Experiment dieser Zeit, die Schaffung der Europäischen Union, ist weitgehend losgelöst von den Interessen und Wünschen der einzelnen Wähler und hat die Form eines bürokratisch organisierten Projekts angenommen. Leidenschaftliche Europäer sind unter anderem darum so versessen auf die Währungsunion, weil sie glauben, daß die Durchführung eines Projekts *per se* für Integration sorgt. Der Glaube, daß allein eine zielgerichtete Bewegung die Stabilität der sozialen Ordnung garantieren kann, um welches Ziel es sich auch handeln mag, ist der letzte große Ausdruck des authentischen Projekts der Moderne.¹⁰

Im Gegensatz zum europäischen Projekt – das von der Konstruktion einer europäischen Nation bis zum Schutz der äußeren Gren-

9 In dieser Hinsicht ist der gegenwärtige Zustand der britischen Labour Party ein gutes Beispiel für die Dilemmata der nationalstaatlichen Politik. Das Schlagwort der Labour Party lautet »Modernisierung«. Es bringt die Terminologie der alten Modernität mit sich. Die Überraschung der Öffentlichkeit war denn auch das einzig Überraschende an einem durch Indiskretion bekanntgewordenen internen Memorandum, das von der Notwendigkeit eines Projekts und einer zentralisierten Verwaltung sprach. Es wurde im April 1995 von Philip Gould verfaßt, dem Wahlkampfberater und Chefstrategen von Tony Blair. Er forderte darin »ein politisches Projekt, das dem von Thatcher im Jahre 1979 entspricht« und in dem »wirtschaftliche Modernisierung/Erneuerung höchste Priorität« haben müsse (*Leak Hits Blair on Eve of TUC Speech* [Indiskretion überrascht Blair am Vorabend seiner Rede vor dem Gewerkschaftskongreß], *Guardian*, 12. 9. 1995, 2).
10 Diese typisch moderne Ideenverbindung fand etwa in der 1995 abgehaltenen englisch-italienischen Konferenz von Pontignano Ausdruck, in der man sich mit den drei Themen Institutionen, Währungsunion und neue soziale Ungleichheit befaßte, die exakt die Bereiche Struktur, Projekt und drohendes Chaos abdecken.

zen und der Regulierung des Lebens ein Paradebeispiel aller Facetten der Moderne ist – steht das andere Extrem der neuen Gruppierungen, die den Nationalstaat allmählich um die Loyalität seiner Staatsbürger bringen. Teilweise wird ihre Bedeutung deshalb nicht voll erkannt, weil sie keine Nationalstaaten sind, doch diese Gruppierungen stellen mächtige alternative Brennpunkte für gemeinschaftliches Handeln dar. Sie sind Ausdruck der Sorge ums öffentliche Wohl und beruhen auf jenseits der nationalstaatlichen Grenzen konstruierten Identitäten. Sie sind das Ergebnis dessen, was ich weiter oben »performative Staatsbürgerschaft« genannt habe.

Es gibt eine Reihe von Ähnlichkeiten zwischen der Minderheitenkultur der Schwarzen am Atlantik, Greenpeace, der Idee der islamischen Nation und der Frauenbewegung. Keine dieser Gruppierungen hängt von einem einzelnen Projekt ab, alle haben viele Facetten und Zentren, beruhen auf dem Einzug globaler Bedingungen im Leben des einzelnen und entziehen sich auf ihre Weise der uniformen Ordnung des Nationalstaats. Wie aggressiv diese neuen sozialen Figurationen gegenüber den älteren Strukturen auch sein mögen – im wesentlichen reagieren sie doch immer noch auf eine Welt, die sie nicht geschaffen haben. Sie versuchen weniger, die ganze Welt nach ihren Vorstellungen umzuformen, als vielmehr, einen Platz darin zu finden.

Eine solche Betonung der Offenheit zukünftiger Entwicklungsmöglichkeiten, die Alternativen zum modernen Staat darstellen, mag ein Affront für all jene sein, die im liberalen Nationalstaat die bis heute gültige Ausdrucksform individueller Freiheit und Toleranz sehen. Sie sollten dabei aber bedenken, daß Aristoteles das auch für die griechische Polis beanspruchte und daß diese ruhmreiche Institution auf der Unterdrückung von Sklaven und Frauen beruhte.

Die alternativen Bewegungen stellen die alte nationalstaatliche Definition der Politik gerade deshalb in Frage, weil sie sich ihr nicht direkt entgegenstellen. Teilweise spiegelte sich das in den anhaltenden Debatten ihrer Mitglieder darüber wider, ob sie konventionelle politische Parteien gründen sollten oder nicht. Insgesamt scheinen die Argumente für unkonventionelle Organisationsformen und Druckmittel die Oberhand gewonnen zu haben. In der Umwelt- und Frauenbewegung ist das offensichtlich der Fall.

Es trifft auch auf die Bewegungen der Schwarzen zu, deren Stärke aus der Vielfalt kleiner Aktionen erwächst.[11] Die Erkenntnis der globalen Natur der schwarzen Diaspora ist für diese Verschiebung weg von der direkten Konfrontation mit dem Nationalstaat zentral. Sie schafft gleichzeitig neue soziale und politische Arenen. Die gleiche Rekonstruktion politischer Aktivität fand in der Frauenbewegung statt, als sie durch eine selbstbewußte internationale Zusammenarbeit globales Ausmaß annahm (Morgan 1984). Durch das Zurückstrahlen dieses Selbstbewußtseins in nationalstaatliche Kontexte verließ der Feminismus den politischen Randbereich und formte den Diskurs der bestehenden politischen Parteien um.

Im Kontext der Moderne profitierten vor allem die weißen, männlichen Mitglieder der Mittelschicht, die Bürger eines reichen Staates waren, vom Nationalstaat westlicher Prägung. Unter globalen Bedingungen beanspruchen nun andere Gruppen dieselben Werte der Toleranz und Redefreiheit für sich, indem sie diesen privilegierten Status in Frage stellen. Zudem sieht es oft so aus, als würden sie dabei diese Werte zugrunde richten, indem sie Zuflucht zu schaffen Attacken und sogar zur Gewalt nehmen. Das ändert aber nichts daran, daß die übergeordnete Tendenz dieser Bewegungen zur Pluralisierung der Zugänge zu Macht und Selbstwertgefühl drängt. Wir sollten diese Bewegungen ebensowenig für grundsätzlich intolerant halten wie den Faschismus für die charakteristische Ausdrucksform des Nationalstaats der Moderne.

Wenn politische Führer diese Analyse ernst nehmen, wird sie ihnen dabei helfen, einige der Risiken zu vermeiden, die entstehen, wenn man den islamischen Fundamentalismus als Inbegriff des Islams betrachtet, also als eine Bedrohung, die nur mit militärischen Mitteln beantwortet werden kann. Dies ist ein Standpunkt, der gegenwärtig in der Debatte über die zukünftige Sicherheit Europas vertreten wird, in der Islam die Funktion der Sowjetunion übernimmt. Fundamentalismus und Gewalt werden aber vom Koran genausowenig sanktioniert wie von der Bibel. Historisch gesehen ist der Islam sogar eine polyzentrische Religion, die auf einer in

11 Gilroy weist vielsagend darauf hin, daß »die Pluralisierung der schwarzen Identität (...) die Idee einer gemeinsamen, unveränderlichen Rassenidentität, die die divergenten Erfahrungen der Schwarzen über Raum und Zeit hinweg verbindet«, unvermeidlich unterminiere (Gilroy 1993b, 2).

volkstümliche Form gebrachten intellektuellen Religiosität beruht. Diejenigen Eigenschaften des Islams, die mit patriarchaler Dominanz und Gewalt einhergehen, reflektieren eher das Erbe der sozialen und wirtschaftlichen Bedingungen der islamischen Menschen als das Zentrum ihres Glaubens.

Insofern müssen auch wir Toleranz üben und dürfen die historische Leistung des Nationalstaats nicht geringschätzen. Was im Globalen Zeitalter auch immer an seine Stelle tritt, die Leistung der Moderne bestand in der Erhaltung der epochenübergreifenden Werte Demokratie, Toleranz und individuelle Freiheit, die sie aus dem klassischen Erbe der Antike entwickelte. Die Globalität erfordert weder zwanghafte Erneuerung noch Expansion, Bürokratie, männliche oder weiße Dominanz. Aber Vitalität, Reichtum und Vielfalt des Globalen Zeitalters hängen von der Sorgfalt ab, mit der seine Bürger die wertvolleren Errungenschaften hegen und pflegen, die sie der alten Moderne verdanken.

Literatur

Acton, Lord 1906, *Lectures on Modern History*. London: Macmillan

Acton, Lord 1952, *Essays on Church and State*. Hg. von Douglas Woodruff. London: Hollis and Carter

Albrow, Martin 1970, *Bureaucracy*. London: Macmillan. Dt. Übersetzung: *Bürokratie*. München: List 1972

Albrow, Martin 1987, »The Application of the Weberian Concept of Rationalization to Contemporary Conditions«. In: Scott Lash und Sam Whimster (Hg.), *Max Weber, Rationality and Modernity*. London: Allen and Unwin, S. 164-182

Albrow, Martin 1990a, *Max Weber's Construction of Social Theory*. London: Macmillan

Albrow, Martin 1990b, »Values, Strategic Planning and the Welfare State: the Collapse of Social Policy«. *Annals of the International Institute of Sociology*, New Series 1, S. 87-98

Albrow, Martin 1994, »Globalization: Myths and Realities«. (Antrittsvorlesung, Roehampton Institute London)

Albrow, Martin 1995, »Globalization«. In: Robert J. Brym (Hg.), *New Society: Sociology for the Twenty-First Century*. Toronto: Harcourt Brace, 15. Kapitel

Albrow, Martin 1996, »Travelling beyond Local Culture: Socioscapes in a Global City«. In: John Eade (Hg.), *Living the Global City*. London: Routledge. Dt. Übersetzung: »Auf Reisen jenseits der Heimat. Soziale Landschaften in einer globalen Stadt«. In: Ulrich Beck (Hg.), *Kinder der Freiheit*. Frankfurt/Main: Suhrkamp 1997

Albrow, Martin, John Eade et al. 1994a, *Local/Global Relations in a London Borough*. London: Roehampton Institute

Albrow, Martin, John Eade et al. 1994b, »The Impact of Globalization on Sociological Concepts: Community, Culture and Milieu«. *Innovation* 7, S. 371-389

Alleyne-Dettmers, Patricia 1996, »›Tribal Arts‹: A Case Study of Global Compression in Notting Hill Carnival«. In: John Eade (Hg.), *Living the Global City*. London: Routledge

Althusser, Louis, 1971: *Lenin and Philosophy and Other Essays*. London: New Left Books. Dt. Übersetzung: *Lenin und die Philosophie*. Reinbek: Rowohlt 1974

Ankersmitt, Frank und Hans Kellner (Hg.) 1995, *A New Philosophy of History*. London: Reaktion Books

Appadurai, Arjun 1990, »Disjuncture and Difference in the Global Cultural Economy«. In: Mike Featherstone (Hg.), *Global Culture: Nationalism, Globalization and Modernity*. London: Sage, S. 295-310

Archer, Margaret 1988, *Culture and Agency*. Cambridge: Cambridge University Press

Archibugi, Daniele und David Held (Hg.) 1995, *Cosmopolitan Democracy*. Cambridge: Polity Press

Aristoteles 1909, *The Art of Poetry*. Oxford: Clarendon Press. Dt. Übersetzung: *Poetik*. Stuttgart: Reclam 1994

Aristoteles 1946, *The Politics*. Oxford: Clarendon Press. Dt. Übersetzung: *Politik*. Paderborn: Schöningh 1959

Aron, Raymond 1967, *Peace and War: a Theory of International Relations*. New York: Praeger. Dt. Übersetzung: *Frieden und Krieg*. Frankfurt/Main: S. Fischer 1986

Axford, Barrie 1995, *The Global System: Economics, Politics and Culture*. Cambridge: Polity Press

Bacon, Francis, 1620/1857-1890, »Novum Organum«. In: Ders., *Collected Works*, hg. von James Spedding, R.L. Ellis und D.D. Heath. London. Dt. Übersetzung: *Neues Organon*. Hamburg: Meiner

Bacon, Francis, 1626/1857-1890, »The New Atlantis«. In: Ders., *Collected Works*, hg. von James Spedding, R.L. Ellis und D.D. Heath. London. Dt. Übersetzung: »Neu-Atlantis.« In: *Der utopische Staat*. Reinbek: Rowohlt 1960

Barber, Benjamin R. 1992, »Jihad vs McWorld«. *Atlantic Monthly*, März, S. 53-63

Barnett, Carole K. 1992, »The Global Agenda for Research and Training in the 1990s«. In: Vladimir Pucik et al. (Hg.), *Globalizing Management: Creating and Leading the Competitive Organization*. New York: John Wiley, S. 319-339

Bartlett, Christopher A. 1986, »Building and Managing the Transnational: the New Organizational Challenge«. In: Michael E. Porter (Hg.), *Competition in Global Industries*. Boston, Mass.: Harvard Business School, S. 367-401. Dt. Übersetzung: »Aufbau und Management der transnationalen Organisationsstruktur«. In: Michael E. Porter (Hg.), *Globaler Wettbewerb*. Wiesbaden: Gabler 1989, S. 425-464

Baru, Sanjaya 1993, »Indian Brands Abroad: Country's Positive Image is Critical«. *The Times of India*, 29. Oktober, S. 8

Baudrillard, Jean 1988, *America*. London: Verso. Dt. Übersetzung: *Amerika*. München: Matthes und Seitz 1987

Bauman, Zygmunt 1989, *Modernity and the Holocaust*. Cambridge: Polity

Press. Dt. Übersetzung: *Dialektik der Ordnung. Die Moderne und der Holocaust.* Hamburg: Europäische Verlagsanstalt 1992

Bauman, Zygmunt 1992, *Intimations of Postmodernity.* London: Routledge. Dt. Übersetzung: *Ansichten der Postmoderne.* Hamburg und Berlin: Argument 1995

Baumgarten, Otto 1964, *Max Weber: Werk und Person.* Tübingen: Mohr

Beck, Ulrich 1986, *Risikogesellschaft.* Frankfurt/Main: Suhrkamp

Beck, Ulrich, Anthony Giddens und Scott Lash 1994, *Reflexive Modernization.* Cambridge: Polity Press. Dt. Übersetzung: *Reflexive Modernisierung.* Frankfurt/Main: Suhrkamp 1996

Becker, Carl 1932, *The Heavenly City of the Eighteenth-Century Philosophers.* New Haven: Yale

Bell, Daniel 1968/1980a, »Charles Fourier: Prophet of Eupsychia«. In: Ders., *Sociological Journeys.* Cambridge, Mass.: ABT Books, S. 91-104

Bell, Daniel 1968/1980b, »National Character Revisited: a Proposal for Renegotiating the Concept«. In: Ders., *Sociological Journeys.* Cambridge, Mass.: ABT Books, S. 167-183

Bell, Daniel 1973, *The Coming of Post-industrial Society: a Venture in Social Forecasting.* New York: Basic Books. Dt. Übersetzung: *Die nachindustrielle Gesellschaft.* Frankfurt/Main: Campus 1976

Bell, Daniel 1976, *The Cultural Contradictions of Capitalism.* London: Heinemann. Dt. Übersetzung: *Die kulturellen Widersprüche des Kapitalismus.* Frankfurt/Main: Campus 1991

Bell, Daniel 1980, *Sociological Journeys. Essays 1960-1980.* Cambridge, Mass.: ABT Books

Bellah, Robert et al. 1985, *Habits of the Heart.* Berkeley, Ca.: University of California Press. Dt. Übersetzung: *Gewohnheiten des Herzens. Individualismus und Gemeinsinn in der amerikanischen Gesellschaft.* Köln: Bund Verlag 1987

Berger, Peter L. et al. 1973, *The Homeless Mind: Modernization and Consciousness.* New York: Random House. Dt. Übersetzung: *Das Unbehagen in der Modernität.* Frankfurt/Main: Campus 1975

Bergquist, William 1993, *The Postmodern Organization.* San Francisco: Jossey-Bass

Beyer, Peter 1994, *Religion and Globalization.* London: Sage

Bossuet, Jacques-Benigne 1681/1887, *Discours sur l'histoire universelle.* Paris: Charpentiers

Bourdieu, Pierre 1977, *Outline of a Theory of Practice.* Cambridge: Cambridge University Press. Dt. Übersetzung: *Entwurf einer Theorie der Praxis auf der ethnologischen Grundlage der kabylischen Gesellschaft.* Frankfurt/Main: Suhrkamp 1979

Brainard, Robert 1993, »Globalization and Corporate Identity«. In: OECD, Special Issue on Globalization. *STI Review* 13, S. 163-186

Brinkmann, Carl 1930, »Citizenship«. In: *Encyclopaedia of the Social Sciences*, Bd. 3. New York: Macmillan, S. 471-474

Brogan, Denis W. 1944, *The American Character*. New York: Knopf. Dt. Übersetzung: *Der amerikanische Charakter*. Stuttgart: Mittelbach 1946

Brundtland, Gro Harlem 1987, *Our Common Future*, report of the World Commission on Environment and Development (Brundtland Report). London: Oxford University Press. Dt. Übersetzung: »Unsere gemeinsame Zukunft«. In: Weltkommission für Umwelt und Entwicklung (Hg.), *Der Brundtland Bericht*. Greven: Eggenkamp 1987

Brunner, Otto et al. (Hg.) 1972 ff., *Geschichtliche Grundbegriffe: Historisches Lexikon zur politisch-sozialen Sprache in Deutschland*. 8 Bde. Stuttgart: Klett

Budd, Leslie und Sam Whimster 1992, *Global Finance and Urban Living*. London: Routledge

Burckhardt, Jacob 1860/1944, *The Civilization of the Renaissance in Italy*. London: Phaidon. Dt: *Die Kultur der Renaissance in Italien*. Stuttgart: Kröner 1988

Burke, Peter 1987, *The Italian Renaissance: Culture and Society in Italy*. Cambridge: Polity Press. Dt. Übersetzung: *Die Renaissance in Italien. Sozialgeschichte einer Kultur zwischen Tradition und Erfindung*. München: dtv 1988

Burnham, James 1941, *The Managerial Revolution*. New York: John Day. Dt. Übersetzung: *Die Revolution der Manager*. Wien: Verlag des österreichischen Gewerkschaftsbundes 1949

Burnham, James 1947, *The Struggle for the World*. New York: John Day

Carr, David 1986, *Time, Narrative and History*. Bloomington: Indiana University Press

Clegg, Stewart R. 1990, *Modern Organizations: Organization Studies in the Postmodern World*. London: Sage

Cohn, Norman 1957, *The Pursuit of the Millennium*. London: Secker and Warburg. Dt. Übersetzung: *Das neue irdische Paradies. Revolutionärer Millenarismus und mystischer Anarchismus im mittelalterlichen Europa*. Reinbek: Rowohlt 1988

Coll, Steve 1994, »Global Economy Faces the Global Dump«. *International Herald Tribune*, 24. März.

Collingwood, R. G. 1946, *The Idea of History*. Oxford: Oxford University Press. Dt. Übersetzung: *Philosophie der Geschichte*. Stuttgart: Kohlhammer 1955

Council on Environmental Quality and the Department of State 1982, *The Global 2000 Report to the President: Entering the Twenty-First Century*. New York: Penguin. Dt. Übersetzung: *Global 2000. Der Bericht an den Präsidenten*. Frankfurt/Main: Zweitausendeins 1982

Creighton, Mandell 1902, »Introductory Note«. In: *The Cambridge Modern History*. Bd. 1: *The Renaissance*. London: Cambridge University Press

Dahl, Robert A. 1961, *Who Governs? Democracy and Power in an American City*. New Haven: Yale University Press

Dahrendorf, Ralf 1959, *Class and Class Conflict in Industrial Society*. London: Routledge. Dt.: *Soziale Klassen und Klassenkonflikt in der industriellen Gesellschaft*. Stuttgart: Enke 1957

Dahrendorf, Ralf 1975, *Die neue Freiheit. Überleben und Gerechtigkeit in einer veränderten Welt*. München: Piper

Dante 1312/1954, *Monarchy and the Three Political Letters*. London: Weidenfeld and Nicolson. Dt. Übersetzung: *Über die Monarchie*. Berlin: Heimann 1872

Descartes, René 1637/1912, *A Discourse on Method*. London: Dent. Dt. Übersetzung: *Von der Methode des richtigen Vernunftgebrauchs und der wissenschaftlichen Forschung*. Hamburg: Meiner 1960

Dicken, Peter 1992, *Global Shift: The Internationalization of Economic Activity*. London: Paul Chapman

Donzelot, Jacques 1984, *L'invention du social*. Paris: Fayard

Dreyfus, Hubert L. und Paul Rabinow 1982, *Beyond Structuralism and Hermeneutics*. Brighton: Harvester. Dt. Übersetzung: *Michel Foucault. Jenseits von Strukturalismus und Hermeneutik*. Weinheim: Beltz 1994

Dryzek, John S. 1990, *Discursive Democracy. Politics, Policy and Political Science*. Cambridge: Cambridge University Press

Durkheim, Émile 1893/1933, *The Division of Labor in Society*. Glencoe, Ill.: Free Press. Dt. Übersetzung: *Über die Teilung der sozialen Arbeit*. Frankfurt/Main: Suhrkamp 1977

Durkheim, Émile 1895/1982, *The Rules of Sociological Method*. New York: Free Press. Dt. Übersetzung: *Die Regeln der soziologischen Methode*. Neuwied: Luchterhand 1976

Eade, John (Hg.) 1996, *Living the Global City*. London: Routledge

Eco, Umberto 1982, *Der Name der Rose*. München: Hanser

Edelman, Nathan 1938, »The Early Uses of Medium Aevum, Moyen Age, Middle Ages«. *Romanic Review* 29, S. 4 f.

Ekins, Paul 1992, *A new World Order: Grassroots Movements for Global Change*. London: Routledge

Elias, Norbert 1978, *The History of Manners*. Oxford: Blackwell. Dt.: *Über den Prozeß der Zivilisation*, Bd. 1. Frankfurt/Main: Suhrkamp 1977³

Elias, Norbert 1982, *State and Civilization*. Oxford: Blackwell. Dt.: *Über den Prozeß der Zivilisation*, Bd. 2. Frankfurt/Main: Suhrkamp 1976

Elias, Norbert und J. L. Scotson 1965, *The Established and the Outsiders*. London: Frank Cass. Dt. Übersetzung: *Etablierte und Außenseiter*. Frankfurt/Main: Suhrkamp 1990

Eliot, T. S. 1939, *The Idea of a Christian Society*. London: Faber. Dt. Übersetzung: *Die Idee einer christlichen Gesellschaft*. Wien: Amandus 1949

Etzioni, Amitai 1994, *The Spirit of Community: the Reinvention of American Society*. New York: Touchstone. Dt. Übersetzung: *Die Entdeckung des Gemeinwesens. Ansprüche, Verantwortlichkeiten und das Programm des Kommunitarismus*. Stuttgart: Schäffer-Poeschel 1995

Falk, Richard 1992, *Explorations at the Edge of Time: the Prospects for World Order*. Philadelphia: Temple University Press

Featherstone, Mike (Hg.) 1990, *Global Culture: Nationalism, Globalization and Modernity*. London: Sage

Ferguson, Adam 1767/1782, *An Essay on the History of Civil Society*. London und Edinburgh: Cadell, Creech and Bell. Dt. Übersetzung: *Versuch über die Geschichte der bürgerlichen Gesellschaft*. Frankfurt/Main: Suhrkamp 1986

Ferguson, Marjorie 1992, »The Mythology about Globalization«. *European Journal of Communication* 7, S. 69-93

Fernandez-Armesto, Felipe 1995, *Millennium*. London: Batham

Ferrarotti, Franco 1985, *The Myth of Inevitable Progress*. Westport, Conn.: Greenwood

Fichte, J. G. 1869, *The Science of Rights*. Philadelphia: J. P. Lippincott. Dt.: *Rechtslehre*. Hamburg: Meiner 1980

Foucault, Michel 1967, *Madness and Civilization*. London: Tavistock. Dt. Übersetzung: *Wahnsinn und Gesellschaft*. Frankfurt/Main: Suhrkamp 1969

Foucault, Michel 1974, *The Archaeology of Knowledge*. London: Tavistock. Dt. Übersetzung: *Archäologie des Wissens*. Frankfurt/Main: Suhrkamp 1981

Foucault, Michel 1977, *Discipline and Punish*. London: Allen Lane. Dt. Übersetzung: *Überwachen und Strafen*. Frankfurt/Main: Suhrkamp 1977

Foucault, Michel 1979, *The History of Sexuality*. London: Allen Lane. Dt. Übersetzung: *Sexualität und Wahrheit*. Frankfurt/Main: Suhrkamp 1977

Fukuyama, Francis 1992, *The End of History and the Last Man*. New York: Free Press. Dt. Übersetzung: *Das Ende der Geschichte. Wo stehen wir?* München: Kindler 1992

Giddens, Anthony 1984, *The Constitution of Society*. Cambridge: Polity Press. Dt. Übersetzung: *Die Konstitution der Gesellschaft*. Frankfurt/Main: Campus 1988

Giddens, Anthony 1990, *The Consequences of Modernity*. Cambridge: Polity Press. Dt. Übersetzung: *Konsequenzen der Moderne*. Frankfurt/Main: Suhrkamp 1995

Giddens, Anthony 1991, *Modernity and Self-Identity: Self and Society in the Late Modern Age*. Cambridge: Polity Press

Gifford, Don 1990, *The Farther Shore: a Natural History of Perception 1789-1984*. London: Faber and Faber

Gilpin, Robert 1971, »The Politics of Transnational Economic Relations«. In: R. O. Keohane and J. S. Nye (Hg.), *Transnational Relations and World Politics*. Cambrigde, Mass.: Harvard University Press, S. 48-69

Gilroy, Paul 1993a, *The Black Atlantic: Modernity and Double Consciousness*. London: Verso

Gilroy, Paul 1993b, *Small Acts*. London: Serpent's Tail

Gilson, Étienne 1948, *Dante the Philosopher*. London: Sheed & Ward. Dt. Übersetzung: *Dante und die Philosophie*. Freiburg: Herder 1953

Ginzburg, Carlo 1982, *The Cheese and the Worms*. Harmondsworth: Penguin. Dt. Übersetzung: *Der Käse und die Würmer. Die Welt eines Müllers um 1600*. Frankfurt/Main: Syndikat 1979

Goffman, Erving 1972, *Relations in Public: Microstudies of the Public Order*. Harmondsworth: Penguin. Dt. Übersetzung: *Das Individuum im öffentlichen Austausch. Mikrostudien zur öffentlichen Ordnung*. Frankfurt/Main: Suhrkamp 1974

Goodman, Roger 1990, *Japan's International Youth*. Oxford: Clarendon Press

Gore, Al 1992a, *Earth in the Balance*. New York: Houghton Mifflin. Dt. Übersetzung: *Wege zum Gleichgewicht. Ein Marshallplan für die Erde*. Frankfurt/Main: S. Fischer 1992 (= Gore 1992b)

Gower, Ernest (Hg.) 1965, *Fowler's Dictionary of Modern English Usage*. Oxford: Clarendon Press

Gramsci, Antonio 1957, *The Modern Prince and other Writings*. New York: International Publishers

Grathoff, Richard 1989, *Milieu und Lebenswelt*. Frankfurt/Main: Suhrkamp

Grau, Andrée 1992, »Intercultural Research in the Performing Arts«. *Dance Research* 10, S. 3-29

Gray, John 1994, »Against the World«. *Guardian*, 3. Januar

Gray, John 1995, *Enlightenment's Wake: Politics and Culture at the End of the Modern Age*. London: Routledge

Green, Martin 1986, *Mountain of Truth: the Counterculture Begins. Ascona, 1900-1920*. Hanover and London: University Press of New England

Guibernau, Montserrat 1995, »Catalan Nationalism and Nations without a State«. (Unveröffentlichtes Manuskript)

Gumbrecht, Hans-Ulrich 1978, »Modern, Modernität, Moderne«. In: Brunner, Otto et al. (Hg.), *Geschichtliche Grundbegriffe: Historisches Lexikon zur politisch-sozialen Sprache in Deutschland*. Stuttgart: Klett 1972ff., Bd. 4, S. 95-131

Habermas, Jürgen 1981a, *Theorie des kommunikativen Handelns*. 2 Bde. Frankfurt/Main: Suhrkamp

Habermas, Jürgen 1981b, »Die Moderne – ein unvollendetes Projekt«. In: Ders., *Kleine politische Schriften*. Frankfurt/Main: Suhrkamp

Halecki, Oscar 1950, *The Limits and Divisions of European History*. London: Sheed and Ward. Dt. Übersetzung: *Europa*. Darmstadt: Wissenschaftliche Buchgesellschaft 1957

Hall, Stuart 1992, »The Question of Cultural Identity«. In: Stuart Hall et al. (Hg.), *Modernity and its Futures*, Cambridge: Polity Press and Open University Press, S. 273-316

Hall, Stuart und Martin Jacques (Hg.) 1989, *New Times: the Changing Face of Politics in the 1990s*. London: Lawrence and Wishart

Hall, Stuart, David Held und Tony MacGrew (Hg.) 1992, *Modernity and its Futures*, Cambridge: Polity Press and Open University Press, S. 61-102

Harvey, David 1989, *The Condition of Postmodernity*. Oxford: Blackwell

Hawley, Amos H. 1981, *Urban Society: an Ecological Approach*. New York: Wiley

Hebdige, Dick 1979, *Subculture: the Meaning of Style*. London: Methuen. Dt. Übersetzung (gekürzt): »Subculture. Die Bedeutung von Stil«. In: Diedrich Diederichsen et al., *Schocker. Stile und Moden der Subkultur*. Reinbek: Rowohlt 1983, S. 8-120

Hegel, G. W. F. 1821/1970, *Grundlinien einer Philosophie des Rechts*. In: Ders., *Werke in zwanzig Bänden*, Bd. 7. Frankfurt/Main: Suhrkamp

Held, David 1995, *Democracy and the Global Order*. Cambridge: Polity Press

Himmelfarb, Gertrude 1995, »Preface«. In: Digby Anderson (Hg.), *This Will Hurt: the Restoration of Virtue and Civic Order*. London: Social Affairs Unit

Hintze, Otto 1942, »Der moderne Kapitalismus als historisches Individuum«. In: Ders., *Zur Theorie der Geschichte*. Leipzig: Köhler und Amelang, S. 71-149

Hirst, Paul 1993, »Globalization is Fashionable but it is a Myth«. *Guardian*, 22. März

Hobhouse, Leonard 1918, *The Metaphysical Theory of the State*. London: Allen and Unwin. Dt. Übersetzung: *Die metaphysische Staatstheorie*. Leipzig: Meiner 1924

Hobsbawm, Eric 1990, *Nations and Nationalism since 1780*. Cambridge: Cambridge University Press. Dt. Übersetzung: *Nation und Nationalismus. Mythos und Realität seit 1780*. Frankfurt/Main: Campus 1992

Howe, Irving (Hg.) 1967, *The Idea of the Modern*. New York: Horizon

Hume, David 1741-42/1903, *Essays: Moral, Political and Literary*. London: Grant Richards. Dt. Übersetzung: *Politische und ökonomische Essays*. Hamburg: Meiner 1988

Husserl, Edmund 1937/1970, *The Crisis of the European Sciences and Transcendental Phenomenology*. Evanston: Northwestern Press. Dt.: *Die Krisis der europäischen Wissenschaft und die transzendentale Phänomenologie*. Den Haag: Martinus Nijhoff 1954

Hutton, Will 1995, »Myth that Sets the World to Right«. *Guardian*, 12. Juni, S. 17

Ibn Chaldun 1958, *The Muquaddimah: an Introduction to History*. London: Routledge

Inglehart, Ronald 1977, *The Silent Revolution*. Princeton: Princeton University Press

Inglehart, Ronald 1990a, *Culture Shift in Advanced Industrial Society*. Princeton: Princeton University Press. Dt. Übersetzung: *Kultureller Umbruch. Wertewandel in der westlichen Welt*. Frankfurt/Main: Campus 1995

Inglehart, Ronald 1990b, »Changing Values: the Human Component of Global Change«. *Annals of the International Institute of Sociology*, New Series 1, S. 99-132

Inkeles, Alex 1983, *Exploring Individual Modernity*. New York: Columbia University Press

Jacques, Martin 1993, »Politicians Stand Still While the World Moves On«. *The Times*, 4. Oktober

James, Henry 1907/1917, »The Energies of Men«. In: Ders., *Selected Papers on Philosophy*. London: J. M. Dent

Jameson, Fredric 1991, *Postmodernism, or, The Cultural Logic of Late Capitalism*. London: Verso

Janos, Andrew 1986, *Politics and Paradigms: Changing Theories of Change in Social Science*. Stanford: Stanford University Press

Jaspers, Karl 1949, *Vom Ursprung und Ziel der Geschichte*. München: Piper

Jenkins, Simon 1995, *Accountable to None: the Tory Nationalisation of Britain*. London: Hamish Hamilton

Keohane, Robert O. und Joseph S. Nye (Hg.) 1971, *Transnational Relations and World Politics*. Cambrigde: Harvard University Press

Kerr, Clark et al. (Hg.) 1960, *Industrialism and Industrial Man*. Cambridge: Harvard University Press. Dt. Übersetzung: *Der Mensch in der industriellen Gesellschaft*. Frankfurt/Main: EVA 1966

Keynes, John Maynard 1930, *A Treatise on Money*, Bd. 2: *The Applied Theory of Money*. London: Macmillan. Dt. Übersetzung: *Vom Gelde*. Berlin: Duncker und Humblot 1983

Keynes, John Maynard 1936, *The General Theory of Employment, Interest and Money*. London: Macmillan. Dt. Übersetzung: *Allgemeine Theorie der Beschäftigung, des Zinses und des Geldes*. Berlin: Duncker und Humblot 1994

Kornhauser, William 1957, *The Politics of Mass Society*. Glencoe, Ill.: Free Press

Kroeber, A. L. 1944, *Configurations of Culture Growth*. Berkeley: University of California Press

Kuhn, Thomas S. 1962, *The Structure of Scientific Revolutions*. Chicago: Chicago University Press. Dt. Übersetzung: *Die Struktur wissenschaftlicher Revolutionen*. Frankfurt/Main: Suhrkamp 1993

Kumar, Krishan 1978, *Prophecy and Progress: the Sociology of Industrial and Postindustrial Society*. London: Allen Lane

Lash, Scott und John Urry 1987, *The End of Organized Capitalism*. Cambridge: Polity Press

Levitt, Theodore 1983, »The Globalization of Markets«. *Harvard Business Review*, Mai/Juni, S. 92-102

Lobkowicz, Nicholas 1967, *Theory and Practice: History of a Concept from Aristotle to Marx*. Notre Dame, Ind.: University of Notre Dame Press

Locke, John 1690-1706/1961, *An Essay Concerning Human Understanding*. 2 Bde. London: Dent. Dt. Übersetzung: *Versuch über den menschlichen Verstand*. 2 Bde. Hamburg: Meiner 1981.

Luhmann, Niklas 1986, *Die soziologische Betrachtung des Rechts*. Frankfurt/Main: Metzner

Lyon, David 1994, *Postmodernity*. Milton Keynes: Open University Press

Lyotard, Jean-François 1979, *La Condition postmoderne: rapport sur le savoir*. Paris: Éditions de Minuit. Dt. Übersetzung: *Das postmoderne Wissen. Ein Bericht*. Graz: Böhlau 1986

McGrew, Anthony 1992, »A Global Society«. In: Stuart Hall et al. (Hg.), *Modernity and its Futures*, Cambridge: Polity Press and Open University Press, S. 61-102

Machiavelli, Niccolò 1517/1997, *Der Fürst*. Frankfurt/Main: Insel

MacIntyre, Alasdair 1967, *A Short History of Ethics*. London: Routledge. Dt. Übersetzung: *Geschichte der Ethik im Überblick*. Meisenheim: Hain 1984

MacIntyre, Alasdair 1971, *Against the Self-Images of the Age*. London: Duckworth

McLuhan, Marshall 1962, *The Gutenberg Galaxy*. Toronto: Toronto University Press. Dt. Übersetzung: *Die Gutenberg-Galaxis. Das Ende des Buchzeitalters*. Bonn: Addison-Wesley 1995

Maddox, Brenda 1994, *The Married Man: a Life of D. H. Lawrence*. London: Sinclair-Stevenson. Dt. Übersetzung: *Ein verheirateter Mann. D. H. Lawrence und Frieda von Richthofen*. Köln: Kiepenheuer & Witsch 1996

Mann, Michael 1993, *The Sources of Social Power*, Bd. 2: *The Rise of Classes and Nation-States*. Cambridge: Cambridge University Press. Dt. Übersetzung: *Geschichte der Macht*. 2 Bde. Frankfurt/Main: Campus 1990-91

Marcuse, Herbert 1990, *Triebstruktur und Gesellschaft. Ein philosophischer Beitrag zu Sigmund Freud*. Frankfurt/Main: Suhrkamp

Marcuse, Herbert 1994, *Der eindimensionale Mensch. Studien zur Ideologie der fortgeschrittenen Industriegesellschaft*. München: dtv

Marr, Andrew 1995, »The Real Enemy is the Money Market«. *Spectator*, 9. September, S. 20-21

Marshall, Alfred 1890/1920, *Principles of Economics*. London: Macmillan

Marshall, Alfred 1923/1965, *Money, Credit and Commerce*. New York: Kelley

Marshall, T.H. 1964, *Class, Citizenship and Social Development*. New York: Doubleday

Marx, Karl 1971, *Frühe Schriften. Zweiter Band*. (Werke Bd. II) Darmstadt: Wissenschaftliche Buchgesellschaft

Marx, Karl 1975a, *Frühe Schriften. Erster Band* (Werke Bd. I) Darmstadt: Wissenschaftliche Buchgesellschaft

Marx, Karl 1975b, *Politische Schriften. Erster Band* (Werke Bd. III.1) Darmstadt: Wissenschaftliche Buchgesellschaft

Marx, Karl und Friedrich Engels 1975, *Collected Works*, Bd. 3: *1843-44*. London: Lawrence and Wishart

Mathew, David 1946, *Acton*. London: Eyre and Spottiswode

Mazzini, Joseph 1835/o.J., »Faith and the Future«. In: Ders., *Essays*. Hg. von William Clarke. London: Walter Scott

Meadows, Donella H. et al. 1972, *The Limits to Growth*. New York: Universe Books

Megill, Allan 1995, »›Grand Narrative‹ and the Narrative of History«. In: Ankersmitt, Frank und Hans Kellner (Hg.), *A New Philosophy of History*. London: Reaktion Books

Meinecke, Friedrich 1959, *Die Entstehung des Historismus*. (Werke Bd. 3) München: Oldenbourg

Mills, C. Wright 1956, *The Power Elite*. New York: Galaxy Books. Dt. Übersetzung: *Die amerikanische Elite. Gesellschaft und Macht in den Vereinigten Staaten*. Hamburg: Holsten 1962

Modelski, George 1972, *The Principles of World Politics*. New York: Free Press

Montaigne, Michel 1580/1842, *Complete Works*. Hg. William Hazlitt. London: Templeman. Dt. Übersetzung: *Essais*. Zürich: Diogenes 1992

Moore, Wilbert E. 1966, »Global Sociology: the World as a Singular System«. *American Journal of Sociology* 71, S. 475-482

Morgan, Robin 1984, *Sisterhood is Global*. Harmondsworth: Penguin

Morus, Thomas 1516/1970, *Utopia*. New Haven: Yale University Press. Dt. Übersetzung: »Utopia«. In: *Der utopische Staat*. Reinbek: Rowohlt 1960

Mueller, John E. 1989, *Retreat From Doomsday: the Obsolescence of Major War*. New York: Basic Books

Mulgan, Geoff 1995, »Myth of Withering Government«. *Independent*, 15. Mai, S. 18

Münsterberg, Hugo 1904, *The Americans*. New York: McLure, Phillips

Naisbitt, John 1994, *Global Paradox*. London: Nicholas Brealey. Dt. Übersetzung: *Global Paradox: Warum in einer Welt der Riesen die Kleinen überleben werden*. Düsseldorf: Econ 1994

Nakano, Hideichiro 1984, »Japan's Internationalization: Becoming a Global Citizen«. In: Edward A. Tiryakian (Hg.), *The Global Crisis*. Leiden: Brill, S. 114-122

Nietzsche, Friedrich 1878/1910, *Human, All Too Human*. London: Foulis. Dt.: *Menschliches, Allzumenschliches*. (*Sämtliche Werke*, Bd. 2) München: dtv 1980

Norgaard, Richard B. 1994, *Development Betrayed: the End of Progress and a Co-evolutionary Revisioning of the Future*. London: Routledge

OECD (Organization for Economic Co-operation and Development) 1993, Special Issue on Globalization. *STI Review* 13

Ohmae, Kenichi 1985, *Triad Power: the Coming Shape of Global Competition*. New York: Free Press. Dt. Übersetzung: *Macht der Triade. Die neue Form weltweiten Wettbewerbs*. Wiesbaden: Gabler 1985

Oommen, T. K. 1986, »Insiders and Outsiders in India: Primordial Collectivism and Cultural Pluralism in Nation-Building«. *International Sociology* 1, S. 53-74

Oommen, T. K. 1990, *Protest and Change: Studies in Social Movements*. New Delhi: Sage

Ormerod, Paul 1994, *The Death of Economics*. London: Faber. Dt. Übersetzung: *Impulse für den Aufschwung: Das Ende der Volkswirtschaft? Adam Smith und die Folgen*. Düsseldorf: Econ 1995

Ortega y Gasset, José 1932, *The Revolt of the Masses*. London: Allen and Unwin. Dt. Übersetzung: *Der Aufstand der Massen*. Frankfurt/Main: Büchergilde Gutenberg 1997

Ortega y Gasset, José 1962, *Man and Crises*. New York: Norton

Ortega y Gasset, José 1984, *Historical Reason*. New York: Norton

Outhwaite, William 1994, *Habermas: a Critical Introduction*. Cambridge: Polity Press

Parker, Martin 1992, »Post-modern Organizations or Postmodern Organization Theory«. *Organization Studies* 13, S. 1-17

Parsons, Talcott 1951, *The Social System*. Glencoe, Ill.: Free Press

Polhemus, Ted 1995, *Streetstyle*. London: Thames and Hudson

Popper, Karl 1945/1962, *The Open Society and its Enemies*. 2 Bde. London: Routledge and Kegan Paul. Dt. Übersetzung: *Die offene Gesellschaft und ihre Feinde*. 2 Bde. Tübingen: Mohr 1992

Popper, Karl 1957, *The Poverty of Historicism*. London: Routledge and Kegan Paul. Dt. Übersetzung: *Das Elend des Historizismus*. Tübingen: Mohr 1971

Porter, Michael E. 1986a, »Competition in Global Industries: a Conceptual Framework«. In: Ders. (Hg.), *Competition in Global Industries.* Boston: Harvard Business School, S. 16-60. Dt. Übersetzung: »Der Wettbewerb auf globalen Märkten: ein Rahmenkonzept«. In: Ders. (Hg.), *Globaler Wettbewerb. Strategien der neuen Internationalisierung.* Wiesbaden: Gabler 1989, S. 17-69

Porter, Michael E. (Hg.) 1986b, *Competition in Global Industries.* Boston: Harvard Business School. Dt. Übersetzung: *Globaler Wettbewerb. Strategien der neuen Internationalisierung.* Wiesbaden: Gabler 1989

Porter, Michael E. 1990, *The Competitive Advantage of Nations.* London: Macmillan. Dt. Übersetzung: *Wettbewerbsvorteile. Spitzenleistungen erreichen und behaupten.* Frankfurt/Main: Campus 1996

Price, Richard 1990, »Does the Notion of Victorian England Make Sense«. In: Derek Fraser (Hg.), *Cities, Class and Communication: Essays in Honour of Asa Briggs.* London: Harvester, S. 152-171

Pucik, Vladimir, Noel M. Tichy und Carole K. Barnett (Hg.) 1992, *Globalizing Management: Creating and Leading the Competitive Organization.* New York: John Wiley

Rabinow, Paul 1989, *French Modern.* Cambridge, Mass.: MIT Press

Redwood, John 1994, *The Global Marketplace: Capitalism and its Future.* London: Harper Collins

Reich, Robert 1991, *The Work of Nations.* New York: Knopf. Dt. Übersetzung: *Die neue Weltwirtschaft. Das Ende der nationalen Ökonomie.* Frankfurt/Main: Büchergilde Gutenberg 1994

Rex, John und Robert Moore 1967, *Race, Community and Conflict.* London: Oxford University Press

Richter, Philip 1996, »Charismatic Mysticism: the Toronto Blessing«. In: Stanley E. Porter (Hg.), *The Nature of Religious Language.* Roehampton Institute London, Papers 1. Sheffield: Sheffield Academic Press

Ricœur, Paul 1965, *History and Truth.* Evanston, Ill.: Northwestern University Press. Dt. Übersetzung: *Geschichte und Wahrheit.* München: List 1974

Rifkin, Jeremy 1992, *Biosphere Politics.* San Francisco: Harper

Robertson, Roland 1992, *Globalisation: Social Theory and Global Culture.* London: Sage

Robertson, Roland 1994, »Globalisation or Glocalisation«. *Journal of International Communication* 1, S. 33-52

Rorty, Richard 1980, *Philosophy and the Mirror of Nature.* Princeton: Princeton University Press. Dt. Übersetzung: *Der Spiegel der Natur. Eine Kritik der Philosophie.* Frankfurt/Main: Suhrkamp 1981

Rose, Margaret A. 1991, *The Post-modern and the Post-industrial: a Critical Analysis.* Cambridge: Cambridge University Press

Rosenau, James N. (Hg.) 1969, *Linkage Politics: Essays on the Convergence of National and International Systems.* New York: Free Press

Roszak, Theodore 1970, *The Making of a Counter Culture: Reflections on the Technocratic Society and its Youthful Opposition.* London: Faber. Dt. Übersetzung: *Gegenkultur. Gedanken über die technokratische Gesellschaft und die Opposition der Jugend.* München: List 1973

Sachs, Wolfgang (Hg.) 1993, *Global Ecology: A New Arena of Political Conflict.* London: Zed Books. Dt. Übersetzung: *Der Planet als Patient. Über die Widersprüche globaler Umweltpolitik.* Basel: Birkhäuser 1994

Said, Edward W. 1975/1978, *Beginnings: Intention and Method.* Baltimore and London: Johns Hopkins University Press

Sassen, Saskia 1991, *The Global City: New York, London, Tokyo.* Princeton: Princeton University Press

Scaff, Lawrence 1989, *Fleeing the Iron Cage.* Berkeley: University of California Press

Schumpeter, Joseph A. 1954, *History of Economic Analysis.* London: Allen and Unwin. Dt. Übersetzung: *Geschichte der ökonomischen Analyse.* 2 Bde. Göttingen: Vandenhoeck & Ruprecht 1965

Schumpeter, Joseph A. 1976, *Capitalism, Socialism and Democracy.* London: Allen and Unwin. Dt. Übersetzung: *Kapitalismus, Sozialismus und Demokratie.* München: Francke 1975

Schütz, Alfred 1932/1972, *The Phenomenology of the Social World.* London: Heinemann. Dt.: *Der sinnhafte Aufbau der sozialen Welt.* Frankfurt/Main: Suhrkamp 1981

Sheridan, Alan 1980, *Michel Foucault: the Will to Truth.* London: Tavistock

Sica, Alan 1988, *Weber, Irrationality and Social Order.* Berkeley: University of California Press

Simmel, Georg 1908, *Soziologie.* Leipzig: Duncker und Humblot

Simon, Herbert 1947, *Administrative Behaviour.* New York: Free Press. Dt. Übersetzung: *Entscheidungsverhalten in Organisationen. Eine Untersuchung von Entscheidungsprozessen in Management und Verwaltung.* Landsberg: Moderne Industrie 1981

Sinclair, Andrew 1977, *The Savage: a History of Misunderstanding.* London: Weidenfeld and Nicolson

Sklair, Leslie 1991, *Sociology of the Global System.* London: Harvester Wheatsheaf

Smart, Barry 1990, »Modernity, Postmodernity and the Present«. In: Bryan S. Turner (Hg.), *Theories of Modernity and Postmodernity*. London: Sage, S. 31-44

Smith, Adam 1776/1868, *An Inquiry into the Nature and Causes of the Wealth of Nations*. London: Nelson. Dt. Übersetzung: *Der Wohlstand der Nationen*. München: dtv 1990

Smith, Anthony 1991, *National Identity*. Harmondsworth: Penguin

Spengler, Oswald 1918-1922, *Der Untergang des Abendlandes*. 2 Bde. München: Beck

Stark, Werner 1958, *The Sociology of Knowledge*. London: Routledge. Dt. Übersetzung (gekürzt): *Die Wissenssoziologie. Ein Beitrag zum tieferen Verständnis des Geisteslebens*. Stuttgart: Enke 1960

Strich, Fritz 1949, *Goethe and World Literature*. London: Routledge and Kegan Paul. Dt.: *Goethe und die Weltliteratur*. Bern: Francke 1946

Tainter, Joseph A. 1988, *The Collapse of Complex Societies*. Cambridge: Cambridge University Press

Thomas von Aquin 1954, *Selected Political Writings*. Hg. von A. P. D'Entrèves. Oxford: Blackwell

Thoreau, Henry 1854/1927, *Walden or Life in the Woods*. London: Chapman & Hall. Dt. Übersetzung: *Walden oder Hüttenleben im Walde*. Zürich: Manesse 1995

Tiryakian, Edward A. 1984a, »The Global Crisis as an Interregnum of Modernity«. In: Ders. (Hg.), *The Global Crisis*. Leiden: Brill, S. 123-130

Tiryakian, Edward A. (Hg.) 1984b, *The Global Crisis: Sociological Analyses and Responses*. Leiden: Brill

Tocqueville, Alexis de 1854/1956, *L'Ancien Régime*. Oxford: Blackwell. Dt. Übersetzung: *Der alte Staat und die Revolution*. München: dtv 1989

Toffler, Alvin 1981, *The Third Wave*. London: Pan. Dt. Übersetzung: *Die Zukunftschance: von der Industriegesellschaft zu einer humanen Zivilisation*. München: Bertelsmann 1980

Toulmin, John 1994, »Our Worldwide Legal Profession«. *University of Michigan Law Quadrangle Notes*, Summer, S. 46-53

Toulmin, Stephen 1990, *Cosmopolis: the Hidden Agenda of Modernity*. Chicago: University of Chicago Press. Dt. Übersetzung: *Kosmopolis: die unerkannten Aufgaben der Moderne*. Frankfurt/Main: Suhrkamp 1991

Touraine, Alain 1981, *The Voice and the Eye: an Analysis of Social Movements*. Cambridge: Cambridge University Press.

Touraine, Alain 1984, »The Waning Sociological Image of Social Life«. In: Edward A. Tiryakian (Hg.), *The Global Crisis*. Leiden: Brill, S. 33-44

Toynbee, Arnold 1939-1961, *A Study of History*. 12 Bde. Oxford: Oxford University Press. Dt. Übersetzung (einer zweibändigen englischen Kurzfassung): *Studie zur Weltgeschichte. Wachstum und Zerfall der Zivilisationen*. 2 Bde. Hamburg: Claassen & Goverts 1949

Turner, Bryan S. 1990a, »Periodization and Politics in the Postmodern«. In: Ders. (Hg.), *Theories of Modernity and Postmodernity*. London: Sage, S. 1-13

Turner, Bryan S. (Hg.) 1990b, *Theories of Modernity and Postmodernity*. London: Sage

Van der Pijl, Kees 1984, *The Making of an Atlantic Ruling Class*. London: Verso

Vattimo, Gianni 1988, *The End of Modernity: Nihilism and Hermeneutics in Postmodern Culture*. Cambridge: Polity Press. Dt. Übersetzung: *Das Ende der Moderne*. Stuttgart: Reclam 1990

Vidal, John 1995, »The Water Bomb«. *Guardian*, 8. August

Voltaire 1751/1926, *The Age of Louis XIV*, London: Dent

Wallerstein, Immanuel 1974-1989, *The Modern World System*. 3 Bde. New York und San Diego: Academic Press. Dt. Übersetzung: *Das moderne Weltsystem. Kapitalistische Landwirtschaft und die Entstehung der europäischen Weltwirtschaft im 16. Jahrhundert*. Frankfurt/Main: Syndikat 1986

Waters, Malcolm 1995, *Globalization*. London: Routledge

Weatherford, Jack 1988, *Indian Givers*. New York: Fawcett Columbine. Dt. Übersetzung: *Das Erbe der Indianer.* München: Diederichs 1995

Weber, Max 1920/1976, *The Protestant Ethic and the Spirit of Capitalism*. Dt.: *Die protestantische Ethik und der »Geist« des Kapitalismus*. 2 Bde. Tübingen: Mohr 1972

Weber, Max 1921/1974, *Economy and Society*, 2 Bde. Berkeley: University of California Press. Dt.: *Wirtschaft und Gesellschaft. Grundriß der verstehenden Soziologie*. Tübingen: Mohr 1985

Weber, Max 1948, *From Max Weber*. Hg. von H. H. Gerth und C. W. Mills. London: Routledge

Webster, Frank 1995, *Theories of the Information Society*. London: Routledge

Weinstein, Deena 1989, »The Amnesty International Concert Tour: Transnationalism as Cultural Commodity«. *Public Culture* 1, S. 60-65

Weldon, T.D. 1953, *The Vocabulary of Politics*. Harmondsworth: Penguin. Dt. Übersetzung: *Kritik der politischen Sprache*. Neuwied: Luchterhand 1962

Welsch, Wolfgang 1993, *Unsere postmoderne Moderne*. Berlin: Akademie

Whimster, Sam 1992, »Yuppies: a Keyword of the 1980s«. In: Leslie Budd und Sam Whimster, *Global Finance and Urban Living*. London: Routledge, S. 312-332

White, Hayden 1987, *The Content of the Form: Narrative Discourse and Historical Representation*. Baltimore: Johns Hopkins University Press. Dt. Übersetzung: *Die Bedeutung der Form. Erzählstrukturen in der Geschichtsschreibung*. Frankfurt/Main: S. Fischer 1990

Whyte Jr., William H. 1956, *The Organization Man*. New York: Simon and Schuster. Dt. Übersetzung: *Herr und Opfer der Organisation*. Düsseldorf: Econ 1958

Winch, Peter 1958, *The Idea of a Social Science and its Relation to Philosophy*. London: Routledge. Dt. Übersetzung: *Die Idee der Sozialwissenschaft und ihr Verhältnis zur Philosophie*. Frankfurt/Main: Suhrkamp 1974

Winterer, L. 1890, *Der internationale Sozialismus von 1885 bis 1890*. Köln: Bachem

WOMAD Festival 1994: Official Programme. Reading Borough Council

Wyman, Peter 1994, »Tax in the Global Village«. *The Times*, 10. Februar, S. 31

Young, M. und P. Willmott 1957, *Family and Kinship in East London*. London: Routledge and Kegan Paul

Über den Autor

Martin Albrow wurde in Norwich, England, geboren und war nach dem Studium der Sozialwissenschaften in Cambridge 1958 Aushilfslehrer am Neusprachlichen Gymnasium in Köln-Nippes. Er ist Professor für Sozialwissenschaften am Roehampton Institute in London und zur Zeit Gastprofessor für Soziologie an der London School of Economics.

Seine Veröffentlichungen:

Bürokratie, 1972 im List Verlag erschienen; *Globalization, Knowledge and Society*, 1990 zusammen mit Elizabeth King herausgegeben; *Max Weber's Construction of Social Theory*, 1990; *Do Organizations have Feelings?*, 1997.

Was meint ›Zweite Moderne‹
Warum eine Edition Zweite Moderne?

Eine Weltordnung ist zusammengebrochen. Welche Chance für den Aufbruch in eine Zweite Moderne!

›Zweite Moderne‹ – wie sehen die Herausforderungen, Widersprüche und Chancen in der alltäglichen Lebensführung, aber auch in Wirtschaft, Kultur und Politik in einer Welt aus, in der die Nationalökonomien in den Sog der ›Globalisierung‹ geraten, in der über die Grenzen von Betrieben, Branchen, Nationen hinweg Produktion, Arbeit und Steuern neu verteilt (bzw. vorenthalten) werden?

Den Blick dafür begrifflich zu öffnen und zu eichen, darauf im wahrsten Sinne des Wortes neu gierig zu machen, darauf zielen die in dieser Reihe vorgelegten Bände. Sie sollen eine öffentliche Kontroverse darüber anzetteln, wie die Orthodoxie der Ersten Moderne gebrochen werden kann. Es muß endlich unter Beteiligung der Sozialwissenschaften darüber gestritten werden, wohin der Weg führt. Was an Sicherheit verlorengeht, kann als Freiheit gewonnen werden.

In der Edition Zweite Moderne wechseln sich die Monographien und Essaysammlungen ab. Es versteht sich von selbst, daß Autoren aus den unterschiedlichsten Sachgebieten und Weltregionen hier zu Worte kommen – doch welcher Disziplin sie auch zugehören, ihre Ausführungen brechen aus dem »ehernen Gehäuse« der Wissenschaften aus und bestimmen die Prozesse der Zweiten Moderne in einer lebendigen und verständlichen Sprache.

Ulrich Beck

Edition Zweite Moderne

Herausgegeben von Ulrich Beck

Anthony Giddens
Jenseits von Links und Rechts
Die Zukunft radikaler Demokratie
Aus dem Englischen von Joachim Schulte
344 Seiten

In diesem Buch skizziert Anthony Giddens eine radikal-kritische Politik jenseits aller eingefahrenen Denkmuster: Ausgehend von den Begriffen Globalisierung, Enttraditionalisierung und Unsicherheit beleuchtet er die sozialen Revolutionen unserer Zeit, zeigt die Widersprüche konservativer Politik, stellt zwei Theorien der Demokratisierung einander gegenüber und entwirft ein Programm radikaler Demokratie.

Aus dem Inhalt:
- Globalisierung, Tradition, Unsicherheit
- Die sozialen Revolutionen unserer Zeit
- Einfache und reflexive Modernisierung
- Das Aufkommen der Politik der Lebensführung
- Hergestellte Unsicherheit und globale Risikoumfelder
- Widersprüche des Sozialstaats
- Erfinderische Politik und positive Wohlfahrt
- Positive Wohlfahrt, Armut und Lebenswerte
- Moderne mit negativem Vorzeichen: Ökologische Fragestellungen und die Politik der Lebensführung
- Politische Theorie und das Problem der Gewalt